本书系暨南大学
马克思主义新闻理论研究中心科研成果

新·闻·传·播·学·文·库

马克思主义新闻观经典文献研究

Classical

Essays on

Marxist Views

of Journalism

陈力丹　支庭荣／主编

中国人民大学出版社
·北京·

总　序

自 1997 年国务院学位委员会将新闻传播学擢升为一级学科以来，中国的新闻传播学学科建设突飞猛进，这也对教学、科研以及学术著作出版提出了新的、更高的要求。

继 1999 年中国人民大学出版社推出"21 世纪新闻传播学系列教材"之后，北京广播学院出版社、华夏出版社、南京大学出版社、中国社会科学出版社、新华出版社等十余家出版社纷纷推出具有不同特色的教材和国外新闻传播学大师经典名著汉译本。但标志本学科学术水平、体现国内最新科研成果的专著尚不多见。

同一时期，中国的新闻传播学教育有了长足进展。新闻传播学专业点从 1994 年的 66 个猛增到 2001 年的 232 个。据不完全统计，全国新闻传播学专业本科、专科在读人数已达 5 万名之多。新闻传播学学位教育也有新的增长。目前全国设有博士授予点 8 个，硕士授予点 40 个。中国人民大学新闻学院、复旦大学新闻学院等一批研究型院系正在崛起。北京大学和清华大学的新闻传播学教育以高起点、多专业为特色，揭开了这两所百年名校蓬勃发展的新的一页。北京广播学院（后更名为中国传媒大学——编者注）以令人刮目相看的新水平，跻身中国新闻传播教育名校之列。武汉大学新闻与传播学院等以新获得博士授予点为契机所展开的一系列办学、科研大手笔，正在展示其特有的风采与魅力。学界和社会都企盼这些中国新闻传播教育的"第一梯队"奉献推动学科建设的新著作和新成果。

进入21世纪以来，随着以互联网为突破口的传播新媒体的迅速普及，新媒体与传统媒体的联手共进，以及亿万国人参与大众传播能动性的不断强化，中国的新闻传媒事业有了全方位的跳跃式的大发展。人民群众对大众传媒的使用，从来没有像今天这样广泛、及时、须臾不可或缺，人们难以逃脱无处不在、无时不有的大众传媒的深刻影响。以全体国民为对象的新闻传播学大众化社会教育，已经刻不容缓地提到全社会，尤其是新闻传播教育者面前。为民众提供高质量的新闻传播学著作，已经成为当前新闻传播学界的一项迫切任务。

这一切都表明，出版一套满足学科建设、新闻传播专业教育和社会教育需求的高水平新闻传播学学术著作，是当前一项既有学术价值又有现实意义的重要工作。"新闻传播学文库"的问世，便是学者们朝着这个方向共同努力的成果之一。

"新闻传播学文库"希望对于新闻传播学学科建设有一些新的突破：探讨学科新体系，论证学术新观点，寻找研究新方法，使用论述新话语，摸索论文新写法。一句话，同原有的新闻学或传播学成果相比，应该有一点创新，说一些新话，文库的作品应该焕发出一点创新意识。

创新首先体现在对旧体系、旧观念和旧事物的扬弃上。这种扬弃之所以必要，人文社会科学工作者之所以拥有理论创新的权利，就在于与时俱进是马克思主义的理论品质，弃旧扬新是学科发展的必由之路。恩格斯曾经指出，我们的理论是发展的理论，而不是必须背得烂熟并机械地加以重复的教条。一位俄国作家回忆他同恩格斯的一次谈话时说，恩格斯希望俄国人——不仅仅是俄国人——不要去生搬硬套马克思和他的话，而要根据自己的情况，像马克思那样去思考问题，只有在这个意义上，"马克思主义者"这个词才有存在的理由。中国与外国不同，新中国与旧中国不同，新中国前30年与后20年不同，在现在的历史条件下研究当前中国的新闻传播学，自然应该有不同于外国、不同于旧中国、不同于前30年的方法与结论。因此，"新闻传播学文库"对作者及其作品的要求是：把握时代特征，适应时代要求，紧跟时代步伐，站在时代前列，以马克思主义的理论勇气和理论魄力，深入计划经济到市场经济的社会转型期中去，深入党、政府、传媒与阅听人的复杂的传受关系中去，研究新问题，寻找新方法，获取新知识，发现新观点，论证新结论。这是本文库的宗旨，也是对作者的企盼。我们期待文库的每一部作品、每一位作者，都能有助于把读者引领到新闻传播学学术殿堂，向读者展开一片新的学术天地。

创新必然会有风险。创新意识与风险意识是共生一处的。创新就是做前人未做之事，说前人未说之语，或者是推翻前人已做之事，改正前人已说之语。这种对旧事物旧体系旧观念的否定，对传统习惯势力和陈腐学说的挑战，对曾经被多少人诵读过多少年的旧观点旧话语的批驳，必然会招致旧事物和旧势力的压制和打击。再者，当今的社会进步这么迅猛，新闻传媒事业发展这么飞速，新闻传播学学科建设显得相对迟缓和相对落后。这种情况下，"新闻传播学文库"作者和作品的一些新观点新见解的正确性和科学性有时难以得到鉴证，即便一些正确的新观点新见解，要成为社会和学人的共识，也有待实践和时间。因此，张扬创新意识的同时，作者必须具备同样强烈的风险意识。我们呼吁社会与学界对文库作者及其作品给予最多的宽容与厚爱。但是，这里并不排斥而是真诚欢迎对作品的批评，因为严厉而负责的批评，正是对作者及其作品的厚爱。

当然，"新闻传播学文库"有责任要求作者提供自己潜心钻研、深入探讨、精心撰写、有一定真知灼见的学术成果。这些作品或者是对新闻传播学学术新领域的拓展，或者是对某些旧体系旧观念的廓清，或者是向新闻传媒主管机构建言的论证，或者是运用中国语言和中国传统文化对海外新闻传播学著作的新的解读。总之，文库向人们提供的应该是而且必须是新闻传播学学术研究中的精品。这套文库的编辑出版贯彻少而精的原则，每年从中国人民大学校内外众多学者的研究成果中精选三至五种，三至四年之后，也可洋洋大观，可以昂然耸立于新闻传播学乃至人文社会科学学术研究成果之林。

　　新世纪刚刚翻开第一页，中国人民大学出版社经过精心策划和周全组织，推出了这套文库。对于出版社的这种战略眼光和作者们齐心协力的精神，我表示敬佩和感谢。我期望同大家一起努力，把这套文库的工作做得越来越好。

　　以上絮言，是为序。

童　兵

2001 年 6 月

写在前面

本项研究跨越了 8 个年头，起点在 2010 年年底，没有列入国家或地方的研究基金项目。那年中国人民大学拨给新闻学院一笔可观的 985 经费，计划持续 3 年，以支持学科的技术设备更新，但要求约四分之一的经费同时用于配套的业务研究。于是，学院向全体教师征集研究选题。我提出的"马克思主义新闻观研究"成为被接受的十项子课题之一。这一子课题包括两项内容：一项是对马克思主义新闻观名词逐一做小型考证研究，大约 600 个词目；另一项是对马克思主义新闻观的经典文献逐一做较为深入的考证研究，当时列出了85 篇文献。

对马新观经典文献的考证研究论文平均每篇一万多字，作者需要一定的研究积淀，因而组织这方面作者、修改论文都需要花费很大精力；加之 2012 年中国人民大学提供的经费在持续了一年多后中止，这项深度研究的工作不得不于 2014年中断。

我组织的第一篇考证论文，是在 2011 年第 7 期《国际新闻界》发表的，随后《国际新闻界》开辟考证研究的专栏，又接连发表了 15 篇。另外，《当代传播》2012 年发表 1 篇，《新闻与传播研究》2013 年开辟考证研究专栏，共发表 4 篇论文。最后发表的一篇是在《国际新闻界》2014 年第 2 期。

至此，总共发表了 21 篇马新观的考证研究论文。

2016 年 3 月我退休了。这年 8 月，这项工作获得了暨南大学新闻与传播学院与广东省委宣传部共建经费的支持，学院动员教师和研究生参与经典文献考证文章的认领与写作工作，建立了专门的"马新观考证研究小组"微信群，两年里暨南大学新闻与传播学院的师生完成了 4 篇考证论文。与此同时，华东师范大学的路鹏程副教授主动与我联系，告知我他完成了一篇新的考证论文；我组织中国社会科学院信息情报研究院助理研究员王晶又写了一篇。

由于认领依从作者的兴趣和意愿，我无法按照经典文献的重要程度或代表性强行分配选题，因而造成某些方面的经典文献认领比较集中，某些方面则没有一篇代表作被认领。考虑到考证研究要尽可能涵盖代表作，我在工作很忙的情形下补充做了一篇。本文集共收入 27 篇考证研究论文，其中包括新写的 7 篇。现在本文集涉及的文献包括马克思和恩格斯合写的 2 篇、马克思的 9 篇、恩格斯的 8 篇、列宁的 5 篇、倍倍尔的 1 篇，以及无法确定作者的历史文献 2 篇。

这本文集的作者共 28 位，分布于 8 所大学和 1 个研究院。这项工作锻炼了一批高校新闻传播院系的年轻教师在马克思主义新闻观方面的研究能力。除了我（3 篇，其中 2 篇分别与人大外国语学院冯雪珺、陕西师范大学张勇锋合作），中国人民大学新闻学院参加写作的老师有 8 位（另有 5 位学生参与其中）：陈绚（2 篇）、刘宏宇（2 篇）、王亦高、张辉锋（与逄丽、谢丽莎合作）、张金玺（与陈一点合作）、陈继静、杨保军（与陈硕合作）、杨钢元（与李一帆合作）。暨南大学新闻与传播学院参加写作的老师和同学有 5 位：李志敏、周述波、李文静、谭璇璇和杨青。

其他单位的作者是：中国社会科学院信息情报研究院王晶（3 篇）、华东师范大学路鹏程（2 篇）、陕西师范大学张建中、清华大学吴璟薇、山东师范大学钱婕、中山大学卢家银、上海大学王雨琼。

我们现在研究马克思主义新闻观，看到的马克思、恩格斯、列宁的论著都是中译文，这对于深刻而直观地理解他们的思想是一种无形的障碍。因而，本文集中的多数文章，将原著文字和中译文进行了对比研究，厘清了一些由于翻译而造成的误读。

研究马克思主义新闻观，需要掌握全面、扎实的学术资料，对国际共产主义运动新闻传播史、马克思主义新闻观经典论著要有深刻的理解和把握。由于原定的 85 篇马新观经典文献的考证只完成了 27 篇，也就是说只完成了研究计划的近三分之一，所以，本文集还不能说全面展示了马新观经典文献的整体面貌。希望以后能有人继续我的事业，进一步组织批量作者逐一认真考证余下的文献，以便全面展示马新观经典文献的整体面貌。

这项工作得到了刘小燕、李志敏、夏琪等在编辑事务方面的配合，中国人民大学出版社人文分社副社长翟江虹给予了大力支持。

感谢所有为此书的出版费心尽力的老师、同学！感谢中国人民大学的前期经费支持和暨南大学的后期经费支持！

陈力丹

2018 年 7 月 16 日初稿

2019 年 7 月 18 日定稿

目　录

第三部分　马克思和恩格斯的报刊职能意识

第四部分　马克思的人民报刊思想

第五部分　马克思的交往政策理念

第六部分 马克思和恩格斯论报刊与政治

第七部分 马克思、恩格斯、列宁党报思想的形成

第八部分 列宁对苏维埃报刊作用的探索

第一部分

马克思和恩格斯的传播思想

【按语】

习近平在纪念马克思诞辰 200 周年大会上指出："学习马克思，就要学习和实践马克思主义关于世界历史的思想。马克思、恩格斯说：'各民族的原始封闭状态由于日益完善的生产方式、交往以及因交往而自然形成的不同民族之间的分工消灭得越是彻底，历史也就越是成为世界历史。'马克思、恩格斯当年的这个预言，现在已经成为现实，历史和现实日益证明这个预言的科学价值。今天，人类交往的世界性比过去任何时候都更深入、更广泛，各国相互联系和彼此依存比过去任何时候都更频繁、更紧密。一体化的世界就在那儿，谁拒绝这个世界，这个世界也会拒绝他。"他谈到的实际上就是马克思和恩格斯的传播思想。

恩格斯早年作为报刊通讯员，就注意到交通工具的改进对信息传播克服空间距离的影响，他写道："自从康德把时间和空间范畴从思维着的精神的直观形式中独立出来，人类便力图在物质上也把自己从这些限制中解放出来。"（人民出版社《马克思恩格斯全集》中文版 2 版 2 卷 253 页）马克思的《经济学手稿（1857—1858）》里有三分之一的篇幅讨论资本的流通，就涉及快速传播信息的工具（当时指电报）的革命性影响，这种影响的本质，即马克思概括的"用时间消灭空间"。王晶对这部手稿的"资本的流通过程篇"进行的传播学考证，全面展现了马克思这方面的思想。

恩格斯 1840 年为《知识界晨报》写的第一组新闻通讯的一篇，即《刊物》① 一文，是马克思主义新闻思想史上第一篇关于新闻传播的记叙，除了具有珍贵的史料价值外，也展现了他对报刊流通对城市精神生活的影响的认识。张建中对此文的考证研究，把我们拉回到 19 世纪 40 年代国际港口城市多彩的信息传播情形中。

恩格斯 1842 年为《莱茵报》写的通讯《莱茵省的节日》，通过报道第 24 届莱茵省音乐节的准备活动，论证了音乐传播的特征，而这方面的研究往往被现在的研究者忽略。王亦高对此文的考证研究进一步论证了恩格斯对音乐传播的认识："音乐是唯一使享受和生动的演奏协调起来的艺术。"

马克思和恩格斯的传播思想很博大，这里只能展示几篇代表作。建议读者进一步研读他们的合著《德意志意识形态》第一卷第一章"费尔巴哈"，其中有更为丰富的关于世界交往的宏观传播思想。

---

① 指《不来梅通讯。刊物》。

折射德国 1830 年代报刊与社会变迁的一面镜子

——恩格斯《刊物》一文考证

张建中

一、恩格斯写作《刊物》一文的背景

《马克思恩格斯全集》中文第二版第 2 卷（本卷收入的所有著作根据《马克思恩格斯全集》1985 年历史考证版第一部分第 3 卷重新校订和翻译）共收录恩格斯 1839—1840 年所写 8 组题目为 "不来梅通讯" 的文章（共 10 篇），《刊物》一文是第一组文章的第二篇，这组文章的第一篇是《剧院。出版节》。这两篇文章分别刊载于 1840 年 7 月 30 日和 31 日的《知识界晨报》第 181 号和第 182 号。恩格斯在这组通讯中结合不来梅特定的情况，从不同角度评述了虔诚主义的影响，并首次抨击了 "贵族和金钱贵族"[1]。《刊物》一文则是一篇展现 170 年前德国港口城市不来梅新闻业状况的珍贵资料，通过对该文的考证，我们对 19 世纪 30 年代德国公共领域的初步形成、大众化报刊的萌芽及图书报刊审查会有一个比较全面的了解。

不来梅是恩格斯青年时代生活的主要城市之一。不来梅对于恩格斯的影响就类似于波恩和柏林对马克思的影响，在这段时间恩格斯逐渐抛弃原来所信仰的宗教虔诚主义，变成了一个革命民主主义者。和马克思开明并且充满自由主义气氛的家庭不同，恩格斯成长的家庭信奉保守的虔诚主义。[2]虔诚主义这一宗教流派产生于 17 世纪末，它要求其信徒们过一种十分虔诚的勤劳生活，随着时间推移，它开始反对资产阶级进步思想。[3]虔诚主义主张过节俭、严格和勤劳的生活，由于这种对节俭和勤劳的称赞，产生了一种敌视一切乐观生活观点的伪善的宗教信仰。[4]

不来梅市政厅广场（1837—1841）

恩格斯高中毕业后在他父亲的事务所工作，近一年后，于1838年7月动身前往不来梅学习经商。不来梅是德国北部城市，是当时德国最大的商港之一，与世界许多国家和地区有贸易往来。不来梅同时也是德国四大自由城市之一，享有较高程度的自治权，政治气氛开明，有较多的出版和言论自由，自由主义思想通过报刊和书籍得到广泛传播。[5]

1840年8月20日恩格斯的自画像

不来梅出版业也比较发达。印刷工人每年都要隆重庆祝古登堡节，为庆祝这个节日，印刷工人还自发成立了委员会，在《不来梅通讯。出版节》一文中恩格斯写道，在节日这一天"委员会偕同全体印刷工人组成了一支盛大的游行队伍，向教堂进发，从那里再向刚建成的古登堡号轮船前进……节日是在音乐声中，在灿烂的灯光中，在畅饮上索泰恩酒、圣茹利安酒和香槟酒中结束的"[6]。正是在这种自由主义和民主主义的氛围中，恩格斯和虔诚主义信仰决裂，成为一个革命民主主义者。

刚到不来梅不久，恩格斯就与自由主义报刊建立了联系，他成了《德意志电讯》和《知识界晨报》的撰稿人。考虑到他信仰虔诚主义的家庭，恩格斯用笔名"弗里德里希·奥斯瓦尔德"在报刊上发表文章。《德意志电讯》是谷兹科创办的一家文学杂志，因为办得很有声誉，被认为是"战斗性的自由期刊"，而《知识界晨报》被认为是一份"反对一切极端倾向的非常温和的资产阶级报纸"。[7]

1839 年，恩格斯思想上发生较大变化，他受到青年德意志运动的影响，给这一运动的代表性刊物《德意志电讯》写了许多稿件，在这些文章中，他猛烈批判虔诚主义，表明他已经站在自由民主主义立场上了。[8]在给《知识界晨报》和《总汇报》寄去的 8 组"不来梅通讯"中，恩格斯从多角度描述了不来梅城市生活的状况，其中《刊物》一文为了解德国那个时期的报刊媒体与社会变迁提供了宝贵的资料。

二、19 世纪 30 年代的德国报刊与读书会

在《刊物》一文开头，恩格斯就用简洁的语句描绘了不来梅各阶级的生活图景："在其他方面，这里的生活是一种相当单调的、典型的小城市生活。夏天，上等人物，即贵族和金钱贵族的家庭，到自己的庄园去，中间等级的太太们即使在一年中这样美好的季节也不能离开她们那一群在茶会上打牌、聊天的朋友；商人们却天天参观博物馆、出入交易所或自己的商会，在那里谈论咖啡、烟草的价格，谈论与关税同盟谈判的情况。"[9]

哈贝马斯在《公共领域的结构转型》一书中指出，德国贵族与资产阶级之间的界限由于大陆专制主义的维护而普遍保存得更长久。资产阶级主动疏远民众，站柜台和从事手工劳动都被认为不是真正的资产阶级（市民阶级）所要干的活……他们的标准是受教育程度；市民属于受过教育的阶级——如

商人和受过大学教育的人（学者、教士、官员、医生、法官和教师等）。[10]

不过，在 1770 年到 1870 年这一百年间，随着教育的普及，德国民众的读写能力有了突破性进展。市民受教育程度的提高意味着资产阶级的范围也在不断扩张。在 1770 年，只有大约 15％的人能看懂印刷文字；1800 年德国的识字率达到了 25％；1830 年德国的识字率达到 40％；而到 1870 年，德国的识字率已经达到 75％。[11]从提高整个国家民众的读写能力的速度来看，德国要比英国、法国以及南欧国家快。德国掌握读写能力的人在 19 世纪中期占到 85％，与之相比，法国占 61％（仅包括读的能力），英国占 52％（读写能力都包括在内）。[12]由于德国人的读写能力在 19 世纪取得巨大进步，因此下层社会经济群体中出现了"第二次读者革命"（second reader revolution），许多民众逐渐成为社会阅读公众（reading public）的一部分。[13]

德国民众读写能力的普遍提高是德国 18 世纪和 19 世纪教育革命的结果。在 1816 年，普鲁士 8 个省的入学率在 42％到 84％之间；到 1846 年，这 8 个省的入学率已经提高到 73％～95％。[14]学校教育大规模普及，这些拥有识字能力的年轻一代人给他们不识字的父母以及邻里乡亲大声朗读他们所了解的新知识。在 19 世纪早期，许多普通德国人可以通过各种各样的报刊媒体来接触新思想，印刷媒体所传播的思想逐渐向不识字的人群渗透。

对图书报刊的需求刺激了读书会（reading society）在德国各地出现。恩格斯在《刊物》一文中写道："人们参加读书会，部分是为了赶时髦，部分是为了有一本杂志在手能舒舒服服地度过炎热的中午。"[15]德国早期的读书会和茶会、商会的性质相近。哈贝马斯指出，到了 18 世纪末期，受教育的公众扩展到了从事工商业的小资产阶级。当时许多地方，零售商因店主的身份通常被摒弃于市民阶级俱乐部之外，于是他们建立了自己的协会；范围更大的是工商联合会，完全具有读书会的规模。这些读书会带有更多的商业色彩，而较少学术和政治色彩。

在 1770—1820 年间，有 597 个读书会在德国成立，读书会的成员加起来将近 60 000 名。当时德国任何一个城镇都有一个或两个读书会，一些比较大的城市，如不来梅，当时拥有的读书会将近 36 个。[16]这些读书会的成员少则数十人，多则几百人。他们为读书会成员提供小说、定期出版的文学杂志，以及一些非小说类的读物，如百科全书，甚至有当时德国一些科学家论述农业和工业的著作，也有一些读书会为会员提供免费的外国报纸阅读。

读书会按照"自愿交往"原则组织起来，所有成员都是自愿加入，并且要遵守所有会员一律平等的原则。正如历史学家奥拓·丹恩（Otto Dann）所说，读书会体现了自由社会组织的运作精神，同时也构成了德国早期公共领域的内核。自由组织的读书会孕育了德国公民社会自由交往的原则，同时也促进了讨论、辩论及选举这些公民必备素质的发展。读书会并不完全排斥下层阶级，在 1820 年一些读书会中已经出现工匠和手艺人，这说明一些收入较低的下层中产阶级也逐渐加入了公共参与空间。[17]

哈贝马斯在《公共领域的结构性转型》一书中也详细论述过读书会的功能："从 18 世纪 70 年代起，私人读书会和商业读书会在所有的城市，甚至在小城镇到处涌现。于是也就开始了关于这些机构的优缺点的普遍讨论。到 18 世纪末，德国有 270 多个这样的固定读书会。它们大多都有固定场所，使得读书会成员能够阅读报刊，而且同样重要的是，也使得成员能够就阅读内容展开讨论。最早的读书组织仅仅是为了组织订户，以降低订阅费用。读书会则不然，它们不再是出于这种经济动机。这些读书会按照自己的条例选举执行委员会，要经过多数表决同意才能接纳新成员，通常以议会方式处理有争执的问题。它们排斥妇女，禁制赌博，目的完全是为了满足资产阶级私人作为具有批判意识的公众建立公共领域的需求：阅读和讨论期刊，交换个人意见，促成自 90 年代起人们所说的'公共领域'的形成。"[18]

德国读书会在 19 世纪中期开始衰落，取而代之的是公共图书馆。不管是读书会还是公共图书馆，甚至包括茶会、商会、工商联合会等公民组织，它们都是独立于政府之外的公共组织，是德国中产阶级"社会化"的组织。在 19 世纪早期，德国的中产阶级加入成千上万个这类组织来培养他们的文化素养、科学精神以及宗教关怀，同时也通过这些组织来进行救助穷人的慈善活动，或者建立医院、博物馆、动物园等公共机构。[19]事实上，德国城市生活的许多方面都是由德国中产阶级通过这些组织自行管理的。这些中产阶级社团组织的出现，证明公民社会能够独立于政府之外组织其事务。

三、不来梅的大众化商业报刊

与英、美、法这几个国家相比，德国报业发展在 19 世纪 30 年代处于一个相对较低的水平。在统一之前，德国人过着一种极端地方主义的生活，与这种地方主义相适应，每一个地区都有地方报纸，甚至每一个城镇都有自己的日报及期刊。[20]恩格斯在《刊物》一文中所描绘的不来梅地方报刊大致属于这种情况，他写道："这里有一种自成一体的读物；其中有些以小册子（其内容多数与神学争论有关），有些以期刊的形式大量销售。消息灵通、编辑得体的《不来梅报》在广大读者中享有盛誉。"[21]

在 19 世纪 30 年代，德国仍然是一个农业国家，其工业化程度远远低于法国，那种主要依靠广告收入和大规模发行量，并过度依赖大量资本投资的大众化报刊还不可能出现。由于报刊业发展水平低，德国记者作为一个专业群体远未形成。当时的德国记者就像无所不知的人，一会儿是记者，一会儿又是"文学家，马上可能又是艺术家，教授或政治思想家"[22]。恩格斯在《不来梅通讯。刊物》中对《爱国者》杂志的描述就属于这种情况："另一家杂志《爱国者》，曾力求成为探讨本地问题的权威刊物，同时力求在美学方面发挥出较地方小报更大的作用。但是，这家杂志由于处于既像小说报又像地方报这种两可的状况而夭折了。"[23]

在《不来梅通讯。不来梅港纪行》一文中，恩格斯对《不来梅商业年报》的评述也说明了不来梅地方报刊的这种多重特征："我拿起放在桌上的报刊，其中最有意思的是《不来梅商业年报》。我拿来看了一下，读到下面一段话：'对于咖啡豆的需求，在夏天和秋天都比较旺盛，临近冬天市场才开始出现比较萧条的**情况**。砂糖销路稳定，但这方面的真实**思想**只是在扩大供应以后才产生。'"恩格斯接着对报纸中的这段报道进行了评论："当一个可怜的作家看到交易所经纪人的文体中夹杂有不仅来自现代美文学，而且还有来自哲学的表达方式时，他该说些什么啊！谁能料到，在商业报告中竟会出现情绪和思想呢！"[24]

不来梅报刊业之所以比较发达，恩格斯在《不来梅通讯。教会论争》一文中对此做了解释："不来梅正由于本身的地位和政治状况，比其他任何城市都更适宜于成为德国西北部的教育中心。只要能拉两三个有才能的文学家到这里来，就可能在这里办一份对北德意志文化的发展产生极大影响的杂志。不来梅的书商是十分精明的，我已经听到他们很多人讲，他们愿意拿出必要的基金并且同意在杂志出版的头几年承担可能的亏损。"[25] 从恩格斯的论述来看，当时不来梅商业化市民报刊已经粗具规模，一些书商已经看到了报刊业这个领域潜在的巨大商业利润，因而愿意在这方面投资。

此外，外国报刊也源源不断地运到不来梅，不来梅作为港口城市是外国报刊的集散地，恩格斯当时也充分利用这些报刊来扩大眼界。在《不来梅通讯。不来梅港纪行》一文中恩格斯提到的《远洋运输和贸易报》就是英国伦敦出版的一份商业报纸，他写道："当不来梅港要塞呈现在我们眼前时，我所熟悉的一位书商吟咏了席勒的诗句，那位海上保险公司经纪人在阅读《远洋运输和贸易报》，有一个商人在翻阅最近一期的《进口通报》。"[26] 在不来梅经商者众多，阅读各类商业报刊是不来梅商人获取商业信息的一个重要手段。

不过，普通读者还是喜欢看一些刺激性的内容或本地新闻报道。恩格斯在《刊物》一文中提到的《不来梅杂谈报》正是这样一份报纸，他写道："丑闻、演员之间的不和、街谈巷议的飞短流长等等充斥版面的地方小报倒可以自夸其经久不衰。"该报主要关注不来梅当地新闻，剧院座椅上的钉子、商会没人买的小册子、喝醉酒的雪茄烟工人、没打扫干净的排水沟，都是它报道的焦点。当然还有更为重要的一点，这家报纸还大胆地批评政府官员的渎职行为，"如果国民近卫军的军官认为自己大权在握，可以在人行道上骑马，那么他可以确信，在该报的下一号将会提出一个问题：国民近卫军的军官是否有权在人行道上骑马。这家优秀的报纸可以成为不来梅的上帝"[27]。这已经显现出报刊对社会的监督作用。

从上文对引述的恩格斯所写多篇"不来梅通讯"的考证来看，在不来梅这个港口城市，19世纪30年代出现了系列的商业化市民报刊，这些报刊侧重于不来梅商业和社会生活方面的报道，并逐渐成为不来梅人生活的一部分。不过，此时德国的大众化报刊仍处于萌芽阶段，报刊发展的总体水平较低，德国真正的大众化报刊出现在 19 世纪 70 年代，而美英等国在 19 世纪中叶已经进入大众化报刊年代。导致德国报刊发展滞后的原因之一是书报审查。

四、19 世纪 30 年代德国的书报审查

19 世纪 30 年代的政治生活中充斥着书报审查，这是德国的一个显著特征。1819 年 3 月，青年协会学生卡尔·萨德（Karl Sand）谋杀了保守派作家奥古斯特·科策布（August Kotzebue）；7 月 1 日，又发生了药剂师卡尔·龙宁（Karl Löning）企图刺杀拿骚公国首相卡尔·冯·埃贝尔（Karl von Ibell）的事件。当时正值欧洲各反动势力加紧复辟之际，奥地利首相梅特涅（Metternich）担心大学里自由主义和民族主义的传播会引发革命，进而威胁王室的统治。这两起事件的出现恰好给了梅特涅借口，他马上召集德意志各邦国代表在卡尔斯巴德召开会议，参加会议的有普鲁士、萨克森、巴伐利亚、汉诺威等邦国。在梅特涅的劝说之下，联邦会议于 1819 年 9 月 20 日颁布《卡尔斯巴德决议》（Carlsbad Decrees）。该法令的主要目的是镇压各邦国的自由主义和民族主义。在该法令颁布之后，德意志联邦境内的大学青年协会被取缔，自由报刊受到严格审查，各种学术自由也受到严重限制。该法令为德国以后 20 多年（一直到 1848 年）的公共政治生活定下了基调，这就是：监视，对民族政治的镇压，以及联邦委员会对"蛊惑人心宣传"的调查。也正是该法令的出台，造成马克思所说的德国持续 20 年的"精神大斋期"[28]。

当时，德国正处于资产阶级民主革命的前夜，德意志联邦中存在着大小不等的 36 个邦国，这些邦国都有自己的海关、税制和货币，严重阻碍着德国资本主义的发展。1840 年普鲁士国王弗里德里希-威廉四世上台伊始就采取一系列维护封建统治的措施，制定严格的书报检查制度，力图扼杀革命民主主义思想的传播。正如恩格斯后来所说："在这里，一切知识的来源都在政府控制之下，没有官方的事先许可，什么也不能说，不能教，不能印刷，不能发表。"[29]

恩格斯在《刊物》一文也有关于当时书报审查的记述："不同于这些报刊

的是一家宣传虔诚主义—禁欲主义的杂志——《不莱梅教会信使》，它是由 3 个传教士编辑的，著名的寓言作家克鲁马赫尔偶尔也为该杂志撰稿。这家杂志办得十分活跃，以致检查机关不得不时常进行干预。"[30]

在 19 世纪 30 年代，欧洲大陆上许多国家，包括意大利、西班牙以及俄罗斯都实行报刊预先审查制度，不过审查制度在德国的情况要更为复杂一些。德意志联邦甚至要求检查官重新编辑记者的报道，他们为各种文本的审定设定了许多标准（"意义表达较好""正常的""可接受的"），不过每一个检查官的标准并不相同，所以德意志各邦国内的审查并不一致。尽管德意志联邦希望各邦国的书报审查制度能够一致，但是整个审查过程仍具有相当大的主观性。德意志联邦东部的萨克森由于看到了出版业所带来的巨大利润，对于一些违规行为也就睁一只眼闭一只眼。[31]即使是在同一邦国内，这种审查不一致也存在，在普鲁士境内，一部在柏林已经被禁止上演的戏剧有可能正在特里尔（马克思故乡）上演，或者在首都被禁的一些印刷品反而能在首都之外的城市堂而皇之地售卖。

出版审查最大的特点就是政府利用武断方式限制信息的自由流动，不过德意志各联邦并没有成功地阻止反对派观点的传播，一些违法出版物很难禁绝，尤其是像汉堡、慕尼黑、斯图加特、莱比锡这些城市，随着图书市场的繁荣，在利润驱使下一些书商铤而走险。与德国邻近的国家，如瑞典、法国、比利时及荷兰的出版社也开始出版直接针对德国读者的出版物。恩格斯在不莱梅工作生活期间，之所以能够看到各种语言的报刊及其他出版物，这亦是其中一个原因。

到 19 世纪 40 年代后期，随着报纸印刷速度的提升，以及铁路运输的发展，德国书报检查官的权威逐渐衰落。当一份报纸被政府收回时，成千上万张这份报纸的复制品已经在读者的手上了。在 1848 年革命之后，出版审查法令逐渐失去意义。

五、结语

恩格斯的《刊物》一文为我们了解 19 世纪 30 年代德国报刊媒体与社会

变迁提供了珍贵翔实的记载。通过考证来看，商业中产阶级通过自己的努力建立茶会、商会、读书会等各类公民组织，新兴资产阶级的公共活动空间逐渐扩大，德国公共领域初步形成。

19 世纪 30 年代，德国报业正处于进入大众化报刊的前期。造成这种状况的主要原因是，德国当时尚未完成工业化，以及无处不在的报刊审查制度。但审查制度并非天衣无缝，恩格斯当时生活的不来梅，各种外国报刊都可以看到。正是在不来梅生活的这段时间，恩格斯不断阅读报刊，并一直为报刊投稿，他才留意不来梅的报刊发展情况，写下了这篇文章。

通过对《刊物》一文的考证，我们看到在 19 世纪 30 年代，德国的知识阶层已经在社会中占据了重要地位，这些人包括自由撰稿的作家、诗人、记者和编辑等。这些知识分子为更低等级的阶层呼吁，在德国动荡不安的 19 世纪 30 年代和 40 年代，他们和受过一些教育的更低阶层的人成了德国最具革命意愿的新生力量。[32]

（作者为陕西师范大学新闻与传播学院教授）

注释

[1] 马克思，恩格斯 . 马克思恩格斯全集：第 2 卷［M］. 2 版 . 北京：人民出版社，2005：577.

[2] 张新 . 恩格斯传［M］. 北京：当代世界出版社，1998：3.

[3] 格姆科夫 . 恩格斯传［M］. 易廷镇，译 . 北京：人民出版社，2000：9.

[4] 科尔纽 . 马克思恩格斯传：第 1 卷［M］. 北京：三联书店，1980：121.

[5] 同［3］17.

[6] 同［1］182 - 183.

[7] 同［4］27.

[8] 同［4］233.

[9] 同［1］183.

[10] 哈贝马斯 . 公共领域的结构转型［M］. 曹卫东，等译 . 北京：学林出版社，1999：82.

[11] SPERBER J. Germany 1800 - 1870［M］. Oxford：Oxford University Press，2004：187.

[12] 迈克尔·曼. 社会权力的来源：第 2 卷上 [M]. 陈海宏，等译. 上海：上海世纪出版集团，2007：333.

[13] ROSS C. Media and the making of modern Germany [M]. Oxford：Oxford University Press，2008：21.

[14] 同 [11] 188.

[15] 同 [1] 183 - 184.

[16] 同 [11] 193.

[17] 同 [11] 194.

[18] 同 [10] 83.

[19] MELTON J. The rise of the public in enlightenment Europe [M]. Cambridge：Cambridge University Press，2001：81 - 104.

[20] CHAPMAN J. Comparative media history：an introduction：1789 to the present [M]. Cambridge：Polity，2005：27 - 28.

[21] 同 [1] 184.

[22] BOYLE L O. "The image of the journalist in France，Germany，and England，1815 - 1848". Comparative studies in society and history，1968，(3)：312.

[23] 同 [1] 184.

[24] 同 [1] 192 - 193.

[25] 同 [1] 291 - 292.

[26] 同 [1] 189.

[27] 同 [1] 184 - 185.

[28] 陈力丹. 世界新闻传播史 [M]. 上海：上海交通大学出版社，2002：97.

[29] 同 [2] 17.

[30] 同 [1] 185.

[31] GOLDSTEIN R. The war for the public mind：political censorship in nineteenth-century europe [M]. Westpoint：Praeger Publishers，2000：39 - 40.

[32] 奥茨门特. 德国史 [M]. 邢来顺，等译. 北京：中国出版集团，2009：154.

青年恩格斯的音乐传播思想

——恩格斯《莱茵省的节日》一文的考证研究

王亦高

一、背景厘清

弗里德里希·恩格斯于 1842 年 5 月 6 日撰写了一篇德文通讯《莱茵省的节日》，发表于同年 5 月 14 日《莱茵政治、商业和工业日报》第 134 号，未署名。当时恩格斯在柏林服兵役，21 岁，是该报通讯员。

该文刊载于原著文字版的《马克思恩格斯全集》历史考证版（首字母缩略为 MEGA）第一部分第 3 卷正文本 352～354 页，文章标题德文原文为 Rheinische Feste。关于该文的背景资料刊载于 MEGA 第一部分第 3 卷资料本 984～985 页。

中国大陆的两版《马克思恩格斯全集》均由中共中央马列编译局编译，人民出版社出版。第一版依照苏联俄文第二版译出，共 50 卷（53 册）。《莱茵省的节日》一文刊于该版第 41 卷 305～307 页。中文第二版，其来源版本以德文原著为主，拟出版 60 卷，目前已出版约 20 卷。《莱茵省的节日》刊于第二版第 2 卷第 437～439 页。两个中文版本译文略有出入。本文中该文的引文均引自第二版，后文不再注明出处。

该文的写作背景，据 MEGA 记载，是因为第 24 届莱茵音乐节将于 1842 年 5 月 15—17 日在德国杜塞尔多夫（Düsseldorf）举办。恩格斯的文章写于这届音乐节举办之前，所以不能被看作报道性质的文章。

杜塞尔多夫位于德国西部，是德国北莱茵-威斯特法伦州的首府城市，莱茵河沿岸最重要的城市之一。这个城市是德国著名抒情诗人海因里希·海涅（Heine）的出生地。每年一度的莱茵音乐节，为这个原本已经诗情满溢的城市再增绚烂之色。

然而，第 24 届莱茵音乐节的举办对于恩格斯写作该文而言只能算是外因，更为内在的写作动机是，恩格斯一向对音乐艺术心有戚戚焉。据 MEGA 考证，恩格斯在不来梅（Bremen）和柏林（Berlin）曾写过大量信件，表明他对音乐的兴趣，叙述他在德国生动的音乐生活。其中最值得一提的是 1838—1841 年间恩格斯写给妹妹玛丽·恩格斯（Marie Engels）的多封信件。

在此叙述这些外围的事情，目的在于确认《莱茵省的节日》的著作权人。该文发表时未署名，那怎么知道这是恩格斯的作品呢？事实上，除了上述诸多信件之外，还有两篇文章值得关注，一篇是《来自埃尔伯费尔德》（Aus Elberfeld），另一篇是《风景》（Landschaften）。这两篇文章中均出现过类似《莱茵省的节日》文中观点的观点，这一事实作为旁证，可以证明《莱茵省的节日》确实出自恩格斯之手。

《莱茵省的节日》篇幅短小，中译文不到两千字。该文虽短，地位却独特，这是为什么？有一点可以肯定，这是因为恩格斯在这篇文章里较为集中而深入地讨论了音乐的话题，顺带谈及艺术与宗教的关系。后世学者讨论艺术尤其是音乐话题时常常引用该文，一些学者甚至将其作为音乐传播研究中难得的早期文献来看待。

或许人们不应该对一个 21 岁年轻人的文章如此看重，但年轻的恩格斯在《莱茵省的节日》一文中对宗教、艺术，以及音乐传播等问题确实提出了不同凡响的个人见解，且表述得生动、清晰和鲜明。那时的恩格斯曾经连续撰写了多篇类似的文章，可见这并非是一时兴起，而是某一时间阶段中积极思考的结果。一个值得注意的细节是，《莱茵省的节日》一文发表时，其题目之后注有罗马数字Ⅰ——这个标记在 MEGA 原文中极为显眼——这似乎表明，恩格斯对该文相关问题的论述才刚刚开始，今后很可能要继续论证下去。虽然这个愿望并未实现，但足以表明他当时是有不少想法的。

总之，恩格斯早年的文章不仅给后人提供了其早年生活经历和德国当时风土人情的宝贵记录，更让人注意到恩格斯早期的思想观念和美学标准，对研究他思想发展的渊源大有裨益。

二、观点分析

（一）宗教活动与艺术节日

文章的开首，恩格斯写道："一年中总有一些时候使漂泊异乡的莱茵人特别思念自己美丽的故乡。春天，在过圣灵降临节期间，在莱茵音乐节的日子里，这种思念就格外强烈。这完全是人之常情。"这段话里引人注意的是两个并列的时间状语，一个是圣灵降临节，一个是莱茵音乐节，二者关系似乎极为密切。文章第二自然段第一句说"莱茵音乐节是个美妙的节日"，然后描述了来自四面八方的人群如何被欢快的节日气氛和欢乐的情绪所感染，紧接着用一句话总结说"大家都准备庆祝圣灵降临节"。

参加当今莱茵河河畔杜塞尔多夫音乐节的游客

圣灵降临节是宗教的节日，而莱茵音乐节则是艺术的节日，显然，在该文看似不经意的开场话语中，恩格斯已经把艺术与宗教的微妙关系——二者之间的渊源、区别、纠葛、变迁，暗暗蕴含其中了。恩格斯为我们叙述并印证了这样一个历史事实：现代诸多传统悠久的大规模民间艺术庆典，实际上大多是发源于古代宗教性社会交往活动的。该文中恩格斯津津乐道的莱茵音乐节或许正是源于该地区古代纪念圣灵降临的宗教节日——虽然恩格斯并没有对此做出明确的说明。

那么，为什么艺术活动与宗教活动如此切近呢？恩格斯没有正面论及这个问题。但他的文字中有这样一段话："大家都准备庆祝圣灵降临节，然而起源于纪念圣灵普降的节日，不可能比沉浸在神圣的欢乐和生活享受的气氛中更有意义，因为构成生活享受最内在的核心正是艺术享受。"可见，四面八方的人们，不惜长途跋涉聚在一起，不是为了别的，而是赶来"享受艺术"。正是"艺术享受"这个核心目的，把宗教的节日和艺术的节日扭结在了一起。这也就解释了为什么大规模的民间艺术庆典活动多发源于古代的宗教：因为正是在宗教活动中，人们才聚集在一起，举行各种仪式。而这些仪式，以其特有的情感方式，表达了人们心中的祈望。逐渐地，这些庆典活动就以某种艺术的形式——诸如唱诗、奏乐、舞蹈等——固定下来，代代相传，延续不绝。随着时间的推移和人们对宗教意义认识上的变迁，节日中的宗教成分慢慢淡薄甚至疏离，而艺术享受的成分则渐次扩大和蔓延开来。节日庆典仪式和其中表演的音乐舞蹈成了最让人们赏心悦目的乐事，人们期盼节日的到来，是为了追逐能使他们快乐的艺术享受。"追逐欢乐"无疑是每一个人发自内心的渴望，没有人能够阻止这种渴望。看看年轻的恩格斯说得多么生动："人人满怀着节日的心情，个个露出节日的笑颜。多么高兴呀！一切烦恼、一切事务统统置诸脑后了。""旧友重逢，新交相识，青年人的笑语喧哗连成一片，就连那些被爱女硬劝来参加节日活动的老年人，尽管身患关节炎、痛风、感冒和疑心病，也被大家的欢乐情绪感染了，而且既然来了，就得尽情欢乐。"

总之，规模化的宗教仪式造成了人群的聚集，形成了一定的艺术性活动程式，其神圣的心灵感召也激发着人们情绪的冲动。人们从中感受快乐或者释放激情，人们为这快乐而来，为这激情而来，忘掉一切，投身于兴高采烈的亢奋之中。这就是宗教活动与艺术节日合二而一的原因所在。直到今天，这种情形仍然延续着，其中的道理自不待言，而恩格斯对这个道理的揭示无疑是生动、切实和发人深省的。

（二）音乐艺术与即时传播

在诸多艺术享受之中，又是哪一种艺术最受民众的青睐呢？恩格斯写道："在一切艺术中，正是音乐最适于构成这种友好的省城集会的核心"。恩格斯无疑将音乐摆在了一个非常崇高的位置上，而其核心的思想就是："音乐是唯一使享受和生动的演奏协调起来的艺术"。

恩格斯首先把音乐演奏和古代剧场表演进行了对比。他认为，在古代，悲剧演出能够起到集会、协作、交流、传播的作用，因为"悲剧只要没有通过乐队席和合唱席的演员用生动的语言讲述出来，对于古代人来说就是僵死的和陌生的"。因此，每当重大节日到来的时候，舞台就活跃起来，为人们演出平日里难得一见的悲剧或喜剧，而这一演出成为人们关注的焦点，剧院也就自然成为人们聚集、交流的平台。可现在不同了，这种情况已经不复存在："现在，每座城市都有自己的剧院，每天晚上都有演出，而对古希腊人来说，只有逢到重大节日，舞台才活跃起

青年恩格斯自画像
（19世纪40年代）

来；现在，印刷术使每一个新剧目都传遍全德国，而在古代，手抄的悲剧剧本，只有不多的人才能读到。"戏剧在人们心中的分量被削弱了。在古代难以欣赏到的悲剧表演，现在随时随地可得了。恩格斯于是下结论说："戏剧再也不可能成为重大集会的核心了。应当起用另一种艺术，而这只能是音乐"。恩格斯明确地用音乐代替了古老戏剧的地位，他说："（音乐）影响所及的范围相当于古希腊的戏剧。"音乐何以有如此魅力？回答是："因为只有音乐才允许为数众多的人进行协作，甚而由此获得相当强的表现力；音乐是唯一使享受和生动的演奏协调起来的艺术"。这一段话是此处恩格斯最精辟的观点。

让我们来简要分析一下这个观点。很显然，绘画、建筑和雕塑等艺术可以将作品放置于任何位置，随时供任何人欣赏，传播者（一般为创作者）和

接受者（观众）可以分离。而音乐演奏则全然不同。恩格斯所说的"音乐是唯一使享受和生动的演奏协调起来的艺术"这句话，指出了音乐的传播过程有别于其他艺术传播过程的特殊性，那就是：在音乐传播过程中，传播者和受众必须紧紧捆绑在一起，须臾不能分离！

音乐传播何以有这样的特性，恐怕听过音乐会的人都不难理解。在音乐会的场地上，作品的演奏与聆听必须处在"同一时空"之中，构成"面对面"亲切接触的紧密关系。"演奏者"与"欣赏者"虽然占据着各自的位置，并不混同，但二者却又必须互相接近，不可或缺，成为一个传-受统一体。在恩格斯看来，享受（即音乐信息的接受者）与演奏（即音乐信息的传播者）必须处于同一时间点上，处于同一空间之中，因而，二者就因音乐的发生而紧密联系在一起，经历共同的过程，享受共同的欢乐。回想我们生活中聆听音乐演奏的经历，难道不是如此吗？我们可以在美术馆里来回溜达，在自己喜爱的作品之前驻足观望（这是因为美术作品的创作与欣赏通常不在同一时间点上，亦不必在同一空间中），但是我们却无法在音乐会上自由随意地来回反复欣赏自己喜爱的音乐，无法要求乐队将自己喜爱的音乐片段随时重奏出来。音乐的传播，其最大的特点就是具有"面对面"的"同一时空"性质。

我们可以把恩格斯的这一观点进一步概括为：音乐传播是一种"即时"的传播，这是"面对面"和"时空同一"的必然结果——传播活动必须依存于"活"的、"即时"的信息生产过程中方能存在，只有真正同时同地都在那里的人才能听见并对信息做出反应。也就是说，在音乐传播的过程中，演奏者与倾听者必须同时在场。这一看似天经地义的细节其实是音乐传播中最不可被忽视的本质所在。而音乐传播的"即时"决定了音乐在艺术传播中至高无上的地位。因为正是这一特性使它有能力将所有的人聚集在一起，使人们拥有了共同的生命节奏、共同的欢乐和悲哀。

进一步分析不难发现，音乐传播的"即时"特点使其具有两种相互联系而又彼此不同的衍生特点——"易失"与"易逝"。"易失"是说音乐作品在保存过程中很容易"失去"；"易逝"是说音乐作品在欣赏过程中很容易"流逝"。《莱茵省的节日》一文结尾写道："三天的节日活动就像几个小时一样在畅饮、歌唱、嬉笑中飞逝了。到第四天早晨，当大家已经尽兴待归的时候，他们又欣然期待着来年，相约再见"。是啊，音乐节中的音乐带给人们巨大的欢乐，但那欢乐又在音乐的演奏中迅速流逝，最终失去，只留下对欢乐的珍贵记忆和对来年再次欢乐的热忱企盼。

演奏者与倾听者同时在场，始终是恩格斯坚持的观点。根据这个前提，恩格斯进行了重要的推论，提出了"音乐只有乐谱而不演奏出来让人听到，就不能使我们得到享受"这一观点。简单地说，恩格斯在这里点明了：音乐是听觉艺术，音乐必须聆听，即使现代乐谱的传播已经十分方便和普及，能够识谱的受众也日渐增多，仅靠阅读乐谱来欣赏音乐也是不行的。

之所以反复强调音乐必须聆听，恩格斯的用意想必是希望强调他对人世间一种理想境界的向往，那就是人与人之间通过音乐的传播而达致的生动交流与亲密沟通的欢乐境界。就此，恩格斯说了一段很重要的话："但是，音乐在这里不是主要的。那什么是主要的呢？音乐节才是主要的。圆心没有圆周就不成其为圆，同样，没有愉快友好的生活，音乐也就不成其为音乐了，因为愉快友好的生活构成音乐这一中心的圆周。"为此，恩格斯还特意指出："只有音乐才允许为数众多的人进行协作"。在视觉艺术面前，每个人都不过是一个独立的个体，静默地注视着某件艺术作品。但在听觉艺术面前，每个人都处于参与交流的状态之中，处于情感勃发的兴奋状态，这正是在恩格斯看来音乐永远和"集会""协作"密不可分的道理。

回到音乐的本质问题上，恩格斯的观点认为，音乐的生产和表达就是为了传播与交流，而其传播交流的目的，是营造一个欢乐的世界，让人人都有一颗欢乐的心。人们对待视觉艺术，如绘画、雕塑、建筑等，或许只是作为一个旁观者；而对待音乐却是作为一个参与者。也正是在这个意义上，我们无妨说，以恩格斯的观点来看，人类的文化，说到底，竟然与音乐有如此深刻的联系。我们的生活是离不开音乐的，在需要传播与交流的场合更是如此。有了音乐，也就有了享受和演奏协调起来的艺术，也就有了演奏者与倾听者之间，甚至演奏者与演奏者和倾听者与倾听者之间最真挚而亲切的沟通与交流。这或许正是恩格斯眼中的景象，毋宁说也是他心中的大同世界的理想："这里有欢乐的气氛，有活跃、随意的生活；有清新的享受，在别处这是人们长期以来梦寐以求的。这里到处都可以遇到欢乐的、善良的面孔，他们对前来共享欢乐的人都是友爱和诚挚的。"

（三）音乐传播的意义问题

在《莱茵省的节日》一文中，恩格斯不由自主地表现出了对德国人的称赞。他说："的确，德国人能赞美和扶植音乐，他们在各民族中是音乐之王，因为只有德国人才能把人类情感中最崇高和最神圣的东西，即最内心的秘密从其隐匿的深处揭示出来，并且通过音乐表现出来，同样，也只有德国人才能极其充分地感受到音乐的力量，彻底地理解乐器和歌曲的语言。"这是恩格斯的自豪之语，因为恩格斯自己是德国人。因此，我们不能过于认真地讨论这段话中对德国人音乐天赋的赞美究竟对不对的问题。这不是一个学术问题，只是一个感情问题。但是，这其中还蕴含着一个深奥的命题——音乐到底传达了什么，即音乐所传播的意义。显然，恩格斯认为，音乐传达了情感。只不过，这情感到底是什么，他没有明说，只说是某种最崇高、最神圣、最内心的东西。

事实上，在音乐传播的学术研究中，最使人感到困惑也最难以解决的问题之一就是音乐传播的意义问题。诚然，年轻的恩格斯以其敏锐的艺术感知力和理解力提出了这一问题，这本身就不能不让人钦佩。但就这一问题的深入讨论而言，笔者却希望指出：不能将音乐传播过程理解为一种直接的情感传达过程，音乐的传播过程也绝不能不加解释地用"音乐表现情感"这样简单而宽泛的结论来解释。外国学者斯多尔（Storr）如是说："音乐不是这样的一种传播：作曲者将自身感受直接传播给听众；音乐更应是这样的一种传播：作曲者将自身感受意义化、形式化，将自身感受从处于自然状态的情感之态化为艺术之态。"[1]因而，对于恩格斯的这一观点，我们需要再行斟酌。

无论怎样，恩格斯的思想认识还是十分明确的，他希望并认为能够在音乐之中寻觅一方精神交往的奥妙天地。他的由衷愿望，其实也正是如此："音乐最适于构成这种友好的省城集会的核心，使得附近所有受过教育的人都聚集在一起，互相激励生活的勇气，重温青春的欢乐。"

三、典故溯源

（一）雅典娜节与酒神节

恩格斯说过："如果说在古代吸引群众的是雅典娜节和酒神节上的喜剧表演、悲剧诗人的比赛，那么今天在我们的气候条件和社会情况下，与此相应的就只有音乐了。"恩格斯用到了两个有趣的典故——雅典娜节和酒神节。这二者其实都是古希腊时期为了祭祀神祇而举行的宗教性庆祝活动。雅典娜被尊奉为智慧女神兼战争女神。古希腊城邦中的翘楚雅典城，就是以雅典娜的名字命名的。酒神则是指狄俄尼索斯（Dionysus），通常被认为是艺术之神，尤其被认为是音乐和舞蹈之神。

考证历史，雅典娜节和酒神节都是古希腊时期的重要节日，很多学术著作中都保存有对于这些节日的有趣记录。譬如，荷兰学者赫伊津哈（Huizinga）提到过这样的例子："男子选美比赛是雅典娜节庆……必不可少的一部分。"[2]英国学者基托（Kitto）则说过："某些国家节日，其中之一便是狄俄尼索斯的节日。"[3]

特别注意，酒神节的德文是"Bakchosfesten"，该词词根是 Bacchus，即酒神巴克斯。而酒神巴克斯其实是古罗马神话里的用语，这个神的原型乃是古希腊神话里的酒神狄俄尼索斯。我们基本上可以认为狄俄尼索斯和巴克斯其实是同一个神，只不过名称不同而已。

雅典娜节和酒神节，它们的共同之处就在于：人们以某种宗教性质的节庆仪式为依托，意欲获得一种精神上的超越。而这种超越，使人们摆脱日常生活的一般逻辑，摆脱世俗功利的困扰，让精神升华到更加超脱的另一个世界中去，这就是恩格斯在《莱茵省的节日》中所描述的"一切烦恼、一切事务统统置诸脑后"的那种状态，是完全摆脱了"在枯燥无味的日常生活中因为操劳而精神不济"的那种状态。酒神节中的"酒"正是这一境界状态的隐喻，酒神即是这一精神的人格化。在节日中，人们对酒神的狂热崇奉、纵情的舞蹈、激动的音乐和极度的醉酒，都是这一状态的外在表现。其实，恩格斯在文章中也有意或无意地屡次提到"酒"，他讲"边说笑，边喝酒"，又讲"晚上照旧端着酒杯"，甚至讲"莱茵人……的血液在血管里像新鲜的莱茵葡萄酒一样轻快地流动"。恩格斯的意思其实是很明白的：无论是艺术还是宗教，它们的特性之一就是把人们从琐碎庸俗的日常生活的牵累之中解脱出来，达到一种超越。就这种超越而言，宗教与艺术是共通的。请看恩格斯怎样描述莱茵人闲暇时的状态："他们坐在葡萄树下，边说笑，边喝酒，自己的烦恼早已置诸脑后，而别人还在从长计议要不要也这样干，蹉跎了大好时光。毫无疑问，没有一个莱茵人会错过享受生活的机会，否则就会被当作大傻瓜。"

其实，在恩格斯的眼中，日常工作与节日庆祝根本是两个截然不同的世界，节日是日常工作的停顿。由于艺术活动是非功利的，所以人们参加艺术活动时，不含有世俗功利的目的，脱开了日常工作和生活的一般秩序，而进入了属于自身的自由闲暇的时间与空间里。此时人们的精神状态与辛辛苦苦卖力工作时的状态完全不同，也与贫穷困苦的日常生活状态完全不同。恩格斯始终认为，艺术享受不带有人为规定的世俗目的，对艺术的享受是人所独具的一种最高级的精神享受或精神消闲，而对这种最高级的精神享受——艺术享受——的由衷向往是人类生命存在的最高目的。

让我们再来重温一下恩格斯此处的核心观点，那就是：宗教与艺术的关系是紧密的，因为二者都是对闲暇时间的利用，因而是日常生活的停顿；就节日庆祝活动而言，其宗教性质总会随着历史的发展而式微，逐渐变成完全以艺术活动为主的社会化的一般交往形式。雅典娜节与酒神节或许已不复现，唯有音乐艺术长存，唯有欢乐的群众性节日活动长存。

（二）莱茵音乐节

根据 MEGA 的考证，1815 年法国拿破仑的外族统治结束后，由莱茵河地区的小资产阶级倡议，在当地的艺术爱好者的领导下，很多城市都纷纷成立了音乐和演奏协会。1818 年，在杜塞尔多夫举办了第一届莱茵音乐节，直到 19 世纪中叶，杜塞尔多夫都一直是普鲁士莱茵省的音乐中心区。说来更巧的是，音乐节的组织者虽然有多位，但其中之一是奥古斯特·恩格斯（August Engels），此人正是恩格斯的叔叔。

至于音乐节本身，最初只有杜塞尔多夫和埃尔伯费尔德（Elberfeld）加入，但至 1821 年，科隆（Köln）也加入了，至 1825 年，亚琛（Aachen）也加入了。1827 年，埃尔伯费尔德由于缺少合适的音乐厅又退出了。

按照惯例，音乐节应该每年举办两天，但自 1833 年开始有了新变化。费里克斯·门德尔松·巴尔托迪（Felix Mendelssohn Bartholdy）从 1833 年开始多次主持音乐节，在他的主持下，节目和艺术形态都达到了较高水准，并有诸多创新。创新之一就是在两天的节目之后，又搞了第三天的表演，是各种节目特别是独奏表演的大杂烩——而在头两天里，按规定，一般是清唱剧（神剧）和大型器乐作品的演出。1842 年 5 月 15 日—17 日在杜塞尔多夫举办的音乐节，也是由费里克斯·门德尔松·巴尔托迪主持的。

四、翻译考证

最后，笔者想提出几个翻译方面的问题，或有吹毛求疵之嫌，但亦有抛砖引玉之意。

其一，根据 MEGA 的考证，《莱茵省的节日》的实际所指应该是 Niederrheinische Musikfest，直接翻译过来应该是"下莱茵河音乐节"。当然，恩格斯的原文标题"Rheinische Feste"被翻译为"莱茵省的节日"，也没有什么特别大的错误。不过，莱茵省毕竟是很大的一片区域，所以音乐节不大可能是整个莱茵省的，而只是西部杜塞尔多夫一带的。因此，如果严格地讲，"莱茵省的节日"这个叫法终归还是有些问题的。基于此，笔者建议，在具体的行文之中，"莱茵省的节日"的实际意思——恰如 MEGA 所指出的那样——应为 Niederrheinische Musikfest，所以应直接翻译为"下莱茵河音乐节"，这样恐怕才更为精准与妥当，并能更为正确地反映当时的历史原貌。

其二，"乡愁"与"思念"。中文第一版翻译为"乡愁"，中文第二版翻译为"思念"。试看第二版译文："春天，在过圣灵降临节期间，在莱茵音乐节的日子里，这种思念就格外强烈。"对此这个翻译，笔者反倒觉得第一版的翻译更有韵致些。

其三，"忧郁症"与"疑心病"。中文第一版翻译为"忧郁症"，中文第二版翻译为"疑心病"。MEGA 原文写作 Hypochondrie，英文版为 hypochondria，这个词其实是个医学术语，是"疑病症"的意思，就是说，一个人总怀疑自己得了病，其实不见得真有病。因而，无论翻译成"忧郁症"还是翻译成"疑心病"，都不如直接翻译为医学术语"疑病症"为好，即"自疑患病"本身成了一种病。

其四，"报刊"与"印刷术"。中文第一版翻译为"报刊"，中文第二版翻译为"印刷术"。这个词在 MEGA 原文中是 Druck，在英文版里直接写作 printing，看起来，这个词翻译为"印刷术"的确更好些。

其五，"一致"与"协调"。中文第一版翻译为"一致"，中文第二版翻译为"协调"。试看第二版译文："音乐是唯一使享受和生动的演奏协调起来的艺术。"这个词在英文版里写作 coincide with（英文完整句子写作 it is the only art where enjoyment coincides with live performance）。这个词本身应该是"一致""相符""重合"的意思，翻译为"协调"则稍稍有些转义。笔者认为，第一版翻译的"一致"比第二版的"协调"其实更准确。

其六，"丰富多彩无拘无束"与"活跃随意"。中文第一版的句子翻译为："这里有欢乐的气氛，有丰富多彩、无拘无束的生活。"中文第二版则翻译为："这里有欢乐的气氛，有活跃、随意的生活。"第二版明显感觉比第一版简洁。MEGA 原文是：Das ist eine Fröhlichkeit，ein bewegtes，zwangloses Leben. 英文翻译为：There is a gaiety，a freedom and movement of life. 依笔者的意见，两种中文翻译其实都对。但"随意"一词似乎褒义不足，反失其美。

其七，笔者曾引用过一段话，即："大家都准备庆祝圣灵降临节，然而起源于纪念圣灵普降的节日，不可能比沉浸在神圣的欢乐和生活享受的气氛中更有意义，因为构成生活享受最内在的核心正是艺术享受。"这句话的英文版本是这么写的：Everybody is preparing for the Whitsun holiday，and a festival that derives from the general emanation of the Holy Spirit cannot be more worthily celebrated than by surrendering to the divine spirit of bliss and enjoyment of life，the innermost kernel of which is enjoyment of art. 如果考虑英文版的写法，中文的译文似乎值得商榷。循现在的中文译文来看，突出的

大意是讲艺术享受比宗教节日更重要，但英文译文的意思却似乎并非如此，而是说，宗教节日肯定是重要的，而庆祝节日的最有意义的方式则是将自己沉浸在艺术享受之中。这句话说得更直白一些就是：一定要让自己沉浸在神圣的欢乐和生活享受的气氛中，因为再也没有比用这种方式来庆祝圣灵降临节之到来更有意义的庆祝方式了。请注意，该段文字讨论的应该是庆祝方式的问题，并没有将宗教节日与艺术享受二者拿来做直接的比较。但通观中文第一、第二版，译文都如引文所引。因此，就译文而言，这里应该是一个重大"悬案"。

行文至此，我们要与《莱茵省的节日》一文依依作别了。然而，在这里，笔者还想指出，对于该文中的观点，也要与时俱进地加以理解。譬如，随着录音技术的发展，更多的听众似乎更喜欢"独享"音乐，自己一个人静静地聆听。而这种情况，与一百多年前的社会情况——恩格斯为之心弦颤动的那种情况——显然已经大不相同了。在恩格斯的描述中，音乐是和"集会""协作"密不可分的；而如今依靠新的技术手段，受众实现了个性化的、随时随地的"独自聆听"。如此巨大的变化究竟是怎么回事？解释这些问题，已经超出了本文的内容范畴，但我们不能不提出这个问题，并由此得出结论：音乐传播作为一种社会活动，同其他任何社会活动一样，都是实实在在的客观存在，有其发生与发展的历史。音乐传播毫不例外地有自己的过去、现在和未来。我们不能固执己见，更不能主观臆断，我们所应该做的只是如实地发现它们，描述它们，研究和思考它们——正如青年恩格斯在《莱茵省的节日》一文中所表现出来的那种精神与态度一样。

（作者为中国人民大学新闻学院副教授）

注释

［1］ STORR A. Music and the mind ［M］. New York：HarperCollins Publishers，1992：100.

［2］ 赫伊津哈 . 游戏的人：文化中游戏成分的研究 ［M］. 何道宽，译 . 广州：花城出版社，2007：73.

［3］ 基托 . 希腊人 ［M］. 徐卫翔，黄韬，译 . 上海：上海人民出版社，2006：95.

马克思论时间、空间与信息传递的辩证关系

——对《经济学手稿（1857—1858）》（资本的流通过程篇）的传播学考证

王　晶

作为撰写《资本论》的前奏，马克思的《经济学手稿（1857—1858）》（简称《手稿》）主要论述的是有关商品、货币与资本的经济学原理，但是在论述过程中，他做出"用时间消灭空间"这个关于19世纪传播与物流关系的论断，并进行了较全面的阐述。本文主要从传播学的视角对《手稿》进行考证，并梳理出两方面的观点：缩短时间是改进信息传递技术的重要动因、时间和空间是信息传递的两个要素。

一、《经济学手稿（1857—1858）》一文的写作背景

马克思的《手稿》是1859年出版的《政治经济学批判》的初稿，包含在马克思用罗马数注明F-K的七大本手稿中。在最后一本即第七本的封面上，马克思亲笔写明：《政治经济学批判（续）》［*Political Economy Criticism of (Fortsetzun)*］。"续"这个词表示第七本是前六本的继续，而《政治经济学批判》则可以认为是全部手稿的主要标题。

《手稿》主要阐述的是商品、货币与资本的流通原理，正文共包括三章。该文原文是德文，第一次用《政治经济学批判大纲》的标题发表于1941年。马克思在1858年11月29日致恩格斯的信中谈到自己的《手稿》时，把它叫作"草稿"。《手稿》确实具有明显的草稿性质。马克思在1858年5月31日致恩格斯的信中指出，这个《手稿》"很乱，其中有许多东西只是以后的篇章才用得上"[1]。

马克思在《手稿》中表述了有关时间、空间的辩证关系，以及"用时间

消灭空间"的观点。其中，"用时间消灭空间"是核心，这是马克思关于 19
世纪传播与物流关系的论断，在《资本章》第二篇《资本的流通过程》的写
作中有较全面的论证。

马克思《经济学手稿（1857—1858）》的一页　　　　　　　　马克思（1867）

二、《经济学手稿（1857—1858）》的主要传播学观点

（一）缩短时间是改进信息传递技术的重要动因

马克思在《手稿》中认为，应把资本的生产过程和流通过程看作辩证的
统一。资本发挥职能的形式表现为一种连续不断的运动，它在生产过程中创
造出价值和剩余价值，然后在流通过程中使这些价值得到实现，再以更大的
价值重新回到生产过程，如此周转不已。所以资本的整个运动表现为"生产
和流通的统一。这种统一本身便是运动，便是过程"[2]。马克思认为，在交通
工具发展有限的情况下，资本家会努力采取一些方式减少商品（信息）在运
输（传递）过程中的滞留时间，例如，他们会不断地寻找新的商品销售市场，

通过扩大的商品需求来增加运输的频率，从而减少同样总量的商品到达市场的时间；他们也可能通过长期的经济合作来建立一些新的信用形式，如虚拟资本的支付方式，从而大大缩短资本流通的过程。[3]

为了尽可能减少商品（信息）流通（传递）过程中的价值损失，资本家总是想方设法减少流通时间，缩短距离，试图解决不断扩大的空间和尽可能少的时间之间的矛盾。他们采用的缩短时间的主要方法，除了集中生产，就是改进交通。所谓集中生产，就是根据需要，把不同的产品加工部门整合到同一个地点，形成一个集中化的生产平台。关于交通的改进，马克思提出了三种解释。"由于**交通工具的发展**，商品迅速地从一个生产阶段转到另一个生产阶段；换句话说，缩短了间歇期间，减少了商品在一个生产阶段和另一个生产阶段之间的中间阶段的停留时间，或者说，缩短了从一个生产阶段到另一个生产阶段的**转移**。"[4]

在一般情况下，由于利益的驱使，资本家非常注重通过发展交通工具来减少商品运输中的时间和费用。因为随着生产技术的逐渐提高，同一时间内生产出来的商品的数量越来越多，为了防止商品积压，资本家需要不断开拓新的销售市场，通过不断增多的消费需求来解决这些数量庞大的商品，于是，商品市场的发展规模打破了以往的地理边界，越来越远离最初的生产地点。如果此时的交通工具有足够迅捷的运输速度，即使市场半径在不断加长，也可以借助先进的交通手段来缩短物品运输过程中消耗的时间，减少运输的费用。所以，资本增值的本性，是资本家不断改进交通运输条件的根本动力。[5]

交通工具的改善、运输业的发达，不仅拓展了市场空间，缩短了流通时间，而且使远方市场取代当地市场成为可能。因为在同一历史条件下，不仅是交通技术大大发展，生产技术也是同时提高的，它使相同时间内的产品数量越来越多。增多的产品总要有更多的销售市场，如果恰恰此时的交通运输条件为市场的开拓提供了可能，那么刚刚缩短的流通时间就会因市场的再扩大而重新延长。[6]商品市场的发展规模越大，需要本身发展的生产能力也就越高，能够到达远方的商品也就越多。同时，由于交通条件的改善、运输频率的增加，单个商品的流通成本得以降低。这样，同一市场上就可能充斥着不同的商品种类，而"享受的多样性，即商品使用价值的多样性，会随着这种商品能够交换别的国家、别的气候条件等等产品的其他使用价值的程度，而不断增加起来"[7]。但是，"远方的市场代替了当地的市场"[8]也会带来另外一种情况，就是远方的市场使商品的运输过程变长，需要耗费在这个过程中的人力劳动等就会增加，从而运输的费用也随之上升。为了克服这个新增加的成本问题，又将面临新一轮的交通工具的改进。

可见，交通工具也不是万能的，它在解决时空矛盾的同时也在制造新的矛盾。关于这一点，马克思本人有着专门的论述：交通工具的改进大大缩短了商品滞留在运输过程中的时间，这些节省下来的时间，可以使商品到达更远的市场，然后，市场的半径继续扩大，促进交通工具继续更新，如此循环，永无止境。[9] 于是，市场空间的扩大与运输时间的缩小之间产生了矛盾，市场距离本来是可以通过交通技术的改善大大缩小的，但是运输时间的缩短又反过来促进了市场空间的扩大。

马克思的以上论述表明了流通时间的特性：商品流通时间越长，对商品的价值损害就越大；反之，流通时间越短，对商品价值的损害就越小。流通时间对商品价值的这种负面影响，在报刊身上体现得尤为鲜明。新闻事件报道速度越快，新闻价值就越大；新闻事件报道速度越慢，新闻价值就越小。这是目前的信息科技状态下大家耳熟能详的新闻传播规律。

在马克思恩格斯生活的年代，报刊活动方兴未艾，其传播时效和技术条件远不能与当今相比。但是，他们对于新闻传播规律的认识却是极为深刻而有预见的。在他们看来，一般情况下，新闻信息都要抢时间，争取以最快的速度发表。这里的时间没有一个确定的标准，比如说，没有确定必须是几秒、几分、几小时之内予以发表。他们表达的意思是，在获悉信息之后，能在当时传播条件允许的情况下，毫无延误地将信息传递出去，就是实现了最短时间、最快速度的传播。这样做的原因，应该与新闻的短暂生命有关。

（二）时间和空间是信息传递的两个要素

商品（包括信息）生存于一定的时间和空间中："在空间上并行发生的各

式各样的许多买和卖中，货币在同一时间内实现着一定量的价格，并且同商品只交换一次位置。"[10] 就商品（包括信息）在空间中的表现而言，除了前文提到的生产空间和市场空间之外，还在流通过程中体现为流通的空间。"**空间上的流通**，就是指商品运输，不管是指生产出来的商品运往市场出售，还是指它在产地被购买，然后进入再生产过程。"[11]

关于流通空间，马克思在《手稿》中指出，它并不是资本周转的必要环节，而是产品转化成为商品的重要条件。一般来说，从生产到出售都要经过产品流通的过程，这个过程也是产品转化成商品的过程。"产品只有在市场上才是**商品**。"[12] 但是也有特殊的情况存在，就是生产场所和市场本身可以设在一地，这样，在流通过程几乎为零的情况下，产品可能很快被销售一空。

流通空间的大小与生产费用、生产力水平密切相关。流通空间越大，产品转变成商品的时间就越长，需要支付的运输成本就越高；反之，流通空间越小，产品转变成商品的时间就越短，需要支付的运输费用就会越低。如果流通空间很大，又要实现最少的运输成本，就需要衡量当时的生产力水平，以及交通工具的条件。马克思就此在《手稿》中写道："无论如何，这一要素在这里是由生产力发展的一般水平，以及以资本为基础的整个生产决定的。"[13]

以上所说的空间流通的过程，同样也是时间流逝的过程。因为商品（信息）在传递过程中是依次通过各个不同阶段的，比如，它是经过不同的人进行周转，这样，"像任何运动一样，都以时间作为自己的尺度，那么我们就从**量上**来衡量这种运动。**空间**要素即作为这个过程的物理条件的位置变换，从这一点来看可以简单归结为**时间**要素"[14]。

这个说法听起来有点拗口，但实际上并不难理解：商品（信息）的生产地点与市场的选择，是需要考虑商品（信息）在不同环节的运输（传递）时间，在市场销售数额雷同的情况下，会选择时间较短的地点。也就是说，生产场所和市场之间的距离远近，往往与流通时间存在莫大关联，"空间的规定在这里本身表现为**时间的规定**，表现为**流通时间**的要素"[15]。

流通时间是决定着商品（信息）生产是否能够继续进行的重要因素。因为生产者只有在商品出售之后，才能获得购买新的生产资料的成本，而在商品运输和出售过程中，都需要经过一定的时间。这样，商品生产的数量、交换价值、资本再生产的可能性，都是由商品运输和销售过程中所消耗的时间决定，时间越短，增加商品价值、进行再生产的可能性就越大。所以，从某种程度上说，商品运输（信息传递）到市场的时间问题，就显得比生产场所和市场之间的距离大小还重要，因为解决距离的问题，归根结底也是解决商品流通时间的问题。[16]

虽然相比空间来讲，时间的作用显得更举足轻重，但与空间一样，时间也是商品流通（信息传递）的重要因素和外部条件。由产品变为商品，再变为货币，这一过程所经历的时间，决定着商品（信息）的价值。在商品（信息）没有出售之前，它所具有的只是潜在的价值，并不是实际的价值，这段时间所有的花费也完全是纯损失。要减少时间要素，需要改进交通技术条件，这同样离不开生产力水平的提高。

在生产力水平允许的情况下，商品流通（信息传递）要求破除一切空间上的限制。流通时间是商品价值的消极因素，流通（传递）时间越长，商品（信息）的价值损耗就越大，只有当流通（传递）时间等于零时，商品（信息）的价值才会达到最大。不同的空间条件造成资本在流通时间上的差别。比如，有的资本离市场较远，有的资本离市场较近；有的资本转化为货币有保障，有的资本转化为货币则有一定风险。流通（传递）时间的差别导致商品（信息）在价值增值上的差别，它既是对价值增值的限制，同时又是构成商品价值的要素，没有它，就没有商品价值和资本。而商品的价值又离不开剩余劳动时间，如果必要劳动时间成为全部劳动时间，就没有价值可说了。可以认为，流通时间与必要劳动时间一样，消耗的时间越多，商品的价值就会越少，从而也就进一步影响资本增值的数量。所以，从资本的本质上看，它"力求摧毁交往即交换的一切地方限制"[17]。

克服一切交往中的时空限制，实际上也是社会生产发展的要求。流通（传递）时间本身并不能产生商品（信息）的价值，它只是影响价值的实现过程，即通过较长运输时间中的自然或人为损失而导致商品贬值。解除流通时间的这种限制，不仅是实现商品价值的问题，而且还是资本主义经济在世界范围内进一步发展的特殊要求，它将推动资本生产中一切节省时间的信用形式的发展。[18]

但是，要取消一切发展中的限制，必须要克服生产、流通、时间和空间之间的矛盾。这个矛盾在于资本的实现过程不可能一蹴而就，直接从生产环节跳到商品出售环节，而是不可避免地在不同产品形态上，依次经过流通的各个阶段，这就需要付出一定的时间。马克思在《手稿》中写道："资本在能够像蝴蝶那样飞舞以前，必须有一段蛹化时间。"[19]如果商品流通（信息传递）的空间较大，流通时间就会变长，这样，资本的流通时间就必然拉长生产时间，而资本增值的本性又要求尽可能消灭一切流通时间，于是，生产、流通时间和空间之间就产生了一定的矛盾。

其中，生产时间和空间的矛盾似乎不难解决，资本家为了缩短生产时间，往往增加同一时间共同劳动的工人数量，来相对缩短商品的生产时间，从这些工人的分布情况来看，他们在空间上是并存的。像修筑铁路、建设城市、开凿运河等一些大型的工程，可以将若干工人分配到不同地段，在同一时间共同劳动，这样就会大大缩短整个工程的完工时间。"较多的工人在同一时间、同一空间（或者说同一劳动场所），为了生产同种商品，在同一资本家的指挥下工作，这在历史上和逻辑上都是资本主义生产的起点。"[20]所以，尽管生产的环节在不断地增多，规模在不断地扩大，但因为共同劳动的存在，完成同一商品所花费的时间却可能大大减少。[21]

要解决空间扩大和流通时间缩小之间的矛盾，并不是很容易，因为它需要依靠交通工具的现实条件。在产品运到较远市场的过程中，如果商品（信息）转换的次数较多，交通工具比较落后，就会花费过长的时间，也会因此承担较高的费用，增加商品（信息）的成本。反过来说，商品（信息）在流通过程中的周转环节越少，使用的交通工具越先进，花费的时间越少，商品（信息）所需的费用就越低。这样在流通过程中节省下来的劳动时间和劳动资料，就可以更多地投入到生产过程中。这并不是说商品的销售地点离它的生产场所越近就会越好，而是在于"计量远近的不只是绝对的物理上的距离，而且是克服距离所使用的那些手段的速度和低廉程度"[22]。这里指出了交通工具对解决时空矛盾的重要性。

（三）"用时间消灭空间"大大刺激了精神交往的发展

在马克思唯物史观视野中，时间可以转化为空间，空间也可以转化为时间，"无限时间内宇宙的永远重复的连续更替，不过是无限空间内无数宇宙同时并存的逻辑的补充"[23]。马克思在《手稿》中讨论商品的流通费用时，提出了"用时间消灭空间"的思想。这里的时间即是指社会时间，空间则是指社会空间。它的字面含义可以简要理解为：在最短时间内，实现最广范围的信息（或商品）传递。

因为通过空间把商品运送（信息传递）到市场，以及传送关于商品（信息）的时间，均要消耗必要的费用（流通费用），这些费用是商品成本的一部分。然而，快速的商品信息的转递，能够大大减轻由于空间距离的遥远和信息不通畅造成的不必要的损失。就此马克思写道："把商品从一个地方转移到另一个地方所花费的时间缩减到最低限度。资本越发展，从而资本借以流通的市场，构成资本空间流通道路的市场越扩大，资本同时也就越是力求在空间上更加扩大市场，力求用时间去更多地消灭空间。"[24]这里表达的传播理念是，人们需借助传播科技的发展，用快速的信息传通克服遥远的空间距离，使散居世界各地的人们达到天涯若比邻的状态。

"用时间消灭空间"的提出，与19世纪背景密切相关。从17世纪到19世纪，工业革命打破了地域与民族的限制，"过去那种地方的和民族的自给自足和闭关自守状态，被各民族的各方面的互相往来和各方面的互相依赖所代替了"[25]。由于较为广泛的商业贸易而逐渐形成的世界市场，催生了社会化大生产方式下的时空矛盾：资本增值的本性要求摧毁交往的地方限制，扩大市场范围，然而关于商品信息的传播却受到越来越遥远的空间条件的制约。这种空间距离带来的信息差，造就了19世纪初期的两个世界经济危机策源地——印度和美国。

当时，世界经济的中心是英国，从英国到印度的航行时间为三个月，从英国到美国的航行时间为一个月。由于通信条件的限制，商品信息传递需要经过漫长的时间，每逢意外变故，对方很难及时获悉并调整商业活动。例如，英国工厂所需棉花大部分都来自印度，而印度的棉花生产周期为一年。如果这期间有关任何变故的信息传递时间都得三个月的话，就会潜伏信息沟通不及时带来的风险：当棉花源源不断地从印度运往英国的时候，经济形势高涨，然而有一天人们突然发现棉花过剩了，而这个信息又无法及时告知生产方，于是经济危机瞬间爆发。为解决这个矛盾，需要用较短的信息流通时间去抵消商品流通领域由于空间距离拉大而增加的成本，即"用时间去消灭空间"。

"用时间消灭空间"的实现，需要一个基本条件，即物质交换条件的创新。这里的"交换"，既包括物质条件——铁路、蒸汽轮船等的发明与应用，也包括消息、书信、电报等等的传递。在物质交换和信息交换频繁的商品社会，这些现代交换手段适应了资本扩张的本性，缩短了交通运输的时间，缩小了市场间的空间距离，提高了交换的效率，使整个世界流动起来。马克思就此写道："生产越是以交换价值为基础，因而越是以交换为基础，交换的物质条件——交往运输工具——对生产来说就越是重要。资本按其本性来说，力求超越一切空间界限。因此，创造交换的物质条件——交往运输工具——对资本来说是极其必要的"[26]。

马克思对当时的交通工具变革情况有着清楚的描述：将近半个世纪以来，不管是海上交通还是陆地交通，都发生了重要的技术变革，这场变革对于人类社会发展的意义，似乎只有蒸汽机带来的大工业革命才有条件与之媲美。他们看到，在航海业变革中，速度较快、按时刻表出行的蒸汽轮船几乎全部取代了那些速度慢、出行时间不规律的帆船，并真正打通了欧洲与亚洲、澳洲和美洲的海洋航程；在陆路交通变革中，运输稳定、承载量大、速度快的铁路运输也逐渐取代了以往石子和泥土筑成的公路，并让"整个地球布满了电报网"[27]。

交通技术变革带来的明显时间差异，可以从马克思记载的这段 1857 年的资料看出来：从英国港口到印度河口和恒河口，以及加尔各答、马德拉斯、卡拉奇和孟买的距离，大概有 14 000 海里之遥，如果能采用蒸汽轮船，就完全有希望加快驶过这段路程。从当年东印度公司海运部的有关数据资料来看，英国到印度重要港口所需要的时间，在蒸汽轮船和传统帆船之间还是存在较大差异的，如下列数据：

从英国到加尔各答

天数

1857 年 8 月 6 日到 10 月 21 日期间一艘

蒸汽船（损坏事故除外）平均航行天数 ……………………… 82

1857 年 6 月 10 日到 8 月 27 日期间

22 艘帆船中每艘平均航行天数 ……………………… 116

蒸汽船比帆船缩短 ……………………… 34

从英国到马德拉斯

2 艘蒸汽船每艘平均航行天数 ……………………… 90

2 艘帆船每艘平均航行天数 ……………………… 131

蒸汽船比帆船缩短 ……………………… 41

从英国到孟买

5 艘蒸汽船每艘平均航行天数 ……………………… 76

9 艘帆船每艘平均航行天数 ……………………… 118

蒸汽船比帆船缩短 ……………………… 42

从英国到卡拉奇

3 艘蒸汽船每艘平均航行天数 ……………………… 91

10 艘帆船每艘平均航行天数 ……………………… 128

蒸汽船比帆船缩短 ……………………… 37

蒸汽船驶抵印度四大港口的总共 19 次

航行的平均航行天数 ……………………… 83

43 艘帆船的平均航行天数 ……………………… 120

蒸汽船比帆船的平均航行天数缩短 ……………………… 37[28]

不可否认的是，在交通技术上的改进大大提高了轮船的行驶速度，加速了航运产业的资金周转时间，但同时也因为交通工具的更新以及工人劳动费用的增多而大大增加了预付资本上的支出，从而增加了运输的成本。这种情况，不仅是海上交通如此，陆路交通也是如此。例如铁路的修建，为了缩短整个铁路工程的建成时间，需要投入大量的工人在不同地点同时开工，这样资金周转的时间缩短了，但是支付给工人的工资也增加了。这就是一个矛盾。

"用时间消灭空间"带来的新情况主要是物质意义上的，但正是物质生产和交换方面的这些巨大变化大大刺激了精神交往的发展。人们为了在新的环境中生存，同样需要"用时间消灭空间"，不断了解使自己感到陌生的世界遥远地方的情况。现代交易所和新闻业的急遽膨胀，抢行情、抢新闻的职业习惯，实际上是物质交往要求"用时间消灭空间"在精神交往方面的一种直接反映。随着传播科技的继续发展，人们一定能用快速的信息传通克服遥远的空间距离，使散居世界各地的居民达到天涯若比邻的状态。因而，像抢行情、抢新闻这种现象，终究会随着时间完全战胜空间而成为多余的。

三、结　语

本文以上的论述基于一个理论前提，即信息具有上层建筑和商品的双重属性，如果只认同信息的上层建筑属性，此文的相关论述就无法成立。从信息的商品属性来看，缩短信息传递时间、加快资本周转、降低信息生产和销售成本是改进传播技术的重要动因；时间和空间是信息传递的两个要素，减少信息生产和传递时间，就能增加信息传递的空间，通过"用时间消灭空间"实现更大范围的信息共享。

（作者为中国社会科学院信息情报研究院助理研究员）

注释

[1] 马克思，恩格斯 . 马克思恩格斯全集：第 46 卷下［M］. 北京：人民出版社，1980：553.

[2] 同［1］122.

[3] 同［1］36-37. 作为缩短商品运输时间的商业手段，这些信用形式是交通运输方式的重要补充。

[4] 马克思，恩格斯 . 马克思恩格斯全集：第 26 卷下［M］. 北京：人民出版社，1974：314.

［5］马克思，恩格斯．马克思恩格斯全集：第 49 卷［M］．北京：人民出版社，1982：329 - 330.

［6］同［5］331.

［7］同［5］351.

［8］马克思．资本论：第 2 卷［M］．中文 2 版．北京：人民出版社，2004：169 - 170.

［9］同［4］317.

［10］马克思，恩格斯．马克思恩格斯全集：第 13 卷［M］．北京：人民出版社，1965：92 - 93.

［11］同［5］323.

［12］同［1］28.

［13］同［1］27.

［14］同［5］323 - 324.

［15］同［5］324.

［16］同［1］31.

［17］同［1］33.

［18］同［1］37 - 38.

［19］同［1］43.

［20］马克思．资本论：第 1 卷［M］．中文 2 版．北京：人民出版社，2004：374.

［21］同［5］345.

［22］同［5］351.

［23］恩格斯．自然辩证法［M］．北京：人民出版社，1971：23.

［24］同［1］33.

［25］共产党宣言［M］．北京：人民出版社，1997：31.

［26］同［1］16.

［27］马克思．资本论：第 3 卷［M］．中文 2 版．北京：人民出版社，2004：84.

［28］马克思，恩格斯．马克思恩格斯全集：第 44 卷［M］．北京：人民出版社，1982：413 - 414.

第二部分

马克思和恩格斯的新闻职业意识与经营理念

有关《新莱茵报公司章程》的考证

"真正有能力":恩格斯的军事新闻记者观

    ——《恩格斯致亨利·约翰·林肯(1854年3月30日)》考证研究

〖按语〗

从职业角度看马克思和恩格斯的一生，他们主要是新闻工作者和时政论文作家，因而他们具有很强的新闻职业意识以及报刊经营理念。

马克思主持报刊工作，就必须考虑到经营问题。后来他作为经济学家，对经营更有理论上的认知。《莱茵报》时期（1842—1843），他参加了该报后期的所有股东大会，参与起草文件。《新莱茵报》时期（1848—1849），他不仅主持编务工作，而且不停地为报纸的经营到处奔波。《新莱茵报公司章程》是在他参与的股东大会上通过的，体现了马克思的报刊经营思想，也是马克思主义报刊实践中第一个关于报刊经营的文件，张辉锋等从经营法的角度对这个文件做了很专业的考证。

马克思和恩格斯经历的新闻实践中，共有三个经营性质的文件，《新莱茵报公司章程》是第一个。第二个文件是他和恩格斯参与起草的《〈新莱茵报。政治经济评论〉召股启事》，以及恩格斯为这一文件所做的《〈新莱茵报。政治经济评论〉的盈利和发行量的估价单》，第三个文件是马克思参与制定的国际工人协会《工业报纸公司募股书》，以及与此相关的《"民主派兄弟协会"告大不列颠和爱尔兰工人书》。后两个文件这里没有组织考证研究，但希望对此感兴趣的研究者加以关注。

马克思第一次担任报纸主编时年24岁，他当时就认识到："报纸的一般性质——经常的战斗准备、对于急需报道的耸人听闻的当前问题的热情关心"（人民出版社《马克思恩格斯全集》中文版1卷120页）。1859年，马克思准备给奥地利《新闻报》撰稿，他一连提出了五个问题："希望通过哪一条路线得到电讯稿?""希望得到什么消息? 各家报纸对什么是重要消息持有不同看法。""需要几天发一次电讯稿?""是否还需要美洲的新闻,简而言之,非欧洲的新闻? ……因为发电讯稿首先需要避免一切多余的东西。""最后,我必须知道,《新闻报》认为几点钟收消息比较适宜(至少,在英国各家报纸收消息的时间不同,这是由于出版的时间不同)。"(人民出版社《马克思恩格斯全集》中文版 29 卷 568 页)他的新闻专业意识可见一斑。

恩格斯更是天生的新闻记者。1870 年普法战争爆发,他接连为伦敦的《派尔—麦尔新闻》写了 59 篇战争短评,提供了许多独家新闻,从此获得了"将军"的绰号。这些独家新闻是在马克思的帮助下"抢"出来的。例如写第二篇短评时,恩格斯从曼彻斯特致信在伦敦的马克思,第一句话就是:"附上**普鲁士的作战计划**。请你立即**乘马车**把这篇文章送到《派尔—麦尔新闻》,以便使它能在**星期一晚上**见报……丧失时机对这类文章来说是致命的。"(人民出版社《马克思恩格斯全集》中文版 33 卷 15~16 页)

马克思和恩格斯关于新闻职业意识的论述很多,但大多比较分散。较为集中的反映新闻职业意识的是恩格斯 1854 年 3 月 30 日致《每日新闻》编辑亨利·约翰·林肯的信,该信颇为详尽地论述了职业记者应该具备的素养。路鹏程关于这封信的考证,采用了《马克思恩格斯全集》第二版第 49 卷的新译文,概括了恩格斯关于记者素养六方面的论证与实践。

有关《新莱茵报公司章程》的考证

张辉锋　逄　丽　谢丽莎

《新莱茵报公司章程》① 是马克思主编的《新莱茵报。民主派机关报》（简称《新莱茵报》）的出版公司章程，原文为 "Statut der Neuen Rheinischen Zeitung-Gesellschaft"，我国翻译为 "新莱茵报公司章程"，尚不够准确。本文对这篇马克思主义新闻史中的文献进行考证研究，为叙述方便，在文中大多数情形下将其简称为 "《章程》"。

《章程》中文版以附录的形式收录于人民出版社 1982 年出版的《马克思恩格斯全集》第 43 卷第 491～499 页。该文根据德国《德国工人运动史文集》1970 年第 4 期中的德语原文译出。能够作为《马克思恩格斯全集》附录的文献，通常有两个要素，或者该文献与马克思恩格斯有密切关系，或者是马克思恩格斯参与了该文献的工作（合写、参与讨论或设计了框架等等）。根据下面的考证，《章程》属于前者。

目前，中共中央编译局正在编纂《马克思恩格斯全集》第二版，全部论著直接根据原著使用的文字翻译，但涉及《新莱茵报》时期的马恩论著尚没

---

① 根据《新莱茵报》的研究专家、《马克思恩格斯全集》国际考证版第二版第 1 部分第 7～9 卷编辑弗朗索瓦・梅利斯于 2015 年发表的考证论文，1848 年 5 月 26 日前后，股东大会委托海尔曼・科尔夫、卡尔・瓦赫特尔和格奥尔格・维尔特组成临时委员会，起草《新莱茵报公司章程》。6 月 18 日，他们在钟声巷 13 号和 15 号的餐馆老板洛伦茨・德林伯恩的家里完成征求意见稿。总共进行了三次协商。7 月 29 日，由住在贝尔利希大街 19 号的科隆公证员维尔勒・阿多尔夫・克拉赫做了公证。该公司章程收藏在莫斯科俄罗斯国家社会和政治史档案馆，卷宗号：ME713。现在才发现，1848 年 11 月 3 日《科隆贸易和商业机关报》广告版发表的《新莱茵报。民主派机关报》成立股份两合公司的公证书，揭示了迄今不为人知的事实：公证时，除公证员克拉赫外，有 6 人参加了公证：律师戈特弗里德・阿洛伊斯・伯克、弗里德里希・恩格斯、卡尔・马克思、海尔曼・科尔夫、路易・舒尔茨和斯蒂凡・瑙特。他们既以自己的名义，同时作为其他 25 位股东的全权代理人。股份两合公司兼具无限责任公司与股份有限公司的性质。无限责任股东对公司债务负连带无限责任，有限责任股东仅就其认购的股份对公司债务负责。无限责任股东在公司中占主导地位，掌管公司内外事务。一般从无限责任股东中选举一人或数人为业务执行人。——陈力丹补注

有出版。所以，目前《章程》只有笔者所考证的这一个中文版本。

一般情况下，组织都要有一个章程，以作为组织成立、运作的基本制度。公司作为一种现代组织，一般更为严格地遵从此原则，如我国在现行的公司法中规定：设立公司必须依法制定公司章程。

《新莱茵报公司章程》是针对《新莱茵报》这份报纸所隶属的组织制定的，该组织性质是公司，名为"海·科尔夫公司"，也就是说，由海·科尔夫公司出版《新莱茵报》。《章程》实际是海·科尔夫公司的《章程》，它规定了这家以出版《新莱茵报》为业务的公司的成立、运作机制等基本制度。

Statut

der

"Neuen Rheinischen Zeitungs-Gesellschaft."

§ 1.

Es bildet sich eine Kommandite-Aktien-Gesellschaft von heute ab auf die Dauer von fünf Jahren, welche den Zweck hat, ein Tageblatt unter dem Titel: "Neue Rheinische Zeitung, Organ der Demokratie" herauszugeben.

§ 2.

Als Firma führt die Gesellschaft den Namen H. Korff & Comp. und hat die Aenderung derselben auf das Fortbestehen der Gesellschaft keinen Einfluß.

§ 3.

Das jedesmalige Lokal der Zeitungs-Expedition in Cöln ist das Domizil der Gesellschaft.

§ 4.

Das Kapital der Gesellschaft, welches auf 30,000 Thaler Pr. Cour. festgesetzt ist, wird durch 600 Aktien, jede zu 50 Thaler zusammengebracht und treten Comparenten als Gesellschaft sofort zusammen.

§ 5.

Die Einzahlung der Aktien-Beträge erfolgt nach Bedürfniß in Raten von 5 bis 10 pCt., die Einforderung derselben geschieht gemäß Bestimmung der Geranten der Gesellschaft durch zweimalige Bekanntmachung in der Zeitung der Gesellschaft.

§ 6.

Zahlt ein Aktionair einen eingeforderten Einschuß nicht

Articles of the *Neue Rheinische Zeitung* Company

1848 年散发的《新莱茵报公司章程》印刷件首页

笔者对这份章程进行了考证，涉及《章程》发布的相关背景、制定时主要依据的法规，以及我国汉语版的几处疑问等方面，下面即为其详。

一、《章程》发布的相关背景

（一）《章程》发布的时间、地点及相关情况

《章程》于 1848 年 7 月发布于德国的科隆，以单张形式随当天报纸发送给股东。

《章程》在发布时间上有一个与现代常理不一致的地方：按现代的常理，应先有《章程》，再有公司的正式成立，再出版报纸；但实际《章程》是在《新莱茵报》出版之后才发布的——报纸 6 月 1 日出版，《章程》7 月发布，在报纸出版后一个多月。

根据马克思所写的《新莱茵报》编辑部的声明，由于政治形势的变化，原定 7 月出版的报纸提前一个月出版了——**"鉴于反动派实行新的无耻发动，可以预料德国的九月法令很快就要颁布"**[1]，而这样，《新莱茵报。民主派机关报》的创办及运作将面临很大的困难，所以，报纸编委会**"决定利用自由环境中的每一天，从 6 月 1 日起就开始出报"**[2]。而当时公司的建立和《章程》的制定都需要时间，比如公司的建立要征集足够的股东就非易事，所以，这可能导致了公司建立与《章程》发布无法跟上提前出版的报纸，从而造成《章程》发布迟于报纸出版的情况。

（二）《章程》的作者

从目前资料中能找到的与《新莱茵报》有密切关系的人中，有一干编辑，如总编辑马克思，编辑恩格斯、威·沃尔弗、斐·沃尔弗、恩·德朗克、格·维尔特、毕尔格尔斯以及后来加入的斐·弗莱里格拉特，另外还有一组是报纸发行负责人与两位助理。

在上述这几位编辑中，目前没找到资料证明谁是《章程》的作者。如果推断一下的话——马克思可能知晓此文件，毕竟他是报纸主编，而《章程》又随报纸发送。编辑毕尔格尔斯起草了《〈新莱茵报〉创办发起书》，但无资料证明其是《章程》的作者。能证明其他编辑是否作者的资料目前也没找到。

　　另与报纸关系密切的人就是发行负责人与两名助理了。《章程》当中提到的报纸发行负责人是海尔曼·科尔夫（Hermann Korff），他 17 岁前在一所军校长大，其后成为普鲁士第 15 步兵团的一名佩剑军官，1844 年 10 月 14 日升为二等少尉，1847 年从军队退役，1848 年成为《新莱茵报》的发行负责人。[3]从科尔夫的个人经历看，他没有学习法律等知识的背景，而《章程》的内容决定了其作者必须是对公司成立、运作方面的法律知识有一定了解的人。

　　再说两位助理——斯蒂凡·阿道夫·瑙特（Stephan A. Naut）以及后又担任报纸发行人的路易·舒尔茨（Louis Schulz）。在《马克思恩格斯全集》第 27 卷《马克思致约瑟夫·魏德迈（1850 年 6 月 27 日）》中，马克思描述瑙特"这家伙是个诚实的笨驴"，从中可看出马克思对瑙特的评价主要是诚实，对其聪明才智并不认可。另外一位助理舒尔茨是一位律师，也是德意志帝国议会议员，他曾在海德堡学习数学，在哥廷根和海德堡学习法学，自 1837 年起在海德堡作为律师执业，从他的法律知识背景看，在三人中他比科尔夫与瑙特都更有能力成为《章程》的作者，但当然不能就此论定他就是《章程》的作者。

　　《章程》作者的明确程度如上所述，要给出结论的话，只能说现在找到的与报纸有密切关系的人中，科尔夫与瑙特一个限于知识背景、一个限于聪明才智均无太大可能性，舒尔茨则比他俩可能性要大一些。当然，目前要明确指出作者是谁是没有充分证据的。

（三）《章程》的实施

　　《章程》的生效情况怎样？即《章程》是否发挥了作用？发挥了多大作用？恩格斯所写的《马克思和（新莱茵报）》记载："我们于 1848 年 6 月 1 日开始出版报纸时，只拥有很少的股份资本，其中只有一小部分付了款；并且股东本身也极不可靠。第一号出版后就有一半股东退出了，而到月底竟一个也没有剩下。"也就是说，《章程》在 7 月发布之时，最初认股的股东已经没有了。根据后来马克思到其他城市募集到少量经费，以及马克思后来谈到他为报纸付出了 7 000 塔勒而造成全家一贫如洗的情况，这个《章程》可能只在很小的程度上得到实施，即 46 条条款中的 2、3、14、15、16、17、20、

39、44 这九条与股东关系不大的；而涉及股东的多数条款因为实际上没有股东（马克思募集的是捐款，不是股金），自然无法实施。

二、《章程》制定主要依据的法规

1848 年 7 月之时，海·科尔夫公司所在地为德国的科隆——在这里所有覆盖生效的法规都是《章程》制定的依据。鉴于 19 世纪初拿破仑入侵德国的背景，普鲁士莱茵省实行的法律，特别是商业方面的法律，相当一部分来自法国。科隆是该省的主要城市之一，自然这些法律在此地是有效的。

在这里，我们首先要搞清楚的是，当时当地有哪些法律覆盖生效。

通过考证，当时在莱茵省《拿破仑法典》《法国商法典》以及《德意志统一汇票和本票法》都是有效的法律。《章程》的制定必须符合这些法律的相关规定。关于《拿破仑法典》，《马克思恩格斯全集》第 5 卷"注释"部分有关《新莱茵报。民主派机关报》的注释提到："马克思和恩格斯从国外回到德国之后，马上就着手实现他们的计划，即出版一种革命的机关报……他们选定了科伦作为办报的地址，因为这是……而且拿破仑法典在那里还有效力，这个法典比可怜的普鲁士法提供了较多的出版自由。"恩格斯在《马克思和〈新莱茵报〉》一文中也提到："科伦是莱茵省的中心，而莱茵省经历过法国革命，通过拿破仑法典领会了现代法的观念……"同文的另一处也提到："而在莱茵河地区实行的则是拿破仑法典"。由这些叙述可知，当时当地《拿破仑法典》是覆盖生效的。

再说《法国商法典》。《近代司法史》称[4]，德国 1861 年开始施行《德意志普通商法典》，被绝大多数德意志邦国采纳，而在此前莱茵地区适用拿破仑诸法典，这个"诸法典"，一般法学领域默认其含《法国商法典》，这是《章程》制定时《法国商法典》覆盖当地的证据。另外，《法国商法典》"在德国西部一些地区有效，甚至在对法战争胜利后直到 19 世纪中叶还一直如此"[5]，莱茵省位于德国西部，因而《法国商法典》会覆盖莱茵地区；当然，上述"19 世纪中叶"没有精确到哪一年，但《章程》发布于 1848 年应该属于"19

世纪中叶"。

再说《德意志统一汇票和本票法》。该法于 1847 年由在德国莱比锡成立的委员会制定，1848 年被法兰克福议会宣布为法律，即覆盖德国全境。该议会成立于 1848 年 6 月 29 日，所以，7 月发布的《章程》也有可能受到该法的覆盖。

由此可知，《章程》制定时当地有《拿破仑法典》《法国商法典》覆盖生效，同时《德意志统一汇票和本票法》也有可能已经颁行。

那么，《章程》又该主要依据哪些法律条款制定？这需要考察《章程》的具体内容来分析。

先说《拿破仑法典》。该法 1804 年通过，在 1848 年之前，资料记载只有 1819 年做了两处修改，主要是为了使外国人在继承法上与法国人获同等待遇，其他内容并未有大的修改。若依据该法，1848 年《章程》制定时的内容应该如下：除开头的《总则》部分外，分为三编，第一编是人法，包含个人与亲属法的规定，实际上是关于民事权利主体的规定；第二编是物法，包含关于各种财产与所有权及其他物权的规定；第三编为"取得所有权的各种方法"，规定的对象极为庞杂，其中有一部分对"合伙"这种商业行为做了规范。[6]合伙制企业是指由两人及以上按照协议投资、共同经营、共负盈亏的企业。合伙制企业财产由全体合伙人共有，共同经营，合伙人对企业债务承担连带无限清偿责任。[7]在企业的各种法律形式中，合伙制企业与公司是不同的。而《章程》第三编中并没有提到公司设立、股份征集及治理结构、决策机制等方面的问题，由此可以推断，《章程》并不是主要依据该法制定，但如《马克思恩格斯全集》第 5 卷"注释"部分有关《新莱茵报，民主派机关报》的注释所说，它"比可怜的普鲁士法提供了较多的出版自由"，因而《章程》制定时在出版方面获得了该法法律体制环境的参照。

再说《法国商法典》。该法采取民商分立的立法模式，确立了以调整商事组织与商业行为为主要对象的现代商法内容体系，该法典 1807 年颁布时共 648 条，分"商事总则""海商""破产""商事法院"四卷，而且第一卷"商事总则"中第三与第四编分别是关于公司（第 8～17 条）与商业注册（第 47～70 条）的规定。[8]该法后来改动很大，而且我们不能考证《章程》制定时该法内容与颁布时有否差别，但是，该法在主要规范对象与内容框架这个层面应不至于变动过大，而《章程》正是有关公司成立及运作这些商事组织的商业行为方面的内容，所以，《章程》应主要依据《法国商法典》制定。

再说《德意志统一汇票和本票法》。该法与汇票等票据有关，《章程》里涉及了该方面的内容，但很少，所以该法不是《章程》制定的主要依据。

至此，我们得出结论：《新莱茵报公司章程》主要依据《法国商法典》制定。

三、《章程》的内容

（一）《章程》的内容概要

《章程》共分为46条，规定了公司的基本情况、股份问题、发行负责人的责任与义务、治理结构、账目管理等内容。其中，第1～3条规定了公司的基本情况，包括公司的名称、存在的期限、设立的目的以及公司所在地；第4～13条主要对股份方面的问题做了规定，包括公司的资本总额、股金的缴纳方式、股票的继承与转让等；第14～20条规定了发行负责人的责任及权利，主要包括发行负责人及其助理的责任、薪酬、卸职方面的规定；第21～29条主要规定了公司的治理结构，包括股东全体会议及董事会的职责、董事会及全体大会召开的时间与频率、董事会决策机制、董事的卸职及薪酬等方面；第30～36条主要对决策机制做了规定，包括股东持有的股份数与投票权的关系、投票的形式及方法、股东大会需要讨论与做出决议的问题、多数通过原则等；第37～42条对公司账目的管理做了规定，包括公司账目的管理及公司收益的分配等；最后，第43～46条主要对公司的解散、《章程》的修改、争执的仲裁等方面做了规定。

（二）相关词语

1. 塔勒[9]

塔勒，是15世纪末以来主要铸造并流通于德意志等中欧地区的一系列大型银币的总称。1753 年奥地利与巴伐利亚（今德国巴伐利亚州）签订了关于统一货币规格的协定，成为规范塔勒规格的最重要的协议。不久之后，德意志与中欧地区的诸多国家先后加入了这一协定，该地区便进入"协议塔勒"时代，协议塔勒的标准为每枚塔勒（即 1 塔勒）银币重 28.064 4 克，纯度为 833‰。

马克思在《资本论》的"剩余价值率和剩余价值量"一章中提到："一塔勒就是一个劳动力的日价值，或者说，是购买一个劳动力所预付的资本价值。"这可视为塔勒价值的一个参考资料。

目前，塔勒早已退出流通领域，而作为一种具有收藏价值的货币存在，塔勒银币的价格也远远高于当时。

2. 科伦

现在翻译为科隆。

四、我国汉语版五方面内容的商榷

现有的关于《章程》的中文版在五方面需要讨论，均为翻译问题。

（一）关于《章程》第一条的"股份有限公司"

《章程》中文版第一条"为出版名为《新莱茵报。民主派机关报》的日报，自即日起成立为期五年的股份有限公司"。这里的"股份有限公司"由《章程》原文中的"Kommandite-Aktien-Gesellschaft"翻译而来，此词似应翻译为"两合公司"，现代意义上的两合公司简单讲即股东分两类，一类是对公司的债务负有限责任，一类是负无限责任，它与现在一般意义上所说的股份有限公司不是一回事。

可能有人会有疑问，是否"Kommandite-Aktien-Gesellschaft"当时就指股份有限公司，而至现在演变成两合公司？这是不会的，因为据德国法学专家介绍，在德国法规领域，"Kommandite-Aktien-Gesellschaft"一直到现在也就是两合公司，没有变动。以下四处也是这样。

（二）关于《章程》第十三条的"合法继承人"

《章程》第十三条有"合法继承人"字样，对应《章程》原文中的"Rechts-Nachfolger"，而"Rechts-Nachfolger"似应翻译成"权利继受人"。据德国法学专家介绍，"权力继受人"与"继承人"有区别，"继承人"是指原所有者死后的继承者，而"权利继受人"是指被赠与者、被转让者或被销售者等。

（三）关于《章程》第十五条的"期票和票据"

《章程》第十五条中最后一句话是"所有期票和票据须有发行负责人和助理签字方为有效"。此处的"期票"对应《章程》原文中的"wechsel"，此词似应翻译成"汇票"，现代意义上的汇票一般指"出票人签发的，要求付款人在见票时或在一定期限内，向收款人或持票人无条件支付一定款项的票据"[10]，经咨询专家，此意思与《章程》所处历史阶段的汇票内涵大致一致。而此处的"票据"对应《章程》原文中的"Schuldbekenntnisse"，此词则似应翻译成"债务约定的权证"，是双方对一笔债务的共同承认凭证，与期票一样都属于票据。

（四）关于《章程》第十九条

《章程》第十九条："任职满一年后，发行负责人在通知解约三个月后方能卸职。同样，两名助理有权一致决定或在全体会议的参予下宣布发行负责人三个月后解职。后者有权在任何时候宣布解约并在三个月后卸职。"其德语原文为"Nach Ablauf eines Jahres ist es dem Geranten gestattet, nach vierteljähriger Kündigung auszutreten, Ebenso steht es den beiden Cogeranten zu, durch einstimmigen Beschluβ und unter Mitwirkung der Generalversammlung dem Geranten vierteljährig zu kündigen. Letztere sind befugt, zu jeder Zeit nach vierteljähriger Kndigung auszutreten."

这条的翻译有欠妥的地方，同时原意也说得不够透彻。欠妥的地方一个在于"发行负责人在通知解约三个月后方能卸职""后者有权在任何时候宣布解约并在三个月后卸职"，这两处"卸职"对应《章程》原文中的"kündigung auszutreten"，似均应译成"离开公司"。"卸职"还有可能不做发行负责人但留在公司内，可以从事其他职务；而"离开公司"是不但卸职还要离开，意思与"卸职"是不一样的，也更为准确。第二个欠妥的地方在于"两名助理有权一致决定或在全体会议的参予下"，这个"或"对应《章程》原文中的"und"，应该是"以及"，即必须在股东全体会议的参与下。

按此翻译再加上进一步解读，前两句的正确并且清楚的含义应为：任职满一年后，发行负责人在主动通知解约三个月后可自行离开公司，同样，也得在其任职满一年后，两名助理在股东全体会议的参与下有权一致决定发行负责人在三个月后解职。

对此的解读如下：第一，发行负责人主动通知解约要离开公司还是两名助理决定他解职，都得在其任职满一年后，而且主动通知或被决定离开公司或解职，要真正实现又得在三个月之后；第二，实际上，该条赋予了两名助理罢免发行负责人的权力，但是要在股东全体会议的参与之下，至于这个"参与"是"建议权""否决权"还是其他参与程度，这在《章程》中看不出来，这种机制可以理解成对公司一线最高负责人的一种制约。另外，"同样，两名助理有权一致决定……"这个"同样"，指的是第一句中"任职满一年后"这一条件，指"两名助理有权一致决定或在全体会议的参予下宣布……"这一权力同样是在"任职满一年后"这一条件之下。

（五）关于《章程》第二十一到第三十、第三十四、第三十六、第三十七、第四十条的"董事会""董事"

第二十一到第三十、第三十四、第三十六、第三十七、第四十条中都有"董事"或"董事会"字样，而《章程》原文中的德语原词似都应翻译成"监事会"。

五、《章程》体现的报纸经营理念是马克思主义新闻观组成部分

研究马克思主义新闻观，我们通常是从政治角度看待马克思主义经典作

家关于传播、新闻、传媒的论述，很少关注传媒作为商业和报纸作为商品的运作。这方面不同时期马克思主义工人政党的认识不同，但马克思主义创始人马克思和恩格斯开创的马克思主义新闻事业是与传媒的商业经营联系在一起的，从马克思参与的最早的民主主义报纸《莱茵报》，到他们直接创办的马克思主义机关报、指导的各国马克思主义工人政党的机关报，大多采用或借鉴了商业经营模式。《章程》是第一个这方面的马克思主义新闻观文献。

（作者张辉锋为中国人民大学新闻学院教授，逄丽、谢丽莎为中国人民大学新闻学院硕士）

注释

[1] 马克思，恩格斯．马克思恩格斯全集：第 5 卷［M］．北京：人民出版社，1958：13.

[2] 同［1］.

[3] Friedrich Anneke & Erhard Kiehnbaum. Wäre ich auch zufällig ein Millionar geworden［M］. Friedrich Engels-Haus，1998.

[4] Franz Wieacker. 近代私法史［M］．陈爱娥，黄建辉，译．台北：五南图书出版公司，2004：335 - 341.

[5] 王建文．德国商法法典化、去法典化与现代化：历史脉络与启示［J］．法学杂志，2008，(5)：33 - 36.

[6] 拿破仑法典［M］．李浩培，等译．北京：商务印书馆，1997.

[7] 合伙制企业［DB/OL］．［2012 - 08 - 16］，http：//baike. baidu. com/view/660896. htm.

[8] 王建文．法国商法：法典化、去法典化与再法典化［J］．西部法学评论，2008，(2)：130 - 134.

[9] 杨崇哲．协定塔勒简述［J］．中国钱币，2009，(1)：49 - 53.

[10] 汇票［DB/OL］．［2012 - 08 - 15］．http：//zhidao. baidu. com/question/106886040.

"真正有能力"：恩格斯的军事新闻记者观

——《恩格斯致亨利·约翰·林肯（1854 年 3 月 30 日）》考证研究

路鹏程

1854 年年初，俄军侵占多瑙河后长驱直入，土耳其抵抗不力节节败退，随即英、法对俄宣战，克里木战争全面爆发。正当战事紧张关头，英国《每日新闻》的编辑林肯（Henry John Lincoln）收到一封来信，有人毛遂自荐要"为贵报**军事专栏**撰稿"。此人就是恩格斯，他在信中详细阐述了他的军事新闻观。

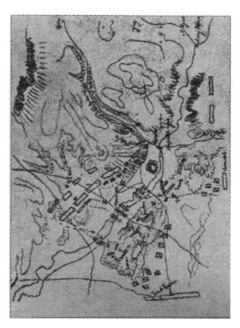

恩格斯绘制的 1855 年 8 月 16 日英、法军队同俄军在黑河会战的略图

尽管恩格斯一生撰写了大量的军事论著和通讯，还有大量涉及新闻工作的文章、书信，但是论述军事新闻本身的专文却屈指可数，所以这封信是考察和研究马克思主义军事新闻观的重要文献。本文主要探讨《恩格斯致亨

利·约翰·林肯（1854 年 3 月 30 日）》的主要新闻学观点，以及产生的时代背景与历史意义。[1]

一

克里木战争爆发后，英国公众对战事新闻的渴求日益强烈；兼之又值英国政党报纸向大众报纸转型之时，各大报纸都高度重视战争新闻报道。马克思当时就观察到，"现在所有的报纸都愿以军事文章来炫耀自己"[2]。这促使英国报刊较多地聘请军事新闻记者，其中不乏佼佼者，如《泰晤士报》大名鼎鼎之战地记者拉塞尔（William Howard Russell）、《先驱晨报》的伍兹（Nicholas Woods）、《每日新闻》的戈德金（Edwin Lawrence Godkin）[3]，但整体而言，当时的军事新闻记者良莠不齐，素质堪忧。正如亨利·维拉德（Henry Villard）所说，当时"许多军中记者更适合赶牛放羊，而不是为报纸写稿。他们头脑不灵，反应迟钝，对事实的组织安排缺乏逻辑感，也不会合乎语法的英文，完全不称职"[4]。马克思将当时《每日新闻》派驻跟随土耳其总司令奥美尔-帕沙（Omar Pasha）的战地记者奥托·冯·文克施特恩（O. von Wenckstern）蔑称为"文字骗子！这个家伙很可能而且甚至一定还带去了另一个德国坏蛋"[5]。马克思还抨击英国、德国报纸上刊登的克里木军事评论文章乏善可陈，"关于这个问题，不论在这里还是在德国，都没有看到一篇像样的，即批评性的文章"[6]。恩格斯也认为《每日新闻》关于此次战争的有些评论文章是"胡说"[7]。这也是促使他决定给《每日新闻》撰写军事新闻评论的原因之一。

恩格斯在致林肯的信中主要讨论了军事新闻记者的基本素质和报道评论军事问题的专业要求问题。

军事新闻具有高度的技术性与专业性。如果缺乏必备的军事知识，新闻记者不仅可能会报道失实，评论失误，甚至有时还会被政界军方欺骗、愚弄，甚至被利用而成为各种政治派别实现自己目的的工具。[8]所以，恩格斯首先指出，军事新闻报道评论是否专业，"主要问题在于撰稿人是否真正有能力"，评判记者是否真正内行，"最好的证明是一系列关于各种军事题目的论文"。恩格斯认为，优秀的军事新闻记者需要对各类军事问题有较为全面、系统而深刻的认识，能够撰写出可以经得起职业军人、军事理论家从专业高度来评判和审阅的文章，并且是"可以让任何一个军事问题权威加以审阅。越权威越好"。恩格斯本人则非常自信地向林肯提出，"我非常愿意把我的论文交给威廉·纳皮尔爵士（Sir William Napier）去评论，而不愿意交给一个二流的专家"。

恩格斯在信中谈到自己如何成长为一名军事新闻记者之时，其实也指出了如何培养记者成为内行的军事新闻观察家和报道者的问题。

第一，严格的军事教育和严谨的军事研究。这既是军事记者与其他记者区别开来的重要标志，也是将其他记者培养成军事记者的必要条件。恩格斯在信中称自己"曾在普鲁士炮兵里受过军事教育"，即指他 1842 年至 1843 年在普鲁士近卫军炮兵服役。此兵种是普鲁士"连队的楷模"，而且他所在的第十二步炮连，朝气蓬勃的青年军官们又特别善于"从理论和实践两个方面向连队传授炮兵的基础知识"，这使恩格斯在军事方面得到严谨而扎实的训练，并且在服役期满后获得的"品行证书"也证明他在"服役期间品德和执勤均表现优异"。[9]此后，恩格斯还"参加了 1849 年南德意志起义战争时期的战斗行动"。作为起义领导人奥·维利希的副官，恩格斯先后参加了四次战斗，尽管有时"他并不完全胜任战斗中的战术任务"，但每次都"表现出了临危不惧和勇猛胆大"，至关重要的是，这也给予恩格斯直接的、一手的、鲜活的军事实践机会和经验，为其以后研究和报道军事问题积累下宝贵的实践经验。[10]

不是所有的军事新闻记者都有从军经历或参战经验，所以对一名军事新闻记者来说，最重要的是对军事问题的长期研究和经年积累。恰如恩格斯所说，"多年来，对军事科学的所有部门进行研究已成为我的主要工作之一"。实际上确实如此。自 1850 年冬迁居曼彻斯特后，恩格斯便开始"啃军事"，并且在此后的 20 年里系统地钻研军事问题。正是刻苦攻读军事学，"死抠许多军事书籍"[11]，使恩格斯建立起全面系统的军事知识和理论，并且在"战争与军队起源、战争与和平、人与武器的关系、民众战争、军事理论、军事技术对军事的影响、战争指导和战争艺术、战争和军事问题的方法论"等军

恩格斯（19世纪40年代）

事问题研究的几乎所有方面都做出了深刻的研究和贡献。[12]当然，作为军事理论家、军事新闻记者所需掌握的知识，与军人所需具备的知识是有差异的。对此恩格斯十分清醒地指出："我所说的不是军事操练等等的细节，……我是说要一般地熟悉各个军事部门所必需的基本知识。……了解和正确评价军事历史事实所必需的细节知识。"[13]然而，无论职业军人还是军事理论家、军事新闻记者所需掌握的军事知识有何差异，恩格斯都郑重地警示对于军事问题"如果不是系统地钻研，那就得不到任何重大成就"[14]。

除了勤奋钻研战争理论和历史著作，恩格斯还密切注意、紧密跟踪、认真研究当时世界范围内发生的重要战争。19世纪中叶既是世界上战争冲突最为频繁激烈的时代，又是军事技术、战争理论发展变化最迅速的时期。这些具体的战争，特别是欧洲爆发的许多重大武装起义和各种类型的战争，以及现代军事战术、技术的发展变化成为恩格斯研究军事问题的鲜活材料和生动案例，"使他能够面对战争现实，思考军事问题"[15]。

虽然定居英国后恩格斯再也没有机会接受军事训练，参加军事战斗，但是除了广泛深入阅读军事著作外，他还积极利用各种机会走访英国以及欧洲各国的军队，参观武器装备，观察军事设施，检阅军事演习，与各级官兵深入交流，"以增加对军事领域的感性认识和了解最新的军事动态"[16]。

　　尽管报道战争必须具备相关军事知识，但是要正确认识战争规律，还必须把战争放在复杂的社会背景和深邃的时代发展脉动与特征之中进行深入观察和细致研究。[17]这要求军事新闻记者还必须具有极为广博的知识，能够将战争放置到当时政治经济、国家民族以及历史文化错综复杂的语境与瞬息万变的变化之中进行考察，以揭示其对战争的深刻影响。这不仅是恩格斯一贯的主张，而且恩格斯极为广博的知识也能使他真正地、充分地贯彻这一主张，从而全面而深刻地把握住了战争的特点与规律。

　　正是基于浓厚的兴趣、对军事理论历史的长期艰苦钻研，以及广博深厚的社会科学知识，恩格斯一生撰写了大量的战争评论文章和军事论著，总计逾 160 万字，连同他与马克思合写的军事文章，共近 200 万字。[18]恩格斯出色的军事研究获得了马克思的高度赞誉，马克思称他为自己的"曼彻斯特陆军部"，时常向他请教军事问题，"如果发生什么军事事件，我就完全指望曼彻斯特的陆军部会立即给我指示"[19]。恩格斯也在党内赢得了"将军"的称号。

　　第二，在研究、报道和评论军事问题上，恩格斯还提出："我还将坚持一个原则，即军事科学像数学和地理学一样，并无特殊的政治见解。"恩格斯在致魏德迈的信中也表达了类似的观点："这个问题①需要弄清楚，并且要像做几何题那样去解答。"[20]这既是恩格斯历史唯物主义军事哲学思想的基本原则，也是将其落实到军事新闻报道领域的具体表现。克里木战争前后，当时在英国强烈的沙文主义和狭隘的民族主义偏见影响下，许多一知半解的记者以白诋青，导致新闻报道和报刊评论常常歪曲事实，扭曲真相。[21]亦如恩格斯在评价某军事历史著作时所提出的批评，"阐释事实的严谨态度被湮没在滔滔不绝的浮夸之中，为迎合极端的民族虚荣心而歪曲事件真相，战场上的胜利被作者纸上的更大胜利弄得黯淡无光，而敌人，无论他是谁，都自始至终被竭力置于不利的境地"[22]。针对这种情况，恩格斯一则强调历史唯物主义军事哲学思想，要求实事求是地研究战争；二则坚决摆脱狭隘的民族主义情绪影响，坚持以国际主义精神对待国际矛盾与冲突；三则主张在军事新闻报

---

　　①　指军事问题。——笔者注

道中也应保持客观公正的态度。所以，尽管俄罗斯在当时的欧洲政治格局中扮演着君主专制的"救世主"和镇压革命的"欧洲警察"的角色，恩格斯希望英法联军能够战胜俄军，遏制俄国的反动势力在欧洲扩张，但即使对俄军，恩格斯也主张应给予公正的评论："我真希望把俄国人狠狠揍一顿，但是如果他们仗打得好，那我会像一个真正的士兵那样，给这些魔鬼作出应有的评价。"

第三，在新闻报道领域，恩格斯推崇专业主义精神[23]，特别是在军事新闻报道领域，恩格斯强烈主张高度的敬业精神，要求尽心尽力做出最翔实可靠的报道和评论。恰如他对林肯所说，"如果不是以我所能得到的最好的资料作根据，我连一行字都不愿意寄给您"。恩格斯在报道和评论克里木战争期间，确实也信守这样的原则。如他为弄清楚俄国军队的实力，"综合了我们能够找到的全部情报资料，但是我们必须等待某些更加明确的情报，直到'查理'提供关于舰队的较精确的情报或寄来几个可供就地研究的典型事例"[24]。

第四，就军事新闻报道而言，恩格斯提倡新闻和评论的准确性高于新闻的及时性。克里木战争是现代新闻业诞生后的一场国际大战，国际新闻从此可以通过遍布欧洲的电缆电报像闪电般传遍欧洲。[25]各家报纸也为充分利用电报技术传播消息，在新闻报道中快人一步，拔得头筹，竭尽心力，竞争激烈。但恩格斯主张，"因为要正确判断实际上发生的事情必须有最充分的资料，所以我写作时将很少只根据电讯，而一般要等较详细的材料。如果我的文章能因此而写得好一些，就是迟一两天也没有什么要紧"。值得注意的是，恩格斯只是强调准确性高于时间性，但是在确保准确性的前提下还是要争分夺秒追求时效性。如他后来对《每日新闻》的抱怨即反映出这一观点。"这些家伙这么一拖延，使得我的一部分资料在这段时间里被德国报刊所传布而为人所共知了。"[26]

第五，记者在报道战争新闻时要熟悉交战国家语言，知己知彼，不仅是夺取战争胜利的基本前提，也是全面报道战争新闻的必要条件。特别是欧洲国家林立，民族语言种类繁多。就克里木战争来说，投入交战的国家就有土耳其帝国、俄罗斯、萨丁尼亚王国、法国、英国、奥地利和普鲁士等国家，其中涉及的民族语言更是繁多。记者只有熟悉这些国家的语言才能有效地利用交战各方以及涉入各国的各种一手资料，尽可能对战争进行全面的认识和充分的报道。而且，当时各国政府军队对新闻报道尚未制定保密制度，报纸可以事无巨细地报道战役部署、军队调动、兵力配备等情况，报纸刊登的地图甚至详细准确地标明了军队的确切位置。[27]新闻报道之细密翔实，引起军方的深切担忧和严重抗议。如英军总司令腊格伦勋爵（Lord Raglan）多次向陆军大臣纽卡斯尔公爵（Duke of Newcastle）抱怨拉塞尔的报道详细地描述了英军的布防，这些新闻如果从伦敦拍发电报到莫斯科，就是俄军无价的军事情报。[28]虽然军方对此深恶痛绝，但记者对此却随心快意。因此，在当时特殊的历史环境下，熟稔各国语言，流利阅读各种语言的新闻报道，就使新闻记者能够更及时、更周密地了解战事动态，把握战争全局，从而使其相关新闻报道更迅捷翔确。恩格斯是位语言天才，也是非常勤奋的外语学习者，所以他"对欧洲大多数语言都比较熟悉，其中包括俄语、塞尔维亚语，也略懂罗马尼亚语"。他也向林肯强调了他在这方面得天独厚的优势，"这就使我有可能利用一些最好的报道资料"。恩格斯后来在报道评论克里木战争时确实广泛使用了英国、法国、俄国等各国的官方公报、报纸新闻等等各种资料。[29]

第六，从 1842 年给《莱茵报》撰稿开始，长期的新闻通讯工作生涯使恩格斯极为熟稔新闻文体文风，同时形成了简练准确、通俗易懂、生动有趣并且极具个人特色的报章文风——战斗细节描写栩栩如生，使人身临其境。战争评论言简意赅，有时又饶有趣味。这在恩格斯后来撰写的克里木战争系列报道与评论中得到鲜明的体现。

二

如果说上述是军事记者的基本素质，那在具体执行报道任务之时，军事记者还需注意以下几点问题。

要对战争进行准确报道和公正评论，就必须首先占有翔实权威的材料。在克里木战争期间，恩格斯以及马克思首先做的事就是充分搜集交战双方的各种资料。"这项工作，他们不仅在战争初始阶段做，而且在战争整个进程中特别是在战争发生重大转折时仍然坚持做。他们把这项工作，作为研究这场战争的全部出发点。"[30] 甚至当马克思劝说恩格斯尽快给《泰晤士报》撰写新闻，以及马克思要求恩格斯替他给《纽约论坛报》撰写相关报道时，恩格斯都因为缺乏必需的确切材料而婉拒。"我完全不能给《泰晤士报》写文章，目下没有更多的材料，再过一两个星期才行，那时可以立即写好。"[31] "关于熬得萨的情况，必须等待更详细的消息，至今一切都是极为矛盾的。"[32] 这一点，在恩格斯对英国报纸战争期间疏于占有和分析详尽材料的粗疏作风的批评中也可得到反证。"这些报纸虽然代表着自诩为世界上最讲求实际的民族的舆论，却从来不屑于研究细节和统计数字，而这些细节和统计数字不仅在贸易和政治经济方面，而且在国家政策方面都是采取一切明智决定的基础。"[33]

在克里木战争中，就如何使用翔实权威资料问题，恩格斯首先对拉塞尔等英国战地记者发回的战地报道"仔细地加以研究"[34]。但恩格斯清楚仅仅依靠新闻报道是不够的，因为它们有时"互相矛盾和含糊不清"[35]。正是凭借其精通军事理论，博览军事著作，还有日积月累的丰厚军事资料，恩格斯常常将各国报纸上的克里木战地新闻报道、政府公告，与其他各种"权威性的军事资料"互相参照，相互印证，以求对战局做出最细致的描述，并且结合"史实和最好的理论资料"做出最准确的判断。此外，恩格斯还拥有极为广泛的消息来源。他不仅在党内有朋友，而且在自由派中间，甚至在德国保守党和普鲁士陆军参谋部里也有朋友。恰如有研究者在赞叹恩格斯惊人的交际能力时称他能联系"上帝和所有的人"[36]。这些消息来源通过各种渠道、各种方式或为恩格斯提供战事信息，或与其讨论战局动态，也对其撰写文章助益匪浅。基于对多种资料来源充分地占有和有效地利用，恩格斯不仅常常发现《泰晤士报》等英国报纸战事报道的失实之处[37]，并且还能对战局动态做出惊人准确的判断和评价。

"地理环境是战争赖以发生和进行的重要客观物质条件之一，也是确定战争指导方针以及战略战术原则和作战方式的重要客观依据。"[38] 恩格斯十分重视研究地理环境对战争的影响，所以他非常重视搜集地图和相关资料，并且指出，做好相关报道必须"拥有必要的关于战区和作战双方的地图、计划和专门资料"。1862 年在欧洲才出现的军事测量地图在克里木战争期间还是非常稀有而且昂贵的，但却是战争和报道的必备工具。[39]马克思在撰写克里木战争时，就出现过"由于我没有地图，不知道地名的正确程度如何"[40]的棘手状况。值得庆幸的是，恩格斯一直注意搜集这些资料[41]，并且关于克里木战争，恩格斯还藏有一批珍贵的地图："任何人也弄不到的东西：希尔索瓦、曼成、伊萨克查和土耳恰等地的平面图。"[42]马克思也积极给恩格斯提供关于战局的地图。[43]

此外，除了介绍自己的军事素养和写作分析水平外，恩格斯在信中谈到撰写军事评论的稿酬问题时还写道："要撰写军事行动的文章，必须拥有许多昂贵的地图和书籍，这笔应付的款项应该算在开支账内。"最后这句话里的对应英文是"should be made as entering into the cost of production"[44]。《马克思恩格斯全集》中文第一版翻译为"这都应该计算在内，因为这些都包括在生产费用里面"。译文虽然有些啰唆，但将"the cost of production"直译为"生产费用"，在经济学上更为准确。《马克思恩格斯全集》中文第二版翻译为"应付的款项"，没有体现恩格斯把给报纸的商业性撰稿视为脑力劳动的思想。在恩格斯的观念里，脑力劳动与体力劳动同样具有价值。通讯员撰写稿件需要耗费大量的时间和精力，脑力劳动也应该得到公正的报酬。[45]

三

《每日新闻》觉得恩格斯写的"文章太专门了"，最终恩格斯告诉马克思："《每日新闻》的事吹了"[46]。尽管如此，恩格斯还是一如既往地密切关注、认真研究，及时报道克里木战争。他个人独自写作，或与马克思合作，甚至还以马克思的名义为《纽约每日论坛报》、德国《新奥得报》等撰写了近百篇关于克里木战争的新闻与评论，"多次详尽地描述过它的性质，谈论过它可能的结局"[47]。正是凭借前文所述的深厚素养和严谨态度，这些文章证明了恩格斯不愧是"真正有能力"的军事新闻记者。他不仅能对战争进行鞭辟入里的分析，而且常常还能准确预测军事局势的进展。恰如马克思向恩格斯表示钦佩和祝贺时所说，"我发现，你的军事文章（关于"俄军从卡拉法特撤退"和多布鲁甲的形势）正在得到辉煌的证实"[48]。《纽约每日论坛报》高度重视恩格斯撰写的克里木军事新闻和评论，不少文章被作为社论发表。用马克思的话来说，该报甚至用恩格斯这些"军事文章来自吹自擂"，以致马克思要求该报提高稿费。[49]恩格斯的文章还引起美国舆论界的积极关注和高度评价，"你的军事文章引起了强烈反应。纽约传说是司各脱将军写的"[50]。

恩格斯对克里木战争的观察与报道也标志着他开始集中系统地研究战争问题，从此时起到 1870 年，由于世界战事频繁、形势多变和任务多样，成为恩格斯一生中时起报道与研究军事问题的高峰期。[51]

（作者为华东师范大学传播学院副教授）

注释

[1] 恩格斯. 恩格斯致亨利·约翰·林肯（1854 年 3 月 30 日）[M] //马克思，恩格斯. 马克思恩格斯全集：第 49 卷. 中文 2 版. 北京：人民出版社，2016：525－529. 凡引用该文，本文不再另注.

[2] 马克思. 马克思致恩格斯（1854 年 4 月 4 日）[M] //马克思，恩格斯. 马克思恩格斯全集：第 28 卷（上）. 北京：人民出版社，1973：337.

[3] Michael S. Sweeney. From the front：the story of war [M]. National Geographic Books，2003：32－37.

[4] 斯隆. 美国传媒史 [M]. 张瑞华，译. 上海：上海人民出版社，2010：236.

[5] 马克思. 马克思致恩格斯（1854 年 4 月 22 日）[M] //马克思，恩格斯. 马克思恩格斯全集：第 28 卷（上）. 北京：人民出版社，1973：345.

[6] 马克思. 马克思致摩·埃尔斯纳（1854 年 12 月 20 日）[M] //马克思，恩格斯. 马克思恩格斯全集：第 28 卷（下）. 北京：人民出版社，1973：619.

[7] 恩格斯. 恩格斯致马克思（1854 年 4 月 3 日）[M] //马克思，恩格斯. 马克思恩格斯全集：第 28 卷（上）. 北京：人民出版社，1973：335.

[8] 赵雪波. 战地记者述论 [M]. 北京：中国广播电视出版社，2007：180.

[9] 克利姆. 恩格斯文献传记 [M]. 长沙：湖南人民出版社，1986：76－79.

[10] 同 [9] 231.

[11] 恩格斯. 恩格斯致马克思（1854 年 4 月 21 日左右）[M] //马克思，恩格斯.

马克思恩格斯全集：第 28 卷（上）. 北京：人民出版社，1973：343

[12] 张树德. 马克思恩格斯军事思想史 [M]. 北京：军事科学出版社，2014：3.

[13] 恩格斯. 恩格斯致约·魏德迈（1851 年 6 月 19 日）[M] //马克思，恩格斯.
马克思恩格斯全集：第 27 卷. 北京：人民出版社，1972：576.

[14] 同 [13].

[15] 卢厚明. 恩格斯军事思想研究 [J]. 毛泽东思想研究，1996，（1）.

[16] 张树德. 马克思恩格斯军事思想史 [M]. 北京：军事科学出版社，2014：51；
鲍世修. 论恩格斯军事学说的科学精神 [J]. 马克思主义与现实，2011，（5）.

[17] 黄迎旭. 马克思恩格斯军事思想新论 [M]. 北京：解放军出版社，2011：214.

[18] 同 [12] 50.

[19] 马克思. 马克思致恩格斯（1853 年 9 月 30 日）[M] //马克思，恩格斯. 马克
思恩格斯全集：第 28 卷（上）. 北京：人民出版社，1973：299.

[20] 恩格斯. 恩格斯致约·魏德迈（1852 年 2 月 27 日）[M] //马克思，恩格斯.
马克思恩格斯全集：第 28 卷（下）. 北京：人民出版社，1973：501.

[21] HUDSON M，STANIER J. War and the media：a random searchlight [M]. Sut-
ton Publishing，1997：1 - 2.

[22] 恩格斯. 俄国军队 [M] //马克思，恩格斯. 马克思恩格斯全集：第 44 卷. 北
京：人民出版社，1982：213.

[23] 陈力丹. 马克思主义新闻思想概论 [M]. 上海：复旦大学出版社，2003：47 - 63.

[24] 同 [22] 215.

[25] 霍布斯鲍姆. 资本的年代：1848—1875 [M]. 张瑞华，译. 北京：中信出版
社，2014：69.

[26] 恩格斯. 恩格斯致马克思（1854 年 4 月 20 日）[M] //马克思，恩格斯. 马克
思恩格斯全集：第 28 卷（上）. 北京：人民出版社，1973：341.

[27] 斯隆. 美国传媒史 [M]. 张瑞华，译. 上海：上海人民出版社，2010：238.

[28] HUDSON M，STANIER J. War and the media：a random searchlight [M]. Sut-
ton Publishing，1997：15.

[29] 恩格斯. 三月二十三日的出击 [M] //马克思，恩格斯. 马克思恩格斯全集：
第 11 卷. 北京：人民出版社，1962：214.

[30] 同 [17] 209.

[31] 恩格斯. 恩格斯致马克思（1854 年 4 月 24 日左右）[M] //马克思，恩格斯.

马克思恩格斯全集：第 28 卷（上）. 北京：人民出版社，1973：348.

[32] 恩格斯. 恩格斯致马克思（1854 年 5 月 1 日左右）[M] //马克思，恩格斯. 马克思恩格斯全集：第 28 卷（上）. 北京：人民出版社，1973：352.

[33] 恩格斯. 奥地利的兵力 [M] //马克思，恩格斯. 马克思恩格斯全集：第 10 卷. 北京：人民出版社，1962：615.

[34] 恩格斯. 战争的进程 [M] //马克思，恩格斯. 马克思恩格斯全集：第 11 卷. 北京：人民出版社，1962：191；恩格斯. 三月二十三日的出击 [M] //马克思，恩格斯. 马克思恩格斯全集：第 11 卷. 北京：人民出版社，1962：214.

[35] 恩格斯. 塞瓦斯托波尔的消息 [M] //马克思，恩格斯. 马克思恩格斯全集：第 11 卷. 北京：人民出版社，1962：230.

[36] 克利姆. 恩格斯文献传记 [M]. 中央编译局，译. 长沙：湖南人民出版社，1986：6.

[37] 恩格斯. 战争的进程 [M] //马克思，恩格斯. 马克思恩格斯全集：第 11 卷. 北京：人民出版社，1962：193；恩格斯. 塞瓦斯托波尔的消息 [M] //马克思，恩格斯. 《马克思恩格斯全集》：第 11 卷. 北京：人民出版社，1962：230.

[38] 同 [17] 212.

[39] 同 [25] 60.

[40] 马克思. 马克思致恩格斯（1854 年 7 月 22 日）[M] //马克思，恩格斯. 马克思恩格斯全集：第 28 卷（上）. 北京：人民出版社，1973：376.

[41] 恩格斯. 恩格斯致约·魏德迈（1851 年 6 月 19 日）[M] //马克思，恩格斯. 马克思恩格斯全集：第 27 卷. 北京：人民出版社，1972：578.

[42] 恩格斯. 恩格斯致马克思（1854 年 4 月 3 日）[M] //马克思，恩格斯. 马克思恩格斯全集：第 28 卷（上）. 北京：人民出版社，1973：335.

[43] 马克思. 马克思致恩格斯（1854 年 4 月 19 日）[M] //马克思，恩格斯. 马克思恩格斯全集：第 28 卷（上）. 北京：人民出版社，1973：339.

[44] ENGELS. Engels to H. J. Lincoln, editor of the Daily News（30 march 1854）//MARX K, ENGELS F. Collected Works, vol. 39, Moscow：Progress Publishers，1983：425.

[45] 本段作者为中国人民大学新闻学院陈力丹教授.

[46] 恩格斯. 恩格斯致马克思（1854 年 4 月 20 日）[M] //马克思，恩格斯. 马克思恩格斯全集：第 28 卷（上）. 北京：人民出版社，1973：340.

[47] 恩格斯. 欧洲面临的战争 [M] //马克思，恩格斯. 马克思恩格斯全集：第 11

卷 . 北京：人民出版社，1962：87.

　　［48］马克思 . 马克思致恩格斯（1854 年 5 月 3 日）//马克思，恩格斯 . 马克思恩格斯全集：第 28 卷（上）. 北京：人民出版社，1973：353.

　　［49］马克思 . 马克思致恩格斯（1854 年 4 月 22 日）//马克思，恩格斯 . 马克思恩格斯全集：第 28 卷（上）. 北京：人民出版社，1973：346.

　　［50］马克思 . 马克思致恩格斯（1854 年 1 月 10 日）//马克思，恩格斯 . 马克思恩格斯全集：第 28 卷（上）. 北京：人民出版社，1973：318.

　　［51］同 ［12］1.

第三部分

马克思和恩格斯的报刊职能意识

〖按语〗

　　报刊广泛而公开的工作特点无形中赋予了它一种社会监督的职能，这种职能尤其有利于进行公开的政治斗争。马克思和恩格斯从事政治斗争时经常借助于报刊的这种职能，因而他们十分看重它，从政治角度将它视为报刊的一种首要职责。1849 年，恩格斯在为《新莱茵报》辩护时指出：报刊的"首要职责——保护公民不受官员逞凶肆虐之害"（人民出版社《马克思恩格斯全集》中文版 6 卷 280 页）。1859 年，德国报纸《总汇报》发表了揭露法国波拿巴政府间谍福格特的文章，马克思致信该报说："当《总汇报》履行在我看来是报刊的**首要**职责，即揭发招摇撞骗的职责时，决不会有碍于我尽力帮助它。"（人民出版社《马克思恩格斯全集》中文版 14 卷 755 页）

　　1843 年 1 月马克思签名的《科隆市民关于继续出版〈莱茵报〉的请愿书》，是体现他关于报刊职责的较早文献。陈力丹、冯雪珺对该文进行的考证研究进一步证明了马克思当时对报刊职责的认识（"如果报刊无权唤起人们对现存法定秩序的不满，它就不可能忠诚地参与国家的发展"）的思想渊源在于他对舆论作用的认识。

　　在《新莱茵报》时期（1848—1849），马克思和恩格斯在新闻实践中进一步阐发了他这方面的认识。1849 年 2 月他们在科隆陪审法庭上为《新莱茵报》的辩护词是他们在这方面的经典论述，陈绚对此的考证研究进一步证明他们对报刊职责认识的阶级性质："报刊的义务正是在于为它周围左近的被压迫者辩护"。

　　张金玺、陈一点对恩格斯此后一个月所写的论著《关于招贴法的辩论》

进行的考证研究，更加明确地表明了马克思和恩格斯争取新闻出版自由的阶级性质："出版自由，不同意见的自由斗争就意味着允许在出版方面进行阶级斗争。但梦寐以求的秩序却正好要压制阶级斗争，要堵塞被压迫阶级的言路。因此，那班要求安宁和秩序的人就必须消灭出版物中的不同意见的自由斗争，必须通过出版法、禁令等等来最大限度地保证自己对市场的垄断，尤其是必须直接禁止像招贴和传单这样的免费文学。"

欧洲民主革命失败后，马克思和恩格斯流亡英国，在总结革命中报刊工作经验时所写的《〈新莱茵报。政治经济评论〉出版启事》虽然很短，但十分精辟地从纯业务角度指出了报纸和评论杂志不同的职能。杨保军、陈硕对此文逐字逐句的考证，会令读者对短短的《启事》理解得更加深刻。

新发表的马克思《莱茵报》活动历史文件考证研究

——《科隆市民关于继续出版〈莱茵报〉的请愿书》

陈力丹　冯雪珺

一、《请愿书》形成的背景

马克思 1841 年参与《莱茵报》的创办，1842 年 10 月担任该报主编。由于报纸的革命民主主义倾向，1843 年 1 月 20 日，普鲁士政府宣布了前一天内阁会议的决定，从 4 月 1 日起查封《莱茵报》，查封前对其实行双重检查。由此引发了《科隆市民关于继续出版〈莱茵报〉的请愿书》（简称《请愿书》）的起草。

1843 年 1 月 30 日，在报纸出版发行地科隆，100 多位市民聚集在一起开会，通过了要求继续出版《莱茵报》请愿书。请愿书起草人是《莱茵报》监事会成员伊格纳兹·毕尔格尔斯（1848 年德国民主革命时期法兰克福议会左派议员）。900 多名科隆市民在请愿书上签字，反对针对《莱茵报》实施的查封。卡尔·马克思的亲笔签名也在其中。2 月 18 日，这份请愿书被送往柏林。这期间，德国普鲁士莱茵省各地都发起了要求继续出版《莱茵报》的请愿活动，普鲁士国王弗里德里希-威廉四世指示内务大臣拒绝所有请愿书的要求，4 月 1 日《莱茵报》仍遭查封。

1841 年马克思从柏林大学毕业，取得博士学位。但是思想激进、不满普鲁士政府压制大学进步教师的马克思放弃了在大学谋求一职的想法，参与创办《莱茵报》。1842 年元旦《莱茵报》创刊，但由于马克思家人重病，他赶回家乡特利尔，直到 1842 年 4 月才开始以自由撰稿人的身份为报纸工作。初期该报两任编辑水平有限，于是马克思于 10 月 15 日被聘为编辑（主编）。马克思在《莱

19 世纪 40 年代的石版画《被锁住的普罗米修斯》。普罗米修斯身后为印刷机，印刷机上面一张纸是查封禁令，左上角的松鼠（Eichhhorn）指书报检查大臣艾希霍恩（发音相同）。此画比喻《莱茵报》的被查封。

茵报》期间发表了很多批判书报检查制度、论述新闻出版自由的文章，矛头直指普鲁士的专制制度，于是发生了《莱茵报》将被查封的事情。

为了让《科隆市民关于继续出版〈莱茵报〉的请愿书》达到目的，马克思于 3 月 17 日主动辞职，希望能够换回查封法令的撤销，然而这一举动并未改变《莱茵报》于 1843 年月 1 日被查封的厄运。

马克思在《莱茵报》工作期间，开始与柏林的青年黑格尔派决裂，转向唯物主义，并初次接触各种共产主义的理论。《莱茵报》的工作经历，对于青年马克思来说是思想上的成长阶段，十分重要。专职报纸的工作，使得马克思有充分时间和精力研究报纸工作的特点，阐发他的新闻思想。《科隆市民关于继续出版〈莱茵报〉的请愿书》虽然不是他起草的，但是他参加会议和签名本身说明他赞同请愿书的基本观点。签字是在 1 月 30 日，而此前 1 月 3 日，他在报纸上撰文写道："要使报刊完成自己的使命，首先必须不从外部为它规定任何使命，必须承认它具有连植物也具有的那种通常为人们所承认的东西，即承认它具有自己的**内在规律**，这些规律是它所不应该而且也不可能任意摆脱的。"[1]

《科隆市民关于继续出版〈莱茵报〉的请愿书》在中文《马克思恩格斯全集》第一版中没有收录，该版是依照苏联俄文第二版翻译的。后来中文第二版以德文原版为基础翻译，收录了这份有马克思亲笔签名的请愿书。笔者详细对比了德文原著以及中文《马克思恩格斯全集》第二版译文，提出了几处校正意见和内容补充。

这篇文章的德文原文出自《马克思恩格斯全集》（MEGA）1975 年版第 1 部分第 1 卷第 421～422 页。原文题为 Petition Kölner Bürger um das Fortbestehen der»Rheinischen Zeitung«zwschen dem 25. und 30. Januar 1843. 关于《请愿书》的德文相关历史考证材料，出自上书第 1171～1172 页。这部分内容由本文第二作者全文译出。

中文《马克思恩格斯全集》第二版根据德文原著翻译，加入《科隆市民关于继续出版〈莱茵报〉的请愿书》一文，说明这份文件对于研究马克思思想是有意义的，《请愿书》体现的新闻思想与马克思当时的思想基本一致。

二、观点分析

这份只有 1 000 字的《请愿书》，谈到了三方面的新闻观点。

其一，舆论与报刊、舆论与国家立法的关系。各种色彩和表现各种矛盾的舆论会找到相应的报刊表达自己，报刊会使舆论成为国家立法的最丰富、最可靠的生气勃勃的源泉。

其二，自由的社会言论的重要性。签名人认为，国家生活的真正主要的精神领域是政治信仰领域。自由的社会言论应当在国家生活的各个领域，特别是政治信仰领域通行无阻，表现出崇高的价值和内在尊严。

其三，报刊的独立性至关重要。请愿书的签名者有的并不同意甚至反对《莱茵报》表达的观点，但他们认为，"仅仅对一家报纸的镇压就会使整个祖国的报刊丧失独立性，因为健康和自由的政治生活受到了威胁"，"报刊的独立性乃是一切精神关系的基础，要对国家大事进行讨论，没有这种独立性，任何天才都不会从事政治著述"。[2]

下文从这三点切入，进一步阐述马克思的新闻思想。

（一）舆论与报刊、舆论与国家立法的关系

马克思在《莱茵报》时期，从推崇黑格尔的思想到质疑并转而批判黑格尔的法哲学（1843 年夏天马克思写了约 11 万字的《黑格尔法哲学批判》笔记）。黑格尔认为，法学是哲学不可分割的一部分；人一旦有了意志自由，就有了权利，而法则是自由意志的定在。马克思在他为《莱茵报》撰写的第一篇评论《第六届莱茵省议会的辩论（第一篇论文）——关于新闻出版自由和公布省等级会议辩论情况的辩论》（简称《辩论》）中，对黑格尔的法哲学思想提出了批判。他认为"法律不是压制自由的措施，正如重力定律不是阻止运动的措施一样。因为作为引力定律，重力定律推动着天体的永恒运动；而作为落体定律，只要我违反它而想在空中飞舞，它就要我的命。恰恰相反，法律是肯定的、明确的、普遍的规范，在这些规范中自由获得了一种与个人无关的、理论的、不取决于个别人的任性的存在。法典就是人民自由的圣经"[3]。《辩论》写于 1842 年 3 月 26 日到 4 月 26 日之间，连载于 1842 年 5 月《莱茵报》附刊，即马克思签名请愿书 8 个月之前。文章表明了马克思对于法律的认识。他认为法律要顺应事物的规律及其发展的态势，具有普适性，而不应逆历史发展的潮流，阻碍压制事物的发展。

马克思在请愿书上签名后的第五天，在一份驳斥查封报纸的内部文件中写道："合法的发展不可能没有法律的发展，因为法律的发展不可能没有对法律的批评，因为对法律的任何批评都会在公民的脑子里，因而也在他的内心，引起与现存法律的不协调，又因为这种不协调给人的感觉是不满，所以，如果报刊无权唤起人们对现存法定秩序的不满，它就不可能忠诚地参与国家的发展。"[4]这里，马克思对《请愿书》中的观点做了畅快的阐发。

显然，有了舆论的监督与参与，才能够及时发现立法中的疏漏；及时地查漏补缺，才能保证立法机关的公正与全面。而报刊为此提供了一个广泛发

表意见的平台，可以将舆论及时向立法者反映，同时公众也有机会通过报刊表达意见。

马克思和恩格斯谈到他们创办的《新莱茵报评论》时，曾公开申明"自己的目的——经常而深刻地影响舆论"[5]。马克思主持《莱茵报》时成功地做到了这一点。他家乡种植葡萄的农民生活困苦，当地社区报道反映了这种情况，形成了同情农民的舆论。《莱茵报》准确而真实地反映了当地舆论，又在普鲁士全境形成了同情农民的舆论。《莱茵报》以此赢得了农民的信任，该报被查封时，农民们纷纷向国王请愿，要求撤销查封决定。马克思总结这一经验时写道："'自由报刊'是社会舆论的产物，同样，它也制造社会舆论，唯有它才能使一种特殊利益成为普遍利益"[6]。"这是他唯一一次正面使用'制造舆论'的概念，其含义是在反映舆论的基础上形成更大的舆论。"[7]《莱茵报》影响舆论的作用可见一斑。

请愿书的签名者中有下层市民，也有不参与决策的上层人士；请愿书的话语温和，不失对国王的谦恭，但观点坚定明确。请愿书的目的在于动员有共同利益的广泛群体并形成舆论，产生牵制统治者的精神力量。

（二）自由的社会言论的重要性

莱茵省是普鲁士工业发达地区，也是受法国革命影响最深的省份，言论自由程度是普鲁士各省中最高的。因而，关于自由的社会言论的重要性，《请愿书》能够做以下的表达：

"当莱茵省人看到，在国家生活的其他领域，在特别需要自由舆论的领域，即政治信仰的领域这一国家生活的最独特、最具道义力量的核心领域，至少也已经为自由舆论——他们在法院制度中已经非常信服地认识到了这种自由舆论的崇高价值和内在尊严——开辟了道路的时候，他们特别充满了崇高的喜悦之情。"[8]在这种虔敬的话语中，《请愿书》其实坚定地表明了签名者的观点：我们莱茵省已经享受到了言论自由，这种法治化的自由能够保障公民参与国家政治的讨论，在这种前提下，我们表示对国家权力的信服与崇敬。

人区别于动物的固有属性之一是会说话，自由地交流是人类行为的固有权利。没有了言论自由，人们无法进行思想和信息的沟通，无法对身边的事物做出反馈，更谈不上做出正确的反馈。没有言论自由，无法谈及人的其他自由权利。而新闻出版自由，则是言论自由在大众传播领域的扩展，19 世纪的大众传播领域被视为"公共领域"。著名新闻学者李瞻就此说过："至于言论自由的重要性，因新闻自由乃言论自由之延伸，所以新闻自由的价值，绝大部分都是言论自由的价值。因此可以说，新闻自由只有充分反映言论自由时，它才应受法律的保障。"[9] 马克思签名这份《请愿书》之前在《莱茵报》上撰文写道："没有新闻出版自由，其他一切自由都会成为泡影。自由的每一种形式都制约着另一种形式，正像身体的这一部分制约着另一部分一样。只要某一种自由成了问题，那么，整个自由都成问题。"[10]

观点的认同是马克思在这份《请愿书》上签名的前提，保护报纸则是第二个原因。该文件关于言论自由与新闻自由的基本认识与他的认识一致，他才会签名。后来的 2 月 12 日，马克思还在另一份股东的请愿书上签了名，这份文件没有涉及观点，只是要求当局不要查封报纸，所以马克思签名的时候同时还代表他家乡特利尔的五位股东，他们分别是医生、商人、律师和土地所有者。

争取言论自由和新闻自由，是马克思参加《莱茵报》工作时期最坚定的信念。他在 1842 年年初写的文章《评普鲁士最近的书报检查令》最后引证了古罗马帝国历史学家塔西佗的话："当你能够想你愿意想的东西，并且能够把你想的东西说出来的时候，这是非常幸福的时候。"在前面提到的第一篇评议《辩论》一文最后，他引证了古希腊历史学家希罗多德记录的这样一段话："你知道做奴隶的滋味；但是自由的滋味你却从来也没有尝过。你不知道它是否甘美。因为只要你尝过它的滋味，你就会劝我们不仅用矛头而且要用斧子去为它战斗了。"[11] 在这些隐喻中，马克思表达的是一种对自由的渴望和为此顽强斗争的决心。

（三）报刊的独立性至关重要

《请愿书》里写道，900 多位科隆市民中，有的签名者是赞同《莱茵报》观点的，但也有相当一部分人并不赞同乃至反对《莱茵报》的观点和表达方式。他们之所以都在请愿书上签名，是因为他们要维护报刊整体的独立。报刊作为满足公众对新闻信息需求的一个社会领域，独立于国家政权而存在。要保持国家政权健康、自由的发展，亦需要维护新闻出版自由。

这里所体现的言论自由与新闻自由观念，实际上是伏尔泰所言"即使我不同意你的意见，我也要用生命维护你发表意见的权利"的另一种表达，而且真正变成了现实：很多并不赞同《莱茵报》观念的人签名反对查封该报。显然，他们已经意识到，如果看到观点与自己不同的报纸被查封而不管不问，很可能有一天自己赞同其观点的报纸也会被查封。观念的多元才是社会的正常状态。

关于这个观点，马克思在《莱茵报》工作期间也表达过。1842 年年底，德国萨克森王国的民主主义报纸《莱比锡总汇报》在普鲁士全境遭到查禁，马克思于 1843 年 1 月 7 日写道："我们将同样认真严肃地反对查禁《埃尔伯费尔德日报》、《汉堡记者》或是在科布伦次出版的《莱茵—摩泽尔日报》。因为**合法的地位**不应该由于个人的道德品质或者甚至由于他们的政治观点和宗教观点而有所变更。相反，人们一旦使报刊的**存在**取决于它的**思想**，报刊就无疑会处于**非法**地位了。因为直到目前为止，还没有一部思想法典和一所思想法庭。"[12] 他所列举的报刊，均是《莱茵报》思想上的对立者。然而，他同样反对查禁这些对立的报纸。而从当权者角度看，听到来自不同利益集团和区域的不同声音，才会对自己的决策有所权衡，有所校正。普鲁士政府取缔一份报纸，意味着不允许某种言论的自由存在，这就威胁到社会整体政治生活的健康发展了。

900 多人签名反对查封《莱茵报》的请愿书，反映了科隆市民的现代法治观念颇为健全，他们尊重报纸的独立性，不论对《莱茵报》所持的论点赞同与否，都相信思想的多元对于社会平稳发展的意义。他们反对通过强制手段遏制言论、切断民众自我认知，认为报纸的独立性关系到一切道义基础，为了能够保证真正讨论国家事务，独立性对报纸来说是必要的。

三、结束语

《科隆市民关于继续出版〈莱茵报〉的请愿书》是一份 176 年前的文件，

年代久矣，然而它体现的思想，诸如舆论与立法的互动、保障言论自由和传媒的独立性等观念，一百多年来仍然是人们百折不挠奋斗的目标。

《人民日报》自 2011 年 4 月 28 日以来连续发表了多篇评论，例如《执政者当以包容心对待"异质思维"》《希望杜绝一切非理性言行是不现实的》等，后者中有这样一句话："希望杜绝一切非理性言行是不现实的。与其紧张焦虑，不如解析它们生长的社会根源，寻求化解它们的现实路径。"说的就是执政者应该有让人发声的雅量，并且不论人们的声音发不发得出来，问题的社会根源总是存在的，如果人们被逼得没法理性地说话了，如果再不给这个声音一个出口，就可能导致社会冲突爆发。

历史的经验值得注意。在经历了 1848—1849 年民主革命之后，这位弗里德里希-威廉四世国王疯了，让位给他的弟弟，即后来的德国皇帝威廉一世。然而，霍亨索伦王朝只维持了 30 多年就垮台了，威廉二世在 1918 年德国民主革命中逃亡到荷兰，客死他乡。之所以出现这种状况，是因为威廉一世和威廉二世始终坚持从弗里德里希-威廉四世开始的假自由主义专制政策，而整个欧洲民主化进程不可阻挡。重温马克思主义经典论著，回顾历史和以史为鉴，就会发现，我们仍然需要当年科隆市民的法治理念和觉悟，需要认真学习马克思《莱茵报》时期关于报刊内在规律的一系列论述，以便形成自由与法治的现代理念，为完善我们社会主义的新闻与法治体制而努力。

（作者陈力丹为中国人民大学荣誉一级教授，冯雪珺为中国人民大学外国语学院德语系硕士）

注释

［1］马克思，恩格斯 . 马克思恩格斯全集：第 1 卷［M］. 中文 2 版 . 北京：人民出版社，1995：397.

［2］陈力丹 . 马克思主义新闻学词典［M］. 北京：中国广播电视出版社，2002：120 - 121.

［3］同［1］176.

［4］同［1］427 - 428.

［5］马克思，恩格斯 . 马克思恩格斯全集：第 7 卷［M］. 北京：人民出版社，1961：600.

[6] 同 [1] 378.

[7] 陈力丹. 精神交往论：马克思恩格斯的传播现 [M]. 修订版. 北京：中国人民大学出版社，2008：163.

[8] 同 [1] 949.

[9] 李瞻. 新闻学 [M]. 台北：三民书局，1969：39 - 40.

[10] 同 [1] 201.

[11] 同 [1] 134 - 135，202.

[12] 同 [1] 401.

报刊的价值：不能让揭露"失去意义"

——马克思恩格斯《〈新莱茵报〉审判案》一文的原著考证研究
陈　绚

一、起诉案件的发生及审判

本文对题为《〈新莱茵报〉审判案》的一组文章进行考证研究，该组文章由《马克思的发言》和《恩格斯的发言》两篇演讲稿组成。关于"《新莱茵报》审判案"这个概念，有狭义和广义两种理解，狭义的理解就是指下表中的第一个案件，即由《新莱茵报》于1848年7月5日第35号上发表的一篇标题为《逮捕》的文章引发的起诉案。此案件之所以引人注目，是因为马克思和恩格斯分别在审判庭上做了发言，他们慷慨陈词，获得了旁听席上的掌声，作为被告他们被陪审法庭宣判无罪。

广义的理解是，"《新莱茵报》审判案"除了上述案件外，还包括1848年11月普鲁士政府控告《新莱茵报》违反了诽谤法的案件，此案又涉及四项控告。为何如此说？《马克思恩格斯全集》第6卷第680页有一篇标题也是《〈新莱茵报〉审判案》的文章（刊登于1848年12月6日的《新莱茵报》第161号上），文章写道：

> **科伦**12月5日。几天以前，**《新莱茵报》**总编辑**卡尔·马克思**又被传到法院侦查员那里去受侦讯。《新莱茵报》的下列四篇文章引起中央政权以诽谤罪名对该报提出控告①。

---

① 即下表中所列的第二个案件。——笔者注

《新莱茵报》急不可耐地等待着柏林、彼得堡、维也纳、布鲁塞尔和那不勒斯今后以诽谤罪名继续不断提出的控告。

12月20日，将开庭审理《新莱茵报》contra〔反对〕检察机关和宪兵的第一个审判案①。

我们至今不曾听说过莱茵省哪个检察官曾运用 Code pénal〔刑法典〕的哪一条去对付一切有明显而粗暴的违法行为的莱茵省权力机关。

"应当区别对待！"——这就是勇敢的莱茵省检察机关的座右铭。②

下表就是这两个案件的大概情况介绍：

案件涉及的被控告人员： 格奥尔格·维尔特，著作家 卡尔·马克思，《新莱茵报》总编辑 弗·恩格斯，《新莱茵报》编辑 约翰·威廉·迪茨，印刷厂厂主 海尔曼·科尔夫，原《新莱茵报》发行负责人 阿尔诺德·贝希托尔德，朗格印刷厂排字工人 海尔曼·贝克尔博士，见习法官 恩斯特·德朗克博士，著作家	
（一）引发马克思、恩格斯发言（庭审辩论）的审判案。为了方便表述，本文中将该案称为"检察长和宪兵"案： 1848年7月5日《新莱茵报》第35号上发表的一篇标题为《逮捕》的文章（见《马克思恩格斯全集》第5卷190～193页）中侮辱检察长茨魏费尔和诽谤逮捕哥特沙克和安内克的宪兵。虽然法庭从7月6日起就开始侦讯，但是首次开庭审讯规定在12月20日才进行，后来又延期至1849年2月7日。	审判是在1849年2月7日举行的，马克思和恩格斯的辩护律师是施奈德尔第二，科尔夫的辩护律师是哈根。 在科伦陪审法庭受审的有《新莱茵报》总编辑卡尔·马克思、编辑弗·恩格斯、发行负责人海·科尔夫。 陪审法庭宣判被告无罪。
（二）1848年11月普鲁士政府控告《新莱茵报》违反了诽谤法。为了方便表述，本文中将该案称为"国民议会议员"案。案件涉及四项控告： （1）1848年8—9月，格·维尔特在《新莱茵报》小品文栏发表以《著名的骑士施纳普汉斯基的生平事迹》为题的小说。文字被认为涉及利希诺夫斯基公爵，利希诺夫斯基公爵如有文中描述的行为，就应当受到鄙视	1849年5月29日由科伦王国地方违警法庭审判庭审理。 检察官要求判处维尔特、马克思、德朗克和科尔夫每人三个月监禁和罚款一千法郎，其他被告每人关押一个月和每人交付七分之一诉讼费。

---

① 即下表中所列的第一个案件。——笔者注
② 文章中讽刺检察机关畏惧权力，但用法律对付报刊和民众毫不手软。——笔者注

和惩罚，所以该文涉嫌诽谤公爵。

（2）1848 年 9 月 6 日《新莱茵报》第 95 号登载一篇揭露利希诺夫斯基公爵的竞选阴谋的布勒斯劳通讯。文中说利希诺夫斯基公爵曾要求自己地区的选民不要选市民做议员，因为市民的目的只是降低城市捐税，增加农村居民的捐税。国家检察官认为文章包含对利希诺夫斯基公爵的侮辱。马克思博士作为主编应对这篇文章的内容负责，因他不愿讲出文章作者的姓名。

（3）1848 年 9 月 14 日《新莱茵报》第 102 号上登载的一篇法兰克福通讯，揭露了法兰克福国民议会议员施泰德曼所提出的关于与丹麦休战问题表决结果的假报告；如其属实，该议员就应当受到鄙视，因此就是诽谤了他。科尔夫因此被指控。

（4）1848 年 9 月 23 日《新莱茵报》第 110 号所发表的科伦民众大会的决议，斥责那些投票赞成与丹麦休战的法兰克福国民议会议员背叛人民。特别指责议员施泰德曼为了当大臣，在关于委员会一次会议的报告中加进了不真实的材料。检察官认为这诽谤了议员施泰德曼。此案是对马克思和科尔夫的指控，也牵连到约翰·威廉·迪茨，他是承印《新莱茵报》的印刷厂厂主。

接着法官退席，在协商约两小时后，法庭宣布了判决书。传讯维尔特出庭的传票由于控告的条款不确而被认为无效；科尔夫因诽谤议员施泰德曼被判处一个月监禁；其余被告宣告无罪。

出庭的被告有：迪茨、科尔夫、贝希托尔德和贝克尔；未出庭被告的案件均按缺席审理。

说明：以上内容根据以下资料整理：

1.《逮捕》见《马克思恩格斯全集》第 5 卷第 189～192 页。

2.《〈新莱茵报〉审判案》同上书第 6 卷第 264～285 页，及该文注 189（第 6 卷第 740 页）、注 402（第 6 卷第 767 页）。

3.《关于诽谤德国国民议会议员的审判案》见《马克思恩格斯全集》第 43 卷第 527 页（载于 1849 年 5 月 31 日《科伦日报》第 129 号附刊）。

二、文献中马克思恩格斯对"诽谤""侮辱"的法律解释

1982 年人民出版社出版的《马克思恩格斯全集》第 43 卷中收有马克思《〈新莱茵报〉审判案发言初稿》一文，即 1849 年 2 月 7 日《新莱茵报》庭审发言的初稿。将其与 1961 年人民出版社出版的《马克思恩格斯全集》第 6 卷中《〈新莱茵报〉审判案》马克思的发言一文相比较可以发现，这篇文章更具

Zwei

politische Prozesse.

Verhandelt vor den Februar-Assisen in Köln.

I.

Der erste Preßprozeß der Neuen
Rheinischen Zeitung.

II.

Prozeß des Kreis-Ausschusses der
rheinischen Demokraten.

Köln, 1849.
Verlag der Expedition der Neuen Rheinischen Zeitung.

印有马克思和恩格斯发言的小册子《两个审判案》

扉页（1849 年科隆出版）

有法律专业性。但两篇文章的思路是完全一致的。马克思根据对刑法典相应条款的分析，驳斥了对报纸编辑部侮辱检察长茨魏费尔和诽谤宪兵的控告。下面我们总结一下这些观点。

（一）引发"检察长和宪兵"案的新闻报道

科伦 7 月 4 日。……

早晨六七点钟的时候，有六七个宪兵来到了安内克①的住宅，他们一进门就马上粗野地把女仆推开，然后悄悄地沿着楼梯爬上楼去。3 个人留在前厅，4 个人闯进寝室。这时安内克和他的即将分娩的妻子还没有起床。这 4 个法庭的得力骨干中，有一个一早起来就喝了不少 Geist②、

---

① 科伦群众运动的动员者，逮捕的罪名是在居尔策尼希最近的一次集会上发表了煽动性的演说。——笔者注
② 这里指烈性酒，见原书编者注。

白酒和伏特加酒，走起路来已经有点摇摇晃晃。

安内克问他们要干什么。"跟我们走！"……他们要安内克赶快穿好衣服，甚至不许他同妻子说几句话。在前室里，他们不但催逼，而且动起手来，有一个宪兵把一扇玻璃门打得粉碎。他们把安内克**推下楼去**。4个宪兵把他带到新监狱，3个留在安内克夫人那里看守着她，等候国家检察官到来。

根据法律，在逮捕人的时候至少要有一个**法警的官员**——警察署长或者其他什么人到场。但是，既然人民已经有了两个保护自己权利的议会（一个在柏林，另一个在法兰克福），还要这样的形式手续做什么呢？

…………

据说，似乎最高检察官茨魏费尔先生还声明说，他将要在一星期内在莱茵河畔的科伦城里取消3月19日革命的成果，取消俱乐部，取消出版自由，取消倒霉的1848年的其他一切产物。茨魏费尔先生的确不是一个怀疑论者！

茨魏费尔先生不是把执行权和立法权集于一身了吗？也许最高检察官的荣誉可以用来遮盖人民代表的难堪吧？我们要再次翻一翻我们心爱的速记记录，让读者看看人民代表、最高检察官茨魏费尔活动的全貌。（马克思，恩格斯，1958：190-192）

检察官以上述报道对最高检察官茨魏费尔，以及抓捕安内克实施活动的宪兵造成诽谤、侮辱为由，对《新莱茵报》的相关人员提起诉讼。

（二）案件审理依据的法条

在案件审理过程中，马克思和恩格斯都在法庭上进行了发言陈词，这两篇发言稿收录在中文版《马克思恩格斯全集》第6卷（马克思，恩格斯：1961：262-285）中；另一篇相关文章收录在《马克思恩格斯全集》第43卷中，题为《〈新莱茵报〉审判案发言初稿》（马克思，1982：461-466），收录于"卡·马克思和弗·恩格斯的遗稿"栏目里。后文"发言初稿"是一份草稿，其中有些字迹已无法辨认，但从可见的文字中可以看出，它是前文"马克思发言"的一部分。通过对这两篇文章的分析，我们可以看到文中马克思根据对法国刑法典相应条款的分析，驳斥了对报纸编辑部侮辱检察长和诽谤宪兵的控告，其主要观点如下。

1. "诽谤"和"侮辱"不能故意混淆

如前所述，该案为诽谤案。马克思和恩格斯的文章，标题分别为《马克思的发言》和《恩格斯的发言》，主要是针对当时普鲁士刑法典第 222 条和第 367 条进行分析，因为这两条是与诽谤相关的条文。第 222 条内容是："如果行政机关或司法部门的一个或几个负责人员**在执行职务时**或**由于执行职务**而遭到某种口头侮辱，使他们的名誉或尊严受到损害，侮辱他们的人应判处一个月到两年的徒刑。"

对照上述条款，马克思认为控告他们侮辱了检察长茨魏费尔的理由根本就站不住脚的，因为条文中只涉及"口头的侮辱，没有谈到书面的或报刊的侮辱"，而《新莱茵报》上刊登的文章当然不属于"口头侮辱"。另外，1810 年普鲁士国务委员会委员贝利耶先生还对该条做过解释①："总之，这里所指的**只是破坏社会秩序**、社会安宁**这样一些**侮辱行为，即当官员或负责人员在执行职务时或者由于执行职务而受到的侮辱，在这种情况下，受到损害的已经不是个人，而是社会秩序⋯⋯在这种情况下就要考虑到政治等级制度了：谁敢侮辱负责人员或对他们施加暴力，那末毫无疑问，他就是犯了罪，但是他引起的乱子比起侮辱法官来要轻一些。"对此，马克思的理解是："仅仅是在发生下面情况的时候：有人企图发动暴乱推翻法律，或者阻挠现行法律的实施，即反抗执行法律的官员，妨碍官员，使他无法**执行**职务。"如果只是发发牢骚，说些侮辱人的话，是较轻的。另外马克思强调："这个解释指出，必须是：(1) 在官员执行职务时受到的侮辱，(2) **当面**对他进行的侮辱。在其他任何情况下，都不能说是实际上破坏了社会秩序。"（马克思，恩格斯：1961：267，凡是引证同篇的，不再标注）《新莱茵报》刊登的文章既不是在官员执行职务时，也不是当面的，所以《新莱茵报》的诽谤罪名是不成立的。

另外，从马克思的发言中我们可以看出，刑法典的第 367 条是关于诽谤

---

① 类似于现在人们所理解的司法解释。——笔者注

的条款，要求有"真正能成为事实的事实"。"对于带有谴责某种缺陷，而不是谴责某种行为的詈骂和侮辱性言词……罚款 16 到五百法郎。"① "所有其他的詈骂和侮辱性言词……都应受一般的行政处分。"另外，第 367 条结尾说道："本规定不适用于法律允许公布的行为，也不适用于控诉人**由于其职务或职责**必须加以揭露或阻止的行为。"

对于上述的第 367 条，马克思认为，《新莱茵报》上的文章说茨魏费尔先生是人民的叛徒，说茨魏费尔先生发表了卑鄙的声明，说得很具体，是真实的"事实"。② 那么，如果对一个检察长的职务行为进行批评都被认为是侵犯他的名誉的话，这样就是用"妄自尊大的自以为不可侵犯的官员的虚荣心"做标准进行评判，是普鲁士的专制制度"把官员当作一种至高无上、神圣不可侵犯的人物"。

我们都知道诽谤成立的条件是"陈述了一个虚假的事实"。如有新闻报道如此描写："某某于某时某地偷了一个银匙子。"如果是真的偷了就是事实，不是诽谤。但如果新闻报道写道："某某是天生的小偷。"但写的人，或记者编辑都拿不出证据或事实来证明新闻中写的是真实的，那就是侮辱。但是，马克思认为《新莱茵报》报道的都是千真万确的事实！

马克思在辩护发言中对他理解的诽谤和侮辱概念进行了说明，以表明《新莱茵报》报道的是事实，不存在第 367 条所说的"侮辱"情况。马克思指出，第 367 条结尾写明："法律允许公布的行为，也不适用于控诉人**由于其职务或职责**必须加以揭露或阻止的行为。"而"检察机关不把第 367 条而把第 222 条用到我们③身上呢？因为第 222 条是不明确，它使人们有更大的可能用欺骗手段达到谴责所想要谴责人的目的"。马克思在这里揭露了想加害于《新莱茵报》的检察官们。

2. "诽谤"中虚假或真实事实认证

上文中提到的刑法典第 367 条，其详细的规定是这样："凡在公共场所或

---

① 这里依然指的是侮辱，即嘲笑某人的真实的缺陷，但并不包括对不适当的某种"行为"的詈骂。——笔者注

② 也可理解为对其行为的批评，而不是一般性的"詈骂和侮辱性言词"。因为第 367 条结尾的规定就是最好的注解。——笔者注

③ 指《新莱茵报》。——笔者注

公共集会上，或在真实的和正式的文件中，或在**已刊印的**或未刊印的**文章**中（只要这些文章已经张贴、**出售**或分发），指责某人有如下行为者则犯有诽谤罪：如果这种行为确已发生，就会引起刑事警察或违警警察对此人的追究，或至少引起**公民**对他的**鄙视或憎恨**。"另外，还有第 370 条对此做了如下补充："如果指责所根据的事实按照法定手续**查明属实**，则提出这种指责的人不受任何惩罚。——**只有以法庭判决**或其他**真实**文件为根据的证据，才算是**合法证据**"。

对于上述这些条文，恩格斯以涉及本案的"诽谤宪兵"为例进行说明："早晨六七点钟的时候，有六七个宪兵来到了安内克的住宅，他们一进门就马上粗野地把女仆推开"，等等。

宪兵的粗暴自然会引起"**公民**对他的**鄙视或憎恨**"。而报刊向舆论揭露宪兵这种逞凶肆虐的行为，就要受到法庭的追究。如刑法典第 370 条所规定的："**只有以法庭判决**或其他**真实**文件为根据的证据，才算是**合法证据**。"那报刊只可以公布法庭判决，就是说，"只有当揭露已经失去任何意义的时候，才能进行揭露"。"如果禁止报刊报道它所目睹的事情，如果报刊在每一个有分量的问题上都要等待法庭的判决，如果报刊不管事实是否真实，首先得问一问每个官员——从大臣到宪兵，——他们的荣誉或他们的尊严是否会由于所引用的事实而受到损伤，如果要把报刊置于二者择一的地位，或是歪曲事件，或是完全避而不谈，——那末，诸位先生，出版自由就完结了。"

马克思和恩格斯在科隆陪审法庭上

（李天祥、赵友萍画）

三、法庭"高尚的特权"——司法的责任

在《新莱茵报》审判案发生的那个时代，存在着旧法律和社会进步的矛盾。如马克思所指出的，法典中的这些条款制定时，专制的普鲁士还在实行书报检查制度，因为有检查，报刊上不可能对官员进行批评。但随着"三月革命"和"十一月政变"的发生，报刊也获得了出版自由，官员的行为同样可能成为举世周知的事情。但在旧的法律和新的社会政治情况之间存在着矛盾的时候，马克思认为陪审员应该挺身而出，对旧的法律做新的解释，使它适合于新的情况。因为陪审法庭的特权是：陪审员可以不依赖传统的审判实验解释法律，而按照他们的健全理智和良心的启示去解释法律。三月革命只是改组了政治上层，而没有触动它的全部基础：旧官僚制度、旧军队、旧检察机关和那些从生到死终身为专制制度服务的旧法官。①

对此，马克思是这样表述的：

> 诸位陪审员先生，一般说来，如果你们要像检察机关所解释的那样，把关于诽谤的第三六七条运用于报刊②，那末你们借助刑事立法就可以把你们在宪法中所承认的和通过革命才取得的出版自由取消。这样你们就是批准官员们的恣意专横，给官方的一切卑劣行为大开方便之门，专门惩罚对这种卑劣行为的揭露。既然如此，何必还要虚伪地承认出版自由呢？如果现行法律和社会发展刚刚达到的阶段发生显著的矛盾，那末，诸位陪审员先生，你们的职责恰恰就是要在过时的律令和社会的迫切要求的斗争中讲出自己有分量的话。那时你们的任务就是要超过法律，直到它认识到必须满足社会的要求为止。这是陪审法庭的最高尚的特权。诸位先生，在这种情况下，法律的文字本身就便于你们执行这个任务。你们只是应当根据我们的时代、我们的政治权利、我们的社会要求来解释它。（马克思，1961：274）

---

① 　这些东西都不是神圣的，会随着革命而被改组掉。——笔者注

② 　马克思这里指的是故意的歪曲运用，将批评官员不当行为误认为是侮辱的做法。——笔者注

从上面所述的马克思的发言中我们可以领会到他的思想。在马克思看来，法律本身可分为"真正的法"与"非真正的法"。法律也仅仅是用文字表述的，当法院的法官和审判者们面对这些条文和文字时，应该做出怎样的理解和判断呢？应该本着法律的"精神"来"正确"地理解。马克思并没有将"立法高于司法"作为一项一成不变的铁定规则，而是号召司法人应勇于承担起"改造"法律的责任。恩格斯曾明确指出："当旧的法律和新的社会政治情况之间存在着这种矛盾的时候，正是在这种情况下，陪审员应该挺身而出，对旧的法律作新的解释，使它适合于新的情况。"

在这两篇发言稿中，马克思和恩格斯完整地阐述了司法的职责，蕴含着丰富的司法思想：（1）当法律与社会发生矛盾时，或者说当立法权的行使与社会的价值预期不相符合时，不是要使社会屈从于过时的法律，而是要使法律适应于社会的发展。（2）法庭的"高尚特权"就在于改变落后的立法，使其满足社会的要求。从表面上看，这种"改变"只是针对个案而言，但它却会影响此后成千上万类似的案件，即发挥极大的社会影响。（3）法庭对法律的解释既依存于文字又超越文字形式本身，是以时代特色、权利依据和社会需要来对其进行解释的。（胡玉鸿，2002：5）这里所谓的以法律精神和社会发展现状来解释法律的要求，实际上仅仅是对过时的条文的效力的否定，并非以"超越法律"为目的。

正如恩格斯所言："陪审法庭的特权是：陪审员可以不依赖传统的审判实验解释法律，而按照他们的健全理智和良心的启示去解释法律。"

四、马克思新闻出版自由思想的一贯性

马克思革命生涯早期撰写的第一篇且发表了的政论文章是《评普鲁士最近的书报检查令》。该文写于 1842 年 1 月底至 2 月初，于次年 2 月辗转送到瑞士才发表，因而在发表时间上略晚于后写的、连载于《新莱茵报》上的第一篇文章《第六届莱茵省议会的辩论（第一篇论文）》。后者写于 1842 年 3 月和 4 月之间，连载于 1842 年 5 月的六期《新莱茵报》上。恩格斯也在 1842

年 6 月写过《普鲁士出版法批判》一文，发表于同年 7 月 14 日的《莱茵报》上。这几篇论文都以反对普鲁士的书报检查制度、主张新闻出版自由为主题，可以视为马克思和恩格斯新闻出版自由思想的姊妹篇。

1849 年 2 月 7 日，因《新莱茵报》被控侮辱和诽谤罪而受审，马克思和恩格斯在法庭上做了辩护的发言。马克思和恩格斯坚持并发挥了他们 1842 年文章中的观点。比较 1842 年和 1849 年他们发表的文章，他们关于新闻出版自由的基本观点前后是一贯的。

当然，有人会说，《评普鲁士最近的书报检查令》只是马克思不成熟的作品，因而其观点不是马克思主义的。但是，《〈新莱茵报〉审判案》中马克思的发言是在《共产党宣言》之后，这时的观点肯定不能说不是马克思主义的。在这篇文章中，马克思说："报刊按其使命来说，是社会的捍卫者，是针对当权者的孜孜不倦的揭露者，是无处不在的耳目，是热情维护自己自由的人民精神的千呼万应的喉舌。""报刊的义务正是在于为它周围左近的被压迫者辩护。……所以，只是一般地同现存关系、同最高权力机关作斗争是不够的。报刊必须反对**某一具体的**宪兵、**某一具体的**检察官、**某一具体的**行政长官。"可见，马克思关于新闻出版自由的思想是一贯的。

恩格斯在发言中对陪审员说：由于我们敢于揭露确凿的事实并从中做出正确的结论，便遭到当局的迫害。这就提出了一个尖锐的问题：究竟要不要维护出版自由？要不要维护三月革命的成果？

> 如果禁止报刊报道它所目睹的事情，如果报刊在每一个有分量的问题上都要等待法庭的判决，如果报刊不管事实是否真实，首先得问一问每个官员——从大臣到宪兵，——他们的荣誉或他们的尊严是否会由于所引用的事实而受到损伤，如果要把报刊置于二者择一的地位：或是歪曲事实，或是完全避而不谈，——那么，诸位先生，出版自由就完结了。如果你们想这样做，那你们就宣判我们**有罪吧**！（恩格斯，1961：285）

由此也可以看出，马克思和恩格斯所认同的自由、新闻自由或出版自由就是我们所理解的一般的宪法中所肯定的公民的自由权利，即包括出版权、批评报道权、传递权等等，这些并非有人所述的抽象的权利，而都是作为一个人生活在社会中所应拥有的基本权利。

（一）自由报刊的本质

以马克思和恩格斯的这两篇发言来看，我们对自由的报刊，或主要指自由的报道可以有这样的理解：在任何社会中，问题不在于新闻出版自由是否应当存在，因为新闻出版自由向来是存在的。问题在于新闻出版自由是个别人物的特权，还是人类精神的特权；问题在于一方面的有权是否应当成为另一方面的无权；问题在于"精神的自由"是否比"反对精神的自由"享有更多的权利。客观唯物主义者认为，如果作为"普遍自由"的实现的"自由的新闻出版"和"新闻出版自由"应当被摒弃的话，那么，作为特殊自由的实现的刊播禁令就更应当被摒弃了，因为如果类是坏的，种还能是好的吗？没有一个人反对自由，如果有的话，最多也只是反对别人的自由。可见，各种自由向来就是存在的，不过有时表现为特殊的特权，有时表现为普遍的权利而已。自由是人的本质，因此就连自由的反对者在反对自由的同时也实现着自由。因此，在这种情况下，他们只是把曾被他们摒弃了的东西攫取过来，再当作自己最珍贵的装饰品。这类装饰品自然也包括普鲁士王朝的出版法。

但真正的自由报刊的本质，是自由所具有的刚毅的、理性的、道德的本质。威胁每一生物的生命的危险就是该生物丧失自我。而不自由对人说来就是一种真正的致命的危险。姑且不谈道德上的后果，不容忍自由报刊上那些令人不快的东西，也就不可能利用它的长处。没有玫瑰的刺，就生不出玫瑰花！这如同没有批评，也就不是《新莱茵报》一样。目光短浅的统治者是认识不到的，有了自由的报刊，会丧失什么呢？丧失的一定都是脏腐、不需要之物！

正如马克思所述："自由报刊是人民精神的洞察一切的慧眼，是人民自我信任的体现，是把个人同国家和世界联结起来的有声的纽带，是使物质斗争升华为精神斗争，并且把斗争的粗糙物质形式观念化的一种获得体现的文化。自由报刊是人民在自己面前的毫无顾虑的忏悔，大家知道，坦白的力量是可以使人得救的。自由报刊是人民用来观察自己的一面精神上的镜子，而自我审视是智慧的首要条件。自由报刊是国家精神，它可以推销到每一间茅屋，比物质的煤气还便宜。它无所不及，无处不在，无所不知。自由报刊是观念的世界，它不断从现实世界中涌出，又作为越来越丰富的精神唤起新的生机，流回现实世界。"（马克思，1995：179）

这正如马克思在发言中所述："诸位陪审员先生，一般说来，如果你们要像检察机关所解释的那样，把关于诽谤的第三六七条运用于报刊，那么你们借助刑事立法就可以把你们在宪法中所承认的和通过革命才取得的出版自由取消。这样你们就是批准官员们的恣意专横，给官方的一切卑劣行为大开方便之门，专门惩罚对这种卑劣行为的揭露。既然如此，何必还要虚伪地承认出版自由呢？"

（二）中国新闻改革需要马克思的新闻法治思想指导

恩格斯在谈到所谓诽谤侮辱言词的认定时指出：

> 如果你们按照检察机关的意旨解释"憎恨和鄙视"这两个词，那末，只要第三七〇条①还有效，出版自由就会完全被取消。在这种情况下，报刊怎么能履行自己的首要职责——保护公民不受官员逞凶肆虐之害呢？只要报刊向舆论揭露这种逞凶肆虐的行为，就要受到法庭的追究，而且如果按照检察机关的愿望办事，还要被判处徒刑、罚款和剥夺公民权；只有下述情况例外，即报刊可以公布法庭判决，就是说，只有当揭露已经失去任何意义的时候，才能进行揭露。（恩格斯，1961：280）

这与马克思的报刊出版自由思想是完全一致的。反过来看，没有自由的报道也就没有出版的自由。

马克思认为，报刊有揭露社会现象的权利，报道他所目睹的事情，不以政府当局的利益而改变，这是对读者的知情权负责。报纸刊载抨击地方检察

---

①　该条内容为：如果指责所根据的事实按照法定手续**查明属实**，则提出这种指责的人不受任何惩罚。——**只有以法庭判决**或其他**真实文件**为根据的证据，才算是**合法证据**（马克思恩格斯全集：第6卷［M］. 北京：人民出版社，1961：279）。——笔者注

机关和宪兵的文章只是在履行其揭露的职责，只要是千真万确的事实，就不应该视为侮辱或诽谤。"报刊的义务正是在于为它周围左近的被压迫者辩护。"

反观我国现状，在我们社会主义制度的社会中出现的利益矛盾中，新闻媒介迫于权力的压力不能理智地对待，而是失去独立思考地谄媚于一些权力机关，忘记了新闻媒介的责任，这样的情况还是不少的，这给社会造成了不良影响。

新闻媒介具有监督的作用。既然是监督，就应该是相互的，不能以上下级来划分界限。但党和政府的政策规定同级党报不能批评同级党委，这是在中华人民共和国成立初期制定的一条规定，但是显然它的存在有极大的不合理性，给地方媒体的批评监督造成很大的困难，造成很多无人能监督的权力真空。如马克思恩格斯所言，如果记者编辑做的"只有当揭露已经失去任何意义的时候，才能进行揭露"，新闻媒介就失去了存在的意义。

中国改革开放 30 多年来，我国新闻出版事业是取得了巨大成就的，但毋庸讳言的是，新闻出版体制本身没有实质性改变。如果把这 30 多年的改革开放称为第一期改革开放，那么，接下来的 30 年可以称为第二期改革开放。值此改革开放更上层楼的关键时刻，特别是在互联网已不可逆转地冲破了官办新闻出版体系的情况下，开启现行新闻出版体制的改革之路，把新闻出版自由还给人民，不仅对于弘扬马克思的新闻出版自由思想，而且对于解放我们民族的精神创造力、争取改革开放的更大成就，都具有重大而深远的意义。

（作者为中国人民大学新闻学院教授）

参考文献

马克思，恩格斯.《新莱茵报》审判案［M］//马克思，恩格斯. 马克思恩格斯全集：第 6 卷. 北京：人民出版社，1961.

恩格斯. 致格·特里尔（1889 年 12 月 18 日）［M］//马克思，恩格斯. 马克思恩格斯全集：第 4 卷. 北京：人民出版社，1995.

胡玉鸿. 马克思主义论法律解释［J］. 法学论坛，2002，（5）.

马克思. 第六届莱茵省议会的辩论（第一篇论文）［M］//马克思，恩格斯. 马克思恩格斯全集：第 1 卷 . 北京：人民出版社，1956.

马克思，恩格斯 . 逮捕［M］//马克思，恩格斯 . 马克思恩格斯全集：第 5 卷 . 北京：人民出版社，1961.

马克思 .《新莱茵报》审判案发言初稿［M］//马克思，恩格斯 . 马克思恩格斯全集：第 43 卷 . 北京：人民出版社，1982.

维护不同意见自由斗争的权利

—— 关于恩格斯《关于招贴法的辩论》的考证

张金玺　陈一点

1849 年 3 月 12 日，在 1848 年三月革命中被驱逐，但年底旋即在复辟浪潮中卷土重来的普鲁士王权政府向议会提出了三个议案：俱乐部法、招贴法和出版法，拟对普鲁士境内的出版自由和集会结社权利实施严厉管制。它们被马克思称为"浸透着戒严精神的法案"（马克思，1849a：432）。恩格斯的《关于招贴法的辩论》一文，评析了 1849 年 4 月 13 日普鲁士议会对招贴法所展开的辩论，通过对左、右两派辩词的犀利批驳，捍卫了无产阶级参与社会不同意见自由斗争的权利。

一、《关于招贴法的辩论》的历史背景

1848 年革命前夜的德意志仍保持自公元 9 世纪以来的分裂状态。1815 年推翻拿破仑统治之后建立起来的德意志联邦是一个松散的联合体，38 个君主国和独立市保持"绝对独立"，其中以普鲁士和奥地利国力最为强盛。在分裂割据的局面下，各邦的国籍法限制了人口流动，导致工业中心难以获取充足的劳动力；不同的货币、度量衡制度和工商业法律阻碍商品自由流通，令工商业发展缓慢。此时的德意志处于工业革命的早期，农业仍是最主要的生产部门，总体而言，德意志是一个正在开始工业化的农业国（丁建弘，2012：176 -177）。在多重因素的作用之下，德意志的市民社会较英、法等国发育迟缓，造成了封建国家的强大和市民社会的弱小。

国家分裂和封建君主专制此时已成为德意志资本主义发展的巨大阻碍，

1848 年的记忆（漫画）

各种矛盾和危机在德意志内部酝酿。1848 年 2 月，法国爆发二月革命，推翻七月王朝的君主立宪政府，建立了第二共和国。随后柏林爆发了三月革命，革命肩负着实现统一德国和推翻封建专制的双重任务。在席卷几乎所有德意志邦国的革命之中，1848 年 3 月 6 日到 19 日在普鲁士发生的事件"直接决定着德意志革命的进程"（博恩等，1991：172）。1848 年 3 月 18 日，柏林的革命由集会、请愿和示威游行转入巷战和街垒战。起义者控制了普鲁士国王弗里德里希-威廉四世。[1]经威廉四世委任，资产阶级代表人物鲁道夫·康普豪森[2]和大卫·汉泽曼[3]组织了自由派新内阁。

革命在普鲁士轻而易举地获得了成功，但德意志的市民社会尚未发展到足以对抗封建政治国家的程度。"资产阶级甚至连自己的公民自由和自己的统治所必需的起码的生存条件都没有来得及取得就卑贱地作了君主专制制度和封建制度的**尾巴**。"（马克思，1848：541）革命之后，普鲁士王朝的官吏没有被撤换，容克贵族的势力未受打击，专制王权未受损害，革命并未推翻君主政体，君主以让步保住了政权，并从部分的失败中重整旗鼓。1848 年 11 月，威廉四世发动政变，恢复强权地位，组成保守内阁取代自由派内阁。12 月，在革命中试图以法律摧毁旧制度的普鲁士国民议会被彻底解散，由议会委员会制定的宪法草案也遭抛弃。

1848 年 12 月 5 日，威廉四世发布了一部钦定宪法。该宪法虽然规定实行君主立宪制，但实质确立的是君权中心主义，它规定了国王所拥有的广泛权力，包括宣战和缔结合约的权力、决定国会的召开和解散的权力、任免大臣权及统帅权等。该部宪法在一定程度上迁就了自由主义立宪原则，如第二章规定了"普鲁士人的权利"，包括法律面前人人平等、人身自由、住宅不可侵犯、接受审判的权利、罪刑法定、所有权不可侵犯、迁徙自由、信教自由、学问及授课自由、言论表达自由、集会结社自由、请愿权等内容和原则。但以上诸项权利的前提是"普鲁士人的身份及公民权，在宪法及法律规定条件下取得、行使、丧失"，可见它不承认自然权的观念。（何勤华，2000：124 - 125）

在全德意志的战场上，革命同样遭受了挫折，革命所成立的全德意志国民议会未能完成创建民族国家的任务，1849 年 3 月发布的帝国宪法也中途流产。1849 年 7 月，在军队的反攻之下，革命在德意志全境宣告失败，国民议会亦崩溃。德意志的旧制度未被摧毁，正如恩格斯在《德国的革命和反革命》中所写，"1848 年大风暴以前的'过去的当权者'，又成为'现在的当权者'了"（恩格斯，1851：5）。

招贴法等三项议案的提出显示了普鲁士王权政府卷土重来之后试图全面收紧出版、集会结社自由。根据其规定，警察有权在邮政局或编辑部没收他们不喜欢的报纸，甚至可以侵入民宅搜查；对国王表示不敬者，最高可判处五年徒刑；一切会议必须在召开前 24 小时提出申请，凡因意外的重大事件而举行的紧急会议一律禁止；俱乐部的活动必须向地方当局提出申请并履行多种手续；露天集会、示威游行等需要得到警察局的预先批准；政治性内容的招贴禁止张贴；未经许可不得在街头出卖或分发印刷品。重重限制之下，出版自由、集会结社权利都处于戒严的情况下，"**同时旁边还有绞架、普鲁士法的绞架！**"（马克思，1849a：433）

二、文内主要观点分析

普鲁士政府在招贴法中主要规定了两项内容：一则凡属政治性内容的招贴，除关于合法的，即业经批准的会议的通告外，一律禁止张贴；次则在街头出卖或分发印刷品，如果未经有关方面的许可，也在禁止之列。普鲁士政府制定该项法令的理由是，"招贴和报贩会妨碍市内交通，此外，招贴还有损公共建筑物的外观"（马克思，1849b：402）。

招贴法在提出之后交由议院辩论，政治上属于温和自由主义的左派与保守右派就是否通过招贴法发生分歧，左派主张否决该议案而右派主张通过，双方由此展开激辩。恩格斯在《关于招贴法的辩论》中记录了这场辩论，分两部分发表于《新莱茵报》，分别对双方观点中的谬误进行批驳，并阐明他关于出版自由的一个重要观点："出版自由，不同意见的自由斗争就意味着允许在出版方面进行阶级斗争"（恩格斯，1849：528）（引证此篇，均见此注释，不再标注）。而招贴对无产阶级而言，是争取出版自由这一人权的最低限度的表达途径。

（一）为出版自由的虚伪辩护显示了德意志资产阶级的软弱性

在这场关于招贴法的辩论中，温和自由派资产阶级的议会左派反对招贴法通过，但在恩格斯看来，其反对并非出于对出版自由的衷心维护。左派代表人物卢普[4]在辩论中说："世上多几张或少几张招贴，对于我们反正〈！〉①都是一样"．可见对他而言，招贴不过是"无足轻重的东西"，只是因为与某种"崇高的东西"发生了联系，才具有了"较为高尚的意义"。马克思曾将这种名义上为出版自由辩护，实际上与自己所辩护的对象没有任何真正关系的论者，戏称为出版自由这种"'异国的'植物"的"欣赏者"，对出版自由其实并无迫切需要，因此也只能"偶而举出一些十分一般而含糊不清的论断来对付敌人特别'有力的'论据"。（马克思，1842：41）

---

① 惊叹号为恩格斯引用时所加。——笔者注

左派代表尤里乌斯·卢普　　　　右派代表阿道夫·里德尔

卢普的论辩理由也印证了上述判断。他引证钦定宪法中关于出版自由的条款，证明招贴法与钦定宪法相矛盾，因此主张否决。关于该项理由，恩格斯认为，卢普"不可能不知道，曼托伊费尔之所以钦定了宪法，只是为了以后好通过保留旧的或施行新的禁口律，来取消宪法中所包含的一些自由主义的词句"，唯一的解释是，卢普并非真正捍卫出版自由，他追求的只是法律形式上和表面上的一致性，只要这种形式上的统一能实现，是否抛弃实质意义上的自由倒无所谓了。卢普本人向议会右派的解释也从侧面证实了这一点，为了说服右派在现下否决招贴法，他甚至建议在修宪时将招贴法直接写入宪法，可见其实质上对出版自由的漠然不顾。用恩格斯的话说，"他们希望的只是赶快了结那些关于原则的讨厌问题，装样子把宪法修改一番就宣布其生效，对这部宪法举行宣誓，最后使'革命结束'"。

普鲁士资产阶级自由派的这种表现与整个德意志资产阶级的特殊性有关。与英、法等国相比，德意志的现代资产阶级出生晚，力量弱，且受到德意志各邦封建势力和年轻无产阶级的两面夹击。这决定了其革命性是萎缩的，它只希望通过和平立宪为自己赢得某些自由，因此从一开始就想与封建君主达成妥协。恩格斯在回顾德国革命时就曾这样写道："出版、结社和集会的自由——这些权利本是资产阶级为了它自己的统治必须争得的，但它现在由于害怕工人竟不赞成这些权利。"（恩格斯，1884：19）

（二）招贴法的真正目的是限制"法定自由"

议会右派支持政府当局的招贴法。恩格斯将右派人物里德尔[5]为招贴法辩护的逻辑归纳为：招贴"煽起激情"，"煽起特别是对当局的罪恶的仇恨和复仇的火焰"，"号召**无知的群众**游行示威，而游行示威则会危险地〈！〉① 破坏秩序并超出法定自由的范围"，所以招贴必须禁止。其中不难看出当局反对出版自由常用的以下两种理由。

首先，出版自由会破坏社会秩序和稳定，这是不少政府控制言论出版的一个重要官方理由。马克思和恩格斯的认识却完全不同，他们认为，虽然控制言论暂时似乎能起到维护统治秩序的作用，但长期而言，禁锢思想、压制舆论是导致社会动荡的根源。诚如马克思所言："在法国，为革命准备基础的不是新闻出版自由而是书报检查制度。"（马克思，1842：48）真正破坏社会稳定和秩序的，并非出版自由，而是压制，甚至取消这种自由。相反，出版自由和公开讨论却有助于社会的稳定与安全。美国法学家 Thomas I. Emerson 在《表达自由制度》（*The system of Freedom of Expression*）一书中曾充分论证了表达自由的这种价值。他提出，表达自由是一种迈向更能适应社会变迁，因此也会更稳定的社区的方式，是一种在有益的分裂（healthy ckavage）和必要的共识（necessary consensus）之间维持平衡的手段（Emerson，1970：7；转引自王四新，2007：76）。历史经验同样证明，现代以来维持社会长久稳定的国家大多是充分保障言论自由的国家。

其次，无知的群众容易被言论所煽动。用里德尔的话来说，"阅读这些〈包含在招贴中的〉报道的，多半正好是人民中的这样一个阶级，这个阶级最不习惯看书面报道，不能像惯于阅读并熟悉出版物骗局的公众那样，以应有的谨慎和保留态度来衡量和检验书面报道的可靠性"。

维持言论管制的国家，时常借口人民不成熟、不能明辨是非、极易被利用而剥夺其自由发言之权利，或者苛刻地设置事前检查制度，由垄断了"真理"的政府及其官员对出版品进行审查、筛选，来供给那些不至于"毒害人民"的作品。而马克思和恩格斯认为，上述理由亦无法成立。相反，出版自由的价值之一便在于丰富一个民族的思想和智慧。马克思曾有言，"自由的出版物是人民用来观察自己的一面精神上的镜子，而自我认识又是聪明的首要

---

①　惊叹号为恩格斯引用时所加。——笔者注

条件"（马克思，1842：75），压制出版自由的做法才是"反对人类成熟的一种最现实的工具"（马克思，1842：60）。扼杀出版自由便是试图让人终身处在褓褓和摇篮之中，无法获得智识上的成长。正如英国思想家密尔所言："在精神奴役的一般气氛之中，曾经有过而且也会再有伟大的个人思想家。可是在那种气氛之中，从来没有而且也永不会有一种智力活跃的人民。"（密尔，1959：39）

马克思和恩格斯敏锐地观察到，虽然政府常常以民众不成熟为借口反对出版自由，但其背后真正的原因是惧怕民智开化，故而实行愚民政策，使民众保持在智力和教育的低水平上，以维护统治。即便在英国这样一个在马克思看来在自由领域堪称欧洲其他国家典范的国家，政府也曾认为"让工人受教育是危险的"，因此"英国的教育设施和人口数目比起来，少得很不相称"。具体而言，"政府在 5500 万英镑的庞大预算中用于国民教育的只是 4 万英镑这样一个可怜的数目"。（恩格斯，1845：395－396）

恩格斯指出，当局控制招贴的真正动机，是"重新把'法定自由'限制在适合于他们的范围之内"。而这个范围恰恰排除了被称为"无知的群众"的绝大多数人民，而因此成为一小部分人的特权。这就是马克思所称的"众所周知的弗里德里希－威廉四世的自由主义"（马克思，1849b：403）。早在1842 年，恩格斯就对这种虚伪的自由主义不乏讥诮地说，威廉四世"不是出版自由的死对头，他允许有这种自由，但这种自由却仍然是一种主要为学者阶层所独享的权利……他不承认任何普遍的、公民的、人的权利，他只知道同业公会的权利、独占、特权"（恩格斯，1842：540－541）。

有些国家在宪法中规定了自由，但未必会真的实现自由，形式和实质之间往往存在巨大的鸿沟，1849 年的普鲁士就是如此。虽然普鲁士的钦定宪法也规定公民享有出版、集会、结社自由等诸项基本权利，但是"普鲁士宪章所恩准的这一切自由受到一个重大保留条件的限制。这些自由只是'在法律范围内'被恩准。但现行的法律恰好是专制独裁的法律，……这样，在宪法的法律和法律的内容之间就存在着一个不可调和的矛盾，而事实上后者已使前者成为泡影"（马克思，1858：655）。普鲁士政府就是这样一边在宪法中给予自由，另一边又在附带条件中限制自由，在具体法律中取消自由。

（三）招贴是无产阶级最低限度的表达途径

招贴是一种特别的表达途径，表意者及对象主要是城市工人，因此恩格斯说，关于招贴法，"首先要谈的问题不是**一般**出版自由的限制，而主要是出版自由在**招贴**方面的限制"。招贴不同于普通出版物，它是"不要花费分文的"免费文学，对于经济上处于弱势位置的无产阶级而言，招贴能提供最低限度的表达途径。此外，招贴促进竞争性观点和信念的交流沟通，并能集聚不同阶级和不同见解的个人，形成直接对话的公共领域，是"影响无产阶级的主要手段"。关于招贴对于城市工人的特别意义，恩格斯在《关于招贴法的辩论》中这样写道：

> 有什么东西能比招贴更有助于在工人中保持革命毅力呢？招贴可以把每条街的拐角变为一张大报纸，过路的工人能从中得悉当天的事件和这些事件的意义，了解各种不同的观点及这些观点的反对意见，他们能在这里同时遇到不同阶级和不同见解的人，跟这些人讨论招贴的内容；简而言之，招贴对于工人来说同时既是报纸，又是俱乐部，并且这一切都是不要花费分文的。

基于招贴的这种独特作用，恩格斯强调，维护招贴的自由就是"捍卫'街头文学'，特别是捍卫**工人**享受**免费文学**的权利……不应该对用招贴引起激愤情绪的权利含糊其词，而应该**公开地维护**这种权利"。

恩格斯对招贴的维护与马克思和恩格斯的言论自由观息息相关。在他们看来，出版自由是每一个人的权利，而非某一阶层或部分人的特权。恩格斯在谈到出版自由时说，这项权利是"每个人都可以不经国家事先许可自由无阻地发表自己的意见"（恩格斯，1844：695）的自由。而马克思也曾说："出版物是个人表现其精神存在的最普遍的方法。……难道你们愿意把成为精神存在物的特权仅仅交给个别人吗？每个人都在学习写作和阅读，同样，每个人也**应当有权利**写作和阅读。"（马克思，1842：90-91）他们都强调，自由的主体是"每个人"。

正因为出版自由是一项人人得享的普遍权利而非特权，马克思、恩格斯认为，身份、经济地位等外部条件之差异，不能成为个人享有自由多寡的原因。自由一旦为某个阶级所专有，无论是因为该阶级具有特定身份，还是人数众多，还是拥有丰厚资金，自由都不再是普遍性人权，而成为一种徒具"自由"之名的特权。允许每一个人享有自由，就意味着允许在意见领域有自由竞争，允许不同阶级通过出版开展斗争，用恩格斯的话说："出版自由，不同意见的自由斗争就意味着允许在出版方面进行阶级斗争。"

恩格斯也清楚地表明，在彼时阶级力量对比和利益关系中产生的普鲁士仍然缺乏容忍出版自由的空间，他说："梦寐以求的秩序却正好要压制阶级斗争，要堵塞被压迫阶级的言路。因此那班要求安宁和秩序的人就必须消灭出版物中的不同意见的自由斗争，必须通过出版法、禁令等等来最大限度地保证自己对市场的垄断，尤其是必须直接禁止像招贴和传单这样的免费文学。"而禁止招贴，正是直接针对无产阶级的，它取消了无产阶级在出版方面开展阶级斗争的可能性。

需要指出的是，马克思和恩格斯虽然强调出版自由对于无产阶级和工人运动的重要性，将其称为阶级斗争的武器，把争取出版自由视为无产阶级"争取自己本身存在的条件，争取自己呼吸所需的空气"（恩格斯，1865：86-87），但其立意之基础，乃是出于对无产阶级经济状况和社会地位之现实考量，而捍卫其最低限度的发言与交流信息的自由，并非主张取消对立阶级之自由。后人对马克思、恩格斯之穿凿附会，不能代表其原意。

三、不同语言版本的考证

《关于招贴法的辩论》原文是德文，发表于《新莱茵报》。本文考证所依据的中文版本为 1961 年出版的《马克思恩格斯全集》第一版第六卷第 518～530 页，该中文版根据《马克思恩格斯全集》俄文第二版译出。本项考证中拟对该文的中文译文和德文原文做一比对，并以英文译文作为考证之辅助版本。考证依据为《马克思恩格斯全集》德文版第六卷，题为"Die Debatte üer das Plaktgesetz"，由柏林狄茨（Dietz）出版社于 1959 出版；英文版选自

《马克思恩格斯全集》英文版第九卷，题为"The Debate on the Law on Posters"，由 Progress Publishers of the Soviet Union、Lawrence & Wlshart（Londonj 和 Intemational Publishers（New York）联合出版。经对比发现，中文译本个别之处有偏离作者原意、措辞欠准确、漏译或拼写错误等问题。因篇幅所限，无法一一列举，只能择其要者呈列如下。

（1）中文版第 518 页最后一段至第 519 页第一段"那个曾经被革职……的卢普"一句中，德文版中的"suspendiert"和英译版中的"suspended"均意为"停职"。较之"停职"的暂时、短时性（einstweilen），中文版使用"革职"显得言过其实。

（2）中文版第 518 页第三段"然而对待政府的法案，是不能通过转入讨论当前事务的决定的"一句令人费解。首先，"法案"二字宜译为符合德文原文"Regierungsvorlagen"意思的"议案""提议"。此外，此句中"决定"二字译得没有来由，根据原文"üergegangen werden"，该句宜译成"不能以转入讨论当前事务为由绕过政府议案"。

（3）中文版第 519 页第四段"这个法案肯定列为本次会议所必须讨论的最重大问题"之中，"法案"所对应的德文原文"Gesetzesvorschlag"意为"法律建议"，相当于汉语中的"议案""草案"或"提案"，经议会通过方可称为"法案"。（这种情况在全文多次出现，如第 520 页第三段"这个法案跟卢普先生所断然拒不承认的钦定宪法相矛盾！"中，原文"der Entwurf"亦不应译作"法案"，此处不一一列数。）该句中的另一个问题是，"最重大问题"的翻译也不甚准确。按照德文"in die Reihe"的表述，应译为"最重大问题之一"。英文译文采用"one of the ost important"，就很好地注意到了这一点。

（4）中文版第 522 页第三段，"那时他们就可以过宪制的安静生活，照章行事"一句，把原文"des konstitutionellen schkndrians"中"宪制"所修饰的中心语"疲乏、懈怠"（schkndrian）拆译成"照章行事"，是不够到位的。对照英译版的"constitutional routine"就会发现，其中蕴含着作者的批评语气。宜译成"那时他们就可以过宪制的懈怠安逸生活了"。

（5）中文版第 526 页第五段"凡是有助于在无产阶级中保持革命毅力的

一切东西，都要取缔！"，以及同页第六段"但是有什么东西能比招贴更有助于在工人中保持革命毅力呢？"之中，"毅力"一词与德文原文的"Leidenschaften（热情、激情）"的含义相去甚远。"毅力"宜译为"热情"。

（6）中文版527页第三段中"同样我们也决不幻想采用唯一能使我们党取得政权的手段"一句，"唯一"是作为"手段"的修饰成分出现的；而在德文原文"durch die unsere Partei allein zur Herrschaft gelangen kann"中，"唯一（allein）"是修饰"我们党（unsere Partei）"的。因此，宜译成："同样我们也绝不幻想有方法能光凭我们党的力量就能取得政权。"

（7）中文版528页第一段"现有的政府和君主立宪目前就根本不能在文明国家中保持政权"中"根本"二字在德文原文中是没有的。原文使用的是"überhaupt"一词，联系英译本对应的"in geneml"可知，该句宜译成："现有的政府和君主立宪目前大体上不能在文明国家中保持政权。"

（作者张金玺为中国人民大学新闻学院副教授，陈一点为中国人民大学新闻学院硕士）

注释

[1] 弗里德里希-威廉四世（1795—1861），普鲁士国王，1840年至1861年在位。

[2] 鲁道夫·康普豪森（1803—1890），普鲁士工业家、银行家、政治活动家。1848年革命后被任命为内阁首相，同年6月其内阁被解散。

[3] 大卫·汉泽曼（1790—1864），普鲁士企业家、银行家、政治活动家。1848年革命后参加康普豪森内阁，任财政大臣。同年6月在新成立的奥尔斯瓦尔德-汉泽曼内阁中仍任财政大臣，实为该届内阁的决策者。他试图进行财政改革，遭容克地主反对，于9月被迫退出内阁。

[4] 弗里德里希·卢普（1809—1884），德国神学家、时评员、高校教师。对德国"光明之友"运动和自由团体发展运动有重要影响。

[5] 克里斯蒂安·里德尔（1804—1882），德国农民政治家。曾担任北德意志联邦国会议员和萨克森州议会议员。

参考文献

博恩等. 德意志史 [M]. 北京：商务印书馆，1991.

丁建弘. 德国通史 [M]. 上海：上海社会科学院出版社，2012.

恩格斯（1842）. 普鲁士国王弗里德里希-威廉四世 [M] //马克思，恩格斯. 马克思恩格斯全集：第1卷. 北京：人民出版社，1956.

恩格斯（1844）. 英国状况 英国宪法 [M] //马克思，恩格斯. 马克思恩格斯全集：第1卷. 北京：人民出版社，1956.

恩格斯（1845）. 英国工人阶级状况 [M] //马克思，恩格斯. 马克思恩格斯全集：第2卷. 北京：人民出版社，1957.

恩格斯（1849）. 关于招贴法的辩论 [M] //马克思，恩格斯. 马克思恩格斯全集：第6卷. 北京：人民出版社，1961.

恩格斯（1851）. 德国的革命和反革命 [M] //马克思，恩格斯. 马克思恩格斯全集：第8卷. 北京：人民出版社，1961.

恩格斯（1865）. 普鲁士军事问题和德国工作政党——三 [M] //马克思，恩格斯. 马克思恩格斯全集：第16卷. 北京：人民出版社，1964.

恩格斯（1884）. 马克思和《新莱茵报》（1848—1849年）[M] //马克思，恩格斯. 马克思恩格斯全集：第21卷. 北京：人民出版社，1965.

何勤华. 德国法律发达史 [M]. 北京：法律出版社. 2000.

马克思（1842）. 第六届莱茵省议会的辩论（第一篇论文）[M] //马克思，恩格斯. 马克思恩格斯全集：第1卷. 北京：人民出版社，1956.

马克思（1848）. 反革命在维也纳的胜利 [M] //马克思，恩格斯. 马克思恩格斯全集：第5卷. 北京：人民出版社，1958.

马克思（1849a）. 霍亨索伦王朝的出版法案 [M] //马克思，恩格斯. 马克思恩格斯全集：第6卷. 北京：人民出版社，1961.

马克思（1849b）. 三个新法案 [M] //马克思，恩格斯. 马克思恩格斯全集：第6卷. 北京：人民出版社，1961.

马克思（1858）. 普鲁士状况 [M] //马克思，恩格斯. 马克思恩格斯全集：第12卷. 北京：人民出版社，1962.

密尔. 论自由 [M]. 北京：社会科学文献出版社，1959.

王四新. 网络空间的表达自由 [M]. 北京：社会科学文献出版社，2007.

无产阶级办报刊的使命

——《〈新莱茵报。政治经济评论〉出版启事》评析

杨保军　陈　硕

《〈新莱茵报。政治经济评论〉出版启事》（Anktündigung der Neue Rheinische Zeitung. Politisch-ökonomische Revue，简称《出版启事》）是卡尔·马克思和弗里德里希·恩格斯在《新莱茵报。政治经济评论》（Neue Rheinische Zeitung. Politisch-ökonomische Revue，简称《政治经济评论》）出版前为该杂志撰写的一则出版启事，于 1849 年 12 月和 1850 年 1 月、2 月刊登在《新德意志报》（die Neue Deutsch Zeitung）等几家报纸上。这则原文数百字的启事简明扼要地说明了《政治经济评论》杂志的基本情况、主要任务和该杂志的征订方式，并对报刊的作用做了论述。

1849 年《新莱茵报》（die Neue Rheinische Zeitung）停刊后，《政治经济评论》杂志作为该报的延续于 1850 年在德国汉堡发行，共出版了六期（其中第五、第六期为合刊），总结了 1848—1849 年欧洲革命的经验。这则出版启事体现出马克思对报刊功能的基本认识，作为一则征订广告也促进了《政治经济评论》杂志发行量的扩大，具有深刻的历史与现实意义。

一、《出版启事》发表的历史背景

（一）大背景：无产者交往水平的发展

对《出版启事》所处的时代背景进行考察，可以发现 19 世纪的工业革命推动了资本主义高速发展。大工业促进了工人阶级的觉醒，其精神生活亦出现了极大的变化，工人阶级的交往水平随着资本主义的发展也在迅速进步，

《新莱茵报。政治经济评论》封面

体现为交往行为的日益密切。

交往行为的密切，与工人的生产方式密切相关。马克思认为，资本主义化的大工业生产方式造成了工人阶级产生对交往的强烈精神需要——当时的工人阶级"产生一种新的需要，即交往的需要，而作为手段出现的东西则成了目的"[1]。

交往行为水平的发展还体现在工人知识水平和媒介素养的提升上。《〈共产主义杂志〉发刊词》中写道，"今天的无产者，谢谢有了印刷技术，有许多人受过很高的文化教育"[2]。工人掌握了文字，能够读书看报，提升了文化素养。而印刷崇拜的时代也已经过去，伦敦共产主义教育协会曾在一封信中写道，"工人阶级只读书不思考、不检验的时代已经一去不复返了……今天，我们成熟了，我们也要试图区分什么是好的，什么是坏的"[3]。工人对封建和资产阶级报刊的报道内容不再盲从，产生了质疑的态度。

最终，交往水平的发展促进了工人联合，也使工人阶级产生了更高层次的交往需求。而报刊作为定时出版物，是一种现实中反映时代精神的交往媒介，能够实现无产阶级更高层次的交往需求，使得工人在社会上形成了庞大而完善的交往体系。工人需要精神食粮，产生了阅读报刊的强烈需求。

（二）具体事件：工人阶级联合和革命运动

革命形势的发展推动了《政治经济评论》杂志和《出版启事》的诞生，回顾总结1848年欧洲革命是杂志的主要任务。

马克思认为，交往行为的发展加速了工人阶级联合，联合起来的工人阶级会展开有组织的政治斗争，发动革命。如《共产党宣言》所揭示："促成这种团结的，是由大工业所造成的愈益发达的交通工具①，因为这种交通工具使各地工人彼此有了联系。只要有了这种联系，就能把许多只在地方范围内发生而性质又都相同的斗争汇合成为一个全国性的阶级的斗争了。本来一切阶级斗争都是政治的斗争。中世纪的市民因为交通梗阻而需要几百年才能达到的团结，现代的无产者因为铁路交通便利而只消几年就可以达到了。"[4]

19世纪30年代到40年代的欧洲三大工人运动，标志着工人阶级联合起来成为一支独立的政治力量，登上了历史舞台。"随着工业的发展，无产阶级不仅人数增加了，而且它集合成为广大的群众了它的力量日益增加，它自己也日益感觉到自己的力量"[5]。

在三大工人运动之一的西里西亚纺织工人起义之后，德国诗人海涅在一首诗中总结："我们编织了三重诅咒……一重诅咒我们祈祷的上帝……一重诅咒富人们的国王……一重诅咒虚伪的祖国。"[6]工人运动将矛头指向了"国王祖国与上帝同在"的封建制度，开展了一场深入的资产阶级革命。然而，由于缺乏科学理论的指导，三大工人运动皆以失败而告终。

因此，工人力量的结合、革命的爆发，使得办一份宣传科学理论以指导革命运动的报刊成为一种现实需求。《新莱茵报》就是一份这样的报纸，这份报纸在科学社会主义诞生后紧密联系运动实际，努力成为革命运动的中心。而1848年欧洲革命的失败更是直接推动了《政治经济评论》和《出版启事》

---

① 中译文中的"交通工具"可以理解为"交往"。——笔者注

的诞生。

1848—1849 年，在法国和德意志、奥地利、意大利、匈牙利等国都爆发了革命。其中法国和德意志的革命斗争最为激烈。

1848 年 2 月，法国爆发了二月革命，工人市民推翻了七月王朝，但民众起义在 6 月被镇压。共和派因镇压群众和剥夺人民权利而得不到人民支持，大资产阶级中的多数拥护君主体制，因此在随后 11 月的总统选举中，拿破仑的侄子路易·波拿巴获胜。路易·波拿巴上台后，共和派已无力阻挡君主势力卷土重来。革命最终失败。

而在德国，1848 年 3 月爆发了三月革命，工人市民虽然取得了胜利，但胜利果实最终落入了大资产阶级手中。11 月，新的皇族政府排除了资产阶级自由派，君主制在德国恢复。到 1849 年年底，各国的革命都进入了低潮。

这场欧洲革命的性质是资产阶级民主革命，其基本过程是：无产阶级联合起来成为巨大的政治力量；新兴资产阶级利用无产阶级的力量打击了欧洲封建势力，在夺取胜利之后排挤无产阶级，丧失了人民的支持；封建势力借机反扑，导致资产阶级政府下台，帝制复辟，革命最终失败。

1849 年革命进入低潮期后，应当针对革命的性质、革命的经验进行详尽而科学的分析，这就是《政治经济评论》杂志的任务。在出版的六期《政治经济评论》杂志所刊发的文章中，大部分都是对 1848 年革命做出的形势分析和经验总结。这场革命是《政治经济评论》杂志出版的直接原因。

（三）继承与延续：《新莱茵报》的创办和停刊

《出版启事》首段就指出："本杂志以《新莱茵报》为名，应视为该报的**延续**。"[7]（凡是引证同篇的，下文不再标注）因此，对《出版启事》进行考察，应该将《新莱茵报》与《政治经济评论》视为一个系列延续的报刊，不能孤立地分析《政治经济评论》杂志。《新莱茵报》取得了巨大的成功，但被迫停刊，这是出版《政治经济评论》杂志的重要原因。

如马克思在《〈黑格尔法哲学批判〉导言》中所揭示的："批判的武器当然不能代替武器的批判，物质力量只能用物质力量来摧毁；但是理论一经掌握群众，也会变成物质力量。"[8]马克思决定创办报刊的目的，就是领导群众运动，使群众掌握批判精神和科学理论，使这份报纸成为革命运动的中心。

作为资产阶级民主派报纸《莱茵报》（*die Rheinische Zeitung*）的发展与延续，1843 年 6 月 1 日《新莱茵报》在科伦创刊。为了适应革命形势，它当时举起的是资产阶级民主派的旗帜，但它"到处，在各个具体场合，都强调了自己的特殊的无产阶级性质"[9]。

《新莱茵报》从 1848 年 6 月 1 日创刊，9 月 27 日因实施戒严而停刊，10 月 12 日重新出版，到 1849 年 5 月 19 日出版最后一期，该报社涉及诉讼案就有二十多次，多名工作人员面临被捕的危险。普鲁士政府在以法律手段迫害马克思等人失败后，拒不恢复马克思的国籍，1849 年 5 月 16 日宣布剥夺马克思的"外人待遇法"，驱逐其离境。恩格斯也被指控犯了刑事罪，《新莱茵报》的数名其他工作人员或被驱逐或面临法律制裁。5 月 19 日，《新莱茵报》用红色油墨印完最后一期报纸，向读者告别。

恩格斯这样评价《新莱茵报》："没有一家德国报纸——无论在以前或以后——像《新莱茵报》这样有威力和有影响，这样善于鼓舞无产阶级群众。"[10]《新莱茵报》停刊后，马克思希望出版一份新的报刊，弥补党的报刊的空缺，以能够指导革命。而这份报刊可以在名称和内容上延续《新莱茵报》。经过马克思和其他人的努力，《新莱茵报。政治经济评论》杂志于 1850 年诞生，而《出版启事》为该杂志的诞生和征订发出了先声。

二、《出版启事》发表的经过

1849 年《新莱茵报》停刊之后，马克思和恩格斯到德国西南部做了一次旅行。6 月初，马克思从宾根出发，前往巴黎，而恩格斯去了瑞士。在此期间，马克思一直没有放弃办一份新刊物的努力。8 月 1 日，马克思在巴黎写信给身在瑞士的恩格斯，信中写道："我已经开始商谈在柏林出版一种定期的政治经济杂志（月刊），写稿的主要应该是我们两人。"[11]在此时，马克思已经确定这份要出版的新报刊是以月刊的形式发行，由马克思、恩格斯主笔。

马克思和恩格斯

［汉斯·默克泽尼（Hans Mocznay）绘制］

　　之后，他又于 8 月 23 日写信邀请恩格斯一起来伦敦着手新刊物的创办工作，"我在伦敦创办德文杂志①有**肯定的**希望。一部分钱已有**保证**……你**不能**留在瑞士。在伦敦我们将有事情干"[12]。此时，法国政府要驱逐马克思到摩比安省，马克思不愿留在法国，但由于瑞士政府不给他提供签证，他无法前往瑞士同恩格斯一起工作。马克思只能前往伦敦，他希望在伦敦与恩格斯一起创办这份杂志。之后他乘船来到伦敦。在伦敦，马克思主要从事三项事业：重组共产主义者同盟，以德意志教育协会流亡代表身份开展活动，以及筹建新的月刊。

　　但是，在办刊初期，马克思也面临着巨大的困难，包括时间紧迫、资金缺乏等。9 月 5 日，马克思在伦敦写信给《新莱茵报》编委之一斐迪南·弗莱里格拉特，信中提到，"我有一切希望在这里创办一个月刊；但是时间紧迫，而且头几个星期困难特别大"[13]。

---

　　①　指《政治经济评论》。——笔者注

《西德意志报》（die Westdeutsche Zeitung）1849 年 10 月 17 日的报道中称，"我们从伦敦获取的消息显示，马克思博士将出版一份政治经济评论……马克思已确定这份报刊的名称……将延续以前的报刊名称"。这些信息显示，马克思决定让这份新出版的政治经济评论延续《新莱茵报》的名称，继承《新莱茵报》的影响力。

在 1849 年的年底，马克思一直为寻找资助者和出版社而努力。经过一番努力，他筹集了办刊的初始资金（马克思卖掉《新莱茵报》的印刷设备，得到了一笔资金，但其余的资金是如何筹集的已难以考证），并找到了出版商。共产主义者同盟的一个会员奥太多尔·哈根为马克思寻找到汉堡的出版商舒贝特。经过协商，舒贝特支付版费，马克思支付发行费，二人共同负担广告费，目标是筹集 500 英镑的资金；而康拉特·施拉姆去美国筹集资金。但是，这个计划并没有实现。1849 年 12 月中旬，康拉特·施拉姆以出版者的身份，与舒贝特书局和汉堡的印刷厂主科勒尔签订了印刷和出版合同。

恩格斯通过努力请人在伯尔尼刊登了《出版启事》。12 月 19 日，马克思写信给莱茵河畔法兰克福的约瑟夫·魏德迈，将《出版启事》稿交给魏德迈。从这封信中考证，马克思为了筹办《政治经济评论》写信给魏德迈的目的有二：一是委托他在德国的报纸上刊登这份《出版启事》，信中他提道："我请你把附上的广告①登在你们的报纸②，但是**只能在《科伦日报》登出了汉堡书业经理人的广告以后再登**。你可以把抄件寄往**威斯特伐里亚**"[14]；二是希望魏德迈能够为《政治经济评论》撰写文章："因为你就住在德国，详细情况比我们知道得清楚，所以你也许可以抽出时间，简明扼要地把南德意志的情况以及那里所发生的一切给我们的杂志写一写。"[15]

马克思的第二个目的却未曾实现。魏德迈仅在 1850 年 1 月中旬撰写过一篇名为《来自德意志南部》的评论，却因为首期《政治经济评论》的版面有限而未被刊登。但马克思刊登《出版启事》广告的努力却得到了响应，《出版启事》得以在《新德意志报》上刊载。

---

① 指《出版启事》。——笔者注
② 指《新德意志报》。——笔者注

马克思写信给魏德迈之后，恩格斯也在 12 月 22 日从伦敦写信给瑞士的雅克布·沙贝利茨，交给他《出版启事》，并请他在报纸上代为刊登。他在信中写道："请把附上的广告①登在《国民报》②上，如果你有时需要广告来填补空白，就请你首先用这个广告。"[16] 在这之前，《出版启事》通过恩格斯的努力已经刊登在《伯尔尼报》上。除此之外，恩格斯还希望沙贝利茨能够在瑞士推销《政治经济评论》，"如果你或者你的老头③愿意承担在瑞士推销杂志的任务，并与我们直接建立账目联系，我们是非常乐意的"[17]。

通过马克思和恩格斯等人的努力，《出版启事》作为征订广告被广泛刊登在多家报纸上，最早发表在 1849 年 12 月 27 日的《伯尔尼报》（die Berner Zeitung）上，接着是 1850 年 1 月 8 日的《西德意志报》、10 日的《杜塞尔多夫日报》（die Düsserdofer Zeitung）和《瑞士国民报》（die Schweizerische Zeitung），以及 1 月 16 日、26 日和 2 月 5 日的《新德意志报》上。

1850 年 3 月，在《出版启事》刊登后两个月，《政治经济评论》杂志才开始印刷出版（马克思 1 月底生病了，加上他的手稿字迹难以识别，这些都是杂志推迟印刷的原因）。11 月，最后一期（双刊号）《政治经济评论》出版后，这份杂志由于缺少资金和警察封锁而停刊。

三、《出版启事》中体现的新闻观念

（一）报刊的使命

在《新莱茵报》审判案的法庭上，马克思就曾指出："报刊按其使命来说，是社会的捍卫者，是针对当权者的孜孜不倦的揭露者，是无处不在的耳目，是热情维护自己自由的人民精神的千呼万应的喉舌。"[18]

《政治经济评论》作为《新莱茵报》的延续，也继承了马克思办《新莱茵报》时的新闻观念。在《出版启事》中，马克思和恩格斯重点对报刊的使命

---

① 指《出版启事》。——笔者注
② 指《瑞士国民报》。——笔者注
③ 指老沙贝利茨。——笔者注

展开了详细的阐述。

在《出版启事》中，马克思和恩格斯进一步阐述了《政治经济评论》杂志的使命："本杂志的任务之一，就是发表一些探讨过去事件的评论来阐述《新莱茵报》被迫停刊以来的一段时期。"而将其推广之，杂志可以"详细地科学地研究作为整个政治运动的基础的经济关系……说明正在进行斗争的各党派的性质，以及决定这些党派生存和斗争的社会关系"。

马克思和恩格斯在《出版启事》中，还就报纸的任务展开了更具体的讨论，总结出报纸的四点任务：每日干预工人运动；为运动发表即时的演说；反映丰富多彩的每日事件；使人民和人民的日刊发生连续不断的、生动活泼的联系。可见，马克思和恩格斯认为，报刊应该成为工人运动的中心，发挥政治作用。

（二）报纸与杂志的分工

这份《出版启事》中具体就报纸和杂志的不同特点进行了详细说明，指出了二者在时效、深度、刊登内容方面的区别与联系，也论述了在当时革命形势下出版《政治经济评论》杂志的必要性。

在马克思看来，报纸和杂志作为两种不同的平面媒体形态，在政治运动中有着不同的分工。《出版启事》第二自然段都在探讨这个问题，"报纸最大的好处，就是它每日都能干预运动，能够成为运动的喉舌，能够反映丰富多彩的每日事件，能够使人民和人民的日刊发生不断的、生动活泼的联系。至于杂志，当然就没有这些长处。不过杂志也有杂志的优点，它能够更广泛地探讨各种事件，并且只谈最主要的问题。杂志可以详细地科学地研究作为整个政治运动的基础的经济关系"。马克思论述报纸、杂志的不同特点，也是为了证明在当时的革命形势下出版一份月刊的必要性。

从这段话可以看出，马克思对报纸和杂志的不同作用是从政治运动的角度进行分析的。1842 年，马克思曾就一篇讨论国家制度的长论文指出："关于国家制度的完全是一般理论性的论述，与其说适用于报纸，无宁说适用于纯学术性的刊物……只有当问题成了现实国家的问题，成了实际问题的时候，报纸才开始成为这类问题的合适场所。"[19] 从这里可以看出，马克思认为报纸和杂志的分工是不同的：报纸注重时效性，通过有机运动不断与实际产生联系；而杂志适合进行科学系统的理论分析。

《新莱茵报》和《政治经济评论》两份报刊的不同内容也体现出报纸、杂志分工的不同特点。从《新莱茵报》编辑部的分工和架构可以看出这份报纸的主要内容：《新莱茵报》总共有八名编委，马克思任总编，总揽办报方针；恩格斯负责国外部，报道德国以外的新闻，撰写评论；亨利希·毕尔格尔斯是报纸的发行人；威廉·沃尔弗主持国内新闻部，报道德国新闻，研究土地问题和西里西亚农民问题；格奥尔格·维尔特主持小品文栏，撰写小品文、诗歌和特写；斐迪南·弗莱里格拉特是革命诗人，撰写诗歌；恩斯克·德郎克负责报道法兰克福议会和德国国内生活；斐迪南·沃尔弗报道法国新闻，撰写特写和小品文。[20]从编委会分工就可以看出，《新莱茵报》作为报纸，以报道国内新闻和国际（德国外）新闻为主要任务，同时刊登一些新闻评论和小品文。

而在《政治经济评论》杂志上并没有任何新闻报道和时事评论，都是理论分析的文章，如马克思的《1848年至1850年的法兰西阶级斗争》，用历史唯物主义的观点对法国二月革命的原因、性质和进程做了精辟分析；恩格斯的《德国维护帝国宪法的运动》和《德国农民战争》等则对德国的革命进行全面探析。这些文章是对革命经验的深入总结，具有很强的理论性，不直接与1850年出版时的时事政治相关联。尽管杂志只出版了六期，马克思也为出版后续杂志而积极努力，但由于普鲁士警察的迫害和资金的缺乏，杂志被迫停刊，但这份杂志基本完成了《出版启事》中的既定任务。可见，对于这份杂志而言，并不需要与时事发生紧密的联系而进行有机运动，只需要完成上一阶段革命性质的理论分析，对时效性没有严格的要求。但杂志的文章是具有理论深度的，对进行斗争的各政党的性质和社会关系做出了深刻论述。

1849年年底到1850年，马克思认为这个阶段的主要任务是在革命即将进入低潮时对革命经验进行总结，杂志这种媒介更适合这项工作。在不同的革命阶段，马克思利用不同的平面媒介形态进行政治宣传。之所以办杂志而不办报，也是马克思在革命斗争形势下做出的一种妥协。马克思在筹办《政治经济评论》时，在政治上面临着普鲁士政府的迫害，经济上面临办报资金的缺乏，而国际革命形势也逐渐由高潮转向低谷，一些欧洲国家的封建势力扑灭了革命的火种，夺取了革命果实，因此只得出版一份月刊。相对于日报，月刊对办刊经费要求低，容量上也更小。

在《（新莱茵报。政治经济评论）召股启事》中，马克思谈道："最初它仅能以评论刊物的形式每月出版一次，篇幅近 5 印张……编辑部打算在经济条件一旦允许的时候，就使《新莱茵报》每两周出版一次，每次 5 印张，或者，有可能的时候就出版像英美周刊那样的大型周报，而只要情况允许回到德国，就立刻再把周报改为日报。"[21]

由此可见，除了革命形势发展方面的原因，以月刊形式出版《政治经济评论》也是受到经济条件的制约，因为没有充足的办报经费。马克思希望在革命条件满足和资金充足时将杂志改为半月刊，继而改为周刊、日报。只有办报经费充足，使之成为更经常的出版物，才能够经常而深刻地影响舆论，达到办报刊的目的。

（三）广告与报刊发行

在无产阶级运动的早期，报刊没有被当成企业经营。随着工人运动的发展和报刊影响力的扩大，工人报刊逐步走向了现代化和正规化，报刊虽然是精神交往的载体，但同时也有商品属性。19 世纪 40 年代，美国的《人民论坛报》就是一份不注重经营发行的免费报纸，最终发行人海尔曼·克利盖欠下大笔债务，报纸也被迫停刊。马克思还是一名经济学家，恩格斯也有多年的从商经历，他们在办报刊时注重报刊的商品属性，看重报社的经营状况，希望报刊在经济上能取得成功。

马克思的经历使他对筹集办报资本的难度深有体会，他知道物质资本对维持报刊经营的决定作用。1847 年时，鼓吹"精神资本"的德国政论家海因岑与美国资本家合办的报纸因资金缺乏而停刊，马克思对此评论道："靠精神资本在工业化的美国是办不了一家报纸的。"[22]

《新莱茵报》在办刊初期就曾经面临资金的困难，《新莱茵报创办发起书》中谈道，"《新莱茵报》在各方面都有着取得成功的最好的前景，但是这里也遇到了经费问题"[23]。为了《新莱茵报》的事业，马克思除了筹集和接受捐赠资金外，甚至变卖了许多个人财产，以维持报纸的经营。他在一篇给魏德迈的书信中提道，"我曾经给《新莱茵报》（这毕竟是党的企业）投资七千塔勒以上"[24]。但是，仅仅依靠马克思有限的私人财产维持一份大型报刊的日常经营是远远不够的。同样，在办《政治经济评论》杂志之前，马克思也缺乏初始资金。

因此，《出版启事》除了阐述《政治经济评论》的基本情况，也是作为杂志的一份征订广告出现的，马克思在报纸上刊登《出版启事》有着自己的经济目的，他希望通过广告扩大杂志的发行量，维持杂志的经营，扩大征订量，达到更广泛的传播影响和获取必要的办报资金。

马克思充分意识到广告对于书刊发行的重要推广意义。1852 年，为了推广他的一本小册子，他在一封信上曾提道，"应该在报刊上预先登广告，以便引起读者的好奇心"[25]。对于《政治经济评论》杂志他也采取了广泛刊登《出版启事》广告的形式吸引订户。

马克思重视订户的数量。只有发行量增长了，才能够扩大报刊的影响，并且争取更多的广告客户。在 1849 年 12 月 19 日致魏德迈的信中，他也提道，"我们除了希望通过书商推销外，还希望通过另一种方式推销，就是我们党内的同志组织订阅，并把订户名单寄给我们。目前我们还不得不把价格定得相当高而每期的篇幅并不多。如果我们的资金因杂志销路甚广而增加的话，那末，这些缺点就会得到克服"[26]。

达成经济目的只是手段，达成政治目的才是目标。马克思希望《政治经济评论》是一份政治独立的、真正的无产阶级报刊，如果依靠资产阶级民主派的资助，报刊的性质就发生了根本的变化。《莱茵报》和《新莱茵报》都是打着资产阶级民主派的旗帜，尽管《新莱茵报》在各个场合多次强调自己的无产阶级性质，但是还不能够摆脱与资产阶级的关系。因此，经济上的不独立，将会导致政治上的不独立。

即使不依靠资产阶级的资助，只在党内筹集资金，也是马克思所反对的。马克思对党和党的报刊的关系有独到的认识。他希望办一份金钱方面不依靠党的报刊，以便有条件抵制错误思想的支配，从根本上捍卫党的利益，承担一个党报编辑所应负的崇高职责。恩格斯在谈到党报与党的经济关系时曾说："马克思与我向来有一个共同的看法：我们**永远**不担任这种职责①，而只能办一种在金钱方面也不依赖于党的报纸。"[27]

因此，从《出版启事》中可以看出马克思的党报经营思想。经济上通过扩大发行自给自足，保持党和党报的相对独立关系，办一份不依赖于党的党报，这是马克思的办报追求。

四、对《出版启事》的评价

（一）历史意义

《〈新莱茵报。政治经济评论〉出版启事》的发表在当时具有深刻的历史意义，使革命者了解了《政治经济评论》杂志的基本情况和主要任务，促进了该杂志的征订，也阐述了马克思关于报纸杂志分工的思想。

《出版启事》阐述了报刊的作用和报纸杂志的不同分工。马克思对报纸杂志的不同特点做了简明扼要的分析，指出了二者在时效性和深度的区别，《出版启事》的第二自然段内容成为关于杂志功能的经典论述。

《出版启事》介绍了《政治经济评论》杂志的基本状况。作为《新莱茵报》的延续，这份杂志是一份月刊，《出版启事》介绍了其主编、出版人、内容和订阅方式等基本信息，有利于受众对该杂志进行充分了解。

《出版启事》阐述了《政治经济评论》杂志的主要任务。《政治经济评论》是一份总结性的刊物，对1848—1849年《新莱茵报》出版时的欧洲革命经验做出总结，将系统论述革命中各政党的性质及它们的社会关系。

《出版启事》促进了《政治经济评论》杂志的征订。作为一份征订广告，《出版启事》在《新德意志报》等报纸广泛刊登，扩大了杂志的知晓度，有利于提高杂志的发行量和影响力，使更广泛的受众接触党的报刊。

---

① 指党报编辑。——笔者注

（二）现实意义

马克思对报纸和杂志功能的考察是着重于其政治作用的考察，对当代的党报党刊如何开展政治宣传也有借鉴意义。

在《出版启事》中，马克思指出了报纸和杂志对于推进运动的作用和不同特点。在当代，给我们的政治宣传以启示，要根据合适的内容选择正确的媒介。如在我国，党报《人民日报》和党刊《求是》杂志就承担着不同的任务。《人民日报》作为中国共产党中央委员会的机关报，宣传中国共产党的最新政策决定，报道新近发生的国内外大事；而《求是》杂志作为中共中央的机关刊物，刊登文章进行思想战线的理论宣传，阐释马列主义、毛泽东思想和中国特色社会主义理论体系。《人民日报》的报道和评论重视时效性，与现实的政治运动发生经常的、生动活泼的联系；而《求是》杂志科学系统地分析科学社会主义理论，总结社会主义建设的宝贵经验。

除此之外，《出版启事》还启示党的报刊也要重视经营管理，实现政治和经济方面的双赢，使政治成功与经济成功相互促进。

当今的许多社会主义国家，党的报刊在经济上依靠党的拨款，在政治上受党的宣传部门领导。马克思和恩格斯将办党的报刊视为一项伟大的事业，但却将报社视为"党的企业"，企业就应当采取企业的运营模式。党报党刊在负载政治使命的同时，也是商品。马克思认为，报社应当采取企业化的资本运作模式，通过召股等手段取得初始资金，再通过广告、新技术和提高办报质量促进发行量的增长，以达到经济目的。《出版启事》就是一份为了促进党刊发行的广告。党的报刊不应该依靠党的筹集拨款，也不应该免费发行。党的报刊在经济上取得成功之后，随着订阅量的增长将扩大政治影响，取得政治上的成功。而政治成功与经济成功也是相互促进的，"只有编辑部能够以后一期跟着一期间隔时间更短地出版，这个企业才会完全达到自己的目的——经常而深刻地影响舆论，而在经济方面也才会有很大的希望"[28]。

党的报刊在经济上独立，不但能够促成政治成功，也能更好地维护党的根本利益。马克思希望办一份经济上不依赖于党的报刊，在思想上保持相对的独立性。他认为，"即使抛开金钱问题不谈，做隶属于一个党的报纸的编辑，对任何一个有首倡精神的人来说，都是一桩费力不讨好的差事"[29]。只有这样，党的报刊才能正确发挥监督的作用，在必要时有条件抵制党的错误路线，坚持正确的思想路线，从根本上捍卫党的利益。

但是，在分析当代党的报刊与马克思所处时期党的报刊的联系时，也要注意分析"党"的不同含义。在19世纪，"党"作为工人阶级的联盟，组织结构较为松散，缺乏统一的领导机关，也没有取得执政或参政的地位。而今日世界范围内，许多国家的共产党都是一个有严格组织章程的政党，有统一的领导机构，在本国范围内取得了执政或参政的地位。除了"党"的含义发生了改变，革命的形势和任务也不尽相同。

五、对《出版启事》中文译本的考证

《〈新莱茵报．政治经济评论〉出版启事》原文是德文，俄译文译自1850年1月6日《西德意志报》第6号，第一次发表在俄文版《马克思恩格斯全集》第二版第7卷中。

现今广泛传播的《出版启事》中文译本有两个版本。

第一个版本收录于人民出版社1959年出版的《马克思恩格斯全集》第一版第7卷中。由于《马克思恩格斯全集》中文第一版多数内容是根据该全集俄文第二版翻译的，而不是由德文原文翻译的，经过转译后的中文译本中，一些词句的表达并不十分准确。

第二个版本收录于1998年出版的《马克思恩格斯全集》第二版第10卷中。这篇译文的原文是《马克思恩格斯全集》1977年历史考证版第一部分第10卷，原文是德文。这个版本对第一版中译文中的一些语句进行了修改，最主要的修改有如下几点：

（1）谈及《新莱茵报》与《政治经济评论》的关系时，将"该报的继续"修改为"该报的延续"；

（2）论述报纸的功能时，将"能够反映当前的整个局势"修改为"能够反映丰富多彩的每日事件"；

（3）将所有"政党"改译为"党派"。

在本文中，引用的《出版启事》中译文为《马克思恩格斯全集》第二版第 10 卷中的新版本。但笔者认为，在《出版启事》中译本新版本中，仍然有值得考证与商榷的内容，主要集中于原文探讨报纸与杂志区别的第二自然段的翻译，下面就这段翻译中的四个地方进行讨论。

中译文这段内容是：报纸最大的好处，就是它每日都能干预运动，能够成为运动的喉舌，能够反映丰富多彩的每日事件，能够使人民和人民的日刊发生不断的、生动活泼的联系。至于杂志，当然就没有这些长处。不过杂志也有杂志的优点，它能够更广泛地探讨各种事件，并且只谈最主要的问题。杂志可以详细地科学地研究作为整个政治运动的基础的经济关系。

（1）"成为运动的喉舌"对应的德文原文是"unmittelbares Sprechen aus der Bewegung heraus"，可译为"为运动进行即时演说"。"das Sprechen"是"演说"的意思，并没有"喉舌"的意思，"喉舌"在德文里对应的单词是"das Mundsttick"。

（2）"不过杂志也有杂志的优点"对应的德文原文是"die Revue gewahrt dagegen den Vorteil"，可译为"杂志提供的优点与报纸相反"。原文中用了"dagegen"一词，该词作为代副词，表示方向上相反，这里的表达与原义产生了一定的偏离。

（3）"更广泛地探讨各种事件"对应的德文原文是"die Ereignisse in größern Umrissen zu fassen"，可译为"从宏观上探讨重大事件"。"der griößer Umrissen"是指从框架轮廓，因此"广泛"一词的翻译并不准确，"广泛"可理解为从细节进行微观理解，而原文强调从大框架进行宏观理解。

（4）"die Zeitschrift"与"die Revue"两词都可以指杂志，但有一定的区别。原文第二段中提到的"Zeitschrift"交代了《政治经济评论》作为一份杂志而出现；而第三段中在论述报纸与杂志的区别时，只出现了"Revue"一词，专门指《政治经济评论》杂志。因此，马克思在论述报纸与杂志的关系时，是专门指政治评论类杂志与时政报刊的关系，不可以将学术杂志、娱乐杂志或其他类型的杂志包括进去。如果将第三段进行引申，需要注意这段关于杂志功能的经典论述只适用于评论性杂志。因此，笔者认为将第三段中的"杂志"译为"评论杂志"更为恰当。

（作者杨保军为中国人民大学新闻学院教授，陈硕为中国人民大学新闻学院硕士）

注释

[1] 马克思.1844 年经济学哲学手稿［M］//马克思，恩格斯.马克思恩格斯全集：第 42 卷.北京：人民出版社，1979：140.

[2]《国际共产主义运动文献》编辑委员会.国际共产主义运动文献：第1卷［M］.北京：中国人民大学出版社，1989：359.

[3] 同［2］61.

[4] 马克思，恩格斯.共产党宣言［M］//马克思，恩格斯.马克思恩格斯全集：第4 卷.北京：人民出版社，1958：475.

[5] 同［4］474－475.

[6] 海因里希·海涅.西里西亚的纺织工人［M］//海涅.海涅诗选.北京：外语教学与研究出版社，2009：190.

[7] 马克思，恩格斯.《新莱茵报。政治经济评论》出版启事［M］//马克思，恩格斯.马克思恩格斯全集：第 10 卷.中文 2 版.北京：人民出版社，1995：115.

[8] 马克思.黑格尔法哲学批判导言［M］//马克思，恩格斯.马克思恩格斯全集：第1卷.北京：人民出版社，1958：460.

[9] 恩格斯.马克思和《新莱茵报》［M］//马克思，恩格斯.马克思恩格斯全集：第21卷.北京：人民出版社，1965：19.

[10] 同［9］26.

[11] 马克思.马克思致恩格斯（1849 年 8 月 17 日）［M］//马克思，恩格斯.马克思恩格斯全集：第 27 卷.北京：人民出版社，1972：157.

[12] 马克思.马克思致恩格斯（1849 年 8 月 23 日）［M］//马克思，恩格斯.马克思恩格斯全集：第 27 卷.北京：人民出版社，1972：160.

[13] 马克思.马克思致斐迪南·弗莱里格拉特（1849 年 9 月 5 日）［M］//马克思，恩格斯.马克思恩格斯全集：第 27 卷.北京：人民出版社，1972：535.

[14] 马克思.马克思致约瑟夫·魏德迈（1849 年 12 月 19 日）//马克思，恩格斯.马克思恩格斯全集：第 27 卷.北京：人民出版社，1972：538～539.

［15］同［14］538.

［16］恩格斯.恩格斯致雅科布·沙贝利茨（1849 年 12 月 22 日）［M］//马克思，恩格斯.马克思恩格斯全集：第 27 卷.北京：人民出版社，1972：542.

［17］同［16］541.

［18］马克思，恩格斯.《新莱茵报》审判案［M］//马克思，恩格斯.马克思恩格斯全集：第 6 卷.北京：人民出版社，1961：275.

［19］马克思.马克思致达哥贝尔特·奥本海姆（1842 年 8 月 25 日左右）［M］//马克思，恩格斯.马克思恩格斯全集：第 27 卷.北京：人民出版社，1972：433—434.

［20］傅显明.马克思与新莱茵报编辑部工作组织［J］.国际新闻界，1983（1）：35.

［21］马克思，恩格斯.卡尔·马克思主编的《新莱茵报。政治经济评论》召股启事［M］//马克思，恩格斯.马克思恩格斯全集：第 7 卷.北京：人民出版社，1959：600—601.

［22］马克思.马克思致恩格斯（1851 年 8 月 31 日）［M］//马克思，恩格斯.马克思恩格斯全集：第 27 卷.北京：人民出版社，1972：349.

［23］马克思，恩格斯.《新莱茵报》创办发起书［M］//马克思，恩格斯.马克思恩格斯全集：第 43 卷.北京：人民出版社，1982：489.

［24］马克思.马克思致约瑟夫·魏德迈（1849 年 7 月 13 日）［M］//马克思，恩格斯.马克思恩格斯全集：第 27 卷.北京：人民出版社，1972：524.

［25］马克思.马克思致阿道夫·克路斯（1852 年 12 月 7 日）［M］//马克思，恩格斯.马克思恩格斯全集：第 28 卷.北京：人民出版社，1973：563.

［26］同［14］539.

［27］恩格斯.恩格斯致奥古斯特·倍倍尔（1892 年 11 月 19 日）［M］//马克思，恩格斯.马克思恩格斯全集：第 38 卷.北京：人民出版社，1972：517.

［28］马克思.马克思致恩格斯（1851 年 8 月 31 日）//马克思，恩格斯.马克思恩格斯全集：第 7 卷.北京：人民出版社，1959：600.

［29］同［27］517.

第四部分

马克思的人民报刊思想

【按语】

习近平在纪念马克思诞辰 200 周年大会上的讲话指出："马克思主义是人民的理论，第一次创立了人民实现自身解放的思想体系。马克思主义博大精深，归根到底就是一句话，为人类求解放。""人民性是马克思主义最鲜明的品格。"因而，研究马克思的人民报刊思想是很有必要的。马克思提出人民报刊思想，是在关于《莱比锡总汇报》被查禁的系列通讯（共七篇）中，吴璟薇对此的考证说明，《莱比锡总汇报》创办时的编辑方针和后来被查禁时的辩护，是马克思"人民报刊"理念的一个来源。她随后从六个方面论证了马克思人民报刊思想的内涵。

以往有的文章仅把马克思的人民报刊思想归结为只是"青年马克思"的思想。马克思 1858 年的通讯《对波拿巴的谋杀》则说明，他的人民报刊思想不论在青年时代还是在中年时代，前后是一致的。陈力丹、张勇锋经过对此文的考证，发现马克思进一步从报刊的经济来源与民意之间的关系来论证报刊与人民的关系，因而马克思写道："巴黎的报刊，只要是靠公众而不是靠公费支持的，就完全对人民的态度作出了响应。"

马克思"人民报刊"理念提出的背景考证

——读马克思关于《莱比锡总汇报》被查禁的系列通讯

吴璟薇

1842 年 12 月 31 日，普鲁士政府下令查禁在萨克森王国首府莱比锡出版的报纸《莱比锡总汇报》（Leipziger Allgemeine Zeitung），并禁止该报运输途经普鲁士。这一事件引起了德国各派报纸之间激烈的论战。马克思也在 1843 年年初撰写了七篇通讯为《莱比锡总汇报》辩论，同时阐发了自己的"人民报刊"（Volkspresse）理念。

一、1814—1848 年间的德国媒介政策

拿破仑战败后，欧洲各国于 1815 年 6 月 8 日召开了维也纳会议，组建了德意志邦联（Deutsche Bund）。德意志联邦由 34 个主权邦国和不来梅、法兰克福、汉堡与吕贝克四个自由市组成，其宗旨在于"保证德意志外部和内部的安全，以及德意志各邦的独立和领土不可侵犯"。联邦议会（Bundestag）设在法兰克福，由奥地利首相梅特涅（Metternich）出任主席。

德意志联邦的成立给刚刚经历过拿破仑战争的人们带来了自由和统一的新希望。一些联邦成员国开始实行自由立宪改革、制定宪法，建立代议制政府，自由主义之风随之兴起，很多德国人都期盼联邦议会能够成为一个真正意义上的全国权力机构（基钦·马丁，2005：156）。但是，这个希望在短短四年以后就被打破了。1819 年 8 月 1 目，梅特涅与普鲁士国王弗里德里希三世在波希米亚会面，建议国王实行新闻检查制度。之后，德意志各大邦国的大臣们开会通过了卡尔斯巴德决议（Karlsbader Beschluss），其中有 10 条法

令涉及德意志联邦范围内所有报刊的印刷和发行（Koszyk，1966：53）。协议明确规定，凡少于 20 印张的印刷物在出版前均需检查，篇幅更长的著作，如果包含了"教唆理论和恶毒的疯狂思想"，在出版之后同样会被查禁（基钦·马丁，2005：157）。

卡尔斯巴德决议通过不久后，联邦代表大会（Bundesversammlung）在同年 9 月 20 日通过了由大臣会议（Ministerkongress）提出的新闻法。不过仅有少数邦国实施这部新闻法，后来因为民族动乱等因素，该法又多次被修改（Koszvk，1966：59）。同时也因为联邦制度自身的原因，制定的法律要尽可能表达所有邦国的意愿。所以 19 世纪 40 年代以后，这部新闻法在德意志联邦范围内仅仅具有框架法的效力，即法律只用来确定总体方针，但不规范具体的行为。这给了联邦成员国更多的自由空间来制定适合自己的新闻法律。

1819 年 10 月 18 日，普鲁士修订了 1788 年制定的书报审查敕令（Zensuredikt），虽然取消了审查费用，但实质上让所有的报刊都纳入审查中；同时，还成立了新的审查咨询委员会（Ober-Zensur-Kollegium），负责监督法令的实施（Koszyk，1966：59）。

二、《莱比锡总汇报》的创办和在普鲁士的发展

1837 年 10 月 1 目，《莱比锡总汇报》由萨克森王国莱比锡市的布罗克豪斯出版社（Verlag F. A. Brockhaus）出版。这家出版社由著名的出版人弗里德里希·阿诺德·布罗克豪斯（Friedrich Arnold Brockhaus）创办于 1814 年，他去世后一直由两个儿子弗里德里希（Friedrich Brockhaus）和海因里希（Heinrich Brockhaus）接手。新组建的编辑团队确立了《莱比锡总汇报》的工作箴言，即"真理与权利，自由与法律"（Wahrheit und Recht, Freiheit und Gesetz）。他们认为自己所从事的新闻编辑工作与很多历史记录者一样，"既不能报道错误信息，也不能隐瞒真相"（Neefe，1914：6）。记者需要在报道中"连续不断地、忠实地展现历史事实"，"不仅展示那些令人好奇的东西，

而且也应该努力为后人展现全面的历史信息"。当然，新闻报道有时难免触及各方利益，所以记者"不要仅仅为了自我保全，而应该努力接近那些政治立场中的冲突矛盾和人们的诉求"，但是报道不应该从党派的利益和观点出发（Neefe，1914：7-8）。

　　莱比锡是一个大学城和图书贸易中心，《莱比锡总汇报》创办后发行量与日俱增，影响力也越来越大。这与萨克森当局相对宽松的政策有关，这里的书报审查没有其他邦国严格（Neefe，1914：60）。有时该报的激进思想也会与萨克森当局产生一些矛盾，但编辑都能够妥善处理。

　　萨克森的邻国普鲁士忠实执行卡尔斯巴德决议，从1819年到1840年弗里德里希三世去世的21年间，不断颁发严格的书报审查法令。普鲁士当局对自由言论的暴力压制使得该国的报刊只能在审查条例的约束下惊恐生存，从而形成了马克思所说的持续了20年的精神"大斋期"（马克思，1842：149）。

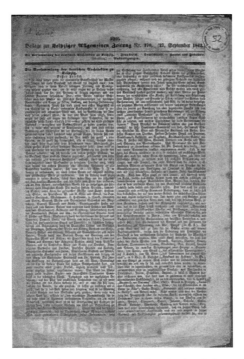

1842年9月27日的《莱比锡总汇报》

（现存于德国莱比锡博物馆）

　　《莱比锡总汇报》虽然可以在普鲁士境内发行，但却无法获得普鲁士当局的信任。因为布罗克豪斯出版社已经有了一些"不良"记录，他们的另一份杂志《文学谈话》（Blatterfü rliterarische Unterhaltung）在普鲁士被查禁三次以上（Neefe，1914：127）。因此，出自同一家出版社的《莱比锡总汇报》在普鲁士境内的发行也障碍重重。1840 年后，双方关系急遽恶化，普鲁士对《莱比锡总汇报》采取了极其严厉的审查措施。此事的导火索正是普鲁士新国王弗里德里希四世的上台。

1840 年 7 月，弗里德里希四世被加冕为普鲁士新国王，该国下属的柯尼斯堡和柏林两地分别于同年 9 月和 10 月举行宣誓仪式向其效忠。[1] 9 月 18 日的《莱比锡总汇报》增刊第 262 号刊登《柯尼斯堡的宣誓效忠》一文，详细描述了普鲁士人民欢庆的热烈场面（Neefe，1914：130）。然而，新任国王的讲话没有表示任何进行改革的意向，这就让希望改革的人们大失所望。

10 月 1 日，《莱比锡总汇报》刊登前国王弗里德里希三世 1815 年 3 月 22 日颁布法令时的讲话，这位前国王当时满怀希望地表达了在普鲁士进行改革的可能性。该报旧事重提，意在提醒新国王进行改革。第二天，该报在报道柏林市民庆祝宣誓效忠活动的最后一部分明确提出了对新闻出版自由的期待。该报的报道引起普鲁士当局的注意。10 月 4 日，法律大臣冯·罗畴（von Rochow）在公布内阁指令（Kabinettsorder）时表示，新国王绝对不会实施 1815 年的法令（Neefe，1914：131）。《莱比锡总汇报》在国王加冕后以不合礼仪的方式报道国王的言论，报道的"虽然是演讲者（指国王弗里德里希四世）的言论，但却与其意图相违背"（Neefe，1914：131）。

该报对此事报道的兴趣和勇气使萨克森当局担心这样下去普鲁士政府可能会指责他们。于是，布罗克豪斯出版社通过萨克森的审查官员向萨克森王国内政大臣提交了一份附带担保的声明，表示以后不会再评论有关普鲁士的事项。与此同时，普鲁士王国法律大臣冯·罗畴也给出版社负责人之一的海因里希·布罗克豪斯（Heinrich Brockhaus）写信，指出报纸报道了"空洞的、未经证实的传闻，仅仅是毫无根据的猜测而已"。这里的中文"传闻"，原词是"Gerüchte"，指传闻或者谣言，可以理解是指《莱比锡总汇报》引用前国王讲话，暗示新国王要进行改革。同时，他指责报纸的通讯员完全出于个人目的来进行报道（Neefe，1914：132）。最终，布罗克豪斯兄弟就柯尼斯堡和柏林加冕报道一事进行自我辩护时承认，《莱比锡总汇报》在报道新国王的言辞上面偏向了错误的一方（Neefe，1914：131）。

国王加冕的报道风波平息后，1841 年 2 月到 12 月，《莱比锡总汇报》和普鲁士政府之间的关系没有恶化。在对普鲁士政府的批评上，该报采取了适度而节制的态度（Neefe，1914：135）。但在 1842 年 3 月，普鲁士王国地方议会（Provenziallandtage）以逃避债务之名对该报提起上诉，针对《莱比锡总汇报》的责难再次开始。1842 年 10 月，普鲁士的书报审查进一步收紧，新颁布的出版法令规定对 20 印张以上的出版物将进行更为严格的审查。普鲁士各地的报刊和《莱比锡总汇报》等在普境内发行的外邦国报刊对此提出批评，要求新闻出版自由的呼声再起。

11 月初，萨克森王国梅泽堡（Merseburg）[2] 的地方高级官员（Oberregierungsrat）[3] 收到申诉信，信中指控《莱比锡总汇报》通过报道反对关于普鲁士等级委员会（ständische Ausschüse in Preußen）[4] 的指令（梅泽堡只是上诉的地方，与具体的事件无关，该城市不是萨克森的行政或法律中心），这位官员就此警告了布罗克豪斯出版社。对此，写这篇报道的记者梵恩哈根·冯·恩瑟斯（Varnhagen von Enses）解释说，她没有冒犯等级委员会之意，更不会与普鲁士保守的报刊法令相对抗（Neefe，1914：142）。于是，普鲁士当局在这件事上没有再追究。然而他们在年底的时候找到了合适的契机，查禁了《莱比锡总汇报》。

三、《莱比锡总汇报》遭查禁

1842 年 12 月 9 日，德国著名的自由派诗人格·海尔维格（Georg Herwegh）在御医施里莱（Schönlein）的引荐下，觐见了普鲁士国王弗里德里希四世。根据《莱比锡总汇报》的记者恩瑟斯的叙述，觐见的过程大致如下："国王一开始的时候，把海尔维格当作伟大的诗人并且致以问候，然后说：'我们持有不同的观点，但是没关系，我们仍然可以保持互相尊敬的敌对状态。'随后国王开玩笑地说，'您可让我吞了不少令人受不了的药丸[5]，但是

我还不至于到生气的份儿上'。"（Neefe，1914：161）

《莱比锡总汇报》被查禁的讽刺漫画（1842 年 12 月）

以上报道根据海尔维格的儿子马塞尔·海尔维格（Marcell Herwegh）所提供的消息。由此可以判断，这段话所描述的内容是比较可信的。这样的结果在柏林引起了轰动，人们对诗人海尔维格的作为极其惊讶和不满。因为自由派人士希望海尔维格能够说服国王进行改革，至少也要向国王表达改革的意愿。而从上文的记载看，海尔维格见到国王后几乎没有做任何事情。自由派的报纸指责海尔维格向国王"低下了头"。《莱比锡总汇报》也认为，"海尔维格并没有表达任何进行改革的要求，这次觐见仅仅让他找了个机会接近国王而已，这是违背他本意的（对国王的）让步"（Neefe，1914：162）。

事后，海尔维格写信给国王，表达了自己与国王之间的不同立场。一些自由派的报刊登载了这封信。1842 年的 12 月 13 日-14 日，海尔维格致国王信的传单在柏林广泛流传，也传到了莱比锡。《莱比锡总汇报》在 12 月 24 日副刊第 358 期上登载了这封信（Neefe，1914：163）。为了保持公正，该报还同时登载了一些对诗人的负面评价（Neefe，1914：162）。

由于这件事情，《莱比锡总汇报》和海尔维格都受到了普鲁士当局的处罚。12 月 31 日普鲁士内阁发布命令：我们在此通过了本月 25 日的提案。根据 1819 年 10 月 18 日颁布的第 14 条法令第五款，以及 1837 年 8 月 6 日颁布的法令第四款，从 1843 年 1 月 1 日起，在我国境内查禁布罗克豪斯出版社的《莱比锡总汇报》，禁止其发行、销售和在公共场所陈列，以及在我国境内通过邮政运输和分发（Neefe，1914：170）。诗人海尔维格则被驱逐出普鲁士。

四、马克思的"人民报刊"理念

《莱比锡总汇报》在普鲁士被查封以后，马克思于 1843 年 1 月 1 日至 16 日之间在《莱茵报》上发表了七篇关于《莱比锡总汇报》被查禁的通讯，批评普鲁士当局和其他报刊对《莱比锡总汇报》的指责，进而阐述了自己的"人民报刊"理念。这些通讯分别是：《〈莱比锡总汇报〉在普鲁士邦境内的查禁》（Das Verbot der»Leipziger Allgemeinen zeitung«für den preußischenStaat）、《〈莱比锡总汇报〉的查禁和〈科隆日报〉》（Die»Kölnische Zeitung«und das Verbot der»Leipziger Allgemeinen Zeitung«）、《好报刊和坏报刊》（Die gute und die schlechte Presse）、《答一家"中庸"报纸的攻击》（Replik auf den Angriffeines»gemäßigten«Blattes）、《答"邻"报的告密》（Replik auf die Denunziationeines»benachbarten«Blattes）、《〈科隆日报〉的告密和〈莱茵—摩泽尔日报〉的论争》（Die Denunziation der»Kölnischen«und die Polemik der»Rhein-und Mosel-zeitung«）、《莱茵—摩泽尔日报》（Die»Rhein-und Mosel-Zeitung«）。

马克思由反驳关于该报任意行事的指责而提出"人民报刊"的概念："试问这些指控是用来反对《莱比锡总汇报》**任意行事的特性**呢，还是用来反对刚刚崛起的、年轻的**人民报刊必然具有的特性**呢？问题所涉及的仅仅是**某一种报刊的存在**呢，还是**真正**的报刊即**人民报刊**的不存在呢？"（马克思，1843a：352）马克思在这一反问句中表达了三个意思或认识：第一，当局实质上指责的是所有人民报刊；第二，人民报刊才是真正的报刊；第三，人民报刊具有共通的某种特性。从马克思最早使用"人民报刊"的叙述中可以判定，他所说的人民报刊，是指与官方报刊相对应的、非官方的、具有独立意识的民间报刊。德国是印刷报刊的诞生地，但是报刊长期以来直接或间接地被官方控制，没有独立的思想。19 世纪上半叶，德国出现具有独立政治意识的报刊，最早的是格雷斯（J. Gorres）在科布伦茨创办的《莱茵信使报》（Rhein-iche Merkur，1814—1816），随后便是马克思主编的《莱茵报》（Rheinische Zeitung Für Politik，Handel und Gewerb），恩格斯称该报是"德国现代期刊的先声"（恩格斯，1851：20）。从马克思的叙述中可以看出，《莱比锡总汇报》当然与《莱茵报》同属于人民报刊之列。

在这七篇通讯中，马克思较为详尽地论述了他关于"人民报刊"的理念。

（一）人民报刊是人民"日常思想和感情"的公开表达者

马克思在第一篇通讯《〈莱比锡总汇报〉在普鲁士邦境内的查禁》中引证了官方对该报关于经常发表传闻的指责，然后写道："法国的、英国的以及所有的报刊，在初创时的做法都同德国报刊一样，而且所有这些报刊当然也都受到了同样的责难。"然后他通过引证布罗克豪斯兄弟的辩护词写道："报刊只是而且只应该是'人民（确实按人民的方式思想的人民）日常思想和感情的'公开的'表达者，诚然这种表达往往是充满激情的、夸大的和失当的。'"马克思在这里只添加了一个附加着重号的副词"公开的"。也就是说，他认为人民报刊的特色就是表达人民真实的思想、情感。接着他写道：报刊"生活在人民当中，它真诚地同情人民的一切希望与忧患、热爱与憎恨、欢乐与痛苦。它把它在希望与忧患之中倾听来的东西公开地报道出来"（马克思，1843a：352）。

可能人民报刊关于事实的报道存在差误，但报刊这种真诚反映人民思想和情感是其本质特征。马克思在这个意义上说："报刊的本质总是真实的和纯洁的"。他批评查禁者："你们并不表达人民的思想和利益，你们只是**捏造**这些思想和利益，或者说得更确切些，只是偷偷地把它们塞给人民。"马克思从人民对报刊的信赖角度谈道："人民看到自己这种本质在它的报刊的本质中反映出来，如果它看不到这一点，它就会认为报刊是某种**无关紧要的东西**而不屑一顾，因为人民不让自己受骗。所以，即使年轻的报刊每天都使自己遭到非议，即使恶劣的激情渗入报刊，人民还是通过它来了解自己的状况"（马克思，1843a：352－353）。

（二）人民报刊只能在不断纠正差错中成长

普鲁士当局查封《莱比锡总汇报》时，法律大臣冯·罗畴指责该报的报道内容不真实，对此《莱比锡总汇报》的编辑进行了简短的回复："报纸经常会进行一些轻率的和不合时宜的报道。对此我们表示道歉，在我们大量的确实可信的报道中，确实存在一些类似行为，一方面由于通讯员的不可信赖，另一方面也由于我们必须马上进行报道所造成的。在急切盼望得到信息的公众面前，编辑也必须尽快做出决定并给予通讯员信任。"（Neefe，1914：132）

早在创办之初，《莱比锡总汇报》就在编辑方针中解释了对"事实"的看法。新闻报道就和记录历史一样，在前期报道中难免会传播一些错误的事实，只要仔细与其他报道进行对比，就会发现目前的报道是为"后续事件投下的影子"，"有的事实虽然在一开始的时候就会呈现出来，但是会在后来的发展中不断变化和扩散"。这样，"报刊之前所报道的东西，就会在之后报道中证实是错误的"。（Neefe，1914：7）

新闻的时效性要求记者和编辑迅速做出判断。发表海尔维格给国王的信的时候，这封信已经普遍流传开来。《莱比锡总汇报》一方面面临着读者对信息的急切需求，另一方面也必须尽量核实信息并保持报道的公正。为此，他们在发表信件的同时附上了一些对诗人的负面评价。媒体作为新闻的报道者，决定了其所处的两难境地。由于时间紧迫，报道内容难以避免与事实存在偏差，这就如马克思所说："它……尖锐地、充满激情地、片面地对这些东西作出自己的判断，它这样做是同它的感情和思想在当时所处的激动状态相吻合的"（马克思，1843a：352），但是从长期来看，"今天它所报道的事实或所发表的见解中的错误之处，明天它自己就会推翻"。在时效性很强的新闻工作中，只要有确切的消息来源，报刊就可以及时发表新闻。随着时间的推移和事件的不断发展，各方对新闻事实的争论会使得报道越来越接近事实本身，事实最终得到完整的呈现。关于这个观点，马克思在同一时期发表的《摩泽尔记者的辩护》将其概括为"报刊有机运动"（lebendige bewerbung）（马克思，1843b：211）。

从普鲁士人民的教育程度看，当时高等教育还很不普及。所以马克思说：

"而刚刚觉醒的人民精神公开表达出来的**日常**政治思想,同那种已经在政治斗争中成长壮大并充满自信的人民精神所表达的政治思想相比,就显得不够老成、不够确定、不够周密。"马克思承认人民报刊在成长过程中存在较多的报道偏差,但他认为,"报刊中尽管存在着种种由于怀有敌意或缺乏理智而产生的毒素……这种毒素会在报刊的永不停息的滚滚激流中变成真理和强身健体的药剂"。"我们承认《莱比锡总汇报》被指摘的那些缺点并不是纯粹捏造的。但我们认为,这是由**人民报刊的实质**本身所产生的一些缺点,因此,如果人们还打算容许报刊有一个发展过程,那就应该容许它在发展过程中产生这些缺点。"(马克思,1843a:353;马克思,1843c:396-397)

(三)德国人民报刊体系的形成

马克思在为《莱比锡总汇报》的辩护中阐述了德国人民报刊的发展路线图。他认为,构成人民报刊实质的各个分子都应当首先各自形成自己的特征,这样,人民报刊的整个机体便分成许多各不相同的报纸,它们具有各种不同而又相互补充的特征。

每家报刊所关心的话题和理解社会的角度都有可能不同。马克思用玫瑰来比喻人民报刊,写道:"只有在人民报刊的各个分子都有可能毫无阻碍地、独立自主地**各向一面**发展,并使自己成为各种不同的独立报刊的条件下","和谐地融合了**人民精神**的一切**真正**要素的人民报刊才能形成。那时,每家报纸都会充分地体现出真正的道德精神,就像每一片玫瑰花瓣都散发出玫瑰的芬芳并表现出玫瑰的特质一样"。(马克思,1843c:397)

(四)报刊有自己的内在规律

在论证人民报刊的发展路线图时,马克思谈到报刊完成自身的使命(Bestimmung)的条件。他说:"要使报刊完成自己的使命,首先必须不从外部为它规定任何使命,必须承认它具有连植物也具有的那种通常为人们所承认的东西,即承认它具有自己的**内在规律**,这些规律是它所不应该而且也不可能任意摆脱的。"(马克思,1843c:397)

德语原文中,马克思在"内在规律"(Inner Gesetze)下加了重点标记。

"Gesetze"除了"法律"的意思外，还指存在于事物中固有的规则秩序，或者一成不变的某些事物和现象在自然界之间的连接（duden online wörtebuch，2013）。马克思使用的是复数，说明"内在规律"不仅一条。他用植物的生长作类比，显然是受到当时浪漫主义作家写作风格的影响。这样的类比表明马克思强调规律的自然形成和不可逆转。

"规律"的德语词条解释里还说明了事物（Dingen）与现象（Erscheinungen）之间的关系，即内在规律并不是显而易见的，而是通过现象表现出某种恒定的关系。马克思（1891a：995）在谈到价值规律时就说过："内在规律只有通过他们之间的竞争，他们相互施加的压力来实现，正是通过这种竞争和压力，各种偏离得以互相抵销。"规律在事物的矛盾运动中以各种偏离的形式呈现，通过矛盾中的偏离被辨别出来。所以马克思说："把可以看见的、仅仅是表面的运动归结为内部的现实的运动是一种科学工作"，"应当从这个规律出发来说明偏离，而不是反过来，从偏离出发来说明规律本身"。（马克思，1891c：349－350；马克思，1891b：209）马克思指出了研究规律的基本方法，即从偏离中把握规律。

从新闻产生的整个流程来看，报刊同时面临着内部规律与外部力量的影响。《莱比锡总汇报》被普鲁士指责报道不实，马克思承认存在不实，但他接着说，今天报道的错误之处，明天它自己就会推翻。新闻就是这样不断接近真实的。报刊正是在这种矛盾运动中以"偏离-纠偏"的方式报道事实，表现出内在规律的。报刊规律纯粹正面表现，在现实的报刊活动中是不多见的，因为报刊会受到各种因素，如经济利益、阶级与党派、文化传统、报刊工作者自身的智力水平等等的影响。但是，从许多报刊运动的偏离中，人们只要仔细想想，都可以隐约感觉到马克思所概括的这些报刊运动的特点。（陈力丹，2008：327－329）

除了内在规律，报刊也受到外部的影响，书报检查制度以及政治、经济和社会文化等相关因素的影响都是外部影响。当时的德国虽然处于政党报刊时期，但经济因素的影响已经很明显，报刊的运作还需要遵循经济规律。例如，《莱比锡总汇报》的定价受到市场的影响，在萨克森一年的订阅价格是10塔勒[6]，但是1839年以后社会对该报的需求量增加，一年订阅价降为8

塔勒，萨克森以外的地区定价则比莱比锡高。（Neefe，1914：26）

马克思还要求报刊的工作人员不应该摆脱报刊的内在规律，"从他大量的批评性评论中可以看到，这是指报刊不遵循工作规律而屈从于外部强权的干预，实行的自我检查。恩格斯说过，这种自我检查比旧时的书报检查还坏一千倍"（陈力丹，2008：329）。

（五）不真实的思想必然不由自主地歪曲真相，制造谎言

《莱比锡总汇报》被查禁后，多家报纸报道了此事。马克思在通讯《好报刊和坏报刊》中写道（马克思，1843d：398）：

> 1月5日的《埃尔伯费尔德日报》同时又刊登了这样一则简讯：
>
> "柏林12月31日。此间对《莱比锡总汇报》被查禁一事，整个说来没有什么反应。"
>
> 相反，《杜塞尔多夫日报》却同《莱茵报》一致，它报道说：
>
> "柏林1月1日。《莱比锡总汇报》被断然查禁一事，在这里引起了极大的轰动，因为柏林人都非常喜欢读这份报纸……"
>
> 请看，究竟哪一种报刊，"好"报刊还是"坏"报刊，才是"**真正的**"报刊！哪一种报刊说的是事实，哪一种报刊说的是**希望**出现的事实！哪一种报刊代表着社会舆论，哪一种报刊在歪曲社会舆论！那么，哪一种报刊应该受到**国家的信任**呢？

同一件事实，两家报纸在同一地点——柏林发出报道，一家说没有什么反应，另一家说引起极大轰动。马克思以此为例，通过对比将报刊报道的事实划分为事实本身和"希望出现的事实"，说明报道事实的人民报刊才代表了社会舆论，而报道希望出现事实的报刊，尽管自诩为"好"报刊，其实不然。

半官方的《莱茵—摩泽尔日报》在评论查封事件时，将马克思的论述归谬为"把谎言视为人民报刊的必要因素"。其实马克思是说报刊在思想和情感上真正代表人民，事实在不断的纠偏中呈现。而不真实的思想则会导致对事实的歪曲。就此，马克思指出："**不真实**的思想必然地、不由自主地要捏造**不**

真实的事实，即歪曲真相、制造谎言。"（马克思，1843e：415）

（六）报刊的合法存在不应取决于它的思想方式

尽管查禁《莱比锡总汇报》的说得出去的原因是它传播了谣言，其实另一个不能说出来的更主要的原因是它登载了自由派诗人海尔维格的信。这封信并没有被指责为虚假，那么该报的合法存在与否，实际上取决于其思想倾向。马克思从法学角度为《莱比锡总汇报》进行了辩护，他认为，"**合法的地位**不应该由于个人的道德品质或者甚至由于他们的政治观点和宗教观点而有所变更。相反，人们一旦使报刊的**存在**取决于它的**思想**，报刊就无疑会处于**非法**地位了。因为直到目前为止，还没有一部思想法典和一所思想法庭"（马克思，1843f：401）。马克思所理解的人民报刊，在思想范围内具有包容性，即让每家报刊都充分表现自己的特征，而在思想内容上报刊则是独立的，思想和存在应该区别开来，他认为："不能由于一个人的道德品质，由于他的政治观点和**宗教**观点，而把这个人监禁起来，或者剥夺他的财产或其他任何一项**法律**权利……对于思想来说，**既没有法庭，也没有法典**……至于那些恶劣行为，如果它们是**违法的**，那就会有审理它们的**法庭**和惩治它们的**法律**。"（马克思，1843e：418）

结语

从马克思的论述中可以看到，《莱比锡总汇报》创办时的编辑方针和后来被查禁时的辩护说明，是马克思"人民报刊"理念的一个来源，例如关于报道事实和报刊自我纠错的阐释，以及所提倡的报刊真实反映舆论的观点。通过为《莱比锡总汇报》的辩护，马克思得以进一步阐述他的人民报刊理念，提出报刊的内在规律、人民报刊的形成和体系、报刊真实反映事实的工作特征、人民报刊合法存在的法律依据等观点。此后，马克思将"人民报刊"的理念融入《德法年鉴》（Deutsch-FranzösischeJahrbücher）、巴黎《前进报》（Vorwärts!）、《德意志-布鲁塞尔报》（Deutsche-BrüsselerZeitung）和《新莱茵报》（Neue Rheinische Zeitung）的报刊实践中。

（作者为清华大学新闻与传播学院助理教授）

注释：

［1］弗里德里希四世加冕后，他以普鲁士（包括东普鲁士、西普鲁士和立陶宛）国王的身份宣告对王位的继承权。于是波森大公国（Großherzogtum Pose，1815—1920 年东普鲁士的一个行政区，目前在波兰境内）1840 年 9 月 10 号在柯尼斯堡（现名加里宁格勒）举行仪式宣誓效忠国王，其他地区于 10 月 15 号在柏林举行仪式。详见 Gundermann [Planung und Katalog der Ausstellung]（1998）：Via Regia. Preußens Weg zur Krone. Ausstellung des GeheimenStaatasarchivs Preußischer Kulturbesitz，Berlin：Duncker & Humblot，S. 101，zur Wirkung Barclay（Literaturliste），S. 90 – 94.

［2］原萨克森王国的一个城市，目前位于德国萨克森-安哈尔特州。

［3］德国联邦或者联邦州行政部门中的最高官职。

［4］1842 年普鲁士国王弗里德里希四世设立的由所有地方代表所组成的行政机构，其决议可以绕过议会而直接执行。

［5］指海尔维格之前的一些争取自由主义的活动。

［6］塔勒（taler）为当时德国通用的银币。

参考文献

陈力丹. 精神交往论：马克思恩格斯的传播观［M］. 修订版. 北京：中国人民大学出版社，2016.

恩格斯（1851）. 德国的革命和反革命：二、普鲁士邦［M］//马克思，恩格斯. 马克思恩格斯全集：第 8 卷. 北京：人民出版社，1961.

基钦·马丁. 剑桥插图德国史［M］. 北京：世界知识出版社，2005.

马克思（1842）. 第六届莱茵省议会的辩论（第一篇论文）：关于新闻出版自由和公布省等级会议辩论情况的辩论［M］//马克思，恩格斯. 马克思恩格斯全集：第 1 卷. 中文 2 版. 北京：人民出版社，1995.

马克思（1843a）.《莱比锡总汇报》在普鲁士邦境内的查禁［M］//马克思，恩格斯. 马克思恩格斯全集：第 1 卷. 中文 2 版. 北京：人民出版社，1995.

马克思（1843b）. 摩塞尔记者的辩护［M］//马克思，恩格斯. 马克思恩格斯全集：第 1 卷. 北京：人民出版社，1956.

马克思（1843c）.《莱比锡总汇报》的查禁和《科隆日报》［M］//马克思，恩格斯.马克思恩格斯全集：第1卷.中文2版.北京：人民出版社，1995.

马克思（1843d）.好报刊和坏报刊［M］//马克思，恩格斯.马克思恩格斯全集：第1卷.中文2版.北京：人民出版社，1995.

马克思（1843e）.《科隆日报》的告密和《莱茵—摩泽尔日报》的论争［M］//马克思，恩格斯.马克思恩格斯全集：第1卷.中文2版.北京：人民出版社，1995.

马克思（1843f）.答一家"中庸"报纸的攻击［M］//马克思，恩格斯.马克思恩格斯全集：第1卷.中文2版.北京：人民出版社，1995.

马克思（1891a）.分配关系和生产关系［M］//马克思，恩格斯.马克思恩格斯全集：第25卷.北京：人民出版社，1974.

马克思（1891b）.一般利润率通过竞争而平均化。市场价格和市场价值。超额利润［M］//马克思，恩格斯.马克思恩格斯全集：第25卷.北京：人民出版社，1974.

马克思（1891c）.商人资本的周转。价格［M］//马克思，恩格斯.马克思恩格斯全集：第25卷.北京：人民出版社，1974.

Duden online Wörtebuch（2013）. Duden online Wörtebuch，http：//www. duden. de/rechtschreibung/Gesetz.

Koszyk，K（1966）. Deutsche presse im 19. Jahrhundert. Berlin：Colloquium Verlag.

Neefe，F（1914）. Geschichte der Leipziger Allgemeine Zeitung 1837—1843［M］. Leipzig：R. Voigtländers Verlag.

法兰西第二帝国时期的新闻统制与抗争

——马克思《对波拿巴的谋杀》一文考证研究

陈力丹 张勇锋

《对波拿巴的谋杀》（简称《谋杀》）是在 1858 年 1 月 14 日意大利爱国者奥尔西尼（Felice Orsini）等人谋刺皇帝事件后，马克思分析法兰西第二帝国国内局势的一篇通讯，写于 1858 年 2 月 5 日，作为社论载于 1858 年 2 月 22 日的《纽约每日论坛报》第 5254 号，原文是英文，没有标题。马克思自 1851 年起为该报撰稿，直到 1862 年。该报每周 10 美元的稿费，是马克思一家重要的收入。该报编辑经常不经马克思同意，就将他们认为写得符合他们需要的通讯，去掉马克思的署名，以报纸自稿（社论）的名义发表。马克思对此提出过多次抗议，但为了获得维持生活的稿费，不得不接受这种编排。不过，这也从一个侧面反映了马克思提供的通讯是高质量的。

1955 年出版的俄文《马克思恩格斯全集》第二版收录了《谋杀》这篇文章，俄文直接译自《纽约每日论坛报》。《谋杀》的中译文约 5 000 字，收入人民出版社 1962 年出版的《马克思恩格斯全集》第 12 卷第 417～422 页，由俄文版转译而来，文章标题根据马克思 1858 年笔记本的记载所加。本文凡引证此文的，不再另标出处。

一、马克思为什么能够写出这篇文章

法国革命历来在欧洲具有特别突出的地位和影响，革命中法国无产阶级反对资产阶级的斗争内容和尖锐形式为欧洲其他各国所不及。马克思写于巴黎的一篇论文曾形象地指出："德国无产阶级是欧洲无产阶级的**理论家**，正如

《纽约每日论坛报》刊登马克思《对波拿巴的谋杀》

通讯第一段原样

（董晨宇搜集自美国）

同英国无产阶级是它的**国民经济学家**，法国无产阶级是它的**政治家**一样。"[1]
因此，法国政治斗争的历史进程在马克思的研究视野中具有重要意义。恩格
斯对马克思这方面的研究做出这样的评价：他"深知法国历史"，"不仅特别
热衷于研究法国过去的历史，而且还考察了法国时事的一切细节，搜集材料
以备将来使用。因此，各种事变从未使他感到意外"。[2]在法兰西第二共和国
到第二帝国期间，马克思写了三本关于法国的小册子，以及几十篇时评和通
讯，分析法国不同阶段的政治、经济和社会状况及其未来趋势，并将其作为
自己进行研究的素材。《谋杀》是这一时期马克思所写诸多文章中的一篇。

　　路易·波拿巴（1808—1873）是拿破仑一世（拿破仑·波拿巴）的侄子。
1799 年 11 月 9 日（法兰西第一共和国八年雾月十八日），拿破仑发动政变，
实行军事独裁，后改行帝制。1848 年法国二月革命后，路易·波拿巴凭借其
伯父的光环当选为法兰西第二共和国总统。1851 年 12 月 2 日，路易·波拿
巴发动政变，废除共和政体，建立法兰西第二帝国，自封为"拿破仑三世"。

奥尔西尼　　　　　　　　路易·波拿巴

这次政变震动了欧洲，马克思为此写下了历史名著《路易·波拿巴的雾月十八日》，分析政变的原因、实质及其结局，并不无讥讽地指出："二月革命被一个狡猾的赌徒的骗术所葬送……结果，不是社会本身获得了新的内容，而只是**国家**回到了最古的形态，回到了宝剑和袈裟的极端原始的统治。"[3]

法兰西第二帝国的政治体制大体经历了两个阶段，即 1852—1858 年的"专制帝国"时期与 1859—1870 年的"自由帝国"时期，前者以皇帝集权为主要特征，后者以形式上向君主立宪制过渡为基本特色。在专制帝国阶段，拿破仑三世实行个人独裁统治，同历史上所有通过政变猎取君权的统治者一样，这位"荷兰的僭位者"（马克思语）一直非常清醒自身权力的来源，因此，政变之际那种严峻的政治气氛依然如故。帝国建立后，路易·波拿巴以确保国内秩序稳定为借口，大力强化军队、警察和官僚机构，推行高压政策。这一时期，帝国军队从 40 万扩充到 60 万，中央和地方行政官员从 47 万扩充到 62 万。同时，警察部门的人数也大大扩充，凡是反对政变和反对帝国的人都受到警察的打击和迫害，许多人被流放、监禁或逐出国外。同时，舆论受到严密控制，"自由、平等、博爱"这一大革命时期的口号被取消，出版、集会和结社自由受到极大限制。政变后，路易·波拿巴于 1852 年 2 月 17 日颁布"新闻法"，要求所有报刊均须经政府批准后方可发行；1852 年 3 月 25 日又以"非常时期"名义颁布"结社法"，取缔了所有政治俱乐部，禁止一切公共集会。

《谋杀》一文写作之时，法兰西第二帝国正经历着一场波及欧美的世界经济危机。这场危机于 1857 年首先爆发于美国，并迅速蔓延到英国和欧洲大陆。经济危机引发的社会焦虑以及各种威胁性政治力量使第二帝国的政治高压变本加厉。这些措施巩固了拿破仑三世的一统天下，但也激起了各种政治力量和普通民众对专制帝国的不满情绪，武装反抗和谋杀皇帝的事件屡屡发生。

1858 年 1 月 14 日傍晚，奥尔西尼等三位意大利爱国志士因不满帝国对意大利的政策，在拿破仑三世与皇后乘马车前往巴黎歌剧院时，用炸弹袭击拿破仑三世，造成 8 人死亡，148 人受伤。行刺未果的奥尔西尼被判死刑。自 1851 年路易·波拿巴政变之后，发生过多次对他的刺杀事件，但这起谋杀事件震动法国朝野，在欧洲也引起很大反响。事发后，死里逃生的拿破仑三世趁机借题发挥，采取一系列措施消除政治异己，强化其独裁统治。他以保障安全为借口，立即恢复政变之初实行过的"非常时期"统治，严厉打击政治可疑分子，数月之内，辞职或被撤职的官员有内政大臣、巴黎警察局长和四名省长。他将全国划成五大军区，各军区由一名元帅负责，实行以军治政。谋刺事件不久之后的 2 月 27 日，拿破仑三世批准并颁布了"治安法"，严惩反对皇帝与政府、"破坏社会安宁"或进行谋杀活动的人。"治安法"的颁布使此次镇压活动达到新的高潮，一大批资产阶级共和派、小资产阶级民主派、工人运动和社会主义运动的积极分子被逮捕，其中大多数人遭到流放非洲的厄运。

对以上法国的历史、现状与时事动态，马克思了如指掌，因而一旦法国发生重大的社会变动，他就能够在较短的时间内写出思维敏捷、分寸到位、材料丰富的通讯文章，甚至数万字的论著来。

马克思的《谋杀》一文以奥尔西尼谋杀皇帝事件以及官方的虚假报道为切入口，对波拿巴政权所面临的社会矛盾和现实危机、第二帝国的专制制度、各种依靠暴力维持的谎言和压制言论的政策进行了分析，揭示了帝国的独裁统治（包括对传媒的绝对控制）在谋杀事件发生后达到顶点的情形。虽然路易·波拿巴本人宣称"灾祸只存在于想象之中"，但马克思在这篇文章中多处都表明了波拿巴政权在法国和欧洲的孤立以及风雨飘摇的处境，他写道："这就是由于勒佩勒蒂埃街谋杀事件而表露出来的普遍情绪。……这种情绪的表露使冒牌的波拿巴有一种山雨欲来的预感";伦敦《泰晤士报》驻维也纳记者写道:"据最近巴黎来人谈,这个城市里的**普遍看法是,现今的王朝已摇摇欲坠。**"

二、第二帝国新闻统制生态的紧张与脆弱

在《谋杀》一文中,马克思用了较大篇幅对拿破仑三世的官报《总汇通报》(Le Moniteur universel)就奥尔西尼谋杀事件所做的虚假报道进行了揭露,从一个侧面展现出法兰西第二帝国时期紧张而脆弱的新闻统制。

(一)"专制帝国"时期的新闻高压政策

新闻政策作为新闻业发展的依据与保障,从理论和实践要求上都应具有相当的稳定性。18世纪大革命后,法国的新闻政策一直处于动荡之中,至1881年"出版自由法"颁布,90多年中先后颁布了42项相关法令和300多个条款,"每一政权在其执政之初总是承诺要给民众以最广泛最彻底的新闻自由以换取人民的支持,然而在政权稳固后,则无一例外地恢复种种限禁报刊的制度,包括报刊出版特许制、内容检查制、交纳保证金制等等"[4]。

第一帝国皇帝拿破仑一世夸大对传媒的认识,认为"一张报纸抵得上三千毛瑟枪",他宣称:"在法国,只能存在独一无二的党派,我绝不容忍报纸说出或做出有损于朕利益的事情来。"[5]处处效仿其伯父的路易·波拿巴,同样对报刊实行严格控制,政变成功后的当月(12月31日)即颁布法令,规定新闻出版界所犯的轻罪以刑事案件交重罪法庭审处。1852年2月17日又公布报刊组织法令,该法到1868年新的新闻法颁布之前,一直是第二帝国时期新闻出版界的宪章,其主要规定是:任何政治和社会经济性的报章杂志都须经过政府的预先批准,其从业者和所有者变动时亦须政府预先批准,在国外出版的政治和社会经济性报刊要获得政府批准才能在法国流通,否则处以监禁和罚金。凡属政治社会经济性质的出版物出版前必须向国库缴纳保证金。法令还对公布或转载假新闻、公布参议院的会议记录等所谓违法的各种处罚

做了详细规定，政府有权勒令它们停刊，总统（几个月后改称"皇帝"）可用专门的法令取缔某家报刊。

报刊组织法颁布六天后，路易·波拿巴又颁布了一项法令，建立警告制度，即政府有权向任何报刊发出警告。如果第一次警告无效，第二次该报就要受到停刊的惩罚，第三次就被勒令注销。因此，每家报刊为了自保，不得不进行自我审查。

在这些法令的严格管束之下，巴黎的报纸从几十家减少到 11 家，外省共和派的出版物几乎全部停刊，正统派（波旁王朝的拥护者）的报纸从 60 家减为 24 家。维持出版的报刊也受到种种限制。奥尔西尼谋杀事件发生后不久，马克思在另一篇文章中这样批判波拿巴独裁政府对精神自由的钳制："自由，不仅它的躯体，而且它的灵魂，它的精神生活，都被那些想使过去的时代复活的人们粗手粗脚地弄得枯槁不堪了。"[6]

（二）专制制度下的谎言假面

路易·波拿巴竞选第二共和国总统之所以成功，直接原因是得到了占法国人口大多数而又对老拿破仑抱有幻想的农民的拥护，因此，他深知笼络民意的重要。当选总统后不久在给议会的一份咨文中，这位"伯父的侄子"发表过一段冠冕堂皇的承诺："我是人民选出的，我的权力完全是人民赋予的，我将永远服从人民合法表示的意志。"然而，专制统治都只是少数人获得利益和垄断权力的统治，不可能代表人民的利益，也不可能真正获得民意，因此，必须靠谎言来骗取民意，谎言是所有集权政权对外表现的常态。

《总汇通报》是当时波拿巴政府的官方报纸，1789 年在巴黎出版，最初使用《国民报，或总汇通报》这一名称，1799—1814 年、1816—1868 年是政府的官方报纸；1848—1851 年第二共和国时期加副标题"法兰西共和国官方报纸"。《总汇通报》作为波拿巴政府的正式喉舌，在官方的舆论战略中起着举足轻重的作用。

奥尔西尼谋杀皇帝事件发生后，《总汇通报》对这起重大事件做了大量涂脂抹粉、掩盖真相的虚假报道。马克思揭露了波拿巴政府官报的新闻谎言。他写道："《通报》就皇帝和皇后走出歌剧院遇到群众欢呼以及'公众的热情场面'写了大量报道。这个街头热情场面的价值如何，可由下述一段插曲看出。"紧接着，他引用"一家极有威望的英国报纸"（即《泰晤士报》）上一位目击者写的文章，揭穿了"《通报》所吹嘘的街头热情场面的秘密"。这篇文章详细描写了爆炸事件发生后勒佩勒蒂埃街上的混乱场面和皇宫侍从的人心涣散，以及帝国警察的虚张声势和外强中干。对于《通报》上所谓巴黎群众张灯结彩欢庆皇帝幸免于难的报道，马克思揭露道："报上关于'谋杀事件发生后人们自动在林荫道上张灯结彩'的报道，当然骗不了曾经目睹这种张灯结彩场面的巴黎人，因为张灯结彩的仅限于那些替皇帝和皇后办事的商店。就连这些人也是逢人便说，在那个'鬼机关'爆炸之后半小时，警探曾登门造访，提醒他们，应该立刻张灯结彩，表明他们如何为皇帝幸免于难而感到欢欣不已。"在马克思辛辣的文章中，专制政府利用强权操控报刊、制造舆论、自欺欺人以及极度不自信的愚蠢做法跃然纸上。

马克思在文中还对《通报》每日登载的巴黎市民对皇帝表示忠诚的所谓"慰问辞"和"公众献辞"的"底细"进行了揭露，证明法国皇帝已经完全处于孤立地位。他写道："在这些东西上面签名的人，没有一个不这样或那样隶属于那个吸吮法国人民脂膏的无孔不入的寄生虫——政府，没有一个不像木偶一样受内务大臣的摆弄。"对这些虚假而单调乏味的慰问辞，马克思将其讥讽为"由皇帝本人献给皇帝"的"表示人民对政变无限热爱的许多证明"。在写于1860年的论著《福格特先生》中，马克思对路易·波拿巴沉迷于自我颂扬采用了同样的讥讽口吻："不久以前，巴黎出版了一本小册子《拿破仑第三》，……这是拿破仑第三用夸张的口吻写给拿破仑第三的一篇颂词。"[7]

马克思曾经深刻地批判过普鲁士政府官方报刊这种自欺欺人的"鸵鸟政策"。他说："政府只听见**自己的声音**，它也知道它听见的只是自己的声音，但是它却耽于幻觉，似乎听见的是人民的声音，而且要求人民同样耽于这种幻觉。"[8]而实际上，这种愚人愚己的做法并不持久，因为内容的虚伪与对民意的亵渎从根本上决定了专制政府新闻传播的无效。谋杀事件发生后，波拿巴利用其御用报刊自我营造的所谓"民意拥护"幻觉，被勒佩勒蒂埃大街上的炸弹击得粉碎，以至于皇帝连自己的报刊都无法相信，尽管所有社会团体和报刊都发誓说谋杀事件是意大利人（即奥尔西尼）所为，但皇帝却固执地认为这次密谋是全国性的，随即出台了新的"镇压性法律"——犯罪嫌疑人处置法。波拿巴色厉内荏的做法使专制帝国靠暴力和谎言支撑的虚弱本质暴露无遗。

谋杀事件发生后，意大利革命家马志尼向拿破仑三世质问道："尽管经过七年的绝对统治之后，你拥有庞大而集中的军队，清除了国内所有使你担心的领袖人物，可是，如果不把法国变成一个大巴士底狱，不把欧洲变成帝国的一个警署，你就不可能生存和统治下去……的确，帝国原来是一个骗局。……谁也没有像你那样多地撒过谎；而这就是你得以暂时掌权的秘密。"马志尼一针见血地揭露了波拿巴专制帝国统治的谎言本质："炸弹没有击中皇帝，却击中了帝国，揭穿了帝国所说的大话全是胡诌。"[9]

三、马克思论关于报刊与人民关系

马克思曾经多次论述过报刊与人民的关系。在《谋杀》一文中，他从报刊经济来源角度再次论述了这一话题。针对波拿巴的警察机关拿着所谓"慰问辞"寻找市民签名而被多数市民拒绝的事实，马克思指出："巴黎的报刊，只要是靠公众而不是靠公费支持的，就完全对人民的态度作出了响应。"① 马克思随即列举了几家与巴黎市民的消极对抗态度相呼应的非官方报纸，如《旁观者》《卢瓦尔河上的灯塔》《辩论日报》，这些报纸的态度不论是"吞吞吐吐"，还是"引述半官方报纸"，或是"把自己的慰问祝贺文字严格限于官样礼节范围之内"，或是"仅限于转载《通报》上的文章"，无不显示出巴黎报刊界对于专制政府消极抵触的对抗情绪，这种消极态度与巴黎市民的不满情绪形成了一种呼应。在此，马克思提出并回答了一个新闻学上的重要命题：报刊的经济来源与民意之间的关系。

法国大革命后于 1797 年制定了印花税法案，高额税收大大增加了报刊的出版成本；后又实行了保证金制度，这一制度的实施造成只有官方报纸和少数支持政府的报纸能够存在。第二帝国后期虽然废除了出版特许制度，但帝

---

① 根据原文重译。——笔者注

国政府对报刊的经济制约措施则变化不大，贯穿始终。这些措施使得报刊价格上升，发行下降，许多报刊不堪重负，被迫停办。在此同时，帝国的官方报刊和拥护政府的报刊得到大力扶持，相应费用列入政府财政预算，波拿巴通过这些官方和半官方报刊操控舆论。这一时期除了帝国政府机关报《总汇通报》外，持波拿巴立场的报刊还有《现代评论》《民论报》《立宪主义者报》《希望报》以及半官方的《国家报》等，这些报刊被马克思讥讽为"从同一位圣上的**金库**中汲取灵感"[10]，也就是马克思所说的靠公费（the public purse）支持的报刊。报刊的运作需要经费支持，受制于此，这些报刊当然地成为专制政府的御用舆论工具而无视民意；反过来看，这类报刊因为充满空洞的政治说教甚至假托民意，满纸谎言，大众很少主动购买甚至抵触反感，因而也无法得到"公众"的支持。这正是专制主义新闻政策及其实施效果的基本特点。

马克思所说的靠"公众支持"（depend on the public）的报刊，与法国新闻传播史的特点有关。18 世纪的法国大革命推翻了封建政权，但法国的共和制并不巩固，政局多变，政党林立，屡次出现新的帝国或复辟王朝，因而在法国现代新闻传播业的发展历程中，政党报刊在较长的时间内占据着主导地位。第二帝国时期，除了维护独裁统治的波拿巴派，还存在着共和派、正统派、自由派和保守派等反对派政治力量，这些政治派别均有反映自己立场的报刊，办报经费由其所属党派而非国库提供。马克思在《谋杀》一文中所说的《旁观者》是波旁王朝长系正统派的日报；《辩论日报》全称为《政治和文学辩论日报》，1789 年创刊于巴黎，不断变更所有人，1851 年 12 月 2 日政变后，成为温和的波旁王朝幼系奥尔良反对派机关报。反对派的政治立场、独立于政府的经济状况以及各党派报纸间的竞争，使得这些党派报纸在面对公共问题时，能够而且必须较多地从公众情感、公众兴趣和公共需要来考虑报道内容，使其声音尽量贴近大众，从而赢得公众的支持。例如在 1856 年开始的欧洲新一轮金融危机中，波拿巴的报纸大造舆论，企图使公众相信法国面临的普遍恐慌与其专制制度没有关系。对此，巴黎反对派的《立宪主义者报》《国民议会报》据理反驳。马克思就此评论道："我们举出了帝国官方胡说的欧洲恐慌的原因的例子，同时，也不能不举出在波拿巴制度下允许存在的反对意见的例子。"[11]

　　另一方面，法国在 19 世纪 30 年代就出现了《新闻报》《世纪报》等成功的廉价报纸，第二帝国时期廉价的大众化报刊又得到发展，如米洛（P. Millaud）创办的《小报》，售价只有 5 生丁（1 苏），相当于英国的便士报或美国的美分报。低廉的价格和可观的发行量使得大众报刊能够相对摆脱政府的经济制约和政党津贴，以较为独立的精神反映真实的民意，相应地也会得到公众的支持。结合《谋杀》一文的写作背景，马克思所说的靠公众（the public）支持的报刊，指的正是政府财政支持以外的政党报刊和日益兴起的大众报刊。在对待奥尔西尼谋杀皇帝事件上，这些报刊虽然也登载了所谓祝贺皇帝幸免于难的虚假的官样文章，但这种消极被动的"撒谎"仅为迫于官方高压政策下的生存需要，并非这些报刊的真实态度。从马克思形象的描述不难看出，这种被迫刊载而不做渲染本身，是巴黎"公众支持"的报刊及其所呼应民意的无声抗争。

　　从马克思所描述的巴黎报刊对于奥尔西尼事件的反应，我们可以观察到 19 世纪 50 年代末法兰西第二帝国时期新闻出版界所表现出的抗议政治的一些特征。在专制帝国后期，由于波拿巴个人的独裁统治和经济危机的冲击，使法国社会各阶级和各方面充满紧张关系，冲突极化、对峙，尽管帝国有着庞大的国家机器，言论、集会、游行、罢工等活动被严格禁止，但社会的不满情绪还是不断通过各种暴力与非暴力抗议活动表达出来，当时仅谋杀皇帝一类的事件就有多起。通常在政治抗议中，"抗议手法与抗议团体的性质有关"。"抗议手法的选择主要取决于可供抗议团体运用的文化与物质资源。"与工人团体不同（在条件具备时可以罢工），报刊界"往往会借助于自己的文化优势，通过各种象征仪式进行抗议表演"[12]。马克思所说的"靠公众支持的报刊"在谋杀事件后所表现出的一系列消极应付行为，正是巴黎报刊界表达的非暴力不合作性质的"抗议表演"，这种政治抗议既属无奈，也体现出巴黎报刊界抵制专制强权的某种现实策略。法国学者米歇尔·德赛都（Michel de Certeau）认为，"抵制"（resistance）是一种既离不开其势力范围却又得以逃避其规训的战术，它不表现为与压制机制、支配性权力以及这种权力所代表的秩序和势力集团针锋相对的正面冲突。相反，它是弱者被规训、压制、控制在权力角落之中时的战术反映。[13] 马克思的描述中，看不到巴黎报刊界对抗政府的激烈举动，但在政府及其"公费支持"的报刊与"公众支持"的报刊及其所反映的民意之间，却分明感受到一种潜在而无声的角力，在这种角力之下，随时可能爆发的汹涌暗潮迫使波拿巴日后不得不缓和严厉的新闻出版政策。

《谋杀》英文原文中有关"公众支持"与"公费支持"的表述是：The attitude of the Paris press, as far as it depends on the public, and not on the public purse, entirely responded to the attitude of the people.[14]《全集》中文版将这句话译为："巴黎的报刊，只要是靠公众而不是靠公费支持的，就采取与人民群众完全相同的态度。"这一翻译与原文有一定的偏差，显然受到俄译文的影响，因为俄译文就是这样：Позиция парижской прессы, по крайней мере той, которая поддерживается публикой, а не казной, вполне соответствовала настроению населения。（直译：巴黎的报刊，至少是那些靠公众而不是公费支持的报刊，其立场完全符合民众的心情。）英文 respond to 意思是"响应""回应""对……做出反应"，并没有"与……相同"之意。也就是说，巴黎的报刊，只要是靠公众而不是靠公费支持的，都会对人民抵触专制政府的态度做出响应，这种关系也体现了报刊作为大众传媒主动反映社会现实的特征。这句话的德文版，意思与英文相同。英文表述中的 the people 意为"人民"，偏重现代民主政治意义，中文版译为具有中国特色的政治概念"人民群众"并不贴切。对应的德文将其翻译为 volkes（人民），而不是 die massen（群众），较为符合原意。这句话我们试译为："巴黎的报刊，只要是靠公众而不是靠公费支持的，就完全对人民的态度做出了响应。"

四、第二帝国后期新闻政策的和缓

在《谋杀》中，马克思根据拿破仑三世的种种倒行逆施而预言："不论波拿巴可能采取什么步骤……都只会加速他的毁灭。"然而，醉心帝制、善用阴谋的波拿巴在疯狂镇压反对派之后，面对帝国各方面的压力，出于巩固政权的考虑而突然转向，从 1860 年开始，承诺逐渐实行君主立宪，放松了对社会生活各方面的控制，包括放宽言论和出版自由的政策。法兰西第二帝国这只"高压锅"即将爆裂之际，相对宽松的新闻政策起到了"减压阀"的作用，减缓了帝国灭亡的进程，进入所谓"自由帝国"时期。

1868 年 5 月 11 日，帝国新的新闻法公布，创办报刊变得较为宽松了。报刊出版只需于出版前半个月向有关部门递交声明，说明报刊名称、出版时间、负责人姓名与住所、印刷厂等事项，不必再经过官方的事先批准。向报刊征收的印花税也有所减少，塞纳省、塞纳-瓦兹省征收 5 生丁，其余各省仅 2 生丁。此外该法还规定，元老院与立法团成员不得充当任何报刊的主管负责人，违者将受到惩罚。不久，又有两项法令对有关细节做了补充。新的新闻法的颁布使长期饱受压制的报刊界一时十分活跃，一年内新报刊激增，达到 140 家，1870 年巴黎日报总发行量达到 100 万份，其中一半是大众化商业日报；外省的各类报纸总发行量达到 90 万份。"这些发展是伴随着报业实行的真正的改革而取得的。各种小报的发行，使报纸开始向多样化方向发展，从而更加接近于广大人民群众。"[15] "当时，批判与揭露帝国统治的文章经常在报刊出现，帝国初期新闻界鸦雀无声的局面，此时已基本改变。"[16]

总括波拿巴统治的特点，可以归结为"民主和独裁主义的混合"[17]。帝国后期的政治和新闻政策的缓和以及由此带来的一些自由气息，正是专制高压之下社会各方力量（包括新闻界及社会舆论）以不同方式抗争的结果。但对于激烈的批评者，帝国当局仍旧是镇压的，例如《灯笼》周刊的主编亨利·罗什福尔便是由于这个原因在 1869 年遭到追捕而逃到国外的。1870 年，查理·波拿巴亲王开枪打死前去抗议他诽谤的记者维多克·努瓦尔，引发声势浩大的反帝制示威游行。拿破仑三世相对和缓的国内政策并未挽回帝国的灭亡，他过高地估计了自己的力量，为了实现称霸欧洲的野心，于 1870 年 7 月 19 日发动普法战争，结果 9 月 2 日便在战争中成为普鲁士的俘虏，法兰西第二帝国如恩格斯所说，"像纸房子一样倒塌了"[18]。

五、应对社会危机的历史镜鉴

重温马克思的《谋杀》一文，法兰西第二帝国前期的专制新闻政策，由于奥尔西尼谋杀皇帝事件而达到专制的顶峰，在军队、警察、监狱等国家机器和法律、官方报刊等意识形态的共同护卫之下，帝国在自己制造的谎言中欺人与自欺，勉力维护着统治；而靠公众支持的报刊所表现出的消极抵触，则呈现出专制统治下民意与威权的某种抗争。在这篇文章中，马克思敏锐地观察到了第二帝国专制统治（包括对新闻传播的全面控制）达到顶峰时的各种社会矛盾及其张力。这篇写于法兰西第二帝国"专制帝国"末期的文章，提供了观察和思考专制政体下新闻统制的历史视角。

马克思预言法国可能发生的革命没有即刻变成现实，因为统治者及时推出和缓政策（包括新闻政策），社会矛盾的紧张度得到适度缓释。路易·波拿巴于 1859 年出于对形势的重新认识，意识到这种镇压如同自己制造了悬在头顶的达摩克利斯之剑，因而在较短的时间改变新闻政策，放宽言论尺度和报刊创办的自由度，政治上向君主立宪方向变化，才使帝国得以维持到 19 世纪 70 年代。这一历史情景，倒是提供了应对社会危机的历史镜鉴。

然而，这只是拿破仑三世独裁统治的野心暂时收敛，一旦他感觉能够重新聚集力量的时候，便会再度出手镇压各种反对派。1870 年他悍然发动的普法战争，是他独裁本质的表现，他不仅攫取对法国的统治，而且还要模仿他的伯父拿破仑一世，攫取对欧洲的统治。但是他错误地估计了形势，马克思描绘了当时的情形："当 7 月 15 日终于正式向立法团宣布了关于战争的消息时，全体反对派都拒绝批准初步用费，……巴黎所有一切独立的报纸都谴责了这个战争，并且，说也奇怪，外省的报纸也与它们几乎采取一致行动。"[19] 马克思在《谋杀》中关于第二帝国垮台的预言，这时变成了现实，"不管路易·波拿巴同普鲁士的战争的结局如何，第二帝国的丧钟已经在巴黎敲响了。第二帝国的结局也会像它的开端一样，不过是一场可怜的模仿剧"[20]。

（作者张勇锋为陕西师范大学新闻与传播学院副教授）

注释

[1] 马克思，恩格斯 . 马克思恩格斯全集：第 3 卷 [M]. 中文 2 版 . 北京：人民出版社，2002：390.

[2] 马克思，恩格斯 . 马克思恩格斯文集：第 2 卷 [M]. 北京：人民出版社，

2009：469.

　　［3］马克思，恩格斯．马克思恩格斯全集：第 11 卷［M］．中文 2 版．北京：人民出版社，1997：135.

　　［4］郭亚夫，殷俊．外国新闻传播史纲［M］．成都：四川大学出版社，2004：91 - 92.

　　［5］同［4］89.

　　［6］马克思，恩格斯．马克思恩格斯全集：第 12 卷［M］．北京：人民出版社，1962：453.

　　［7］马克思，恩格斯．马克思恩格斯全集：第 19 卷［M］．中文 2 版．北京：人民出版社，2006：258.

　　［8］马克思，恩格斯．马克思恩格斯全集：第 1 卷［M］．中文 2 版．北京：人民出版社，1995：183.

　　［9］同［6］454.

　　［10］同［7］292.

　　［11］同［6］62.

　　［12］谢岳．抗议政治学［M］．上海：上海教育出版社，2010：139.

　　［13］德赛都．"权宜"利用：使用和战术［M］//罗岗，顾铮．视觉文化读本．张艳红，译．桂林：广西师范大学出版社，2003：99.

　　［14］Karl Marx Frederick Engels collected works Volume15. Marx and Engels 1856—1858［M］．New York：International Publishers，1986：456.

　　［15］阿贝尔，泰鲁．世界新闻简史［M］．许崇山，等译．北京：中国新闻出版社，1985：48 - 49.

　　［16］郭华榕．法兰西文化的魅力［M］．上海：上海社会科学院出版社，2005：162.

　　［17］琼斯．剑桥插图法国史［M］杨保筠，刘雪红，译．北京：世界知识出版社，2004：212.

　　［18］马克思，恩格斯．马克思恩格斯全集：第 22 卷［M］．北京：人民出版社，1965：220.

　　［19］马克思，恩格斯．马克思恩格斯全集：第 17 卷［M］．北京：人民出版社，1963：4.

　　［20］同［19］5.

第五部分

马克思的交往政策理念

【按语】

交往政策，是指一定区域内的当权者为了维护自己的利益，对人们精神交往的内容和形式制定的法律、法规和行政规章的总称。由于这类政策与一定的权力联系在一起，它们往往影响这个区域几代人甚至更长时间精神交往的内容、形式，推动或阻碍精神交往的发展。几乎所有涉及交往政策的重要问题，马克思和恩格斯都有所论述，其中批判得最多的是书报检查制度和"知识税"政策。

马克思的第一篇政论文章《评普鲁士最近的书报检查令》写于1842年年初，中译文约两万字，那时他不到24岁。文章最后他引证古罗马历史学家塔西佗的话表达了自己的心愿："当你能够想你愿意想的东西，并且能够把你所想的东西说出来的时候，这是非常幸福的时候。"（人民出版社《马克思恩格斯全集》中文版2版1卷134～135页）因为那时普鲁士王国实行的交往政策是书报检查，涉及社会日常精神交往的主要形式，如书籍、报刊、文学（诗歌、小说、戏剧）等等和大学讲坛，这是统治者为了确立公开的统治关系而采取的一种交往政策。马克思指出："占有他人的**意志**是统治关系的前提。"（人民出版社《马克思恩格斯全集》中文版46卷上册503页）刘宏宇的考证文章详尽地论述了这篇文章产生的时代背景，说明马克思抓住了书报检查是一种以当事人的思想作为衡量标准实行处罚的制度，所以马克思说："书报检查制度不是控告我违反了现行法律。它宣布我的意见有罪，因为这个意见不是书报检查官和他上司的意见。"（人民出版社《马克思恩格斯全集》中文版2版1卷181页）

马克思在《新莱茵报》时期（1848—1849），几度写文章对当时普鲁士王室内阁出台的出版法案进行批判分析，指出其要害是以思想作为衡量标准处罚言论与出版的"违法"，实际上是它本身违法。陈继静对马克思《普鲁士出版法案》一文、陈绚对马克思《霍亨索伦王朝的出版法案》一文的考证研究，清晰地阐释了马克思对普鲁士言论出版政策要害的揭示：它是"**追究倾向的法律，即没有规定客观标准的法律，是恐怖主义的法律**"（人民出版社《马克思恩格斯全集》中文版 2 版 1 卷 120 页）。

在反对精神性的书报检查的同时，马克思也坚决反对物质性的检查——针对各种书刊的保证金制度和对报纸实行的税收制度，统称"知识税"。马克思多次批评了这种税收制度对自由精神创造的扼杀，因为它不仅大大限制了中小资产阶级报刊的发展，也威胁着工人报刊的生存。知识税对普及国民教育也是一大障碍，因为下层人民买不起报纸，只能在小酒店偶然读到报纸。就此马克思指出：它"危及整整几代人的生活和精神面貌"（人民出版社《马克思恩格斯全集》中文版 9 卷 216 页）。钱婕所分析的马克思关于知识税的代表作《报纸印花税》，较为全面地展现了他这方面的基本思想。

《评普鲁士最近的书报检查令》考证研究

——马克思首篇政论文的历史背景及思想观念分析

刘宏宇

本文对马克思的第一篇政论文《评普鲁士最近的书报检查令》(简称《评检查令》) 进行考证研究，通过对各种相关德文文献的整理，力求还原该文成文时期的原始历史背景，并在此基础上分析马克思当时所持思想观念的倾向和特点。

2012 年由 Henricus 出版的马克思

《评普鲁士最近的书报检查令》德文原文单行本

一、历史背景综述

（一）从学术界转向新闻界

马克思 1842 年年初撰写《评检查令》的时候，恰逢其博士毕业。他此前曾在波恩及柏林大学攻读法律，但是最终基于个人志趣转向哲学研究，希望能做波恩大学哲学教授。[1]但是他的反对派文化立场阻碍了自身职业规划，当他在"青年黑格尔派"中的同伴布鲁诺·鲍威尔（Bruno Bauer）因主张非正统教义而被剥夺教职之后，马克思的学院前景也变得黯淡。[2]

面对人生初次重大挫折，马克思没有退缩妥协，而是对保守阵营果断反击。正如当时很多因"异端思想"而被逐出大学讲坛的

青年马克思（画像）

青年学者，他也选择了新闻出版业作为传播革新思想的途径。[3]而《评检查令》一文，正是马克思目睹"青年黑格尔派"一再被当局打压封禁后感同身受而发出的抗议。1842 年 2 月 10 日马克思将该文寄给《德国科学和艺术年鉴》（Deutsche Jahrbücher für Wissenschaft und Kunst）主编阿尔诺德·卢格（Arnold Ruge），卢格鉴于当时形势不敢刊登这篇犀利的檄文，便将其转投瑞士，于 1843 年 2 月刊登于苏黎世出版的《德国现代哲学和政论界轶文集》（Anekdota zur neuesten deutschen Philosophie und Publicistik）中，在德国境内只有该文节录以《倾向—报刊检查》（Tendenz-Censur）为题刊登于 1843 年 3 月 26 日和 28 日的《曼海姆晚报》（Mannheimer Abendzeitung）上。[4]

（二）具体历史和文化背景

从宏观历史背景来看，此时普鲁士尚未进入成熟资本主义社会，资本主

义生产方式处于早期发展阶段，资产阶级和工人阶级规模较小，国家具有浓厚的封建专制社会色彩，权力集中于宫廷贵族以及庞大官僚体系。[5]具体到马克思文中所批判的"书报检查令"，则有如下方面值得注意：首先该法令由1840年登基的弗里德里希-威廉四世于1841年12月下令颁布，以"青年黑格尔派"为代表的民主自由派原本期望新国王能推行更自由开明的政策，但是国王却倾向于巩固家长制独裁政府；其次国王虽然从繁荣国家经济出发，承诺扶持新兴资产阶级和市民阶层，支持他们在议会和媒体中表达自身诉求，并于名义上承认"合乎礼貌的公众言论"[6]（freimütige Publizitiät）的必要性，但是这种能够被政府容忍的"公众言论"在实践中却受到多重规则和习俗的约束，其中就包括"书报检查令"措施，这和新兴资产阶级所期待的广泛言论出版自由存在相当大的差距。[7]

19世纪早期德意志文化圈内影响最大的思想流派当属黑格尔唯心主义哲学，在对其继承和发展的过程中出现了路线分歧，其中立场保守的"老年黑格尔派"［或称黑格尔右派（Althegelianer）］，将普鲁士的现状视为辩证发展的一种终极阶段，认为当前高效率的官僚体系、出色的大学教育、经济工业化以及高就业率，都似乎足以保证社会的长期稳定，所以不存在根本变革的必要，只需根据政府和教会的需要，利用黑格尔学说证明现实与理论间的契合就足够了[8]；但是"青年黑格尔派"［或称黑格尔左派（Junghegelianer）］则认为社会中还存在众多变革必要，例如在社会贫困、书报和新闻检查制度、宗教和社会歧视等领域中都有严重矛盾，因此现状绝非完善，辩证发展的更新进程也必将继续演进。由于黑格尔的影响，"青年黑格尔派"对宗教和哲学命题产生了集中兴趣，在社会实践中他们却往往回避敏感政治问题，退而选择相对边缘的命题掀起论争，其中包括抵制天主教宗教权威、推动无神论思想[9]以及质疑传统法律缺陷等。当局和学术保守派意识到，如果容忍这类论争，日后定会延烧到现实政治，所以一开始就对"青年黑格尔派"无情压制。

（三）马克思此时的思想和政治立场

马克思当时支持上述左派改革路线。在博士论文中，他提倡无神论，强调哲学在精神领域中的无上地位，主张用哲学全面取代宗教，推崇人的自我意识，嘲弄遗忘人性价值的传统神学。[10]在后来的报刊出版工作中，他一方面与天主教神学阵营论战，争取精神和思想自由；另一方面则抨击当局的书报检查制度，争取出版和言论自由。马克思的这些努力都是为了将封建专制社会改造成为民主自由社会。

马克思在《评检查令》文中署名为"一个莱茵省人"，这一举措虽然很可能包含回避封禁的意图，但是为何他偏偏自称"莱茵省人"而不是"普鲁士人"呢？这大概并不仅仅因为马克思的籍贯是莱茵省[11]，似乎还包含其他考虑。相对于封建气息浓厚的东部普鲁士和柏林地区，西部莱茵省此前在拿破仑帝国时期被法国占领，直接受到了法国大革命的一系列政治经济民主改革的影响。此外该地历史上长期小国林立，从而缺乏中央集权传统。当时在普鲁士境内，莱茵省的封建法令约束不但最少，近代工业发展也最迅速，鲁尔地区已是欧洲最大的工业区之一。随着工业经济成长，莱茵省资产阶级的力量也相应提升。新兴资产阶级为维护和扩大自身权益，不断提出推行资本主义民主自由制度的诉求，并敦促当局做出政策妥协。在此背景下，当时普鲁士国内的自由主义反对派大多来自莱茵省，当地活跃求新的政治文化氛围和柏林的卑躬保守形成鲜明对照。[12]由此可以推测，马克思自称"莱茵省人"，一方面大约因为他确信文中观点并不仅仅是个人态度，而是当地普遍民意；另一方面可能也反映出他对当时资本主义民主自由思潮的认同，所以把自己也看作争取民主自由权益的"莱茵省人"一员，并积极参与相关改革事业。

撰写《评检查令》之后，马克思参与并最终主持在科隆出版的《莱茵报》的编辑工作，通过报纸来宣传政治理念，这样他也首次拥有了自己的政治实践舞台。1842年元旦创刊的《莱茵报》[13]的最初宗旨，是代表莱茵省新兴资产阶级利益，为地方资本主义经济成长创造宽松的制度和舆论环境。在实践中，这种新兴阶层的政治诉求却必然与旧有世俗和宗教封建特权发生摩擦，而《莱茵报》的内容同样也很快从经济议题转向了政治论争。[14]马克思在《莱茵报》发表的第一篇文章便针对莱茵省议会的辩论，深入论述了自由出版制度的现实必要性，该文一定程度上也可视为《评检查令》的延伸和补充。[15]通过与各社会阶层的实际接触，尤其是与具有早期社会主义思想人士的交流[16]，马克思将研究视角逐渐从抽象学术概念转向具体社会现象。他在主持《莱茵报》这份工商气息浓重的报纸期间，也开始有意识地进行社会调研[17]，并进而从社会经济学的角度来重新看待各阶层间的具体关系。在此基础上他领会到国家机器的真实机能，并认识到社会矛盾的症结存在于复杂的社会关系中，而不是宗教或政治表象中。[18]同时马克思也走出了大学社团的象牙塔小圈子，随之摆脱了"青年黑格尔派"的理念束缚，并与走向虚无主义的该组织划清界限。随着其"青年黑格尔派"时期的结束，马克思开始着手建构自己的政治经济学和辩证唯物主义理论体系。[19]

二、文中思想观念分析

《评检查令》是一篇带有浓重学术气息的政论文，因为马克思在文中首先尝试从理论高度来论证书报检查令的不合法和非理性，对该法令现实弊端的剖析则处于相对次要地位。他在文中所应用的思想理论基本都是从黑格尔哲学中发展出来的。虽然他后来批判了黑格尔的唯心论并将其辩证法思想加以改进，但是马克思也从不讳言其自身的学术思想是从黑格尔理论中萌芽的。[20]下文中笔者主要由两种在文中集中出现的政治理念——自由主义和理性主义——入手，分析马克思当时的思想理论特点。

（一）唯心主义和理想主义自由观

马克思在文中应用的自由主义观念是从黑格尔的国家哲学中发展出来的，并带有明显的唯心论和理想主义色彩。他此时所理解的自由，基本上是一种造就人现实存在的先天实质和基本形式。因为精神自由是人的现实存在的基础和形式，所以自由也就应该是人的一种自然属性。[21]这种观念和卢梭的名言"人生而自由"相呼应，主张自由权利的先天性。在此基础上，马克思在《评检查令》具体语境中所主张的自由，却也并不仅仅是抽象的行动和思想自由。在他看来自由虽然是一种符合自然规律的普遍存在，但是在特定的社会环境和历史条件下却有不同的具体表现形式。而言论和出版自由作为自由的一种具体形式，对其过度限制必将妨碍社会演进，在当时具体条件下，也会对社会民主运动和劳工运动的发展造成严重阻碍。[22] 由此可见，马克思首先在普遍自然律层次上主张人的先天自由权，进而在具体社会发展层次上敦促保障当前的言论和出版自由。由于黑格尔唯心论的影响，马克思在此将新闻出版视为一种人的存在和精神的特殊外在化，亦即一种与人的活动相关的客观物类（Cattungswesen）。[23] 此时还没有像在评莱茵省议会辩论的论文中那样，将新闻出版看作一种具有重要社会文化功能并与民众政治权益紧密相关的社会存在。[24]

马克思参与具体新闻出版工作之后，他所理解的自由概念便开始进一步变化，不再是抽象以及无限制的泛自由化概念，而是要根据具体情况服从特定规范。在他主编《莱茵报》期间，"青年黑格尔派"中的"自由人"团体投来大量稿件，但是马克思认为这些奢谈哲学和宗教的文章大多脱离现实、空洞无物，所以拒绝采用[25]，而这种严厉态度也加速了他与"青年黑格尔派"的疏离。马克思此时所支持的自由言论是建立在作者独立思想和有深度的传播内容之上的负责任行为，同时要求作者联系实际、保证传播内容的真实性和时效性，以满足社会发展的需求。[26] 由此可见，马克思后来逐渐放弃了唯心论自由观。

普鲁士当局此时同样尝试着在社会政治生活中规范和约束民众自由，除了通过建立严密的书报检查制度对言论和出版自由进行程序性约束之外，他们更着手制订形而上的标准对社会言论和思想加以精神钳制。这类标准包括要求作者必须进行"严肃和谦逊的探讨"（ernsthafte und bescheidene unter-suchung）[27]，只有合乎这样尺度的传播才不会受到检查措施的干预，反之就会被封禁并剥夺传播自由。马克思认为这种检查措施不能给言论自由提供良性规范，只能导致根本上取消言论自由。他认为符合理性的自由探讨的结果应当接近和实现真理，并从而实现更大的自由和更高的理性。但是当局所设置的这种"严肃和谦逊"的标准不但不能达到这一效果，反而会对其造成妨害。正如马克思在文中所写的："如果谦逊是探讨的特征，那么，这与其说是害怕谬误的标志，不如说是害怕真理的标志。谦逊是使我寸步难行的绊脚石。**它就是规定在探讨时要对得出结论感到恐惧，它是一种对付真理的预防剂。**"（Bildet die Bescheidenheit den Charakter der Untersuchung，so ist sie eher ein Kennzeichen der Scheu vor der Wahrheit als vor der Unwahrheit. Sie ist ein niederschlagendes Mittel auf jedem Schritt，den ich vorwärts tue. *Sie ist eine der Untersuchung vorgeschriebene Angst，das Resultat zu finden*，ein Präservativmittel vor der Wahrheit.)[28]可见，当局对自由探讨预设标准的动机，只能妨碍或禁止人们去探究真相和真理。因为如果服从这种标准的话，所有的探究都只能在其许可的范围内进行。而从理论上来说，探究真相和真理的基本前提却是排除所有边界和禁忌，只有这样才能进行没有禁区和偏见的自由探索，并保证充分还原真相和真理。受限制的探讨产出的残缺的真相和真理只能是虚假和谬误。[29]

因为新书报检查法令带有自由主义的欺骗性假象［马克思称其为"虚伪自由主义"（Scheinliberalismus）][30]，导致不少人一开始将其当作一种划时代的自由民主改革措施来颂扬[31]。马克思指出这些民众的天真和阿谀，并揭露出当局使用的具有浪漫主义色彩的模糊用语下所隐藏的真实意图。[32]在他看来，该法令并未否定既有的书报检查制度，其自由主义表象无非是用来掩盖出版自由和书报检查制度之间矛盾性的障眼法罢了。[33]

马克思在此基础上深入剖析该法令，进而质疑这种"严肃和谦逊"标准的合理性和可行性，认为若加以滥用不但会限制创作自由，更将造就专制性的僵化标准。正如他在文中所言："你们赞美大自然令人赏心悦目的千姿百态和无穷无尽的丰富宝藏，你们并不要求玫瑰花散发出和紫罗兰一样的芳香，但你们为什么却要求世界上最丰富的东西——精神只能有**一种**存在形式呢？"(Ihr bewundert die entzückende Mannigfaltigkeit，den unerschöpflichen Reichtum der Natur. Ihr verlangt nicht，dass die Rose duften soll wie das Veilchen，aber das Allerreichste，der Geist soll nur auf *eine* Art existieren dürfen?)[34]

胡耀邦生前曾引用此语，认为这是马克思对文化专制主义的批判，并评论道："我们社会主义的生活是多姿多彩的，为什么要通过审查把它搞成清一色呢？"[35]在笔者看来此间似乎存在一定的误读，虽然马克思的确在文中反对用专制手段限制思想和传播自由，但是其表述中并没有主张思想多元的意涵。其原意是强调尊重客观事实的本来面貌，因为自然从来就是丰富多样的，刻意强调多元反而会造成新的后天干预。对此马克思认为，一方面应保证人们拥有维护其特殊观念并自由表达的权利，另一方面则应保证其自由表达有不受"严肃和谦逊"标准的钳制的权利，从而避免丰富多样的自然状态经过检查措施后，变成以维护官方利益为唯一目的的沉闷状态。正如马克思所说："**一片灰色**就是这种自由所许可的唯一色彩。"（*Grau in grau* ist die einzige, die berechtigte Farbe der Freiheit.）[36]这种"灰色"并非"清一色"的思想观念，而是一种给当局提供了政治操弄空间的混沌状态，也是一种唯有当局掌握最终解释权的黑箱状态。由于其中被扭曲的传播内容往往背离真相和真理，在马克思看来也是一种处于"阴暗"（schatten）中的非理性状态。[37]

因此马克思断定，"严肃和谦逊"的标准虽然经过当局的精心伪装，但是实际上仍将导致对言论和出版自由的粗暴妨害。他认为真正的"严肃和谦逊"只能是合乎理性的，而当局所制定的标准由于其非理性的消极效果，绝不可能是真正的"严肃和谦逊"，而只能是一种虚伪的幌子。正如马克思在文中所言："精神的谦逊总的说来就是理性，就是按照**事物的本质特征**去对待**各种事物**的那种普遍的思想自由。"（Die allgemeine Bescheidenheit des Geistes ist die Vernunft，jene universelle Liberalität，die sich zu *jeder Natur* nach *ihrem wesentlichen Charakter* verhält.）[38]由此可见，马克思认为思想自由从根本上来说是理性的具体实现形式，所以自由应该由理性来加以规范，而不是通过外在强加的非理性的检查措施。换言之，马克思当时对自由主义的理解是立足于理性主义理念上的，认为只有理性才能保证和约束合理的自由，而这种观念是同样具有唯心主义色彩的。

（二）普遍和抽象的理性观念

理性观念当时在马克思的思想中对理解和把握自由主义具有重要意义，在《评检查令》文中马克思更是始终立足于普遍和抽象的理性原则，并将其作为基本准绳来衡量评判书报检查法令，进而指出该法令非理性的实质。接下来就来看看马克思当时是如何具体应用理性观念的。

正如黑格尔将法国大革命当作理性可以战胜现实的证据来看待[39]，马克思也将理性（vernunft）作为具有正面价值的核心概念来运用。他将其视为一种应该达到的更高的文明境界来对照现实中的不完善，并且敦促按照理性的标准来纠正现实弊端。与黑格尔的理性主义理念相区别的是，马克思不满足于仅在学术、艺术和宗教领域中运用理性概念，也不像黑格尔那样采取近乎遁世的态度，忽视现实矛盾并沉溺于幻想中的理念世界和绝对自由，而是将着眼点逐渐从宗教批评转移到社会批评中，进而追求现实世界中的有序和合理。可是他在实践中却发现，这类学院化的纯理论除了不断证明现实往往背离完满理性这一事实之外，基本无助于解决现实问题。尽管如此，马克思仍未放弃探究社会矛盾的志趣和解决社会问题的决心，他将黑格尔的理论加以发展和改造，努力使其融入现实生活并发挥效用。

《评检查令》中充分体现了马克思激进和毫不妥协的政治立场，以及他的雄辩技巧和缜密逻辑。除了他所特别擅长的用反命题来揭发对方论点荒谬性的对照法之外，文中还大量采用了层进演绎、排比、平行、对照以及交错配列等修辞手法来加强表意效果。他以典型的学者严谨态度，耐心而仔细地寻找着检查令中的每一条可疑线索，然后揭露和剖析其中的矛盾和谬误。不过他在这样巨细无遗地搜寻整理各种疑点的同时，却又似乎忽略了探究和总结这些疑点之间的深层共性和肇因。[40]马克思在文中使用的核心论述工具是逻辑工具，他通过严谨的逻辑演绎来论证检查令的自相矛盾，因为在他看来合乎逻辑是理性的基本特性，所以国家机器的理性就应表现为其行为的合乎逻辑性。[41]虽然马克思在文中的确成功地通过揭露法令的不合逻辑来反证了其非理性，但是仅仅通过逻辑推论本身并不能实现理论和实践的结合，更不能直接导致现有社会关系的变化和修正，所以《评检查令》从效果上来说也仅限于纸上谈兵。

马克思在文中使用的国家概念基本上是一种抽象的理想化概念，或者说是国家理性的化身。正如他在文中所言，"国家应该是政治理性和法的理性的实现"（der Staat die Verwirklichung der politischen und rechtlichen Vernunft sei）[42]。虽然马克思不像"老年黑格尔派"那样将普鲁士作为理想国来鼓吹，但是他也认为作为黑格尔主义者必须坚信精神的全能和理性的最终胜利，所以普鲁士同样需要按照理想国的标准来加以构建，而人类的未来也寄托在这种国家理性的实现上。[43]相应地，马克思认为自己的当前责任就是通过批评去揭露政治现实和政治理念之间的差距，并推动其加以改进。这样才能将发生异化的国家机器改造成理性国家，而国民只消在法律框架中遵从自身理性，就能实现法律上、道德上和政治上的自由。[44]这种具有理想主义色彩的观念反映出当时马克思尚未得出国家机器是一种服务于特定阶级的政治工具，同时也是直接反映财产占有关系的后天产物的结论。

　　书报检查令的实际运作又是如何与理性原则产生矛盾的呢？在马克思看来，国家、法律和新闻出版都是理性的具体表现形式，其中新闻出版应是民众心灵理性的外在表露，而在合理的法律范围内的思想和言论自由则应是理性的一种客观表现[45]，限制自由的检查措施不能造就健康的公众意识和社会舆论。用书报检查官的个人倾向和判断来取代明确的客观标准尤为危险，暧昧不明的主观标准只能为当权者提供更多的操弄空间和干预自由的权限，最后只能导致自由遭受更大的流失。这种法令的效果形同党派间的倾轧，同时也是政府对国民的压制，用马克思的话来说就是"追究思想的法律**不是国家为它的公民颁布的法律，而是一个党派用来对付另一个党派的法律**"（Das Gesinnungsgesetz ist *kein Gesetz des Staates* für die *Staatsbürger*，sondern das *Gesetz einer Partei gegen eine andre Partei*）[46]。由此可见，围绕新闻出版自由的斗争具有党派政治色彩，在检查制度背后也隐藏着特定的"党派"利益。但是马克思在文中并未进一步深入剖析这种党派政治性，也没有明确认定当前的专制国家机器代表的是哪一种特定的"党派"利益。他只是指出，推行这类法律的政府已经走到民众的对立面并发生内在异化。正如他在文中所言，"在同人民根本对立因而认为**自己那一套反国家的思想**就是普遍而标准的思想的政府中，当政集团的龌龊的良心却臆造了一套追究倾向的法律，**报复的法律**，来惩罚思想，其实它不过是政府官员的思想"（eine Regierung，die sich in prinzipiellen Gegensatz gegen das Volk setzt und daher *ihre staatswidrige Gesinnung* für die allgemeine，für die normale Gesinnung hält，das üble Gewissen der Faktion erfindet Tendenzgesetze，*Gesetze der Rache*，gegen eine Gesinnung，sie nur in den Regierungsgliedern selbst ihren Sitz hat）[47]。在批评当局政策的同时，马克思在这里仍然将当前政府和他心目中不涉及具体利益关系的抽象国家概念区别开来，认为当局的政策是"反国家"和非理性的，其书报检查法令也会妨碍当前国家成为完善的理性国家。

书报检查令不仅从价值取向上是反民众和非理性的，其执行中同样存在严重弊端。只消书报检查官认为作者的态度"轻浮、敌视或者偏激"，就可以对其封禁，但是这些评判尺度都是主观性的，可以随着检查官的情绪和心态发生变化，所以如果依照这类标准来取缔"不得体"的批评的话，那么事实上就几乎没有什么批评是得体的了，因为所有的批评都可以从被批评者的角度视为敌视或者偏激。用检查官的主观意志作为准绳，事实上也就取消了将客观事实作为真相依据的基本前提。因为检查官自身智识必然不尽完善，其情绪也必然无法永远稳定，这就决定了依赖其主观判断的结论也必然不完善、不稳定和不可靠。

尽管如此，当局却仍然蛮横地将检查官视作不容置疑的道德和精神存在，并且粗暴地指令民众对其盲目信赖和服从。[48]显而易见，当局力图通过这类措施使自己成为唯一掌握"真相"的主体，并且让官方的判断成为国家理性的唯一外在表现形式。但是因其高度主观性，由此产出的唯一"真相"却必然是不可靠的，而由当局所声称的唯一"理性"也必然是非理性的。这样的现象只有在高度官僚化的警察国家里才会发生，对此马克思指出："由此可见，书报检查的一般本质是建立在警察国家对它的官员抱有的那种虚幻而高傲的观念之上的。公众的智慧和良好愿望被认为甚至连最简单的事情也办不成，而官员们则被认为是无所不能的。"（So ist das Wesen der Zensur überhaupt in der hochmütigen Einbildung des Polizeistaates auf seine Beamten gegründet. Selbst das Einfachste wird dem Verstand und dem guten Willen des Publikums nicht zugetraut; aber selbst das Unmögliche soll den Beamten möglich sein. ）[49]就这样，新书报检查法令不但没有削弱以前的书报检查制度，反而对其加以强化。

如果任由检查官用"倾向"来评判思想，并且将整类思想观念打上"不得体"的烙印而加以窒息，就会导致社会中所有的自主思想被扼杀于萌芽中，随之被扼杀的便是整个社会的活力和发展可能。因此马克思断定书报检查措施和法律精神无法相容，它排除了所有公众性讨论和争议的可能，同时也从根本上阻碍个人去行使公众性职责。只要继续维护这种制度，就必然使得政府和国家机器转变为社会和公众的对立面，而不再是保护公众和服务社会的机构，这同样是明显的异化。正如马克思在文末笔触沉痛地写下的，"因为这种制度本身是恶劣的，可是各种制度却比人更有力量"（denn das Institut ist schlecht，und die Institutionen sind machtiger als die Menschen）[50]。这句话里面的第一处"制度"特指书报检查制度，而第二处"制度"马克思使用了复数。由此可见，他当时已经意识到，除了书报检查制度之外，普鲁士国家机器中还有许多其他同样具有异化特征的制度。在它们的共同作用下，公众被剥夺了人的自由和权能。

虽然马克思发现了当时国家制度中的普遍异化，并主张彻底废除戕害社会的书报检查制度，但是他的解决方案仍将这种特定制度孤立看待，并未进一步触及滋生该制度的深层机制，因而难免陷入治标不治本的处境。马克思当时尚未思考过通过批评该制度去实现更广泛的结构性革新或颠覆，这也反映出他当时的政治思想尚不成熟。虽然在文中他倾向于代表莱茵省人民的自由民主事业，但他并未在广义人民中进一步去选择代言其中特定阶层，而只是从一种超然独立的学术视角论述理论化的应有之义。直至主持《莱茵报》并与书报检查机关苦战之后，马克思才意识到，争取言论自由的斗争所面对的敌人并不仅是书报检查制度本身[51]，还包括背后操纵该制度的政治势力，而该势力则又是从特定的社会结构、利益关系和阶级力量对比中产生的。在与这样的敌对阵营的斗争中，仅仅依靠基于学术理论的批评是毫无胜算的[52]。此外，普鲁士国家机器的现实表现也否定了他从黑格尔那里借用来的国家理性观念，事实证明这种抽象而完善的国家理性在现实政治中是不存在的，起码不存在一种能同时代表所有阶级利益的国家理性。

三、结论

经过以上分析，笔者得出如下结论：马克思撰写《评检查令》时，尚处于其政治和学术思想发展早期，他在文中所使用的理论基本来源于黑格尔唯心主义学说。因为他此时尚未建成自己的思想体系，从而也不可能开始运用后来才出现的"马克思主义"理论中的概念和论点。此时他的政治立场属于同情资产阶级的革命民主主义者，向社会主义者的过渡尚未完成。因此在笔者看来，迄今国内对该文的解读中多少存有过度拔高的嫌疑，让 24 岁的马克思在其首篇政论文中便决绝地全面批判"反动统治者"，并且"证明普鲁士国家制度的不合理性"[53]，这并不完全符合客观实际情况。事实上，马克思此刻尚未在无产阶级立场上与当局彻底决裂，反之却仍抱有改造和完善普鲁士国家政治的幻想。

文中的批评同样是在尊重当时基本规则的前提下进行的，其间马克思强调的也是主流话语中的理性和法律的原则，颠覆性的"革命"字眼尚未出现。由此可见，撰写《评检查令》时期，马克思应属于民主主义改良派，直到他后来与当局激烈冲突并被迫流亡国外，才选择了对抗性的革命路线。马克思虽然是一位天赋异禀的思想家，但是这并不等于他也就是一位天生的革命者，他对革命的理解和接纳是在特殊历史条件和个人经历的相互作用中逐步实现的。显然马克思本人也认为，《评检查令》在其自身思想形成过程中具有重要的里程碑意义，所以他授意将该文列为 1851 年编撰的其首部作品全集的第一篇文章。[54]

在刊登于《莱茵报》上的《第六届莱茵省议会的辩论（第一篇论文）》中，马克思再度集中论述了出版和言论自由。相比《评检查令》中只是笼统地代表莱茵省人民，马克思在此进一步明确了自己的反对派立场，他不但很大程度上放弃了对当局权力先天合法性的认同，更进而发出了《评检查令》中无从见到的激扬战斗呼吁，即鼓励民众"不仅用矛头而且要用斧子去为它战斗"[55]。短短三个月时间内的观念转变，反映出青年马克思政治思想的飞速成长。[56]而这一刻的战斗呼吁，亦可视为他由资本主义民主改良派向社会主义革命者转变的重要标志。

（作者为中国人民大学新闻学院讲师）

注释

[1] 马克思的博士论文是关于古希腊哲学的《德谟克利特的自然哲学和伊壁鸠鲁的自然哲学的差别》。DAVID MCLELLAN. Karl Marx, Leben und Werk［M］. München：Praeger Verlag，1974：25－28，40.

[2] 同 [1] 40，49。

[3] 例如费尔巴哈当时也因为对宗教的批评态度而无法在大学执教，只能专注著述出版。LAPIN N I. Der junge Marx [M]. Berlin：Dietz Verlag, 1974：59.

[4] Marx Karl, Friedrich Engels Gesamtausgabe [M]. Berlin：Dietz Verlag, 1975，(I)：984. 下文缩写为 MEGA。

[5] 恩格斯曾这样描述 19 世纪 30 和 40 年代的普鲁士首都柏林："那里有刚刚诞生的资产阶级，有口头上勇敢，但行动上怯懦的奴颜婢膝的小市民，有还极不发展的工人，有大批的官僚以及贵族的和宫廷的奴仆，我们知道它仅仅作为一个'王都'所具有的一切特点。"(mit seiner kaum entstehenden Bourgeoisie, seinem maulfrechen, aber tatfeigen, kriechenden Kleinbürgertum, seinen noch total unentwickelten Arbeitern, seinen massenhaften Bürokraten, Adels-und Hofgesindel, seinem ganzen Charakter als bloße Residenz.) F. Engels, Marx und die„ *Neue Rheinische Zeitung* "1848—1849∥Institut für Marxismus-Leninismus beim ZK der SED. Karl Marx, Friedrich Engels, Werke [M]. 39 Bde., 2 Egzbde., Berlin：Dietz Verlag, 1956 (XXL)：19. 下文中缩写为 MEW。

[6] 马克思恩格斯全集：第 1 卷 [M]. 中文 2 版. 北京：人民出版社, 1995：125；MEW，(I)：18.

[7] 同 [1] 50.

[8] JOHN L. Karl Marx, Leben und Lehre [M]. Berlin：Deutscher Verlag der Wissenschaften, 1968：26.

[9] MANFRED F. Philosophie und Ökonomie beim jungen Marx [M]. Berlin：Duncker & Humblot, 1960：43.

[10] 马克思在其博士论文的前言中写道："哲学并不隐瞒这一点。普罗米修斯的自白'总而言之，我痛恨所有的神'就是哲学自己的自白，是哲学自己的格言，表示它反对不承认人的自我意识是最高神性的一切天上的和地上的神。不应该有任何神同人的自我意识相并列。"(Die Philosophie verheimlicht es nicht. Das Bekenntnis des Prometheus：haplô logô, tous pantas echthairô theous ist ihr eigenes Bekenntnis, ihr eigener Spruch gegen alle himmlischen und Irdischen Götter, die das menschliche Selbstbewußtsein nicht als die oberste Gottheit anerkennen. Es soll keiner neben ihm sein.) 马克思恩格斯全集：第 1 卷 [M]. 中文 2 版. 北京：人民出版社, 1995；MEGA, I：14.

[11] 马克思 1818 年 5 月 5 日出生于莱茵省特里尔城。

[12] FRANZ M. Karl Marx, Geschichte seines Lebens [M]. Berlin：Dietz Verlag,

1974：45.

[13]《莱茵报》的全称是《莱茵政治、商业和行业日报》(*Rheinische Zeitung für Politik*，*Handel und Gewerbe*)。BRUHN H, BIALOWONS G. Karl Marx und Friedrich Engels als Journalisten [M]．Leipzig：Karl-Marx-Universität Leipzig，1970：7.

[14] MEGA，I：968.

[15] 同 [14] 967 - 968.

[16] 例如积极传播早期空想社会主义思想的莫泽斯·赫斯 (Moses Hess)。AU-GUSTE C. Karl Marx und Friedrich Engels，Leben und Werk [M]．Band 1，1818—1844，Berlin：Aufbau-Verlag，1954：213 - 214.

[17] 马克思自述，正是在撰写关于莱茵省议会辩论的林木盗窃法的论文期间，他的研讨着眼点才开始从法律和哲学命题转向了经济学问题，并从而为自己的社会主义理论建构开启了门户。MARX K. Zur kritik der Politischen ökonomie，MEW，XIII：7 - 8.

[18] 同 [16] 316，343.

[19] 同 [9] 43 - 44，48.

[20] 同 [1] 35.

[21] 同 [3] 82.

[22] Gurjewitsch S M. Karl Marx und Friedrich Engels als Theoretiker des kommunis-tischen Journalismus [M]．Leipzig：Karl-Marx-Universität Leipzig，1973：127.

[23] 同 [22] 129. 马克思写道："书报检查官是特殊的个体，而新闻出版界却构成了类。"(Der Zensor ist ein besonderes Individuum，aber die Presse ergänzt sich zur Gattung.) 同 [6] 123；MEW，I：16.

[24] 同 [3] 86 - 87.

[25] 马克思认为他们的根本问题在于，"这些作品不是从自由的、也就是独立的和深刻的内容上看待自由，而是从无拘无束的、长裤汉式的、而且又随意的形式上看待自由"(mehr in einer lizentiösen，sanskülottischen und dabei bequemen Form，als in freiem，d. h. selbständigem und tiefem Gestalt，die Freiheit finden)。MEW，Band 27：411 - 412；FRANZ MEHRING Karl Marx，Geschichte seines Lebens [M]．Berlin：Dietz Verlag，1974：55 - 56.

[26] 同 [22] 130.

[27] 同 [6] 110；MEW，I：5.

[28] 同 [6] 110；MEW，I：6. 此处在中译本第一版中出现了几处明显的误译，其

中例如将"unwahrheit（谬误）"译为"虚伪"，将"vorgeschriebene（规定的）"译为"上司的"，这些误译在第二版中得到了纠正。参见《马克思恩格斯全集》第 1 卷（人民出版社，1956）。

［29］同［6］254.

［30］MEW，I：4.

［31］同［22］132.

［32］同［12］43.

［33］同［16］254.

［34］同［6］111；MEW，I：6.

［35］何方. 从陈独秀张闻天到胡耀邦［J］. 炎黄春秋，2006（6）.

［36］同［6］111；MEW，I：6. 此处在中译本第一版中将"grau in grau（灰色中的灰色）"译为"没有色彩"也不准确。参见《马克思恩格斯全集》第 1 卷（人民出版社，1956）第 7 页。

［37］同［6］111；MEW，I：6.

［38］同［6］112；MEW，I：7. 此处在中译本第一版中将"Liberalität（自由性）"译为"独立性"也欠妥。参见《马克思恩格斯全集》第 1 卷（人民出版社，1956）第 8 页。

［39］HEGEL G W F. Samtliche werk［M］. Bd. 11，Stuttgart：Gemeinschaftsverlag mit Frommann-Holzboog，1928：557－558.

［40］同［22］133.

［41］同［3］77.

［42］同［6］118；MEW，I：12.

［43］同［16］208.

［44］同［12］52.

［45］同［16］274.

［46］同［6］121；MEW，I：14.

［47］同［6］121－122；MEW，I：15. 此处在中译本第一版中将"regierung（政府）"译为"执政党"并不准确。参见《马克思恩格斯全集》第 1 卷（人民出版社，1956）第 17 页。

［48］同［16］255.

［49］同［6］133；MEW，I：24.

〔50〕同〔6〕134；MEW，I：25. 此处在中译本第一版中将"schlecht（恶劣的）"译为"一无用处"，以及将"mächtiger（更强有力）"译为"还要威风"也欠妥。参见《马克思恩格斯全集》第1卷（人民出版社，1956）第31页。

〔51〕同〔12〕60 - 61.

〔52〕同〔16〕316，351 - 352. 奥古斯特·科尔纽认为《莱茵报》的被封禁象征着马克思的自由民主主义时期和初涉政治的"学徒期"的结束，此后他便逐步接受了社会主义思想。

〔53〕同〔6〕5.

〔54〕同〔3〕80.

〔55〕同〔6〕202；MEW，I：77.

〔56〕同〔3〕88.

书报检查、出版法与出版自由

——马克思《普鲁士出版法案》管窥

陈继静

《普鲁士出版法案》是马克思为《新莱茵报》撰写的评论，写于 1848 年 7 月 19 日，次日发表。全文约 2 000 字，当时未署名。中译文首次发表于 1958 年人民出版社出版的《马克思恩格斯全集》中文版第 5 卷第 270～273 页。

该文是马克思论述出版自由的主要文献之一。对该文撰写背景的研究表明，马克思的出版自由观念经历了三个发展阶段：从抨击封建书报检查令，到批判仍带有王权色彩的出版法，最后诉诸无产阶级革命。这一转变自然受马克思治学旨趣、革命经历的影响，但决定性动力却来自他的新闻出版活动。

一、临时出版法案批判

《普鲁士出版法案》批判的是 1848 年革命后内阁通过的临时出版法案。3 月 18 日柏林起义（又称三月革命），普鲁士国王弗里德里希-威廉四世应资产阶级呼吁，下令永远废除书报检查制。7 月，大卫·汉泽曼内阁向国民议会提交临时出版法案。

临时出版法案出台后，立刻引发各界评论。例如，法案禁止以"引起公众蔑视"为由提出控诉，只许以"详加证明的文件"证明事实。一些报纸据此认为法案是巨大的进步，出版自由得到了全面保护。而马克思的看法却不乐观，他就此写道："当不能让公众蔑视**理应**受到公众蔑视的东西的时候，究

大卫·汉泽曼　　　　　　马克思（画像）

竟还有什么出版自由呢?"（马克思，1848f：270-273，此后凡引证此篇，不
再标注）

　　马克思以《新莱茵报》编辑的身份提出，法案将导致"报纸的生存受到
威胁"，因此《新莱茵报》得到法案草稿便予以批判，《普鲁士出版法案》一
文便是马克思的批判成果，它取代本应顺序刊登的"妥协辩论"系列文章，
出现在7月20日的《新莱茵报》上。

　　在马克思看来，临时出版法案最严重的问题出在第10条。该条规定，
"凡是在国家官员执行自己职务方面诽谤**国家官员**的人，**罪加一等**"。马克思
将这一条与当时德国刑法中有关诽谤罪的条款比较，证明了两者并不一致。
根据刑法222条，官员执行公务时或因执行公务而遭言语侮辱，侮辱者应判
处1~2年徒刑。而临时出版法案第10条只将刑法222条的措辞略加改动，
却扩大了诽谤官员的惩罚范围，更使惩罚力度加重两倍。马克思讥讽道："从
这项法律生效的那一天起，官员们就可以为所欲为地逞凶肆虐、横行霸道和
违法乱纪了：他们可以放心地打人和命令别人打人、进行逮捕和不加审问就
加以监禁。唯一有效的监督——报纸将变成无效的东西。"

　　马克思还指出，法案中涉及没收、反道德罪行的条款也与革命精神相违
背。例如，法案第21条规定，书报检查官不仅可以查禁已经印好的作品，甚
至可以下令没收刚刚付印的手稿。马克思戏称："对于仁爱的检察官来说，这
是一种多么广阔的活动天地！在任何时候都可以到报纸编辑部里去要求审查

已经'付印的手稿'……这是一种多么惬意的娱乐!"马克思将这一条款与宪法草案比较以说明其违宪:宪法草案规定"书报检查永远不能恢复",而临时出版法案却使这一规定变成了"一种恶意的嘲笑"。

《普鲁士出版法案》一文充满嘲讽与反语。正如传记作者戴维·麦克莱伦所说,马克思青年时期甚至后来的很多文章都以极其生动活泼的风格写成,立场激进,毫不妥协,爱憎极端,以归谬法反驳对手(麦克莱伦,2005:35)。《普鲁士出版法案》正是这种文风的典型代表。

二、从书报检查到出版法

《普鲁士出版法案》一文对法案几乎未置褒奖,这与法案的历史地位多少不符。1848 年革命前,普鲁士王国实行书报检查制,曾于 1819 年、1841 年两次颁布书报检查令,其中 1819—1830 年监管尤严,造成德国出版史的精神"大斋期"。结果正如恩格斯所说,"普鲁士的舆论愈来愈集中在两个问题上,即代议制和出版自由,特别是后者"(恩格斯,1842b:543)。因为这段背景,革命后政府迫于压力以临时出版法案取代书报检查令,虽然其条款仍带有较多的王权色彩,仍算是出版管制的一种进步。

其实,马克思批判法案在后,挞伐书报检查令在先。第二次书报检查令颁布时(1841 年 12 月 24 日),马克思刚大学毕业,正准备投身新闻业。1842 年 2 月,他在波恩写下《评普鲁士最近的书报检查令》一文,寄给《德国年鉴》主编阿诺尔德·卢格(Arnold Ruge)。文章引用书报检查令序言,向读者证明"**尽管有了法律**,但是新闻出版到目前为止仍然受到种种未经许可的限制"(马克思,1842a:108)。最后,马克思得出结论:"**整治书报检查制度**的真正而**根本的办法**,就是**废除**书报检查制度……"(马克思,1842a:134)由于观点激进,这篇文章未能在《德国年鉴》发表,转刊于 1843 年瑞士出版的《德国现代哲学和政治界轶文集》(第 1 卷)。轶文集收录的均是被普鲁士书报检查令禁止刊行的文章,由流亡瑞士的卢格整理出版。《评普鲁士最近的书报检查令》是马克思生平撰写的第一篇政论。换句话说,他以批判书报检查令开启了新闻人生涯。

首次挞伐书报检查的文章虽未能在普鲁士境内发表，公开抨击的时机却很快到来。1842 年年初，第六届莱茵省议会（Rhenish Diet）召开，97 名议员针对书报检查令、出版自由和议会记录的公开等问题展开辩论。威廉四世摆出开明姿态，允许报纸报道辩论过程。马克思立即"借辩论新闻出版问题之机，……从另外的角度来重新论述书报检查和新闻出版自由的问题"（马克思，1842c：29）。4 月初，《莱茵报》刊登了这篇《第六届莱茵省议会的辩论》（第一篇论文）。所谓"另外的角度"，是马克思首次将书报检查法与新闻出版法对比论述。文章指出："新闻出版自由和书报检查制度的根据是完全不同的，因为新闻出版自由本身就是观念的体现、自由的体现，就是实际的善；而书报检查制度是不自由的体现，……它只具有否定的本性。"（马克思，1842b：166）"新闻出版自由同新闻出版的本质相符合，而书报检查制度则同新闻出版的本质相矛盾，难道这还需要加以证明吗？"（马克思，1842b：171）"在新闻出版法中，自由是惩罚者。在书报检查法中，自由却是被惩罚者。书报检查法是对自由表示怀疑的法律。新闻出版法却是自由对自己投的信任票。新闻出版法惩罚的是滥用自由。书报检查法却把自由看成一种滥用而加以惩罚。……书报检查法只具有法律的**形式**，新闻出版法才是**真正的法律**。"（马克思，1842b：175）经过比较，答案昭然若揭："应当认为**没有关于新闻出版的立法**就是从法律自由领域中取消新闻出版自由，因为法律上所承认的自由在一个国家中是以**法律**形式存在的。"（马克思，1842b：176）此文是马克思第一篇公开发表的报纸评论。它表明，当时马克思抱有"法治保障出版自由"的观念。

马克思对书报检查令的批判果然应验。1842 年年底至 1843 年年初，《莱比锡总汇报》《德国年鉴》被普鲁士当局查封。对此，他在《莱茵报》上评论道："既然在**萨克森书报检查制度**下出版的《莱比锡总汇报》是由于讨论普鲁士的问题而被查禁的，那么与此同时，希望**不受检查地**讨论我们国内问题的想法也就一并遭到了禁止。"（马克思，1842g：351）马克思反对书报检查并不只是因为自由派的报纸遭到了干涉，相反，他看到的是为所欲为的审查制度对一切报纸的伤害。在书报检查制度下，保守派报纸也同样面临威胁。正如《莱茵报》所说："我们将同样认真严肃地反对查禁《埃尔伯费尔德日报》、《汉堡记者》或是在科布伦茨出版的《莱茵—摩泽尔日报》，因为不应该由于个人的道德品质或者甚至由于他们的政治观点和宗教观点而有所变更。"（马克思，1843：401）1843 年 3 月 31 日，灾难降临《莱茵报》。该报一篇反俄的长篇评论引发沙皇尼古拉一世抗议，于是普鲁士政府查封了《莱茵报》。马克思试图主动辞去主编职务以挽救报纸，却以失败告终。

由于这层背景，三月革命后，普鲁士出版法案以法治代替为所欲为的检查和查禁，多少反映了历史的进步。尤其在曾经实行过拿破仑法典的莱茵省（参见下文分析），出版业的法治保障相对更好。正如恩格斯回顾《新莱茵报》时所说："在莱茵河地区，我们却享有绝对的出版自由，并且我们充分利用了这个自由。"（恩格斯，1884：20）所谓"绝对的出版自由"，即法治化的自由（陈力丹，2008：398 - 399），《新莱茵报》的创办便是利用这种自由环境的结果。

《新莱茵报》的生存境遇间接说明了出版法治化的好处。该报出版不到一年便被告 23 次，主编马克思还因两起诉讼出庭自辩：一次是报道警察逮捕行动，《新莱茵报》被指诽谤官员（马克思，1848a：13；马克思，1848b：189；马克思，1848c：190 - 193；马克思，1848d：202 - 204；1848e：230 - 230；无署名，1848a：578；1848b：579；1848c：581；1848d：586；1848e：590；1848f：598）；一次是报道莱茵省民主主义者区域委员会号召抗捐斗争，《新莱茵报》被指煽动叛乱（马克思，1849a：42）。但对主编马克思而言，这已是一种进步："虽然检察机关费尽了心机，但除了说我们连犯了第 222 条和第 367 条的规定以外，它还无法控告我们犯了别的什么罪行。"（马克思，1849b：262）由于审讯、宣判公开，两起诉讼均以无罪结案。不仅如此，1849 年 5 月科隆戒严后，政府企图查封《新莱茵报》，"科伦行政区政府便请示本地检察机关，企图以非法逮捕的手段来达到那个目的。这一企图由于检察机关在司法上的怀疑而遭到了破产"（马克思，1849e：600），最后只能诉诸警察诡计。可见，临时出版法对出版自由多少还有保障作用。

当然，由于 1848 年革命的不彻底性，出版法案无法与一般意义上的资产阶级出版法相提并论。正如前文所述，正是迫于资产阶级的压力，弗里德里希-威廉四世才承诺出版自由，而普鲁士出版法案正是这一妥协的产物。自1848 年 7 月颁布直到 1949 年 3 月被新的法案取代，普鲁士王国的出版自由环境并没有牢固的根基，且随时面临专制复辟的威胁。对此，马克思有着清醒的认识。他一边批判法案，指其无异于变相复活书报检查；一边又利用法案带来的法治环境，积极筹划办报。《新莱茵报》正是在这种脆弱、短命的法治环境中诞生，甚至编辑部的创刊声明都反映了浓厚的危机意识。报纸原定7 月 1 日出版，但**"鉴于反动派实行新的无耻发动，可以预料德国的九月法令很快就要颁布。因此，我们决定利用自由环境中的每一天，从 6 月 1 日起就开始出报"**（马克思，1848b：13）。九月法令是指法国 1835 年 9 月颁布的法令，它限制陪审团裁判权，增收报刊现金税，禁止反对私有制和现存体制的言论，是法国七月革命以来自由斗争的倒退。马克思担心德国也会很快出现类似的倒退，因此决定提前出版《新莱茵报》。

三、马克思：从新闻人到革命理论家

马克思的出版自由观并未止步于批判书报检查、提倡出版法治。1849 年革命失败后，他客居英国，又发表过多篇关于出版自由的争论，但争论焦点转向以革命寻求"真正的出版自由"。为说明这种转变，有必要追溯马克思从新闻人到革命理论家的身份变化。

马克思早年认为资产阶级法治能保障新闻自由，这与他的新闻出版经验密切相关。1841 年 4 月 15 日博士论文通过后，马克思面临两种选择：在大学教书，或投身新闻业。19 世纪 40 年代的德国学术界十分保守，大学不关心政治，沉溺于浪漫主义，排挤无神论与青年黑格尔派。（麦克莱伦，2005：31）相比之下，出版界反而成为激进思想的汇聚地。当时德国报业尚未步入商业报刊时代，多数报纸都还是"言论纸"，以宣传个人或团体理念为己任，马克思最先接触的《德国年鉴》和《莱茵报》便是如此。《德国年鉴》（全称《德国科学与艺术年鉴》，Deutsche Jahrbücher für Wissenschaft und Kunst），由倾向青年黑格尔派、被大学驱逐的青年教师阿尔诺德·卢格主编。《莱茵报》（全称《莱茵政治、商业和工业日报》，Rheinische Zeitung für Politik，Handel und Gewerbe）这时已集结了一批自由主义倾向的撰稿人如格奥尔格·荣克，实业家梅维森、马林克罗特（两人后来均出任过普鲁士内阁总理），青年知识分子莫泽斯·赫斯等人。卢格、荣克、赫斯均与马克思来往密切，他们多次邀请马克思为《德国年鉴》《莱茵报》撰写评论。[1]

　　莱茵省的自由风气也能解释马克思对出版法治的向往。由于特殊的历史，这里比德国其他地方更崇尚自由。[2]1795—1814 年拿破仑战争期间，该地区曾被划入法国，按大革命原则治理；1815 年并入普鲁士王国后，虽然改行普鲁士的法律，大革命的影响却未消除。马克思的出生地特里尔就在莱茵省，青年马克思"醉心于 18 世纪法国的政治、宗教、生活、艺术"，自视为"真正的 18 世纪法国人"，"对伏尔泰、卢梭稔熟于心"。[3]马克思的父亲亨利希·马克思、特里尔中学校长胡果·维滕巴赫、数学老师和希伯来语老师等，都曾参与当地的自由运动，并因此遭受当局监视或迫害。（麦克莱伦，2005：8 - 11，36）不仅如此，《莱茵报》所在地科隆是莱茵省首府，其编辑、撰稿人也大都是莱茵省的进步人士。受自由风气熏染，青年马克思撰文抨击书报检查、呼吁出版立法，可谓合情合理。

　　但马克思务实思考法治与出版自由的关系，则始于 1842 年 10 月担任《莱茵报》主编后。在此之前，柏林的青年黑格尔派团体"自由人"将《莱茵报》当作言论阵地。马克思任主编后，开始拒登这些稿件。拒登原因在他后来写给卢格的信中表露无遗："宣布自己支持解放事业是一回事，这是正大光明的；但事先就作为宣传而大嚷大叫，则是另一回事，这就有点吹牛的味道，就会激怒庸人。"（马克思，1842d：32）"书报检查机关每天都在无情地抨击我们，报纸常常几乎不能出版。'自由人'的大批文章因而不得不撤下。不过我自己淘汰的文章也不比书报检查官淘汰的少"，因为它们往往"思想贫乏却自命能扭转乾坤"。（马克思，1842f：41）在此之前，马克思也曾向编辑方针制定者达哥贝尔特·奥本海姆表达过同样的意见："从理论上泛论国家制度，与其说适用于报纸，毋宁说适用于纯学术性的刊物"，"只有当问题成了现实国家的问题，成了实际问题的时候，报纸才开始成为讨论这类问题的合适场所"。"自由人"的某些讨论"明显地反对目前国家制度基础"，"会遭到更严格的书报检查，甚至会使报纸遭到查封"，"这样做会惹恼许多甚至大多数具有自由思想的实际活动家；这些人承担了在宪法范围内逐步争取自由的吃力角色，而我们却坐在抽象概念的安乐椅上指出他们的矛盾"。（马克思，1842e：35 – 36）这封信写于 1842 年 8 月，当时马克思已经参与《莱茵报》的编辑工作，但直到 10 月才担任主编。信中所谓"在宪法范围内逐步争取自由"的"实际活动家"，似乎是他未来主编角色的写照。可见马克思当时相信，合法的报刊斗争确能扩大出版自由。

因为这一信念，《莱茵报》停办后，马克思流亡海外，开始了一段颠沛流离的办报经历。前文提及《莱茵报》因外交压力而停办，但其经营管理堪称巨大的成功。停办前，报纸发行量增加了一倍多，开始赢得全国声望，深得地方工业家支持。这或许证明了马克思的务实管理卓有成效。受此鼓舞，1844年马克思与卢格在巴黎创办《德法年鉴》（Deutsch-Französische Jahrbücher），可惜只发行了一期（一、二期合刊，马克思发文两篇）便被普鲁士边境查扣，马克思因此遭到通缉。《德法年鉴》被查禁之后，1844 年马克思在巴黎实际上主编《前进报》（Vorwärts!），该报是德国流亡者在巴黎创办的德文报纸。在普鲁士王国施压下，该报于 1844 年年底被法国政府查封，马克思等撰稿人被逐出法国。此后，马克思在比利时住了三年，他和恩格斯实际上主编共产主义者同盟的机关报《德意志—布鲁塞尔报》。对马克思的这段经历，恩格斯的概括可谓恰到好处：普鲁士人有两条途径发表自己的意见，一是在普鲁士境内发表，但必须接受书报检查；二是在境外发表，但作品经常被没收，作者受到法律追究。（恩格斯，1842a：462）这番话意在批判普鲁士新闻出版法，却正好解释了马克思 1843—1848 年间的经历。

不难推想，当 1848 年三月革命消息传来时，已经从比利时来到巴黎的马克思最关心的是如何尽快利用德国的革命条件扩大出版自由。因此，马克思立即从法国赶往普鲁士的城市科隆，与恩格斯共同创办了《新莱茵报》（Neue Rheinische Zeitung）。该报被视为欧洲历史上第一家无产阶级日报，在 1848—1849 年德国民主革命中为全国第三大报纸。

《新莱茵报》是马克思在普鲁士王国莱茵省法治环境下争取出版自由的最后一次重大尝试，这从报纸宗旨、编辑构成和市场反应等方面均可察觉。报纸以"民主派机关报"为副标题，注重及时报道德国和欧洲革命，尤以大量笔墨评论康普豪森内阁与汉泽曼内阁，其中《普鲁士出版法案》一文便是典型例子。报纸的八位编辑均为共产主义者同盟成员，但报纸并未如某些研究者所说的那样，以同盟意见为指导或成为同盟机关报。相反，此时马克思甚至希望解散同盟，因为"实现其目标还有更有效的途径"所谓"更有效的途径"，也许就是办好报纸。（麦克莱伦，2005：184）事实证明，《新莱茵报》针砭时弊的温和立场大受读者欢迎。当年 9 月发行量即达 5 000 份，次年 5 月被禁前达 6 000 份，跃居全国第三，成为"德国最著名的报纸"。可以说，主编这份政治性日报构成了马克思一生新闻事业的高潮。

可惜 1848 年下半年，资产阶级自由派组成的法兰克福议会失去普鲁士国王和其他德意志主要邦国的支持，处境日益困难。9 月底科隆戒严，《新莱茵报》被迫停出报纸 12 天，偶尔只能出版没有标题的传单。（马克思，1848g：492；马克思，1848h：493；科尔夫，1848：599）11 月 1 日，君主专制复辟，《新莱茵报》开辟"打倒捐税"专栏，坚持号召抗税斗争达一月之久。次年 3 月 12 日，当局颁布有关集会结社、招贴和出版的三个法案，其情形被马克思描绘为"出版自由，公开审判——同时旁边还有绞架！"（马克思，1849c：401 - 406；1849d：432 - 440）1849 年 5 月 11 日，《新莱茵报》被指控煽动推翻政府。16 日，马克思因其"外国人"的身份被驱逐。（马克思，1849e：600）19 日，报纸以红色油墨出版第 301 期后停刊。至此为止，马克思所说的"更有效的方式"以失败告终。

从利用法治环境办报的新闻人变为争取"真正的自由"的革命理论家，马克思的身份转变反映在 1848 年年底《新莱茵报》的激进言论中。1848 年年底，报纸报道《新莱茵报》诉讼案时，通过援引马克思的辩护词反复否定现存制度："据说，帝国内阁在其起诉书中把《新莱茵报》称为一切'坏报刊'中最坏的报纸。我们则认为帝国政权是一切滑稽可笑的政权中最滑稽可笑的政权。"（马克思，1848a：71）不仅如此，马克思对现存制度也进行了彻底否定："为什么**三月革命**会失败呢？三月革命只是改组了政治上层，而没有触动它的全部基础：旧官僚制度、旧军队、旧检察机关和那些从生到死终身为专制制度服务的旧法官。目前报刊的首要任务就是**破坏现存政治制度的一**

切基础。"（马克思，1849b：277-278）这就是说，报纸的任务不是在法治范围内争取出版自由，而应该作为革命手段，以鼓吹推翻现有秩序为己任。1849年5月19日《新莱茵报》最后一期称："只有一个方法可以**缩短、减少和限制旧社会的凶猛的垂死挣扎和新社会诞生的流血痛苦，这个方法就是实行革命的恐怖**。"（马克思，1849e：602）在上述文章中，马克思反复声明《新莱茵报》自始至终抱有这样的立场，但这显然与事实不符。前文所有分析均表明，从新闻人到革命理论家，马克思的出版自由观经历了三阶段的变化：先是批判书报检查，进而倡导出版法治，最终才转向鼓吹无产阶级革命。

四、结论

《新莱茵报》是新闻人马克思的事业巅峰，也是他转为革命理论家的起点。1849年8月26日，马克思辗转来到英国，在伦敦度过了余生。此后他与恩格斯合作出版过六期《新莱茵报。政治经济评论》（1850），也为《纽约每日论坛报》撰稿12年（1851—1862），晚年还曾指导各国工人党派报刊，他本人偶然主持过几家工人小报，对书报检查、出版法与出版自由等问题有所触及，但论证不多。可以说，马克思有关出版自由的主要论述集中于他青年时代从事新闻出版活动之时。

本文未论及马克思的学术思想与革命活动，仅追溯他从新闻人向革命理论家的转变。新闻工作是马克思大学毕业后的第一个社会职业，莱茵省的自由风气与师长朋友的引介邀约都促使他拿起笔杆。主编《莱茵报》《新莱茵报》的马克思务实稳健，明显有别于街头革命者，这也保证了报纸能够赢得市场。1848年革命失败后，马克思没有再专职担任报刊主编，究其原因或许是精力转移、流亡身份所限，但绝非办报失败所致。

基于上述背景，《普鲁士出版法案》一文不应被孤立解读，而应被视为马克思出版自由观演进之重要一环。初涉新闻业时，马克思以批评封建书报检查制为己任，撰写了《评普鲁士最近的书报检查令》《第六届莱茵省议会的辩论（第一篇论文）》等代表性文章。1848年德国民主革命后书报检查制废除，马克思利用普鲁士莱茵省较为自由的法治环境积极办报倡言，《普鲁士出版法案》便是其思想的代表作之一。但随着革命失败，马克思流亡英国，主要精力转向指导无产阶级革命，故不再专职担任报刊主编，也较少撰文专门讨论书报检查、出版法与出版自由。

（作者为中国人民大学新闻学院副教授）

注释

[1] 经济压力也迫使马克思尽快接受《德国年鉴》与《莱茵报》的约稿。1842 年 6 月底，马克思与母亲发生激烈的争吵，来自家庭的经济援助彻底中断。"由于最近的丧事，我不得不在特里尔待了 6 个星期，而余下的时间都被令人讨厌之极的家庭纠纷占用和浪费了。我的家庭虽然殷实，却给我设下重重障碍，使我目前陷入极为窘迫的境地。"（马克思，1842d：31）这次争吵非常激烈，马克思离开锡朱恩施特拉斯，寄宿在附近的一家客店。7 月中旬他前往波恩，完全投入新闻出版工作，此后在特里尔、科隆、波恩之间辗转，每个地方都未待太久。（麦克莱伦，2005：39）

[2] 相关论述可参考（费弗尔，2010）。

[3] 这是马克思外孙女的回忆（麦克莱伦，2005：2，7）。

参考文献

陈力丹. 精神交往论：马克思恩格斯的传播观. 修订版. 北京：中国人民大学出版社，2016.

恩格斯（1842a）. 普鲁士新闻出版法批判//马克思，恩格斯. 马克思恩格斯全集：第 2 卷. 中文 2 版. 北京：人民出版社，2005.

恩格斯（1842b）. 普鲁士国王弗里德里希-威廉四世//马克思，恩格斯. 马克思恩格斯全集：第 1 卷. 北京：人民出版社，1956.

恩格斯（1884）. 马克思和《新莱茵报》（1848—1849 年）//马克思，恩格斯. 马克思恩格斯全集：第 21 卷. 北京：人民出版社，1965.

费弗尔. 莱茵河：历史、神话和现实 [M]. 许明龙，译. 北京：商务印书馆，2010.

科尔夫（1848）. 呼吁订阅《新莱茵报，民主派机关报》//马克思，恩格斯. 马克思恩格斯全集：第 5 卷. 北京：人民出版社，1958.

马克思（1842a）. 评普鲁士最近的书报检查令//马克思，恩格斯. 马克思恩格斯全集：第1卷. 中文2版. 北京：人民出版社，1995.

马克思（1842b）. 第六届莱茵省议会的辩论（第一篇论文）//马克思，恩格斯. 马克思恩格斯全集：第1卷. 中文2版. 北京：人民出版社，1995.

马克思（1842c）. 致阿尔诺德·卢格//马克思，恩格斯. 马克思恩格斯全集：第47卷. 中文2版. 北京：人民出版社，2004.

马克思（1842d）. 致阿尔诺德·卢格//马克思，恩格斯. 马克思恩格斯全集：第47卷. 中文2版. 北京：人民出版社，2004.

马克思（1842e）. 致达哥贝尔特·奥本海姆//马克思，恩格斯. 马克思恩格斯全集：第47卷. 中文2版. 北京：人民出版社，2004.

马克思（1842f）. 致阿尔诺德·卢格//马克思，恩格斯. 马克思恩格斯全集：第47卷. 中文2版. 北京：人民出版社，2004.

马克思（1842g）. 《莱比锡总汇报》在普鲁士邦境内的查禁//马克思，恩格斯. 马克思恩格斯全集：第1卷. 中文2版. 北京：人民出版社，1995.

马克思（1843）. 答一家"中庸"报纸的攻击//马克思，恩格斯. 马克思恩格斯全集：第1卷. 中文2版. 北京：人民出版社，1995.

马克思（1848a）. 对《新莱茵报》提出的三个诉讼案//马克思，恩格斯. 马克思恩格斯全集：第6卷. 北京：人民出版社，1961.

马克思（1848b）. 逮捕//马克思，恩格斯. 马克思恩格斯全集：第5卷. 北京：人民出版社，1958.

马克思（1848c）. 逮捕//马克思，恩格斯. 马克思恩格斯全集：第5卷. 北京：人民出版社，1958.

马克思（1848d）. 法庭对《新莱茵报》的审讯//马克思，恩格斯. 马克思恩格斯全集：第5卷. 北京：人民出版社，1958.

马克思（1848e）. 法庭对《新莱茵报》的审讯//马克思，恩格斯. 马克思恩格斯全集：第5卷. 北京：人民出版社，1958.

马克思（1848f）. 普鲁士出版法案//马克思，恩格斯. 马克思恩格斯全集：第5卷. 北京：人民出版社，1958.

马克思（1848g）. 科伦的戒严//马克思，恩格斯. 马克思恩格斯全集：第5卷. 北京：人民出版社，1958.

马克思（1848h）. 《新莱茵报》复刊//马克思，恩格斯. 马克思恩格斯全集：第5卷. 北京：人民出版社，1958.

马克思（1848i）.《新莱茵报》编辑部的声明//马克思，恩格斯.马克思恩格斯全集：第5卷.北京：人民出版社，1958.

马克思（1849a）.莱茵省民主主义者区域委员会的呼吁书//马克思，恩格斯.马克思恩格斯全集：第6卷.北京：人民出版社，1961.

马克思（1849b）.《新莱茵报》审判案//马克思，恩格斯.马克思恩格斯全集：第6卷.北京：人民出版社，1961.

马克思（1849c）.三个新法案//马克思，恩格斯.马克思恩格斯全集：第6卷.北京：人民出版社，1961.

马克思（1849d）.霍亨索伦王朝的出版法案//马克思，恩格斯.马克思恩格斯全集：第6卷.北京：人民出版社，1961.

马克思（1849e）.《新莱茵报》被勒令停刊//马克思，恩格斯.马克思恩格斯全集：第6卷.北京：人民出版社，1961.

麦克莱伦.卡尔·马克思传.3版.北京：中国人民大学出版社，2005.

无署名（1848a）.法庭对《新莱茵报》的审讯//马克思，恩格斯.马克思恩格斯全集：第5卷.北京：人民出版社，1958.

无署名（1848b）.法庭对《新莱茵报》的迫害//马克思，恩格斯.马克思恩格斯全集：第5卷.北京：人民出版社，1958.

无署名（1848c）.法庭对《新莱茵报》的迫害//马克思，恩格斯.马克思恩格斯全集：第5卷.北京：人民出版社，1958.

无署名（1848d）.法庭对《新莱茵报》的审讯//马克思，恩格斯.马克思恩格斯全集：第5卷.北京：人民出版社，1958.

无署名（1848e）.法庭对《新莱茵报》的迫害//马克思，恩格斯.马克思恩格斯全集：第5卷.北京：人民出版社，1958.

无署名（1848f）.《新莱茵报》负责发行人关于报纸停刊的通知//马克思，恩格斯.马克思恩格斯全集：第5卷.北京：人民出版社，1958.

出版自由法与绞杀自由并存的怪现象

——对马克思《霍亨索伦王朝的出版法案》一文的考证研究

陈　绚

一、霍亨索伦王朝的"改革"计划

霍亨索伦（Hohenzollerns）是欧洲的一个王室，也是欧洲历史上的著名王朝，为勃兰登堡—普鲁士（1415—1918）及德意志帝国的主要统治家族，当时的执政者应该是弗里德里希-威廉四世（1840—1861）。对于这样的统治者，马克思曾于 1849 年 5 月 9 日写《霍亨索伦王朝的丰功伟绩》一文，刊载于 1849 年 5 月 10 日的《新莱茵报》第 294 号上。在这篇文章中，对前当政者，马克思评价道："谁都知道，在弗里德里希-威廉三世统治时期，特别是在 1815—1840 年，用来实现这种壮志宏图的蛮横的暴力手段是史无前例的。无论何时何地，从来没有像在这位'正义的'君主统治时期这样大批地捕过人，判过罪，监狱从来没有像这样挤满过政治犯，何况这些宣传鼓动家都是一些无辜的头脑简单的人。"对于当时当政的威廉四世，马克思写道："难道还有必要谈论 …… '将是本族最末一人'的霍亨索伦吗？……难道还需援引黑格尔的话来证明为什么霍亨索伦家族偏偏要用一个喜剧人物来收场吗？"[1]从预言霍亨索伦王朝必将灭亡就可以看出马克思的态度。①

（一）"改革"只是缓和此起彼伏起义和抗议的"诱饵"

在 1815 年莱茵省归并普鲁士以后，普鲁士政府力图取消曾在该省实行的

---

① 事实上，直到 1918 年德国十一月革命爆发后，霍亨索伦家族的统治才被推翻。——笔者注

恩格斯 1848 年笔下的普鲁士国王弗里德里希-威廉四世（右）

法国资产阶级法典刑法典（Code pénal），而代之以封建的普鲁士法，为此颁布了一系列旨在恢复莱茵省贵族的封建特权（长子继承权），实施普鲁士刑法和婚姻法等的法律、指令和法令。[①] 即 1819 年 8 月在卡尔斯巴德（卡罗维发利）召开的德意志联邦各邦代表会议所制定的一系列反动决议（包括卡尔斯巴德决议）。这些决议规定在德意志各邦都实行书报预检制度，对大学实行最严格的监督，禁止大学生结社，成立迫害有反政府嫌疑的人（所谓"蛊惑家"）的中央侦查委员会。这些警察措施的倡导者是奥地利首相梅特涅。[2] 此后，"警察逞凶，贵族称霸，官僚横行，王室对诉讼程序横加干涉，迫害宣传鼓动家，大批的人被判罪，在财政上挥霍无度，而宪法连个影子也没有"[3]。

1843 年，国王以在普鲁士实行统一的立法为理由，提交莱茵省议会讨论一个新的刑法草案，以代替莱茵省的带有较多自由主义色彩的法国刑法典。第七届莱茵省议会（1843）否决了这个法案，宣称莱茵省的现行立法完全符合莱茵省的风俗、习惯和法律关系。

1848 年 1 月，普鲁士政府召集各省议会代表组成的所谓联合委员会，名义上是为讨论新刑法草案（这就是马克思所指的钦定法律草案），实质上想借

---

① 尽管这些措施在莱茵省引起了坚决的反对，但直到三月革命以后，于 1848 年 4 月 15 日才废除。资料来源于马克思《三个新法案》注 257，收录于《马克思恩格斯全集》中文版第 6 卷（人民出版社，1961 年版）。——笔者注

此造成准备进行改革的假象，来平息日益增长的社会骚动。2月3日，法国和维也纳、柏林相继爆发起义。委员会的活动也被3月初在德国展开的革命运动所打断。马克思于1849年2月28日—3月1日撰写了《御前演说》一文，刊登在1849年3月1和2日的《新莱茵报》第234和235号上。从这篇文章中我们可以看出，当时普鲁士政府的内务大臣曼托伊费尔宣布在首都及其近郊戒严的消息，他称是为了保障社会安全，在没有得到强硬的法律的经久可靠的维护的情况下，戒严就不能取消。当时社会改革的呼声和起义、斗争使全国大部分地区进入紧张状态，但随着国王和当政者的软硬兼施和让步妥协，气氛缓和了，受到这样严重破坏的信用又逐渐重新恢复。商业和工业开始摆脱曾经威胁它们的萧条而恢复元气。普鲁士政府曾于1948年12月解散了为协商宪法而召集的普鲁士国民议会，宣称必须彻底恢复巩固的公共法律秩序，才"赐予"全国一部宪法。后又宣布于1849年2月26日召开两院会议。内务大臣曼托伊费尔代表政府和国王宣布：授予议员们修改宪法的权利。议员们的工作就是在彼此间以及跟政府把此事协商好，还要讨论各种法律——实施宪法所必需的一部分——特别建议严密注意下述草案：新市政条例，关于县、行政区、省的机构的新条例，国民教育法，教会管理法，所得税法，土地税法，关于田赋购买法和关于无偿废除某些田赋的法律，以及创立农业银行的法律，等等。这些法律的制定是"浸透了暴戾恣睢的普鲁士法精神的革新"[4]，当然这其中还包括关于"俱乐部和集会""招贴"和"出版的法案"草案。

（二）霍亨索伦王朝对舆论的管制——出版法案

马克思在《霍亨索伦王朝的出版法案》一文中所指的出版法案实际上包括两部分内容，一是当时的政府也就是霍亨索伦王朝提交议会讨论的关于"出版的法案"草案，另外还包括"新刑法草案"中一些与出版相关的条文。

事实上并无一部正式、专门的"霍亨索伦王朝的出版法案"，这里的"法案"准确的说法应是"草案"。马克思只是笼统地将之称为"出版法案"。马克思认为草案中相关出版的条文是"浸透着戒严精神的法案"。

对于这个出版法草案，马克思讽刺其为"最完美的综合物"，指出它是由三个法拼凑而成的，这三个法是：（1）拿破仑法典（Code Napoléon）①，（2）法国的九月法令，（3）普鲁士法。其中马克思认为更多的内容来自封建的普鲁士法。

在这个出版法草案中，马克思指出有的条文更加"从重处罚"：第九节系抄自法国刑法典。在施行普鲁士法的地区，以往对图谋罪和教唆罪（即使教唆成功）的惩罚都轻于对现行犯的惩罚。这些地区现在都采用了刑法典的条文，凡教唆犯罪得遂者与犯罪者同等论处。

草案第十节。法国的九月法令规定：企图侵害市民社会中的财产和家庭所依据的基础者，或挑拨公民相互仇恨或歧视者，皆处以两年以下的徒刑。这节源自九月法令，但比九月法令的表述糟十倍。

草案的以下各节的制定，马克思认为只是为了重新把被废除的普鲁士法再"赐给"莱茵省，其中，国王还准备把原来莱茵省的法律中根本没有的以下各种新罪名加诸莱茵省公民，如：

（1）用明知是虚假的消息或用在法律上不能得到证实的事实来挑拨人们仇恨和轻视国家机关或政府者。

（2）发表在形式上势必煽起对合法存在的宗教团体（根据钦定宪法，甚至土耳其人和多神教徒也都算是合法存在的宗教团体）的仇恨和歧视的"言论"者。这两种新的罪名是要采用（a）旧普鲁士的"煽动不满"和（b）旧普鲁士关于亵渎宗教的概念；这两种罪行都处以两年以下的徒刑。

（3）侮辱陛下和不敬重。草案第十二节中做了如下的"制定"："凡通过语言、文字、印刷品或以符号、图画或其他某种描写形式**表现出对国王陛下之不敬者**，处以两月至五年的徒刑。"（陛下包括国王、王后、王储、王室的其他成员、某个德意志邦的元首）

（4）即使是对证据确凿的事实做出的论断，但只要被论断的事实证明是蓄意侮辱者，也应按侮辱罪论处。

（5）草案第十九节规定："如有人通过语言、文字、印刷品、符号、图画

---

① 拿破仑法典包括刑法典和民法典，刑法典即马克思文中所指的法国刑法典（Code pénal）。——笔者注

或其他某种写形式侮辱……①两院中之一院〈"作为议院而论"〉，②开会**期间**某一议院之议员，③**其他**某一政治团体、公共机关或公务人员，处以九个月以下的徒刑。"

（6）对私生活的侮辱或诽谤。《拿破仑法典》只规定对公开进行的或到处散布的侮辱或诽谤加以惩治。新草案则企图把在私人谈话中、在自己房屋中、在自己家庭中、在私人通信中所发表的任何意见都置于警察局和检察机关的监督之下并加以惩治。马克思认为，新草案企图组织最卑鄙的无孔不入的特务活动。有无限权威的法兰西皇室政权的军事专制总还尊重私人交谈的自由；虽然普鲁士政权在它的立法中是禁止擅入私人住宅的，但其家长立宪制的监视和惩罚竟然推广到了私人生活，推广到了私人生活中最忌讳的领域——甚至连野蛮人也认为是不可侵犯的家庭关系的领域。马克思讽刺地指出，正是这同一法律以前曾有三项关于任何侮辱家庭关系的言行都要处以两年徒刑的规定，而现在竟如此无视私人的权利。

（7）草案第二十二节这样写道："凡预定发行之出版物，若……其内容含有可以依据行政当局的命令予以追究的罪行或过失，不论在何处发现该出版物，纵令该出版物已经开始发行，警官皆有权予以没收。"因此，如马克思所言：法案规定有权没收那些尚未开始发行、还不能成为据以指控犯有"罪行或过失"的根据的出版物；这样一来，法案就把警察式的掠夺也推用到那些在法律上完全不"应予以追究"的私人占有物上了。

这些法律全无"自由"精神可言。对比这些条文，报刊出版物上的言论只能是动辄得咎。

另外，莱茵省的当权者借口新法案有缺陷，需要用普鲁士法的长处来弥补。曼托伊费尔—海特内阁还"钦定"给全国一部国产宪法，以便给莱茵省法律钦定一种前所未闻的新罪名——"侮辱议院"[5]。从这些内容可以看出，在当时的情况下，普鲁士政府和莱茵省的当权者都在寻找机会，将对自己有利的条款"塞进"法律中。

（三）被国家权力绞杀的"自由"

当然也许有人会认为，法律是统治阶级意志的体现，哪国的法律也不允许攻击统治者和现存的制度，上述这些条文只不过是国家统治者对权力的维护。但是在马克思看来，这就是"不自由"，是"绞杀自由"。因为新闻出版自由的精髓"在于一个国家是否确立了有效限制国家权力并维护个人自由的法治和民主，新闻出版自由能否得到独立和公正的司法保障"[6]。

而与法治紧密相关的另一个方面就是马克思一再强调新闻报刊对官员和对制度的监督作用。如果没有这种监督作用，报刊便丧失了存在的意义。"马克思强调了报刊的使命是对被压迫者的辩护和对压迫者的监督和批判。这里，马克思揭示了新闻出版自由的本质。实际上，新闻媒体要起到对政府的监督作用，最关键的是能及时报道和揭露事实真相，同时对政府及其官员的行为提出质疑和批评。……法治的基本精神就是限制国家权力和保证公民个人的自由。没有新闻出版自由，政府及官员的权力就不会受到广泛有效的监督。"[7]

对于马克思上述思想的理解，很多学者和研究者都是有共识的。如有学者写道："我花了 20 年时间研究马克思，直到最近才写成薄薄的一本《资本主义精神和社会主义改革》，最后得到一个非常震撼的结论，那就是马克思一生所追求的目标并不是共产主义本身，他真正追求的是和谐社会，其他都不过是手段而已。我们运用马克思的辩证唯物主义得出的另外一个非常震撼的结论是，人类历史是一部透过法治与民主控制权力腐败的阶级斗争史，法治与民主并不是一开始就明确的目标，是为了反腐败开展阶级斗争的结果。"[8]

而我们今天所研读的这篇马克思所写的《霍亨索伦王朝的出版法案》，正是马克思与权力控制和权力腐败开展斗争的檄文。

二、为什么会出现出版自由法案与绞杀自由并存的怪现象

出现出版自由与绞杀自由并存的怪现象，是因为徒具法律外形的法条实质上是恶法，这些恶法的存在不是保障自由，而是绞杀自由的。

早在 1842 年的《第六届莱茵省议会的辩论（第一篇论文）》一文中，马克思就认为：在新闻出版法中，自由是惩罚者；在书报检查法中，自由是被

惩罚者。新闻出版法是给自由投的信任票，书报检查法是对自由怀疑的法律。新闻出版法惩罚的是滥用自由，书报检查法将自由本身视为滥用加以惩罚。新闻出版法是真正的法律，书报检查法只具有法律的形式。那么上述这些名为"出版法案"的条文也不过只具有法律的形式，甚至连法律的形式都算不上，只是一些管制自由和钳制新闻传播的条文而已。

（一）马克思阐述的法治原则

如上所述，马克思在批判书报检查制度时对制定保障自己的出版法有很高的期待，并带有理想主义色彩。因为在他看来，"出版法根本不可能成为压制新闻出版自由的措施，不可能成为以惩罚相恫吓的一种预防重犯重犯的简单手段。恰恰相反，应当认为**没有关于新闻出版的立法**就是从法律自由领域中取消新闻出版自由，因为法律上所承认的自由在一个国家中是以**法律**形式存在的"。"**新闻出版法**就是**对新闻出版自由在法律上的认可**"[9]，因为它就是自由的肯定存在。

在马克思看来，法律可以分为两类，一类只是具有法律形式，另一类才是真正的法律，区分的标准是对自由的立场：前者"自由是被惩罚者"（惩罚自由的手段就是警察），后者"自由是惩罚者"。即在马克思看来，真正的法治是对"违法者"公开的审判，而不是通过宪兵和警察。法官的"上司"就是法律，没有别的，法官的义务是将法律条款运用于个别事件，并通过对法条的认真理解来解释法律；法官既不属于政府，也不属于任何人，是独立的。但书报检查官的"上司"是官方的官员，或者说检查官本身就是政府的一员，他根据官方的解释来理解法律。因此，法官最多可能表现出个人理性的不可靠，但书报检查官所表现出的是个人品性的不可靠。法官是根据一定的法律条款来审理"行为"，书报检查官不仅没有惩罚"真正"的罪行，而且他自己本身的行为就可能是在犯罪。

从另一个方面来看，如果一个人违反了现行法律，哪怕是法律受到破坏的地方还至少应当存在着法律。但在不存在新闻出版法的地方，自然没有法律可能被违反。按当时的情况来看，马克思认为，当书报检查制度认为他的行为违反当时的法律时，并不是因为他的行为真的违反法律，而仅仅是宣布他的意见有罪，因为他的意见不是书报检查官和他上司的意见。"这种势力不能被确立为法律，它怕见阳光，而且不受任何普遍原则的约束。"[10]

1. 新闻出版法的良法之治原则

马克思认为法律的本质不是压制自由，而是保护和扩大自由，"法律不是压制自由的措施，正如重力定律不是阻止运动的措施一样。……法律是肯定的、明确的、普遍的规范，在这些规范中自由获得了一种与个人无关的、理论的、不取决于个别人的任性的存在。法典就是人民自由的圣经"[11]。马克思认为法之所以为"法"，是因为它是自由的肯定存在。新闻出版法之所以成为"法"，也是因为它对新闻出版自己的认可，否则该"法"本身即为"不合法"。"如奴农制一样，即使它千百次地作为法律而存在，也永远不能成为合法的。"[12]简言之，马克思认为良法才是法，而恶法不是法！社会中即使有一部以"新闻出版法"为名的法律存在，如果它是一部新闻管制法，是压制新闻自由的恶法，它也只是徒有法律的形式，究其根本仍然是不合法的。真正的法治之道就应该是良法之治。

2. 宪法规定了新闻出版自由，现实中并不一定就有"自由"

以压制新闻出版自由为实质内容的"出版法"与马克思所批判的书报检查法在本质上是一样的，都不是真正的法。

一个国家有没有新闻出版自由，并不在于是否废除了书报检查制度，也不在于有没有制定新闻出版法，而是在于法治的精神。法治的精神一方面体现为保障新闻自由的法律条文，还有一方面体现为对违反新闻出版法律条文的公开审判，而不是如马克思批判的普鲁士王朝的做法，用警察和宪兵来执法。

近代以来，不少国家都在宪法中规定了言论自由、新闻出版自由，但这些并不一定会带来新闻出版自由。因为在许多国家仍然缺乏法治和民主，有关言论、新闻出版自由的宪法规定通常都不过是一纸空文而已。更有甚者，如马克思在1848年批判普鲁士法案时指出的："在宪法草案和'德国人民的基本权利'中有一条规定：'书报检查永远不能恢复'，但是在上述情况下，这种庄严重要的规定听起来简直是一种恶意的嘲笑！"[13]因此，仅仅在新闻出版法或宪法中有新闻出版自由的条款并不等于新闻出版自由就能保障，关键还在于一个国家是否确立了有效限制国家权力并维护个人自由的法治和民主制度，使新闻出版自由能得到独立和公正的司法保障。

（二）马克思文章中的中国与当代中国的新闻自由

马克思在主张新闻出版自由时，特意提到了中国。在《评普鲁士最近的书报检查令》中，马克思说："旧的书报检查法令，……不仅不准**坦率地讨论**普鲁士的事务，甚至也不准**坦率地讨论中国**的事务。"[14]意思是说中国远到与普鲁士不相干，不相干还不准说？可见报禁之严。马克思还写道："我们不要有弊病的书报检查制度，因为甚至你们自己也不相信它是十全十美的，请给我们一种完善的报刊吧，这只要你们下一道命令就行了：几个世纪以来**中国**一直在提供这种报刊的范本。"[15]马克思这里指当时作为东方帝国的中国是言论控制的典范，按照普鲁士官方的标准就是完善的，讽刺说普鲁士应该学习中国，禁绝民间报刊，这样一来，也就不需要费劲地搞书报检查了。

的确，从国际环境来看，相对于马克思在其他领域的理论研究成果，马克思对新闻出版自由的论述影响要小得多。一是因为19世纪后半叶，绝大多数西方国家都相继废除了审查或书报检查制度，而对西方来说，英国思想家密尔在1859年出版的《论自由》一书重点是讨论废除书报检查制度之后的社会法律如何保障言论出版自由问题，这才是西方国家理论界和司法界关注的重点。而此后的马克思也移居英国，他开始重点批判资本主义制度，新闻自由的话题已经不再是重点。二是因为苏俄信奉马克思主义的政党执政后国内外形势严峻，不得不通过了对付其他党派的出版法令，取消了新闻出版自由。对此，波兰和德国共产党领导人、著名的马克思主义理论家罗莎·卢森堡曾于1918年在狱中所写的《俄国革命》一文中提出过尖锐的批评：没有普选，没有不受限制的出版和集会自由，没有自由的意见交锋，任何公共机构的生命都要逐渐灭绝，就成为没有灵魂的生活，只有官僚仍是其中唯一的活动因素。[16]不幸的是，苏联在内战之后也没有恢复新闻出版自由。而这种"苏联模式"又对20世纪后半叶的中国政治制度和出版制度产生了长期和深远的影响，例如新闻媒介的国家垄断和报道专题的选题备案制等。因此，从当代的中国的状况来看，要实现马克思思想理论中的新闻出版自由是一个艰巨和复杂的历史进程。

所幸的是，中国当代的领导者坚持马克思主义思想，改革开放 40 多年以来一直坚持走依法治国之路，目前也已开始重视公民的普遍权利问题。2012 年 7 月 23 日，胡锦涛在省部级主要领导干部专题研讨班发表讲话，他指出："我们要全面审视当今世界和当代中国发展大势，全面把握我国发展新要求和人民群众新期待，科学制定适应时代要求和人民愿望的行动纲领和大政方针，更加奋发有为、兢兢业业地工作，继续推动科学发展、促进社会和谐，继续改善人民生活、增进人民福祉，奋力完成时代赋予的光荣而艰巨的任务。"谈到政治体制改革，胡锦涛说："推进政治体制改革，必须坚持党的领导、人民当家做主、依法治国有机统一，发展更加广泛、更加充分的人民民主，保证人民依法实行民主选举、民主决策、民主管理、民主监督，更加注重发挥法治在国家和社会治理中的重要作用，维护国家法治的统一、尊严、权威，保障社会公平正义，保证人民依法享有广泛权利和自由。"[17] 这里的"广泛权利和自由"当然是包括言论和出版自由的。

2017 年 10 月，习近平在党的十九大报告中强调，我国社会主义民主是维护人民利益的最广泛、最真实、最管用的民主。发展社会主义民主政治就是要体现人民意志、保障人民权益、激发人民创造活力，用制度体系保证人民当家做主。只有坚持马克思主义思想，才能保持党和政府正确领导，保证中国特色社会主义沿着马克思主义思想方向前进。

三、对蔑视自由的抗议——"诗人"的愤懑与谴责

就马克思而言，他本人就是普鲁士书报检查制度的长期受害者。马克思的一生主要是作为独立的学者和思想家从事理论研究以及国际社会主义运动，如果说马克思曾有过某一相对固定的职业的话，那就是早期曾经担任过一些报纸杂志的编辑工作。然后由于普鲁士实行严格的书报检查制度，作为编辑的马克思长期受到这些所谓的"合法"的书报检查法律条文的迫害，有史料

记载的就有以下几次。

（1）1842年年初普鲁士莱茵省的工商业者在科隆创办了《莱茵政治、商业和工业日报》（简称《莱茵报》）。马克思从1842年4月开始为该报撰稿，10月中旬被任命为主编。该报因经常抨击普鲁士政府以及莱茵省议会的反民主政策而不断受到书报检查官的干扰。1843年1月21日，普鲁士国王威廉四世召开内阁会议决定从3月31日起查封《莱茵报》。

（2）1843年10月，作为政治流亡者的马克思来到巴黎，与卢格一起编辑杂志《德法年鉴》，撰写关于社会主义的文章。他还为《前进报》（由德国的民主派流亡人士创办的刊物）撰稿，该报批评的矛头直接指向普鲁士国王威廉四世。1845年1月25日，在普鲁士政府的压力下，法国内务大臣基佐查禁了《前进报》，颁发了驱逐马克思的命令。

（3）1845年2月，马克思被法国驱逐出境后移居布鲁塞尔。为了避免普鲁士检察机关的引渡，马克思只好在1845年12月放弃了普鲁士国籍，成为无国籍人士。在布鲁塞尔，马克思用《德意志-布鲁塞尔报》继续揭露普鲁士的警察统治。普鲁士政府又要求驱逐马克思，没有成功。但由于布鲁塞尔二月革命的影响，1848年3月3日，马克思被逮捕并收到一份国王签署的让他24小时内离开比利时的命令。同日，马克思接到法国临时政府的邀请信。

（4）1848年4月10日，马克思从巴黎重返普鲁士的科隆，创办了民主派的机关报《新莱茵报》。在短短的一年时间里，《新莱茵报》多次受到短期查封、起诉和审讯。1849年5月19日，普鲁士当局采用暴力查封了《新莱茵报》，并将主编马克思驱逐出境。

（5）1849年8月26日，马克思被迫从巴黎迁居伦敦，直至去世。1850年马克思在伦敦又创办了名为《新莱茵报》的刊物，但由于出版商不愿在政治和物质上冒险，1850年年底，马克思不得不放弃。此后，马克思全力从事《资本论》的写作，同时也把为《纽约每日论坛报》撰稿作为谋生手段。

不过，从马克思的办报刊生涯来看，这种迫害也彰显出马克思正直、高洁的品格，他是社会良知的代表。正如哲学家斯宾诺莎所认为的：对统治者钳制言论自由进行抵抗的人"不是贪财奴、献媚的人"，而是"受良好教育，有高尚的道德与品行，更为自由的人"。[18]也正如恩格斯所说："被书报检查机关删减总是不愉快的，不过倒也是光荣的：一个年已三十或写了三本书的作者竟然没有同书报检查机关发生过冲突，那他就不值一提；伤痕斑斑的战士才是最优秀的战士。"[19]

马克思《霍亨索伦王朝的出版法案》一文写于 1849 年 3 月 21—22 日，载于 1849 年 3 月 22 和 23 日《新莱茵报》第 252 和 253 号上。此时马克思被迫放弃国籍，重返普鲁士的科隆。他创办《新莱茵报》11 个月，在这不到一年的时间里，《新莱茵报》多次受到短期查封，马克思和《莱茵报》的同人们反复被起诉和审讯，但他们仍然在坚持着，马克思的愤怒是可想而知的。因此，这篇文章带有檄文的性质，文中的所有段落都是用以下强有力的、带有控诉性质的排比句开头的：

"出版自由——同时旁边还有绞架！"

"出版自由——同时旁边还有绞架、普鲁士法的绞架！"

"公开的、真正公开的审判——同时旁边还有普鲁士法的绞架！"

"公开的、真正公开的审判——同时旁边还有普鲁士法的绞架！"

"出版自由，在戒严条件下的公开审判——同时旁边还有绞架！"

"出版自由，军刀检查制度——同时旁边还有绞架！"

"出版自由，真正公开的审判——同时旁边还有绞架！"

"出版自由，公开审判——同时旁边还有绞架！"

曾一度声势浩大的革命失败了，民主成为泡影。1848 年开始的三月革命以失败告终，统一德意志和建立民主制度未能得到实现。

1848 年 5 月 18 日，各邦国的资产阶级代表在法兰克福的圣保罗教堂召开国民议会，试图通过立法程序建立一个君主立宪制国家。他们为制定帝国宪法进行了无休止的辩论，从而使各邦国统治者获得了喘息的机会。

马克思认为，不管当时的议院是多么不中用，议会都不会通过这些法案。但如果不通过上述这些"法案"，当权者会"钦定"给莱茵省一副绞杀出版物的霍亨索伦绞架。

1849 年 3 月 8 日，国民议会终于通过了《帝国宪法》。该宪法规定建立一个统一的德意志帝国，由普鲁士国王威廉四世当皇帝；帝国统一全德意志的法律、货币、关税、度量和贸易；各邦国在帝国内享有广泛的自治权，但军事和外交由帝国政府掌管。该宪法还规定取消封建等级制度和农奴制，保证公民的人身、信仰、结社、言论和新闻自由。但这部反映资产阶级利益的《帝国宪法》一出世，立即遭到各邦国统治者的反对，成为一纸空文。

从 5 月开始，萨克森、莱茵-威斯特伐利亚、法尔茨和巴登等地相继爆发了人民群众保护《帝国宪法》的武装起义。由于各地区的武装起义缺乏统一指挥和互相配合先后都失败了，国民议会也被解散。

1849 年 5 月，普鲁士政府勒令《新莱茵报》停刊，驱逐马克思出境。

而在 1849 年 3 月 8 日，国民议会通过《帝国宪法》前的那些与出版相关的法律草案（尤其《出版法草案》《新刑法草案》），就是被马克思认为是绞杀出版物的绞架（即恶法）——"霍亨索伦王朝的出版法案"。

（作者为中国人民大学新闻学院教授）

注释

[1] 马克思. 霍亨索伦王朝的丰功伟绩［M］//马克思，恩格斯. 马克思恩格斯全集：第 6 卷. 北京：人民出版社，1961：574.

[2] 同［1］758.

[3] 同［1］573.

[4] 同［1］432.

[5] 同［1］440.

[6] 龚刃韧. 马克思新闻出版自由经共理论之重温［J］. 法学，2010 (7).

[7] 同［6］.

[8] 郎咸平，孙晋. 中国经济到了最危险的边缘［M］. 北京：东方出版社，2012：4 - 5.

[9] 马克思. 关于第六届莱茵省议会的辩论（第一篇论文）［M］//马克思，恩格斯. 马克思恩格斯全集：第 1 卷. 2 版. 北京：人民出版社，1995：176.

[10] 同［9］181.

[11] 同［9］176.

[12] 同［9］176.

[13] 马克思. 普鲁士出版法案［M］//马克思，恩格斯. 马克思恩格斯全集：第 5 卷. 北京：人民出版社，1958：273.

［14］马克思．评普鲁士最近的书报检查令［M］//马克思，恩格斯．马克思恩格斯全集：第1卷.2版．北京：人民出版社，1995：115.

［15］同［14］129.

［16］龚刃韧．马克思新闻出版自由经共理论之重温［j］．法学，2010（7）.

［17］胡锦涛．沿中国特色社会主义伟大道路奋勇前进［DE/OL］．http://news.cntv.cn/special/mlzyllcg2012/20120724/106292.shtml.

［18］斯宾诺莎．神学政治论［M］．北京：商务印书馆，1963：275.

［19］恩格斯．致弗里德里希·格雷培（1839年12月9日—1840年2月5日）［M］//马克思，恩格斯．马克思恩格斯全集：第41卷．北京：人民出版社，1982：543.

印花税是"对以自由精神创作的作品的
一种禁止制度"

——马克思《报纸印花税》① 考证研究

钱　婕

1855 年是英国报业发展史上的重要年份。这一年的 6 月 30 日,印花税终于被废除,英国报业赢得了摆脱经济限制、争取出版自由的关键一役。

印花税的历史可以追溯到 1712 年,英国国会颁布的《印花税法案》规定对报纸按版面数量征收印花税,同时征收的还有广告税与纸张税,三税合称知识税 (taxes on knowledge)。自 1712 年至 19 世纪初,知识税作为经济杠杆一直有效地控制着英国报业。直到 19 世纪 30 年代,伴随着自由主义理念的确立和下层激进报刊的发展,知识税的合理性和有效性开始受到质疑。1832 年英国政治家布尔法·李顿 (Bulwer-Lyton) 提出了第一个废除印花税的议案,自此人们围绕这一问题吵吵嚷嚷二十余年。马克思的《报纸印花税》就写于 1855 年 3 月 27 日,废除印花税的斗争已现曙光之时。

一、《报纸印花税》的写作缘起

1855 年 3 月 26 日,英国下议院二读通过了废除报纸印花税的法案。按照英国议会立法程序,接下来法案将会送交特别委员会逐条审议和修正,并由三读投票表决,通过下议院三读的议案再提交至上议院通过。在英国,下院拥有立法的决定权,上院可以提出修正意见或拖延一段时间,但很难阻止法案的通过。因此,通过下议院二读这是一个重要的阶段性胜利。然而,马

---

① 即《拿破仑和巴尔贝斯。——报纸印花税》。

克思没能用欣喜的口吻描述这一局面，因为保守的力量并不甘心失败，"英国全部报刊，除了少数例外，掀起了反对新法案的一个最下流无耻的运动"。一个原本有利于报业自由发展的政策却遭到了报界的反对，这让马克思愤然提笔，揭露印花税的实质，并将批判的矛头直指《泰晤士报》。3 月 30 日，这篇文章发表在德国民主派报纸《新奥得报》第 151 号上。

1851 年 3 月在伦敦圣马丁大厅举行的废除知识税大会（画）

　　如果说废除印花税法案进入议会立法程序以及与之相伴随的一场"最下流无耻的运动"是马克思写作《报纸印花税》一文的直接契机，对出版自由的珍视与坚守则是马克思写作该文的深层原因。早在 1842 年，马克思就明确指出，"没有新闻出版自由，其他一切自由都会成为泡影"[1]。马克思反对任何形式的对精神交往的限制，无论是精神的还是物质的。前者是基于政治、宗教或意识形态等因素的直接审查，后者以保证金和税收为主要形式控制精神生产。

　　1848 年欧洲民主革命失败后，马克思流亡至英国，英国的政治、经济和社会面貌成为马克思涉身其中谈论较多的内容。此时，反对知识税的斗争已极为激烈。虽然反对者们或出于社会控制的新思路，或出于本阶级的经济诉求，动机极为复杂，但知识税的废除将在客观上有利于出版自由的全面实现。马克思因此撰写了一系列的报道和评论文章，与工业资产阶级一道推动了这一精神交往的民主化进程。

二、马克思的基本观点分析

(一) 马克思对知识税性质的认识

文章以"昨天下院二读通过了废除报纸印花税的法案"开篇，马克思在简单介绍了废除报纸印花税法案的内容后，紧接着以在伦敦出版一份日报所需资本数额和报业反对废除印花税的事实为证，指出："难道还需要其他证据来证明旧制度是对现有的报刊的一种保护制度，是对以自由精神创作的作品的一种禁止制度吗？在英国，出版自由直到现在仍然是资本的无上特权。"虽然只有短短两句话，但却表达了对知识税本质的深刻认识。

1. 知识税使出版自由成为"资本的无上特权"

1695 年，复辟的查理二世重新颁布的《出版许可证法》失效，英国出版前的审查就此终止。但伴随着报纸数量的增加、读者范围的扩大，贵族（尤其是大土地所有者）对于出版自由的恐慌情绪仍在延续。18 世纪初期，一位政论作家这样写道：报纸可以"毒害人们的心灵，让人们反对他们的君主，诽谤他们的首相，扰乱公共秩序，诋毁所有好的政府"[2]。在封建王权衰微、民主自由理念尚未真正确立的特殊时期，知识税成为"从中世纪的交往政策向自由资本主义交往政策过渡的形式"[3]，取代政治上的审查，用经济的手段控制报业。1712 年《印花税法案》实行不到半年，"报纸停刊一半"[4]。其后，政府屡次提高印花税，1789 年至 1815 年，印花税提高了 266％[5]，随之带动报价由最初的不足 1 便士上涨至 7 便士。

提高印花税一方面是为了增加财政收入，1788 年，政府将印花税提高 1/2便士，即增加财政收入 7 万英镑。这就不难理解为什么是在拿破仑战争结束时的 1815 年，知识税同其他税种一样，达到了税率的顶峰。另一方面，也是最根本的，政治寡头们希望通过知识税提高办报成本，限制信息的流通，从而实现有效的社会控制。按照新教伦理，富人被认为是更好地践行了上帝赋予的天职的人，他们能以更负责任的态度办报，信息在有购买能力的人当中流传自然也比在穷人中安全得多。

知识税打击了商业廉价报刊和立场激进的工人报刊，使得办报与读报成为富有者的专利，马克思由此愤然写道："在英国，出版自由直到现在仍然是资本的无上特权。"

2. 知识税限制了自由的精神交往

马克思反对知识税，不仅因为"自由的每一种形式都制约着另一种形式"[6]，没有出版自由，其他自由都无从谈起，也不仅因为出版自由与马克思关注的现实运动有关，没有出版自由，就没有工人运动和工人阶级的解放。马克思说知识税是对"自由精神创作的作品的禁止制度"，是在人类精神交往的层面表达了对于出版自由的理解。

自由是人的本质，出版自由是人类精神的特权。马克思曾说："自由报刊是人民精神的洞察一切的慧眼，是人民自我信任的体现，是把个人同国家和世界联结起来的有声的纽带……自由报刊是人民用来观察自己的一面精神上的镜子，而自我审视是智慧的首要条件。"[7]在马克思看来，自由的精神交往出于人的自然及社会本质，又以对人的本质的全面占有为旨归，它是精神发展并最终实现建立在个人全面发展基础上的"自由个性"的前提。

知识税设置了精神交往的藩篱，尤其对工人阶级而言。马克思认为，工业革命后，交通的发展、受教育水平的提高、进入城市生活后孤独的心理状态以及工业社会的生产结构让工人阶级有了更加强烈的交往需求，而知识税的存在恰恰抑制了这种需求。马克思在 1853 年《〈纽约论坛报〉在下院》一文中曾引用曼彻斯特学派领袖布莱特的话指出，知识税就是"唯恐人民有新闻出版自由和更广泛的获得政治信息的手段"[8]。其导致的结果，一方面是少数代表工人阶级利益的周刊仅能依靠工人的捐款"勉强维持着自己的生存"，另一方面，英国的工人阶级由于无力购买报纸而处于信息流通的劣势。有数据显示，1815 年，一份 7 便士的报纸大约要花掉一个伦敦工匠 2％的周薪（这相当于今天一个月薪 2 000 元的工人，每天花 10 元钱买报），在伦敦以外的城市，这个比例还要更高，大概为 6％～12％。[9]知情权是自由表达的前提，信息的闭塞和知识的匮乏让英国工人很难接触到先进的知识、参与积极的意见表达，因此马克思认为知识税"大大妨碍民主教育的推广"。

6月18日，在新法令刚刚得到女王批准还未生效之际，马克思就描述了报界的变化：许多报纸降价出版，"地方报刊发生了较大的变化，仅仅在格拉斯哥一地就将出版4种定价1便士的日报"[10]。廉价报纸的大量发行让报纸从高级的精神享受变成了"英国工人的必要生活资料"。

然而，知识税取消以后，工人政治报刊反而难以生存，这是马克思始料未及的，他将工人报刊的没落归因于"工人阶级……苟安于政治上的毫无作为"[11]。除了这个原因外，依靠独特的经济结构和逃避印花税尚有一定市场空间的工人报刊，不能适应以大资本为支撑、以广告收入为主要来源的商业化环境，这是更为主要的原因。知识税在英国的取消、廉价报纸的普及，意味着此前的政党报刊时期也随之结束。在商业报刊时期，资产阶级政党早已主动放弃出版党报党刊而改用其他方式进行政治宣传，工人政党经济实力远不及资产阶级政党，在这种情形下出版党的报刊是极为困难且无传播效果的，也是逆新闻传播业发展规律的。

（二）对《泰晤士报》的批评

1.《泰晤士报》支持知识税，是要垄断报纸市场

揭示了知识税的本质后，马克思话锋一转，将矛头直指《泰晤士报》。马克思不无嘲讽地列举了《泰晤士报》的诸多自诩之词，如德尔斐神灵、唯一值得保存下来的机关、世界新闻界的统治者和所有新闻工作者的保护人等等，同时指出，《泰晤士报》如此冠冕堂皇地维护知识税，标榜新闻道德，不过是在"为报纸的垄断而奋斗"。

19世纪中期的英国报业市场，《泰晤士报》一家独大。据统计，19世纪40年代《泰晤士报》的销量达到了4万份，而与它同时期的报纸有些销量达到近1万份，更多的报纸销量不足5 000份。[12]克里木战争期间《泰晤士报》的发行量一度上升到6万份以上，让其他报纸望尘莫及。

知识税的存在进一步巩固了这种垄断地位。马克思说："在伦敦，出版日

报至少需要 5～6 万英镑的资本。"这无疑是一道森严的经济壁垒，限制了竞争者的产生，制造了准入的高门槛。知识税取得了与特许制类似的效果：将出版商的数量控制在一定范围内，从而保障行业的利润。因此，出于自然的商业本能，《泰晤士报》成为一份"一贯极力为知识税和广告税辩护的报纸"[13]。马克思看到了这种商业动因，他说，《泰晤士报》坚持保留纸张税、广告税和报纸印花税，就是要"使他的竞争者的私人事业遭受损失"[14]，然而它并未顾及这种垄断利益是否"危及整整几代人的生活和精神面貌"。作为"对现有报刊的一种保护制度"，知识税同时保护了行业内的其他经营者，他们也不愿改变现有体制与格局，所以在反对废除印花税的斗争中，《泰晤士报》并非孤立无援。

2.《泰晤士报》的商业本质

马克思与恩格斯都承认《泰晤士报》的地位和影响，恩格斯评价它"在大陆上素负消息灵通报纸的盛誉"[15]，马克思也称它为"一家极有威望的英国报纸"[16]。但马克思和恩格斯对该报的批评显得更多一些，因为它被视为社会公器。社会传播中的反证，即使用自己敌人的话来批评某件事情或人物，会产生"公正"的传播效果，马克思在《报纸印花税》一文中便充分利用了这种社会传播心理。他借自己的政敌、保守派议员德拉蒙德之口指出：《泰晤士报》并非如其标榜的客观公正，它只是"商业企业，不是什么别的东西"。

德拉蒙德说，不善经营的愚蠢报纸只投靠一个固定的党派。如《纪事晨报》，它在 1769 年诞生之时是一份倾向于辉格党的报纸，19 世纪 50 年代初是皮尔派的机关报，后来又是保守党人的机关报，这使得报纸的命运随着政党的命运起伏。《泰晤士报》的聪明之处就在于笼络了一群随时"对任何问题表示赞成或反对"的人，例如巴恩斯、奥塞哲、斯梯林、德兰恩、莫利斯、娄和戴森特先生（这些人是《泰晤士报》的管理者、编辑或记者，其中巴恩斯和德兰恩是《泰晤士报》历史上最为知名的前后相继的两任主编）。他们有着不同的观点，并且能够始终如一地坚持己见，这使得《泰晤士报》拥有圆滑的立场，同时制造了独立客观的假象。德拉蒙德讽刺地说："新闻界的真正美德看来是遵守这样的原则：无论在政治方面或是在文学方面个人应表现正派，集体则应表现不诚实。"

德拉蒙德接着又指出《泰晤士报》的贿赂行为，他说拿破仑三世称《泰晤士报》是"波旁王朝的报纸"，并有证据证明，《泰晤士报》每月从拿破仑那里得到 6 000 法郎。马克思早就在多篇文章中一再指出《泰晤士报》是可收买的，并且会根据自身利益改变立场。1853 年当财政大臣格莱斯顿建议取消增刊税，使《泰晤士报》一年省下 4 万英镑时，马克思写道："我们可以设想，用不着让格莱斯顿先生变成海格立斯，塞卜洛士就将被驯服成为羔羊。"[17]马克思借用古希腊神话，将《泰晤士报》比作被英雄海格立斯驯服的地狱之犬塞卜洛士，预言它将为获得的利益匍匐于格莱斯顿脚下。1855 年，马克思又描述《泰晤士报》对于克里木战争由"无可救药的悲观绝望"到"代之以一幅动人心弦的、闪耀着胜利希望光芒的图景"，再到"情绪又转为忧郁"[18]，态度的几次转变都取决于政府的印花税政策是否危及其报业垄断。

（三）工业资产阶级的贡献与动机

《报纸印花税》只是马克思关于英国废除知识税事件的一系列评论文章之一，由于已有前面的评论了，因而马克思关于议会讨论的叙述只有一句话："昨天下院二读通过了废除报纸印花税的法案。"这句简单的事实描述后面是围绕印花税展开的激烈的政治斗争。事实上，英国工业资产阶级与土地贵族之间围绕知识税的斗争与妥协是马克思讨论的重要命题，虽然它并未体现在《报纸印花税》一文中，但却是该文的重要背景。

1. 工业资产阶级的自由贸易原则

英国上议院议员艾伦伯度爵士（Lord Ellenborough）曾清楚地指出："印花税绝不是针对那些'值得尊重的报刊'的，其最终的目的是打击那些贫民报刊。"[19]然而在争取废除知识税的斗争中，是中间阶级——具体说是工业资产阶级的代表——而不是贫民，做出了最卓越的努力。

马克思曾不止一次提到工业资产阶级的代表——曼彻斯特学派对废除知识税的坚持。他说，曼彻斯特学派的米尔纳·吉布森先生年年都会提出废除知识税的议案。马克思大段引用曼彻斯特学派领袖布莱特在议会中的发言，说明广告税让英国工人处在与美国工人竞争的信息劣势。马克思还明确指出：
"使地方报刊摆脱伦敦的控制，使报业分散经营，这实际上是曼彻斯特学派在
它顽强而长期地反对报纸印花税的运动中的主要目的"[20]。曼彻斯特学派对
于报业自由竞争的追求，归根结底源自其自由贸易的主张。

工业革命后，伴随着工厂制度的发展，工业资产阶级作为一个独立的社
会阶层逐渐形成。他们既因为劳动与资本的对立受到工人阶级的敌视，也因
出身卑微受到贵族阶级歧视，这导致了工业资产阶级的阶级意识的觉醒，并
且首先体现于经济诉求。

工业资产阶级提出自由贸易的主张，一方面源于追逐财富的产业精神，
赚钱的欲望迫使他们迫切希望拥有开放统一的大市场，实现资本自由流通和
资源的配置；另一方面也因为得到了亚当·斯密、大卫·李嘉图等人的理论
支持，他们不仅论证了赢利本能的正当，同时将自由贸易的好处上升到了国
家利益高度。然而英国直到 19 世纪中叶仍然处在一个"基于财产和保护之上
的开放的贵族社会"[21]，因此，"让资本畅行无阻地运动，摆脱一切政治的民
族的和宗教的束缚"，成为觉醒后工业资产阶级的第一个要求。他们希望采取
放任主义的经济原则，**"生产尽量便宜，消除生产中的一切** *faux frais*（即生
产的一切多余的、非必需的费用）"[22]。在这一切 faux frais 中，自然包括了
增加办报开支的知识税。

2. 议会内的斗争与妥协

没有人否认争取废除知识税是保守主义与自由主义的角力，它体现了对
于出版自由、社会控制、经济体制及民主政治的不同理解。从政治经济学的
角度分析，围绕知识税的斗争既反映了资产阶级对于自身阶级属性的自觉以
及随之产生的政治权力诉求，也反映出土地贵族对于政治传统的维护以及被
迫做出的对资产阶级的拉拢与让步。

恩格斯曾说："从采用大工业以来，……在英国，谁都知道，土地贵族
（landed aristocracy）和资产阶级（middle class）这两个阶级争夺统治的要
求，是英国全部政治斗争的中心。"[23]但资产阶级的政治要求并非与经济地位
的提升同步。只是在 1815 年《谷物法》颁布造成对其经济利益的侵害之后，

"他们开始发现，他们必须干预国家政治，因为政治总是干预他们"[24]。为此他们结成"反谷物法同盟"，与辉格党联手在 1846 年成功废除《谷物法》。这场斗争的深远意义在于："通过国会改革法案从国会后门进入了大厅后座的新的中产阶级要移到前座来分享英国领导者的地位了"[25]。面对资产阶级的崛起，土地贵族被迫做出政策调整。不能否认，这种调整在相当程度上源于自由主义成为占主导地位的政治哲学和贯穿社会各阶层的意识形态，财政大臣格莱斯顿就经历了由托利党人向自由党人的演变。但在马克思看来，土地贵族对曼彻斯特学派的让步，包括在知识税的问题上，只不过是政治斗争的一种策略。

首先，让步的目的在于让资产阶级放弃政治权力诉求。马克思指出："工业资产阶级，尽管它目前在议院中的力量微弱，仍然是左右局势的真正主人；任何政党，辉格党政府也好，托利党政府也好，联合政府也好，只有为资产阶级做好准备工作，才能保持住政权，而不让资产阶级掌握政权。"[26]土地贵族们对曼彻斯特学派的让步是希望以财政方面的牺牲为代价，阻止资产阶级获取政治权利。

其次，让步是拉拢曼彻斯特学派、赢得议会斗争的一种方式。19 世纪中期，英国议会内已形成托利党、辉格党、皮尔派、曼彻斯特学派、宪章派并立的局面，曼彻斯特学派在议会中的力量虽不断加强，但常常要和代表土地贵族利益的托利党或辉格党联合，才能实现自己的利益。同样，土地贵族们也常常靠拉拢曼彻斯特学派以获得议会斗争的胜利。比如，1855 年印花税废除之时，帕麦斯顿内阁刚刚成立，以迪斯累里为首的托利党人和激进派联合在一起，试图成立一个调查委员对克里木战争进行独立调查，反对帕麦斯顿内阁。这直接导致在印花税问题上帕麦斯顿对曼彻斯特学派的妥协立场，帕麦斯顿内阁对曼彻斯特学派的让步是企图博得好感以防解散下院和进行新的议会选举。[27]

当然，这种让步是有限度的，是在反复摩擦之后才不得已进行的，马克思的时评较为清晰地反映了 1853 年联合内阁对废除广告税的妥协过程。1853 年 4 月 14 日，格莱斯顿还坚决反对取消广告税，至 4 月 18 日他又建议将广告税削减一半。6 月，财政大臣格莱斯顿同意将广告税从 1 先令 6 便士降低到 1 先令 3 便士，但同时又建议对刊印在很多书刊后面的出版物的广告每份征收 6 便士的税。7 月 1 日格莱斯顿将广告税降为 6 便士，并且获得了议会的通过。但随后在曼彻斯特学派领袖布莱特发言后，议会在多数议员缺席的情况之下以 68 票对 63 票的 5 票之差否决了格莱斯顿的提议，广告税被废除。面对如此缭乱的变化，马克思总结说："预算值得注意的一个总的特点是，它的大部分措施都是联合内阁在议会本次会议过程中曾极力加以反对，而后才被迫接受的。"[28]

三、《印花税法案》不同语言译文的考证

目前，《报纸印花税》一文存在着德、俄、中、英等几个语言版本。

该文首先被翻译成俄文，第一次出现在 1958 年出版的《马克思恩格斯全集》俄文第二版第 11 卷第 165～167 页。中文版根据俄文第二版翻译而来，收录于 1962 年出版的《马克思恩格斯全集》中文第一版第 11 卷第 179～181 页。从 1995 年开始，以马恩著作原文为基础的中文第二版陆续出版，由于应收录本文的第 14 卷正在出版过程中，故目前《报纸印花税》一文仅有唯一中文版本。

1975 年至 1985 年，英国伦敦劳伦斯-温莎出版社、美国纽约国际图书出版公司和苏联进步出版社共同编辑出版了英文版《马克思恩格斯全集》（*Karl Marx，Frederick Engels Collected Works*），《报纸印花税》一文收录于 1980 年出版的第 14 卷第 121～123 页。

《报纸印花税》原文为德文，目前可见于《马克思恩格斯全集》的两个版本中：一是《马克思恩格斯全集》德文版，该版本由德国统一社会党中央马克思主义研究院出版，《报纸印花税》一文收录于 1961 年出版的第 11 卷；二是《马克思恩格斯全集》历史考证版（MEGA），从 1975 年开始以原文出版马克思、恩格斯的全部遗著，《报纸印花税》一文收录于 2001 年出版的历史考证版第一部分第 14 卷。

将中、英、德三个版本比较发现，中文版的翻译带有较为强烈的感情色

彩和中国 20 世纪 60 年代的语言特色，某些词汇的使用需要修正。

（1）中文版第 11 卷 179 页第 2 段 "第三条是有关邮寄印刷物的范围"，英文版为 "a third clause concerns the size of printed matter distributed through the post"（第三条是有关通过邮寄的出版物的尺寸）。究竟是范围还是尺寸，经查证，德文原著用词是 "Umfang"，意思是 "周长，范围，大小"。虽然也有 "范围" 之意，但 "范围" 一词显然没有体现出对于报纸形式特征的要求。按照常识，邮寄出版物的要求应该与版面、厚度、重量有关，因此用 "尺寸规格" 一词更加合适。

（2）179 页第 2 段谈到工人报刊 "依靠为了总的目的而做出与大陆工人完全不同的牺牲的英国工人的每周捐款，勉强维持着自己的生存"，"总的目的"，德文原文为 "öffentliche zweche"，意为 "公共目的"，英文版也译为 "public purpose"，故中文版本修正为 "公共目的" 或 "公益" 更为合理。

（3）180 页第 1 段马克思批评《泰晤士报》时写道："它时而谦逊地把自己同德尔斐神灵做比较，时而断言在英国只存在一个唯一值得保存下来的机关即《泰晤士报》，时而自命为世界新闻界的统治者和——用不着什么库楚克—凯纳吉条约——欧洲所有新闻工作者的保护人。" 翻译基本没有问题，在此仅就两处典故进行考证。德尔斐神灵（最好翻译为德尔斐神谕）指的是，在希腊神话中，传说在德尔斐城的阿波罗神庙里有一个叫皮提亚（Pythia）的女祭师，她可以进入一种类似昏迷的通神状态中，传达阿波罗神的神谕。《泰晤士报》自比德尔斐神课谕，马克思称之谦逊显然有讽刺之意。"库楚克—凯纳吉条约" 是 1768—1774 年俄土战争俄国战胜后两国签订的和约。俄国占领黑海北岸的大片土地，并强迫土耳其承认克里米亚的独立，这为后来俄国入侵克里米亚奠定了基础。

（4）180 页第 3 段谈到《泰晤士报》的老板沃尔特三世，说："沃尔特之流的身边经常有一帮狡猾的人"。英文版翻译为："The Walter family have always found a convenient man"（沃尔特家族总是能找到一个合适的人），没有丝毫贬义色彩。考证原文，对应句为 "Die Walter-Familie habe immer geriebene Männer zur Hand gehabt"，其中 "gerieben" 一词意为 "狡猾的，精明的"，确有贬义色彩。中文版 "狡猾" 一词使用准确，但将 "沃尔特之流"修正为"沃尔特家族"会更客观。

（5）180 页第 3 段："不在行的人一下子就能看出来。"这句话的德文原文为"Das seien offenbar keine Geschäftsmänner"，英文版为"It was quite clear these were not men of business"。英文版准确表达了德文原意，中文版的翻译不知何故脱离了原著，应修正为"显而易见，他们不是什么生意人"。

（6）180 页第 3 段："自然，不能责难这些先生中间任何一个人的不彻底性；假如他们每一个人始终坚持同一种观点，那末，这些新闻工作者中每一个人单独说来是十分彻底的；但是如果把他们全部凑合在一起，则不得不承认，世界上再没有比这更不彻底的了。"文中"彻底"一词，英文版中使用的单词是 consistent，相应地，"不彻底"是 inconsistent。Consistent，根据牛津高阶英语辞典的解释是"（approving）always behaving in the same way, or having the same opinions, standards, etc."，中文意思为"一致的，始终如一的"。再考证德文原文，使用的德语词汇是 konsequent，意思同样是"前后一致的；坚定的，目标明确的"。结合前后文理解，马克思的原意应是《泰晤士报》上每个人坚持自己观点的一致性，导致报纸中观点的前后不一。整句建议翻译为："自然，不能责难这些先生中间任何一个人观点前后矛盾；假如他们每一个人始终坚持同一种观点，那么，这些新闻工作者中每一个人单独来说是最始终如一的；但是如果把他们全部凑合在一起，则不得不承认，世界上再也没有比这更相互矛盾的。"

（7）181 页第一段："至于谈到报纸的叛卖性"。英文版翻译为："As to the bribery of newspapers there was positive proof……""叛卖性"较为抽象，英文版使用的是"受贿行为"（bribery）这一含义较为具体的名词。德文原文使用的对应词汇为"Bestechlichkeit"，"bestechlich"意思是可收买的，加上"keit"这一名词后缀，应该是对于性质的描述。因此，笔者认为，此处的翻译既不应该延续"叛卖性"这一生僻的词汇，也不应该使用"受贿行为"这一对具体事实的描述，而应该忠实于原文，翻译成"至于谈到报纸可收买的特质"。

（作者为山东师范大学新闻与传媒学院副教授）

注释

[1] 马克思，恩格斯. 马克思恩格斯全集：第 1 卷 [M]. 中文 2 版. 北京：人民出版社，1995：201.

[2] BARKER H. Newspapers，politics and English society 1695—1855 [M]. Singapore：Longman，2000：10.

[3] 陈力丹. 精神交往论：马克思恩格斯的传播观 [M]. 修订版. 北京：中国人民大学出版社，2016：312.

[4] 张隆栋，傅显明. 外国新闻事业史简编 [M]. 北京，中国人民大学出版社，1988：46.

[5] 卡瑞，辛顿. 英国新闻史 [M]. 北京：清华大学出版社，2005：8.

[6] 同 [1].

[7] 同 [1] 179.

[8] 马克思，恩格斯. 马克思恩格斯全集：第 12 卷 [M]. 中文 2 版. 北京：人民出版社，1998：194.

[9] 同 [2] 30.

[10] 马克思，恩格斯. 马克思恩格斯全集：第 11 卷 [M]. 北京：人民出版社，1962：342.

[11] 马克思，恩格斯. 马克思恩格斯全集：第 16 卷 [M]. 北京：人民出版社，1964：10.

[12] 同 [2] 32.

[13] 同 [8] 159.

[14] 同 [2] 212.

[15] 马克思，恩格斯. 马克思恩格斯全集：第 41 卷 [M]. 北京：人民出版社，1982：398.

[16] 马克思，恩格斯. 马克思恩格斯全集：第 12 卷 [M]. 北京：人民出版社，1962：419.

[17] 同 [8] 83.

[18] 同 [10] 159.

[19] 张妤玟. 对英国报业史上废除知识税的重新解读——从激进主义报业的兴衰看知识税的废除 [J]. 新闻大学，2006，(1)：31.

[20] 同 [10].

［21］宋严萍．英国工业革命时期工业资产阶级研究［M］.哈尔滨：黑龙江人民出版社，2006：90.

［22］马克思，恩格斯．马克思恩格斯全集［M］.北京：人民出版社，1961：388 - 389.

［23］马克思，恩格斯．马克思恩格斯全集：第 21 卷［M］.北京：人民出版社，1965：343 - 344.

［24］同［19］191.

［25］罗伯兹．英国史：1688 年至今［M］.鲁光恒，译.广州：中山大学出版社，1990：206.

［26］同［8］80.

［27］同［17］.

［28］同［8］79.

第六部分

马克思和恩格斯论报刊与政治

马克思论报纸利益与政治

　　——对马克思《伦敦〈泰晤士报〉和帕麦斯顿勋爵》一文的考证

马克思论报刊的意见与党派及人民的关系

　　——马克思《报刊的意见和人民的意见》一文考证

报刊怎样从事政治和从事什么样的政治

　　——恩格斯《关于工人阶级的政治行动》考证研究

〖按语〗

　　马克思和恩格斯从政治角度来考察报刊较多，这构成了他们报刊思想的一部分。其中有代表性的论著主要是以下三篇。

　　与政治相关的首先是"阶级"的概念。但在具体分析某家报刊时，他们很少直接使用"阶级"的概念，而是具体情况具体分析。由于历史的原因，19 世纪英国的大部分报刊并不是由资产阶级而是由资产阶级化的贵族文人主办的，因而马克思就英国报刊与阶级的关系做了如下论证："在对外或国际政策方面，贵族为资产阶级**动手**，而报界则为它**用脑**；并且很快地这两方面——贵族和报刊——就理解到，为了它们的共同利益应当联合起来。"（人民出版社《马克思恩格斯全集》中文版 15 卷 336 页）王晶考证马克思的《伦敦〈泰晤士报〉和帕麦斯顿勋爵》，目的就在于揭示这种特殊的报刊与政治的关系。

　　马克思认为，报刊的政治态度归根结底是由利益驱动的。他称英国最大的报纸"《泰晤士报》不过是一家'商业企业'，只要决算对它有利，它对决算是怎样作出的毫不介意"（人民出版社《马克思恩格斯全集》中文版 30 卷 365 页）。廉价报纸更是这样，他谈到这类报纸主办人时说："这些人根本无所谓文化界地位问题的约束，随时准备着利用自己特有的言论自由来发财"（人民出版社《马克思恩格斯全集》中文版 12 卷 563 页）。马克思这方面分析的经典文章是《报刊的意见和人民的意见》。一般情况下报刊是要考虑民众对事件的反应的，只有在利益诱惑很大的情形下，才敢于与民意相对。周述波对该文的历史背景的详尽考证，说明了何种强大的利益使得报刊不断变化自己的立场，甚至一时不顾与民众的意见相左。

1872 年，在国际工人协会海牙代表大会上追随巴枯宁无政府主义的与会者要求报刊"放弃政治"。马克思和恩格斯给予了反驳。他们关于这个问题的论著，以恩格斯起草的发言提纲《关于工人阶级的政治行动》最为经典。恩格斯说："问题只在于怎样干预（mischen）政治和干预到什么程度。这要根据情况而定，而不是按照规定办事。"（人民出版社《马克思恩格斯全集》中文版 17 卷 445 页）这里涉及三个问题。首先，报刊与政治有密切的关系；其次，报刊与政治并不是一回事，因而存在怎样干预政治和干预程度的问题；最后，报刊与政治的关系要根据具体情形而定，不存在各种先验的"规定"。路鹏程在对此文的考证中，对中译文"干预"的对应德文词 mischen 进行了文句研究，认为"干预"的翻译是不适当的，应该翻译为"参与""从事"。恩格斯的发言是用法文记录的，与德文词 mischen 对应词是法文词 agir，亦是中性的"从事"的意思。欢迎有兴趣的研究者继续关注此问题。

马克思论报纸利益与政治

——对马克思《伦敦〈泰晤士报〉和帕麦斯顿勋爵》一文的考证

王　晶

马克思在 1861 年 5 月写的《伦敦〈泰晤士报〉和帕麦斯顿勋爵》一文，主要论证了《泰晤士报》与英国政治当权者之间的复杂关系。当时英国贵族正逐步资产阶级化，作为贵族寡头代表的帕麦斯顿[1]在担任首相之后一度实现在本国的独裁统治，并间接控制了《泰晤士报》。而作为这一时期"国家舆论"代表的《泰晤士报》，既受到政权垄断与社会变革的影响，又受到新兴大众报纸在经济收益上的挑战与威胁，实际上在政治上依附与保持距离之间艰难挣扎。

本文在考证大量文献的基础上，尝试论证：报纸与政治之间存在复杂关系，报刊取向并非完全由政治决定，而是由报刊自身利益决定；在某些特定情况下，它对政治力量的依附是为了获得公众的认同。

帕麦斯顿勋爵　　　　　马克思（19世纪60年代）

一、《伦敦〈泰晤士报〉和帕麦斯顿勋爵》的历史背景

马克思的这篇文章原文是英文，发表于 1861 年 10 月 21 日的《纽约每日论坛报》。其中译文收入 1963 年出版的《马克思恩格斯全集》第 15 卷 335～340 页（马克思，1861b. 后面凡引证此篇者，不再标注）。1861 年，英国的报业处于政党报刊时期转向商业报刊时期的拐点上，这时，《泰晤士报》的报业规模也发展到巅峰。

《泰晤士报》是以商业发展为主的报纸，创刊于 1785 年，最初是一家以城市居民为对象、销路有限的报纸，创办人是约翰·瓦尔特。在瓦尔特二世管理报纸期间，通过对拿破仑滑铁卢战败消息的报道，该报销路大开，影响日隆。它的主办人甚至拒绝了英国政府补贴该报的提议，全心致力于商业发展。瓦尔特三世继续推进《泰晤士报》独立编辑的办报方针，通过对 1855 年克里木战争的报道，最终促成了阿伯丁政府的垮台、远征军总司令的被撤职以及国际十字会的创建，从而将《泰晤士报》推向发展巅峰。1836 年，《泰晤士报》的销售量是其他主要的报纸《晨邮报》《先驱报》和《纪事报》总和的两倍；1850 年，这一数字达到了四倍；1855 年，该报发行量达到 6 万份，是伦敦五家早报总和的三倍。

19 世纪 50 年代堪称《泰晤士报》的黄金时期，但同时也是该报走向衰落前的最后一段辉煌时期。因为 1853—1861 年间，英国的各项知识税，如广告税、印花税、纸张税等被逐项废除，大大减轻了报纸的经济负担，地方的大众化报刊蓬勃发展。1864 年，地方报纸的发行量已经达到伦敦报纸的两倍。

廉价大众报纸使《泰晤士报》第一次面临严重的生存危机，发行量受到巨大影响，独家报纸垄断的局面受到挑战。在英国还没有完全走出政党报刊时期的时候，作为商业报纸的《泰晤士报》不可能完全独立发展，它需要不断观测政治形势，与当时的政治力量处于一种若即若离的状态，不断调整与当权政党和政府的关系，以保持自己在英国舆论中的霸主地位。

19 世纪 30 年代初，英国工业资产阶级与土地贵族、金融贵族的权力斗争比较激烈，《泰晤士报》最终选择了支持代表工业资产阶级利益的辉格党。为宣传该党的观点，它曾以四个版的篇幅刊登 1831 年 10 月 8 日上议院改革法案辩论的全部内容，引起国内民众的广泛关注。1832 年英国议会通过改革法案，大获全胜的辉格党较长时间持续执政，而为此提供过舆论帮助的《泰晤士报》也得到了当权政府的各种政策优待。

1855—1865 年帕麦斯顿连续担任首相期间，英国的政治权力一度实现集中化，在国家对外政策方面，垄断权从上议院转给了少数贵族参与的内阁会议（马克思称之为"寡头会议"），最终转为帕麦斯顿勋爵的独裁，他逐步"篡夺了管理不列颠帝国国家资源和决定其对外政策方针的绝对权力"。

与此同时，《泰晤士报》也在报业集中化过程中取得了国家报纸的地位，获得了报界垄断权，成为英国舆论的代表。

为了拉拢和控制"这家篡夺了以英国人民名义广泛议论他的秘密勾当的权利的唯一报纸"，帕麦斯顿想方设法"把《泰晤士报》的某些有影响的人物拉到内阁中来担任次要的职位，并且把另一些人接纳到自己的社交圈子里"。从这个时候起，《泰晤士报》在不列颠对外政策方面的活动，完全是为了制造符合于帕麦斯顿勋爵的舆论，到了 19 世纪 60 年代，该报已经"完完全全变成了他的奴隶"。

这里所说的控制只限于对外政策方面。在国内事务报道方面，《泰晤士报》尽管会在大众报纸挑战中寻求一定的政治帮助，但它还是以自身利益和公众意见作为最终衡量标尺的，这一点下文会详细探讨。

二、《伦敦〈泰晤士报〉和帕麦斯顿勋爵》的主要观点

在《伦敦〈泰晤士报〉和帕麦斯顿勋爵》一文的开篇，马克思以英国政治家罗伯特·娄[2]的一句话作为论述的起点："英国人民靠阅读《泰晤士报》参加对自己国家的管理。"这句话出自娄的文章《〈泰晤士报〉在政府中的作用》，这是他就所谓英国的自治制度发表的意见。马克思就此评论道：

这一意见只有在涉及王国的对外政策时才是正确的。至于国内改革，就从来没有在《泰晤士报》的支持下实现过；相反，《泰晤士报》在确信自己完全无力阻挠实现这些改革之前，是从不停止反对它们的。……每当改革的拥护者胜利在握时，《泰晤士报》就来一个急转弯，从反动阵营溜掉，并且能想出办法在紧要关头和胜利者站在一起。在所有这些情况之下，《泰晤士报》就不是指导舆论，而是生硬地，勉强地，在试图挽回人民运动的狂澜久而无功之后，屈服于舆论。

这段话是全文马克思论证的思想核心，它表明两个基本观点：第一，在对外政策上，《泰晤士报》基本听命于当权政府，政治因素与经济因素是牵制该报发展的两根链条；第二，在必须进行抉择的时候，《泰晤士报》的自身利益最终决定其政治态度，其目的是为了获得公众的认同，进而保障自身利益。

（一）制约报刊发展的"黄金的链条"与"官方的链条"

19 世纪中期的英国还处于贵族寡头为资产阶级管理国家的过渡时期，寡头们的传统政治权力对报纸具有较大影响，同时，大部分有产阶级的政治性报纸又或多或少由自身的经济利益牵制。马克思曾以两份报纸为例对此评论道："伦敦《泰晤士报》和《笨拙》杂志——英国新闻界的大科夫塔和小丑；它们二者都被黄金的链条和官方的链条跟现政府连在一起"（马克思，1857：163）。这里的"黄金的链条"是指经济因素，"官方的链条"则是指政治因素，经济与政治是两个最基本的牵制报刊发展的因素。

"黄金的链条"与"官方的链条"通常处于不均衡状态。或者是出于传媒商业利益的需要，报纸较多受到发行量和声誉的影响；或者是由于编辑人员被金钱或官位收买，报纸较多地依附政治当权人物。当必须择其一时，具有决定性作用的是"黄金的链条"。

就《泰晤士报》而言，它在对外政策报道中多次受到"黄金的链条"制约。马克思曾评价说："在古希腊，如果一个演说家被人用钱收买而不说话了，人们就说他**舌头上有了牛**[3]。……对于《泰晤士报》，我们可以说，在东方问题重新产生以来的整个这个时期，它的舌头上也有了牛，——如果说这不是为了迫使它不说话，那至少是为了迫使它说话。"（马克思，1853b：23-24）奥马腊[4]也在一本书里肯定地说，《泰晤士报》每月从他那里得到 6 000 法郎，他本人持有由报纸出版者签名的正式领钱收据。（马克思，1855e：181）

《泰晤士报》同时受到"官方的链条"制约，为了政治利益而忽略经济收益的个别情形是存在的，例如它在 19 世纪 60 年代对帕麦斯顿政权的依附。

1861 年英国政府议会期间，帕麦斯顿因为对外政策中的独裁行为，接连遭到无党派下院议员的指控，这些议员想通过对帕麦斯顿政事的揭露，"让国民了解到，这样的无限权力保持在他手中是多么危险"。先是邓洛普[5]提议任命一个专门委员会，审查帕麦斯顿于 1839 年向议院提供的英国-阿富汗关系文件，因为他能证明帕麦斯顿确实伪造了相关文件；接着，蒙台居勋爵[6]提议公布有关 1852 年丹麦条约的全部文件，因为帕麦斯顿不仅参与了修改丹麦王位继承制的阴谋，还提供了虚假的材料欺骗下院。但是，蒙台居勋爵的发言只进行了一个半小时，就被帕麦斯顿以用法定人数不足为由中断会议，此议案遭到搁置。

这是马克思在《伦敦〈泰晤士报〉和帕麦斯顿勋爵》一文中谈到的两个事件。对此，《泰晤士报》明确站在帕麦斯顿的立场上发言。它在刊发第一个事件的议会报告时，直接略去了邓洛普发言中所有可能大大损害帕氏的地方；而第二起事件的刊发过程则有点戏剧化。《泰晤士报》早已接到会议将中断的通知，那位专门负责歪曲和假造的编辑把当天安排成了自己的休息日。结果没想到蒙台居的发言进行了一个半小时，并且其内容未经歪曲就在《泰晤士报》上出现了。被收买的编辑在第二天早上发现出了差错，便写了一篇社论予以弥补："因法定人数不足而闭会是打断无聊的发言的妙法；蒙台居勋爵无聊得令人难以忍受；如果不是用最不客气的方式摆脱无聊的议会发言，国家事务是无法管理的。"

除了歪曲这些国内刚刚发生的事情迷惑公众之外，"对于远在国外所发生的事件，例如美国的战争事件，它运用造谣和隐瞒的艺术就真正是神通无限了"。在这次战争中，《泰晤士报》不顾国内民众的反对声音，坚持追随帕氏政府的决策并发表评论。最初几个月，它与帕氏政府对美国北部的敌对立场一致，并鼓吹南部军队的进攻实力和指日可待的胜利。当帕麦斯顿想放弃对北部的原有敌对立场时，《泰晤士报》也马上改变调子，在一篇社论里表示完全相信北部的军事优势。这样做，"既不是由于同情英国的棉纺织业巨头，也不是由于关心英国的任何现实利益或可能的利益。它直截了当地是执行自己主子的命令"。

当然，我们无法将《泰晤士报》的政权依附行为单纯地归因于"官方的链条"制约，其实在很多情况下，"黄金的链条"与"官方的链条"这两个因素是相互交错、共同发挥作用的。

帕麦斯顿是成功使用"黄金的链条"与"官方的链条"牵制报纸的典范。在上台执政前夕，他就曾以金钱和官位的诱惑、提供政治新闻等特权来完成对伦敦报纸（包括《泰晤士报》）的控制。对此，马克思写道："在这个决定性的关头，他得到了《泰晤士报》的无条件的支持。他怎样争得这一点，他同德兰恩订立了什么契约，自然很难说，但是在投票后的第二天，所有伦敦的日报，只是《先驱报》除外，都异口同声地一致拥护帕麦斯顿担任首相"（马克思，1855c：45）。

"黄金的链条"与"官方的链条"的双重牵制总是颇见成效。1859 年帕麦斯顿暂时下台几个月，《泰晤士报》用一种客观的语调表明自己对帕氏的支持："《泰晤士报》和一切其他的帕麦斯顿报纸（虽然这些报纸按照所分配的角色，对各有关的大国采取赞成或反对的态度）一样，指出必须重新让'真正英国大臣'掌握政权（以一般人民为对象的《晨报》和《每日电讯》公然这么说）。"（马克思，1859：409）这里所谓的"真正英国大臣"，就是指帕麦斯顿。

不过，当报纸需要进行利益抉择的时候，"黄金的链条"还是最终胜过了"官方的链条"。一旦报纸的自身利益或声望受到威胁时，它们会毫不犹豫地向依附党派发起攻击。1855 年年初，当英国许多报纸对内阁"封锁外交"的内幕进行揭露和攻击时，《泰晤士报》是为之辩护的，然而它很快就改变了调子。马克思就此分析说："《泰晤士报》也……对内阁的'封锁外交'进行激烈的攻击。印刷所广场的雷公的特点是他的雷总是 post factum〔事后〕才响。从 1854 年 3 月 26 日到今天，《泰晤士报》一直为'封锁外交'辩护。现在当它掀起的喧声已经不可能阻碍内阁的措施，同时又给自己带来声望的时

候，它突然变得有先见之明了。"（马克思，1855b：649）

报纸与"黄金的链条""官方的链条"之间的关系错综复杂，也正因为如此，《泰晤士报》对客观与公正面貌的追求，其实是政治、经济利益相互牵制和综合作用的结果，或者是出于维护报刊职业权益的需要。1854 年，马克思曾对《泰晤士报》一会儿赞扬内阁、一会儿批评内阁的平衡策略做过分析，他说："对联合内阁的不满和它的作战方法所引起的民愤是这样强烈，甚至连《泰晤士报》（它不能不或者用自己的发行量来冒险，或者停止对'群贤内阁'逢迎）也认为在星期三那天的报上猛烈抨击内阁是适时的。"（马克思，1854：219）在这里，促使《泰晤士报》表现出公正态度的是报纸的发行量和声誉。

当然，像帕麦斯顿这样对报纸进行双重控制的情形在英国历史上毕竟罕见，不属于普遍现象，而影响报刊发展的因素总是复杂而多面向的，《泰晤士报》等许多报纸并不是完全被动的，它们总是根据报纸自身的利益来调整自己的政治态度。

（二）报纸政治态度的变化取决于自身利益，表达不同政治观点是为了获得读者的认同

所谓报纸自身的利益，包括商业利益、报纸地位与声誉等，其中，报纸的商业运营规律对政治态度有决定性影响，这属于自然支配的定律，马克思将之称为"非常卑鄙可耻以致不敢公开说出的隐秘动机"（马克思，1861a：326）。通常来说，报纸的政治态度以自身利益作为基本的衡量标准。

前文所谈到的《泰晤士报》对帕麦斯顿政权的依附，实际上与该报的自身利益密切相关。在面临大众化报刊挑战、垄断地位岌岌可危的情形下，《泰晤士报》需要寻找并联合强势的政治力量以维持其报业地位。帕麦斯顿是当时的政权垄断人物，选择依附帕氏政府，可以通过独家报道赢得声望，在一定程度上缓解报业发展的危机。但事情总具有两面性，在维护自身利益的同时，政治依附也可能使《泰晤士报》做出错误的社会形势判断，并歪曲、修改、伪造内容，结果站到舆论的对立面。当出现这种情形时，《泰晤士报》作为报纸企业的功能就开始发挥作用，它会在发现跟错方向的时候迅速放弃原有的政治立场，选择站在公众一边。

正是出于这种对自身利益的考虑，《泰晤士报》的政治态度总在发生变化。它曾经支持 1852 年刚刚上台的阿伯丁内阁政府，并称颂英国进入了"政治千年王国的开端"，但在该政府倒台前几个月，当帕麦斯顿作为新政治势力获胜的苗头刚出现时，它又很快转变态度，转而攻击阿伯丁政府如何的无能。"正是那个宣称'群贤'的即位意味着千年王国的开端的《泰晤士报》，对促使这届内阁的倒台起了比其他任何报纸更大的作用。"（马克思，恩格斯，1855c：26）

围绕英国报纸附刊税和印花税等问题，《泰晤士报》的政治态度曾几度变化。究其原因，在于税收的加免直接影响到该报的商业利益。例如，1855 年英国财政大臣格莱斯顿宣布取消报纸附刊税时，《泰晤士报》马上对他表示政治支持，就此谈道："高贵的格莱斯顿把一个特殊的法案——取消报纸附刊印花税——列入了他的预算，以便收买**《泰晤士报》**，他用这个办法等于每年馈赠该报三四万英镑。因为只有它一家出版附刊，它的垄断地位就得到了加强。感恩戴德的**《泰晤士报》**放弃了反对他的所得税的争论，现在又要求他加入新内阁了。"（马克思，1855a：426）

但是，格莱斯顿很快又提出一项新的法案，要求废除一般报纸的印花税，并降低报纸邮资。这个法案如果实施，就会促进其他报刊的发展，并威胁到《泰晤士报》的报界垄断地位。于是《泰晤士报》开始对格莱斯顿政府进行猛烈抨击。两个月后格莱斯顿下台、路易斯爵士上台，《泰晤士报》的态度又随情况变化而发生了改变，"他①的继任人乔·康·路易斯爵士就撤回了这个法案，同时《泰晤士报》希望一切都能照旧，因此突然放弃了它对克里木事件的忧郁看法，而代之以一幅动人心弦的、闪耀着胜利希望光芒的图景……今天《泰晤士报》的情绪又转为忧郁，因为昨天乔·康·路易斯爵士出乎大家意料之外，又提出了废除报纸印花税的法案"（马克思，1855d：159）。

除了当权政治人物之外，《泰晤士报》对工人阶级的态度也在变化。它在第一国际刚诞生时不断地对其进行嘲笑和攻击，但在其发展壮大时却进行了相对客观的报道。1868 年，第一国际召开布鲁塞尔代表大会，《泰晤士报》

---

① 指格莱斯顿。——笔者注

为此连续发表 5 篇较长的通讯和社论，其中包括马克思写的关于国际总委员会的工作报告全文。马克思对此说道："英国的报刊、尤其是伦敦的报刊以异常严肃认真的态度谈论和它的（单是《泰晤士报》就为此刊登了 4 篇社论）"（马克思，1868b：374）。他特地将这种情况通报美国支部："寄上一号**《泰晤士报》**，其中有总委员会第四年度报告（**我**写的）和《泰晤士报》关于这一文件的极为有趣的**社论**。《泰晤士报》丢掉对工人阶级的嘲笑腔调而'十分'认真地对待他们，这是破天荒第一次。请您把这件事传播出去。"（马克思，1868a：547－548）

对于《泰晤士报》来说，这种政治态度或立场的变化是很自然的事情，基本取决于其自身利益的权衡。马克思就此评论说："正如科贝特早已揭露的，**《泰晤士报》**不过是一家'商业企业'，只要决算对它有利，它对决算是怎样作出的毫不介意。"（马克思，1863：365）

为了报纸利益，《泰晤士报》经常发表不同的政治观点来获取公众支持。对此，德拉蒙德[7]曾在下院会议上说：

> 现在的报刊是商业企业，不是什么别的东西……瓦尔特之流的先生们［《泰晤士报》的主要股东］自然有同布莱特先生开设棉纺织厂一样的权利来开设政治性的废话工厂……《泰晤士报》比它的竞争者更善于经营。瓦尔特之流的身边经常有一帮狡猾的人——开业多年的律师和类似他们的人，这些人随时准备对任何问题表示赞成或反对。例如巴恩斯、奥塞哲、斯梯林、德兰恩、莫利斯、娄和戴森特先生们[①]就是这样的人。……真正的艺术——这里《泰晤士报》也显示了它的技能——在于雇佣一大帮持有各种不同意见的绅士，并强使他们写稿。自然，不能责难这些先生中间任何一个人的不彻底性；假如他们每一个人始终坚持同一种观点，那末，这些新闻工作者中每一个人单独说来是十分彻底的；但是如果把他们全部凑合在一起，则不得不承认，世界上再没有比这更不彻底的了。（马克思，1855e：180）

---

① 泰晤士报的编辑。——笔者注

马克思在这里借用德氏的话指出，《泰晤士报》并非专致于某一政党，而是根据实际需要，通过不同政治观点获得公众的广泛认同。在他们眼里，该报是一块盛产各种动物饲料的沼泽地，"下雨天在这块地上能长出一些喂牛的东西，如果长不出什么喂牛的东西，那末会长出一些喂猪的东西，如果连喂猪的东西也一点长不出来，那末总会长出一些喂鹅的东西来的"（马克思，1855e：180-181）。也就是说，《泰晤士报》这块"土地"，能够生产不同的政治内容以迎合不同政党派别的读者需要。

在自身利益的支配下，《泰晤士报》的政治态度变化是常规而不是例外，因此，在马克思和恩格斯的著作中，曾对《泰晤士报》使用过各种政治定性用语。1852 年，该报被称为"保守党的机关报"（马克思，1852：403），第二年被称为"整个内阁的代表"（马克思，1853c：603）；在帕麦斯顿当权时期（1855—1865），它长时间被称为"帕麦斯顿的报纸"，而在 40 年代，《泰晤士报》曾是帕麦斯顿外交政策的激烈抨击者；1863 年"《泰晤士报》当时是格莱斯顿先生的机关报"（恩格斯，1891：112）；而在 1869 年，"格莱斯顿就不得不和反对派《泰晤士报》、《星期六评论》等发生冲突"（马克思，1869：669）。

有必要指出的是，报纸自身的经济利益决定着它的政治态度或立场，这只是一般规律的体现。在特殊复杂的社会关系中，这种利益的权衡不仅是政治和经济上的，还可能有其他因素同时起作用，如民族动机或爱国情绪。在特定的时代条件下，思想观念上的动力有时也会超过经济力量决定报纸的政治态度，这属于另一个探讨话题，在此不再赘述。

三、结语

通过以上论证，我们需要辩证地认识《泰晤士报》，不能在看到马克思和恩格斯对《泰晤士报》的批评之后，就简单地认为该报处处在造假说谎。其实，就报刊职业性而言，马克思恩格斯对该报的评价还是相对较高的。1858 年，马克思在引证一篇《泰晤士报》报道时说，"有一家极有威望的英国报纸担保它真实可靠"（马克思，1858：419）；恩格斯也称"《泰晤士报》在大陆上素负消息灵通报纸的盛誉"(恩格斯，1844：398)。1871 年，恩格斯为说明法国公众反对迫害巴黎公社社员的普遍看法时引证了《泰晤士报》，他写道："《泰晤士报》关于凡尔赛再度延期审判被俘公社社员的评论，无疑击中了目标，反映了法国公众的情绪。"(恩格斯，1871：422)

此外，在报纸自身利益与政治的关系上，我们应该避免意识形态的简单套用。例如，1853 年，英国阿伯丁内阁企图做出驱赶部分大陆流亡者的决定，这时，"伦敦的一切报刊都同声愤斥阿伯丁和上院。《泰晤士报》是唯一可耻的例外"。《泰晤士报》的这种做法并不能说明它是阿伯丁派的公开机关报或御用报纸，相反，马克思在分析之后指出，这是由于该报编辑部里有几个被普鲁士大使馆收买的德籍人，"他们成了联系大陆警察和英国的指导性的报纸的环节"(马克思，1853a：630)。因此，"在报刊与政治关系的问题上，简单地用阶级、政党等等定义去套复杂的报刊活动，是无济于事的。马克思和恩格斯提供了在各种环境背景下分析报刊与政治关系的范例"(陈力丹，2008：283)。

最后，关于译文的问题，有一点需要说明：马克思恩格斯在原著中对于《泰晤士报》的用词是很讲究的，他们通常把该报称为"机关报"，而把负责歪曲的人称为"喉舌"。例如，他们在 1852 年的一篇声明中写道："伦敦却有两家公开的机关报《泰晤士报》和《每日新闻》，竟出言不逊……英国的社会舆论，对于扮演最下流最卑鄙的政府密探的辩护人和喉舌的《泰晤士报》和《每日新闻》的匿名作者，将作出公正的评价。"(马克思，恩格斯，1852：429-430) 在这里，他们对报纸使用的是"机关报"一词，其对应的原文是 organ，而对发表诽谤文章的人，则称之为"喉舌"，其对应的原文是 mouth-piece。由于在马克思和恩格斯的中文版著作中，通常把 organ 译为"喉舌"来说明报纸的党派属性，在很多情况下，人们也习惯性地将报纸统称为"喉舌"，这其实是违背马克思和恩格斯本意的。

（作者为中国社会科学院信息情报研究院助理研究员）

注释

[1] 亨利·约翰·坦普尔·帕麦斯顿子爵第三，1830—1851 年为英国外交国务大臣，

1852—1855 年为内务大臣，1855—1865 年为首相。原为托利党人，后成为辉格党人。

[2] 罗伯特·娄，英国政治家和政论家，曾经担任《泰晤士报》编辑。

[3] 牛指来自埃及的铸有埃及"圣牛"（阿皮斯）图案的银币。

[4] 巴里·爱德华·奥马腊，英国军医和政论家，1815—1818 年是放逐时期拿破仑的私人医生。

[5] 亚历山大·邓洛普，英国法学家和政治家，自由党人。

[6] 罗伯特·蒙台居，英国政治家，保守党人。

[7] 亨·德拉蒙德，英国议会议员，托利党人。

参考文献

陈力丹. 精神交往论：马克思恩格斯的传播观［M］. 修订版. 北京：中国人民大学出版社，2016.

恩格斯（1844）.《泰晤士报》论德国共产主义［M］. //马克思，恩格斯. 马克思恩格斯全集：第 41 卷. 北京：人民出版社，1982.

恩格斯（1871）. 致《泰晤士报》编辑［M］. //马克思，恩格斯. 马克思恩格斯全集：第 17 卷. 北京：人民出版社，1963.

恩格斯（1891）. 布伦坦诺 CONTRA 马克思［M］. //马克思，恩格斯. 马克思恩格斯全集：第 22 卷. 北京：人民出版社，1965.

马克思（1852）. 选举中的舞弊［M］. //马克思，恩格斯. 马克思恩格斯全集：第 8 卷. 北京：人民出版社，1961.

马克思（1853a）. 科苏特和马志尼。——普鲁士政府的诡计。——奥地利和普鲁士的通商条约。——《泰晤士报》和流亡者［M］. //马克思，恩格斯. 马克思恩格斯全集：第 8 卷. 北京：人民出版社，1961.

马克思（1853b）. 伦敦的报刊。——拿破仑在土耳其问题上的政策［M］. //马克思，恩格斯. 马克思恩格斯全集：第 12 卷. 中文 2 版. 北京：人民出版社，1998.

马克思（1853c）. 俄国的胜利。——英国和法国的地位［M］. //马克思，恩格斯. 马克思恩格斯全集：第 9 卷. 北京：人民出版社，1961.

马克思（1854）. 希腊和土耳其，——土耳其和西方强国。——英国粮食贸易的缩减［M］. //马克思，恩格斯. 马克思恩格斯全集：第 10 卷. 北京：人民出版社，1962.

马克思（1855a）. 马克思致恩格斯（1855 年 1 月 31 日）［M］. //马克思，恩格斯. 马克思恩格斯全集：第 28 卷. 北京：人民出版社，1973.

马克思（1855b）. 四项条款［M］. //马克思，恩格斯. 马克思恩格斯全集：第10卷. 北京：人民出版社，1962.

马克思（1855c）. 阿伯丁内阁的倒台［M］. //马克思，恩格斯. 马克思恩格斯全集：第11卷. 北京：人民出版社，1962.

马克思（1855d）. 英国报刊的消息［M］. //马克思，恩格斯. 马克思恩格斯全集：第11卷. 北京：人民出版社，1962.

马克思（1855e）. 拿破仑和巴尔贝斯。——报纸印花税［M］. //马克思，恩格斯. 马克思恩格斯全集：第11卷. 北京：人民出版社，1962.

马克思（1857）. 英国即将来临的选举［M］. //马克思，恩格斯. 马克思恩格斯全集：第12卷. 北京：人民出版社，1962.

马克思（1858）. 对波拿巴的谋杀［M］. //马克思，恩格斯. 马克思恩格斯全集：第12卷. 北京：人民出版社，1962.

马克思（1859）. 马克思致恩格斯（1859年5月16日）［M］. //马克思，恩格斯. 马克思恩格斯全集：第29卷. 北京：人民出版社，1972.

马克思（1861a）. 美国问题在英国［M］. //马克思，恩格斯. 马克思恩格斯全集：第15卷. 北京：人民出版社，1963.

马克思（1861b）. 伦敦《泰晤士报》和帕麦斯顿勋爵［M］. //马克思，恩格斯. 马克思恩格斯全集：第15卷. 北京：人民出版社，1963.

马克思（1863）. 马克思致恩格斯（1863年8月15日）［M］. //马克思，恩格斯. 马克思恩格斯全集：第30卷. 北京：人民出版社，1974.

马克思（1868a）. 马克思致齐格弗里特·迈耶尔（1868年9月14日）［M］. //马克思，恩格斯. 马克思恩格斯全集：第32卷. 北京：人民出版社，1974.

马克思（1868b）. 关于国际工人协会和英国工人组织的关系［M］. //马克思，恩格斯. 马克思恩格斯全集：第16卷. 北京：人民出版社，1964.

马克思（1869）. 卡·马克思关于不列颠政府对被囚禁的爱尔兰人的政策的发言纪录［M］. //马克思，恩格斯. 马克思恩格斯全集：第16卷. 北京：人民出版社，1964.

马克思，恩格斯（1852）. 致英国各报编辑部的声明［M］. //马克思，恩格斯. 马克思恩格斯全集：第8卷. 北京：人民出版社，1961.

马克思，恩格斯（1855）. 上一届英国政府［M］. //马克思恩格斯全集：第11卷. 北京：人民出版社，1962.

马克思论报刊的意见与党派及人民的关系

——马克思《报刊的意见和人民的意见》一文考证

周述波

《报刊的意见和人民的意见》（简称《意见》）是马克思写于 1861 年 12 月 25 日、载于 12 月 31 日维也纳《新闻报》（*Die Presse*）第 359 号的一篇通讯，原文系德文。《新闻报》是奥地利资产阶级自由派日报，1848 年 7 月由奥地利政论家、温和的资产阶级自由党人奥古斯特·赞格创办，1848—1896 年在维也纳出版。1848 年奥地利民主革命失败后曾一度被查封，因此赢得了"反对派立场"的名声。19 世纪 60 年代初，因为在对外政策问题上的反波拿巴立场以及反对奥地利政府反动对内政策的言论，在所有德文版报纸中销路最广（3 万订户）。

1861 年 10 月在《新闻报》开始反对奥地利施梅林的假立宪派政府之后，马克思同意为该报撰稿。马克思在《新闻报》上发表的文章触及英国、法国和美国的国际国内政策的所有重要问题，主要论述美国内战及其对欧美各国局势的影响，系统地说明美国内战发生的真正原因、性质以及奴隶主发动内战的目的，使奥地利的读者有可能了解内战的真实情况，激起他们对北方的同情。从 1861 年 10 月 25 日《新闻报》第 293 号的《北美内战》一文开始，到 1862 年 12 月 4 日《新闻报》第 332 号的《英国的中立——南部各州的状况》一文为止，马克思为《新闻报》撰稿持续了一年多，共在该报上发表 51 篇文章（其中《美国内战》《美国战场的形势》这两篇是同恩格斯合写的，恩格斯写的《装甲舰及撞击舰和美国内战》一文未计算在内）。《意见》是马克思在《新闻报》上刊发的第 17 篇文章。《意见》的中译文 2 300 多字，由俄文版转译而来（目前还没有直接从德文原文翻译过来的中译文），收入《马克思恩格斯全集》第 15 卷（人民出版社，1963 年版）454～457 页（本文凡引证此文的，不再标注）。从当时的国际背景切入，本篇的主题直接写到了标题上："报刊的意见"和"人民的意见"。

美国南北战争中，英国的商业利益与美国南部同盟相关，因而英国的上层及多数报刊站到了南部同盟一边，而英国人民，特别是工人阶级则支持北方政府的废奴运动。马克思的这篇通讯较为详细地介绍和再现了那个年代英国伦敦 16 家不同派别的报刊的基本阵容和意见场域，由浅入深地说明利益关系如何使英国的报刊与人民的意见相对立，公众舆论场和一个狭小的意见场的对立，而报刊并不一定是人民的意见（舆论）的代表，关键是看报刊掌握在谁的手中，为谁服务，充当了一种什么样的角色。

一、文章的历史背景："特伦特号"事件

马克思《意见》一文的写作是由"特伦特号"事件[1]后英国国内人民的反应及报刊的报道态度引起的。在此文之前，马克思已于 1861 年 11 月 28、29、30 日和 12 月 4、7、20 日先后撰写了七篇（依次发表于 1861 年 12 月 2、3、19、8、11、25 日，其中 12 月 7 日这一天撰写了两篇，12 月 25 日这一天发表了两篇）文章[2]关注和评述这个事件；在此文之后，他又于 1961 年 12 月 31 日和 1862 年 1 月 1、11、14、17、28、31 日和 1864 年 10 月 21-27 日撰写了八篇（依次发表于 1962 年 1 月 4、5 日，2 月 1 日，1 月 18、21 日，2 月 2、4 日，1864 年 11 月）文章[3]明确涉及和探讨了这个事件，可见"特伦特号"事件的重要性。

综合马克思的客观记述和他人的历史考证，我们可以大致还原出"特伦特号"事件的缘由始末：1860 年 11 月，反对奴隶制的共和党著名活动家亚伯拉罕·林肯当选美国第 16 任总统，在南方奴隶主中引起了很大震动。1861 年 2 月 4 日，以南卡罗来纳州为首纷纷宣布脱离美国联邦政府的南部诸州在亚拉巴马州的蒙哥马利市集会，成立"南部同盟"，定都弗吉尼亚州里士满，选举大奴隶主杰弗逊·戴维斯上校为南部"总统"，并制定了宪法，形成美国南北对峙的分裂局面。4 月 12 日，南军炮轰联邦军队驻守的萨姆特要塞，挑

起国内战争。4 月 15 日，林肯被迫宣布南方为叛乱州，发布平叛讨伐令，并征召 7.5 万名志愿军为恢复国家统一而战，从此长达四年的南北战争正式爆发。

1861 年 4 月 17 日，南部"总统"戴维斯宣布给南部私掠船颁发证书，允许私掠联邦船只，以对付北方的商船和军舰。为断绝南部同盟各州的对外贸易，阻止它们购买武器和补给品，林肯 4 月 19 日宣布对南方实行封锁。英、法、俄、西班牙等国对此极为不满。5 月 13 日，英国政府正式发表中立宣言，承认南部同盟为交战国，而不是美国林肯政府所说的叛乱者。随后，法国、西班牙、荷兰等国也发表了中立宣言，以中立之名行干涉之实。6 月，南军在华盛顿远郊布尔溪取得大胜。7 月，北军又在马纳萨斯战役中败绩。于是英国人认为美联邦分裂的灾难已在所难免，这样原本就依赖于南方棉花供应市场（英国棉纺工业 80％的原料来自美国南方，而英国有 400 万人的生计直接或间接地与棉纺工业联系在一起）、打算向西殖民扩张的英国在外交政策上就进一步摆向南部同盟。

1961 年秋，南部同盟"总统"戴维斯趁机委任政客詹・默・梅森和约翰・斯莱德耳[4]为驻伦敦和巴黎的特使，赴欧洲购买武器和军舰，寻求国际支持，力争游说英法等国对南部同盟的武装援助。10 月 12 日，他俩携带致英、法两国官方的公文，先乘"纳什维尔号"小艇溜出南卡罗来纳州的查尔斯顿港口，并于 11 月 7 日在古巴哈瓦那换乘英国"特伦特号"邮轮直达丹麦所属西印度群岛的圣托马斯港口，然后再转乘开往英国的船只到达英国南开普敦。但这一消息被美国联邦"圣贾辛托号"军舰舰长查理・威尔克斯上校得悉，他指挥战舰于 11 月 8 日在巴哈马海峡拦截了"特伦特号"，并从船上带走了这两名南方同盟政府的代表，把他们扣押在波士顿。

11 月 27 日下午，"特伦特号"事件的消息传遍整个大不列颠，英国舆论为之哗然。从 11 月 29 日起，以首相亨利・约翰・坦普尔・帕麦斯顿、外交大臣约翰・拉塞尔、财政大臣威廉・尤尔特・格莱斯顿为首的英国政府多次召开内阁会议，准备利用"特伦特号"事件对美国"进行充分的报复"。英国政府还派出载有 3 000 名士兵和军火的舰队开赴加拿大待命，为对美战争做好准备。12 月 19 日，英国政府向美国政府提出抗议照会，责问威尔克斯上

将"特伦特号"上的南方特使押上"圣贾辛托号"战舰（画）

校的举动是奉政府之命还是个人行为，要求立即释放两名俘虏，并对公海上的这起"侮辱英国国旗"的行为正式表示道歉并赔偿损失，否则兵戎相见。在英美两国关系紧张、战争一触即发之际，法国、奥地利和普鲁士政府与英国相互勾结，一起照会美国，要求释放梅森和斯莱德耳。

是战是和，美国政府内部意见不一。面对内忧外患，林肯总统高瞻远瞩，深知美国联邦政府的首要任务就是阻止欧洲列强承认 南部同盟和干涉美国内战，根据"一次一场战争"的方针，力排众议，主动向英国妥协退让，力求避免对英关系的进一步复杂化。1861 年 12 月 26 日，美国国务卿威廉·亨利·西华德授权美国驻英大使查尔斯·弗朗西斯·亚当斯照会英国，声称威尔克斯上校的行动纯属个人行为，事先"没有得到政府训令"，为此表示歉意并同意释放被扣的两人。1862 年 1 月 1 日，两名特使被送到英国轮船上，再加上英国广大人民群众尤其是工人阶级的反战运动，紧张的事态和敌对性反应得以缓解，外交风波方告平息。[5]

二、文章的主要内容

（一）人民的意见及其反转：从主战到反战

当马克思写下《意见》这篇通讯的时候，英国伦敦报刊正在叫嚣对美国开战。这时英国报刊上的意见反映的到底是不是人民的意见呢？马克思在《意见》一文开门见山地提出了自己的结论："大陆上的政治家，总以为伦敦的报刊可以作为英国人民情绪的温度计，因而他们目前就不可避免地要做出错误的结论。"就此，马克思引入人民-报刊-政治家之间的三角关系，在下文中依次按照人民-报刊-政治家的结构由浅入深地展开分析。

马克思之所以对报刊上的意见提出质疑，一个很重要的原因是他动态地看到了英国民众从主战到反战的情绪变化，并在文章开头呈现了典型的舆论反转过程，展示了英国人民对"特伦特号"事件前后意见的变化。

在"特伦特号"事件的消息传来之初，英国的民族自尊心曾勃然兴起，差不多在所有的社会阶层中都响起了对美国作战的呼声，表现出"不耐烦的主战情绪"。综合考证可知当时人民的意见情况：

11月27日下午，"拉普拉塔号"邮船把"特伦特号"事件的消息带到南安普顿，从那里通过电讯立刻闪电般地传遍整个大不列颠。下午2时左右，这一消息在英国所有交易所的新闻室中张贴出来。下午3时，棉花商们用10分钟的时间，在利物浦"交易所的棉业交易厅里举行了一次抗议会"[6]，"提出了一项'敦促政府要求立即对此次侮辱作出赔偿，以维护英国国旗的尊严'的动议。会场上一片喝彩，鼓掌，数不清的欢呼赞成！赞成！"[7]到晚上，伦敦流传着十分热闹的谣言，说美国公使已经接到出境护照，英国已经下令立即扣押在联合王国泰晤士港口的一切美国船只等等。伦敦交易所成了骚乱景象的舞台，与宣布意大利战争时的情景相似（1859年5月奥地利对意大利战争，引起了普遍的恐慌和仇恨，产生了严重的后果），国家证券下跌了0.75%～1%。[8]马克思撰文感叹说："自从对俄国宣战①那个时候以后，我还没有看见过一次遍及英国社会一切阶层的激动能够比得上这次由'特伦特号'事件的消息所引起的激动。"[9]每一个英国人都确信马上就会处于战争状态。

可是后来舆论发生了反转，正如马克思在《意见》中所说："现在，对美战争在英国所有社会阶层的人民中——除了和棉花有利害关系的人以及土贵族以外——是不得人心的"。当时英国一些关心战争影响的有识之士和跟美国有贸易关系的商人反对战争，一些军界人士也认为战争会使殖民地加拿大受到攻击。马克思曾在《英国国内同情心的增长》一文中介绍说："大西洋这一

---

①　1854年3月28日，英国与法国对俄国宣战，英国群情激昂，克里木战争爆发。——笔者注

边的美国的友人们，都怀着不安的心情，希望联邦政府采取和解的步骤。"[10]
他在《一个同情美国的大会》一文中也印证了这一点："**英国人民**的反战运动
正在日益加强和扩大。国内许多地方召开的人数众多的大会都坚决主张通过
仲裁来解决英美冲突。"[11]

尤其是"特伦特号"事件爆发后的 1861 年年末和 1862 年年初，同情美
国北方及反对英国干涉的工人运动席卷全国，到处举行工人集会和示威游行，
一致支持林肯政府维护国家统一，反对英国出兵干涉美国内战。在一次由工
人阶级发起而召开的大会上，一位发言人号召说："现在，在联邦内部，正在
发展着明显的**解放政策**（掌声），所以我坚决希望：不许英国政府对它进行任
何干涉（掌声）……难道你们，生而自由的英国人，愿意让自己卷入一场反
共和的战争吗？……我向最需要保持和平的英国工人们呼吁，吁请他们发出
更高的呼声，并且在必要时还动手来阻止这桩极大的罪行（掌声如雷）"[12]。
由于他们进行了干预，所以尽管被收买的、不负责任的报界天天进行恶毒的
煽动，但在这和平处于千钧一发的态势的整个时期内，没有一次主张战争的
集会能在联合王国召开成功。唯一的一次主张战争的集会是在"拉普拉塔号"
抵达之后在利物浦交易所棉业交易厅中举行的，它是一个完全由棉花掮客自
拉自唱的屋角会议。即使是在曼彻斯特，工人阶级的态度也十分明朗，因而
使个别要召开主战集会的人差不多在稍微有所打算的时候就马上放弃了自己
的企图。"在英格兰、苏格兰或爱尔兰，无论什么地方召开群众集会，一律都
是抗议报界的战争叫嚣和政府的邪恶阴谋，主张和平解决争端。"[13]马克思在
1864 年 9 月 28 日《国际工人协会成立宣言》中对英国工人的国际主义精神
做出了很高的评价："使西欧避免了为在大西洋彼岸永久保持和推广奴隶制进
行可耻的十字军征讨冒险的，并不是统治阶级的智慧，而是英国工人阶级对
于他们那种罪恶的疯狂行为所进行的英勇反抗。"[14]

人民的意见作为一种"公众心理"，可以代表人心向背，预示政治风云，
维系国家兴衰，并依靠一种内在的精神、信念力量来规范人们的道德行为，
调节社会的运行机制。"'特伦特号'事件和平解决的消息受到了广大英国人
民的热烈欢迎，这种情况确凿地证明了前此所担心的战争不得人心，证明了
对战争后果的恐惧。"[15]正是鉴于当时英国人民谋求发展与和平的情绪与舆论

正在与日俱增，马克思相信英美间的战争最终不会爆发。马克思的舆论研判被后来美国密歇根州大学历史学教授布拉福德·珀金斯的考证所证实："实际上，英国的舆论远非铁板一块，北方仍然拥有许多朋友。……大多数英国人，甚至同情南方的大多数人，都不想把他们的想法强加给北方从而招来麻烦。"[16]"特伦特号"事件最终的和平解决同英国工人阶级对美国北部的正义事业的声援是分不开的，"英国工人阶级的强大压力，处在马克思思想影响下的英国工人阶级的斗争，在防止发生这一场战祸中起到了决定性的作用"[17]。

（二）报刊的意见及其反转：从反战到主战

然而与之相反，伦敦报刊的意见则从开始平静温和的调子到后来越来越狂热的战争叫嚣，和人民的意见先后多次形成了鲜明的对照。

在"特伦特号"事件的消息传来之初，马克思在《意见》中介绍说："伦敦的报刊却显得特别审慎，甚至《泰晤士报》也怀疑究竟是否存在 casus belli〔宣战的理由〕"。综合考证可知当时伦敦报刊的意见情况：

消息传来的第二天，即 11 月 28 日，伦敦报纸一般都显示出一种温和的语调，与前一天晚上广大人民群众的极大情绪激动形成了一个奇怪的对照。[18]英国半官方的报纸，如《泰晤士报》和《晨邮报》，"都正在示意要平静，极力试图用冷冰冰的法学议论来浇激动的火焰"。《每日电讯》之类，"现在是真正的温和的典型"[19]。马克思在《英国的舆论》一文中补充描述了这种现象："那时，《泰晤士报》、《邮报》以及伦敦报界的其他黄裤奴都哭哭啼啼地要求和平，而它们碰到的却是遍及全国的许多大规模主战集会的斥责。"[20]甚至还有报刊如《晨星报》则不对美国联邦军舰舰长威尔克斯上校的行动是不是策略和是否明智的问题做任何判断，而"只为其合法性作辩护"。总之，"整个伦敦报界都承认'圣贾辛托号'有权对'特伦特号'进行检视、查验和搜查，以便确定它是否载有属于'战时禁运品'的物资或人员"[21]。此时，"只有托利党反对派的报纸《先驱晨报》和《旗帜报》狂叫不已"，所以"这些事实使每一个有经验的人得出一个结论，即政府已经决定不把这一不幸事件制成宣战的理由"[22]，"由于主要的报纸语调温和，交易所的激动就大大平息了"[23]。

11 月 29 日，接近官方的报纸语调稍有一些变化。通过伦敦报刊的报道，人们开始知道，"王室法官们根据一些技术上的理由宣布'圣贾辛托号'巡航舰的行动**非法**，内阁在此之后召开全体会议，决定由下一班航轮把训令送交莱昂斯勋爵，责成他按照英国法官们的意见办事"[24]。

11 月 30 日，所有伦敦的报纸，除开《晨星报》这个唯一的例外，"都提出了一个抉择：或者是华盛顿政府履行赔偿，或者是——**战争**"[25]。在这次远征发动的时候，《晨邮报》同《泰晤士报》加上其他一些较小的一群报刊都曾表示："这是一个出色的行动，而且也是一种人道的事业"[26]。马克思认为，反对北部的报刊所提出的论据贫乏得很，所以在所有这些报刊上，"我们都看到差不多同样的语句像数学级数的公式一样在一定的差距上重复着，很少有变异或组合的技巧"。总之，在整个美国南北战争期间，伦敦报界的意见场就是："伦敦《泰晤士报》先发出一定的暗示，其他敌视北部的大小报刊的servum pecus［奴仆群］就坚持不懈地跟着学舌。"[27]

马克思认为，"从一般的审慎和通常的郑重来说，伦敦报界至少应该在英国提出要求到美国予以答复的这一段期间内努力克制自己，凡是能够激起愤怒、滋长敌意、使问题复杂化的话一概不说"[28]。然而它们却"一直在用各种办法在国内激起战争狂热，在美国人当中用侮辱和诽谤酿成敌对情绪"[29]。

伦敦报刊发出好战的叫嚣与此时广大人民的反战情绪恰好相反，正如《意见》中所说，这时人民和报刊的态度早已经倒过来了："战争狂热在报刊上不断增强，而在人民中则不断减退。"现在它们"嗥叫着要求战争，而回答它们的却是纷纷集会主张和平，谴责政府阴谋扼杀自由，谴责政府同情奴隶制度"[30]。

由此可见，在"特伦特号"事件中，伦敦绝大多数报刊只不过是"报界的婆罗门制造的所谓'舆论'"[31]。在马克思眼里，意见并不等于舆论，舆论只能是广大人民的意见，而不能是官方的意见，要分清民意和伪民意。1843年《莱茵报》被查封时，普鲁士各地的群众纷纷签名请愿，要求取消查封，马克思签名的 1843 年 1 月 25—30 日《科伦市民关于继续出版〈莱茵报〉的请愿书》明确指出了报刊与舆论的关系："每个真正热爱自由和祖国的公民对当前和不久的未来倍加信赖，因为他们认为具有各种各样色彩和深刻矛盾的舆论定会找到相应的报刊，通过日益坚实的研究和不断精益求精，它够独立表现将达到的纯洁性、明确和坚定的高度，会使舆论变成国家立法的最丰富、可靠的和生气勃勃的源泉。"[32] 马克思 1849 年 2 月在为《新莱茵报》辩护的发言中说："报刊按其使命来说，是社会的捍卫者，是针对当权者的孜孜不倦的揭露者，是无处不在的耳目，是热情维护自己自由的人民精神的千呼万应的喉舌。"[33]

当人们都以为伦敦报刊上的意见就是英国人民的意见，从而觉得英美之间的战争将会一触即发的时候，马克思的这篇调查性文章一针见血地指出，英国报刊的意见和人民的意见截然相反，向被蒙骗的人民展示了这些所谓代表着人民意见的报纸的真正面目，给迷惑中的民众指明了事态的真相和正确的发展方向。

（三）报刊的意见是党派的意见，报界是首相帕麦斯顿的奴仆

对美国作战到底是英国人民的意见还是伦敦报刊的意见？抑或其他人的意见？针对这个关键的问题，马克思始终很注意从报刊的经济和政治利益角度来考察和判断在具体的环境条件下报刊反映人民思想和情绪的程度。在资产阶级国家中，很多报刊主要是为统治阶级服务的，这在帕麦斯顿时期表现得尤为突出，他们为了满足自己的利益，不惜牺牲人民的利益，有时直接同人民唱反调。

在《意见》中，马克思以大量的文字对当时伦敦 16 家报纸的背景、主编、内容、性质与立场进行了仔细的甄别和深入的剖析。《泰晤士报》：主编鲍勃·娄，英国内阁的一个二等阁员，不过是帕麦斯顿的一个走卒。《笨拙》报：主编之一是帕麦斯顿内阁卫生部的一个成员，年薪 1 000 英镑，该报是《泰晤士报》的宫廷弄臣，是资产阶级自由派的幽默周刊，负责将其威严的话变成浅薄无聊的俏皮话和低级幽默的讽刺画。《晨邮报》：一部分是帕麦斯顿的私有财产。《晨报》：这家报纸的编辑格兰特先生，没有什么写作修养，却有过参加帕麦斯顿私宴的荣幸。《纪事晨报》：以耸人听闻的"惊人消息"和丑闻为主要内容，后来才找到它期待已久的买主——南部同盟在伦敦的代理人威廉·杨西和安布罗兹·曼。《每日电讯》：甚至伦敦报界都斥之为帕麦斯

顿的打手报。《地球报》：是政府的晚报，从所有辉格党阁员那里得到官方的津贴。《先驱晨报》和《旗帜晚报》：属于同一个老板，它们的立场受着两个动机的支配：一个是对于"背叛英国的殖民地"的传统仇恨，另一个是钱袋的长期空虚。它们知道，同美国作战一定会使现在的联合内阁垮台，为托利党内阁铺平道路；而托利党内阁一成立，对两报的官方津贴也将随之而恢复。因此，这些报纸才比看到小动物的饿狼叫得还凶，因为它们预见到随着对美战争而来的还有大量金钱。《观察家报》：是靠政府生活的。《星期六评论》：极力追求 esprit〔机智〕，以为自己十分无耻地讥笑一下"人道"偏见就已经掌握了这个本领。为了显示机智，为这家报纸撰稿的被收买的律师、牧师和学校教师们从美国内战爆发以来就站在奴隶主方面冷笑不已。自然，这些人随后就跟着《泰晤士报》吹起了战争的号角。他们已经在草拟对美作战计划；这些计划表现出惊人的无知。

当然，马克思也看到有少数报刊反映了广大人民反战的要求："在其余的伦敦的日报当中，值得一提的只有《每日新闻》和《晨星报》，这两家报纸都反对战争鼓吹者"，在伦敦的刊物中，"《旁观者》、《观察家》、特别是《麦克米伦杂志》，则应该多少作为可敬的例外提出来"，而英国的地方报纸，"除棉织业巨头的报纸以外则同伦敦报刊形成一个可嘉的对照"。

马克思在《意见》中对上述英国伦敦报刊的判断并非一时的主观臆断，而是长期的客观考察。马克思曾在此前或此后的多篇文章中多次揭露了英国一些报刊的背景立场。《泰晤士报》是 1785 年创刊的老报纸，英国独大的日报，始终持保守立场。马克思在此前 1861 年 10 月 15 日写的《伦敦〈泰晤士报〉和帕麦斯顿勋爵》一文中揭露了该报的垄断地位、意见本质与统治阶级的关系。由于集中规律在报业所起的作用，"伦敦《泰晤士报》登上了英国国家报纸的地位，在其他国家面前成了所谓英国舆论的代表。……在为国家考虑和判断其对外政策并代表舆论方面，垄断权则从整个报界转给了一家报纸即《泰晤士报》"[34]。马克思从报刊利益与政治的角度揭露了《泰晤士报》与首相帕麦斯顿的隐秘关系："由于英国的一个集团的政府已被几个集团的政府所代替，因而帕麦斯顿的篡夺已不再受到任何敌手的威胁，《泰晤士报》就完完全全变成了他的奴隶。帕麦斯顿设法把《泰晤士报》的某些有影响的人物拉到内阁中来担任次要的职位，并且把另一些人接纳到自己的社交圈子里，予以安慰。从这个时候起，《泰晤士报》在不列颠帝国对外政策方面的活动就完全是为了制造符合于帕麦斯顿勋爵的对外政策的舆论。《泰晤士报》必须为帕麦斯顿勋爵想做的事准备舆论，并且强使舆论赞同他已经做的事。"[35]

　　《笨拙》是英国资产阶级自由派的幽默周刊，全称《笨拙，或伦敦喧声》，1841 年起在伦敦出版。《晨邮报》是英国一家保守派日报，1772—1937 年在伦敦出版，19 世纪中叶是以帕麦斯顿为核心的辉格党右翼分子的机关报，是"帕麦斯顿私人的机关报"[36]。《晨报》是英国的一家日报，1794 年在伦敦创刊，在 19 世纪 50 年代是激进派的机关报，60 年代是自由派的机关报。《纪事晨报》是英国日报，1770—1862 年在伦敦出版，50 年代初是皮尔派（19 世纪 30—40 年代以首相皮尔为主形成的政治派别）的机关报，后来是保守派的机关报。《每日电讯》是自由派日报，1855 年创办的英国第一家成功的便士报，在 19 世纪 50 年代具有自由主义倾向，从 19 世纪 80 年代起是英国保守派的日报；《地球报》是日报《地球和旅行家》的简称，1803 年起在伦敦出版，是辉格党的机关报，在该党执政时期是政府报纸，1866 年起是保守党的机关报。《先驱晨报》是英国一家具有保守派倾向的日报，1780—1869 年在伦敦出版。《观察家》报是英国保守派的周报，从 1791 年起在伦敦出版。《星期六评论》是英国保守派的周刊，1855—1938 年在伦敦出版。《每日新闻》是英国自由派报纸，工业资产阶级的机关报，1846—1930 年在伦敦出版。《晨星报》是英国一家日报，自由贸易派的机关报，1856—1869 年在伦敦出版。《旁观者》是自由派的周报，从 1828 年起在伦敦出版。《观察家》杂志是自由派的周刊，1808—1881 年在伦敦出版。《麦克米伦杂志》是自由派的杂志，1859—1907 年在伦敦出版。

　　通过马克思在多篇文章中对英国这些不同派别的报刊态度和基本情况的介绍，马克思在《意见》一文的最后深入揭露了英国报刊界的意见与帕麦斯顿的关系："由此可见，整个说来，伦敦的报刊——地方报纸除棉织业巨头的报纸以外则同伦敦报刊形成一个可嘉的对照——无非就是帕麦斯顿加帕麦斯顿。"正如马克思之前曾说的："从本世纪初起，伦敦各大报就一贯为英国对外政策的高贵掌权人充当辩护律师。"[37]

马克思在《意见》中指出，英国大多数报刊的意见其实就是党派的宣传，代表着帕麦斯顿及其辉格党（南北战争时期英国的执政党）的政治利益及其意见，而非人民的意见。在马克思一系列文章的揭露下，我们可以看到在"特伦特号"事件中明显存在着官方和民间两种意见。在马克思的舆论观里，舆论的本质就是广大人民的意见，报纸并不一定是民众意见的代表，关键是看报纸掌握在谁的手中，是为谁服务的，充当了一种什么样的角色。

（四）制造舆论：党派利益强奸民意

在"特伦特号"事件中，伦敦报刊之所以出现前后不一的报道态度和矛盾现象是因为当时在外交问题上，"帕麦斯顿**绝对地**控制着十分之九的英国报刊"[38]，官方意见的变化左右着报纸意见的反转（或投机）。马克思在《意见》中指出，帕麦斯顿起初对于王室官员们（英国最高的司法代表——首席检察官和副首席检察官）能否找出合法的战争借口没有把握，不敢草率行事：在"拉普拉塔号"到达南安普敦之前一个半星期，南部同盟的代理人已经从利物浦向英国政府密告美国巡洋舰企图从英国港口驶出在公海上捕捉梅森、斯莱德耳等人，并且要求英国政府加以干涉，但英国政府根据王室法官的意见拒绝了这个请求。究其原因，马克思在其他文章中揭示说："'圣贾辛托号'是有权搜查'特伦特号'邮船并没收船上的禁运品的。梅森、斯莱德耳一行所携带的**公文**毫无疑问属于禁运品……现在只剩下一个问题没有弄清楚，即斯莱德耳、梅森两先生及其一行本身是否也是禁运品，因而可以被收走！这是一个棘手的问题，在法学家当中也是意见分歧。"[39]如果华盛顿政府提供他们所期望的借口，"现内阁就会垮台，被一个托利党政府代替"[40]，所以，刚开始帕麦斯顿要找一个合法的借口对美国作战，但在内阁会议上他遇到了财政大臣格莱斯顿和贸易大臣米尔纳·基卜生以及康瓦尔·路易斯爵士等人极其坚决的反对。"特伦特号"事件消息传来之初，英国报刊的冷静和温和是因为《泰晤士报》《晨邮报》《每日电讯》《晨报》等这些帕麦斯顿的报纸"都接到了要缓和而不要更激动的命令"[41]。

后来，帕麦斯顿和保守党领袖本杰明·迪斯雷利已经谈妥，完成了变化的准备步骤[42]，所以帕麦斯顿放弃从法律方面找借口，转而从策略方面找借口，并认为他找到了一个向美国闹事的所谓的"技术性"的借口：经过多次讨论，王室法官最后得出结论说"'圣贾辛托号'错在自己作主逮捕了南部的特使，而没有把'特伦特号'带到联邦的某一港口，把这个问题交付联邦的战利品裁判所，因为任何武装的巡航舰都没有权利做海上的法官"[43]，把对美国的一切指控"归结为一个**单纯的手续上的错误**，归结为一种**技术上的过失**"，尽管"这种过失是英国在历次海战中不断犯过而美国一直抗议的"。在马克思看来，英国王室法官之所以把问题归结为单纯的手续上的错误，即不是实质性的错误而是形式上的错误，是因为"实际上根本**没有实质性的法律被破坏**的问题"。马克思认为，威尔克斯舰长没有把"特伦特号"及其货载、乘客与特使一齐捉走，而仅仅捉走了特使，这种手续上的错误却有利于"特伦特号"及其货载与乘客，"如果英国根据威尔克斯舰长所犯的一种有损于美国而有利于英国的手续上的错误要对美国宣战，那确实是不可思议的事情"，也"实在不足以作为借口而提出咄咄逼人的最后通牒"。[44]但是现在，"帕麦斯顿以及按照他的命令行事的伦敦报刊"[45]仅仅抓住的正是这样一个非常勉强的借口，企图要对美国发动战争，在报刊上大肆煽动战争，转而使用了激怒的语调，原来"持续了两天的克制态度不过是奉帕麦斯顿之命有意做出来的伪装而已"[46]。

至此，我们能够理解马克思在《意见》一文提出的伦敦报刊界这个非常奇怪的现象：在"拉普拉塔号"到达之后的头两天，"当帕麦斯顿忧虑是否能发掘出一个兴起争端的法律借口的时候，它们温和的。但是，一当王室法官们拼凑出了一个法律上的诡辩，它们就发出了自反雅各宾战争以来都未曾有过的叫嚷"[47]。《泰晤士报》"直截了当地是执行自己主子的命令"，"其他一些有影响的、人人知道是与帕麦斯顿有关系的报刊，都同样地转变了方向"。[48]这些报纸被马克思轻蔑地称为帕麦斯顿私人的机关报和"黄裤奴"。

在对美作战问题上，英国执政寡头们各怀鬼胎，梦想着通过对美发动战争来捞取各种好处。帕麦斯顿正是这场战争狂热的支持者。对此，马克思在《意见》末段敏锐地指出，帕麦斯顿要战争，英国人民不要战争。马克思曾评论说："战争已变成帕麦斯顿独裁的生命攸关的条件。"[49]因此，马克思在《意见》结尾警醒地指出，帕麦斯顿这场战争中的赌博，比拿破仑第三 1859

年 1 月准备奥意法战争而掀起的战争叫嚣更加危险，马克思曾在《路易-拿破仑的处境》一文中已揭示了这种危险。[50]

帕麦斯顿不管这场战争会对国家和人民的利益造成怎样的损害，英国报刊也不顾人民普遍的反对战争的情绪，这时，英国人民的意见已经被伦敦报刊所强奸。美国内战开始后，以《泰晤士报》为首的一些英国报纸努力为帕麦斯顿的对美政策制造舆论，正如马克思所说："伦敦新闻界中反对北部的报刊出来声辩，在广大公众面前摆出它们捏造的理由，为自己对北部持敌对论调、对南部抱难以遮掩的同情态度作辩护"，力图掩盖美国内战的真相，说什么美国内战是无意义的、兄弟相残的战争。这些报纸的主要论调是：当前发生的美国内战"并不是一个废除奴隶制度的战争"[51]，"美国的战争无非是一个用武力来维持联邦的战争"，"北部应当欢迎脱离"[52]，因此英国人民不应该对美国北方抱任何同情。但不久之后，当帕麦斯顿勋爵想放弃他到当时为止对合众国所采取的极端敌对的立场的时候，"几个月来《泰晤士报》一直吹捧脱离派的进攻力量，大谈合众国无力对付脱离派，而今天却在一篇社论里表示完全相信北部的军事优势"[53]。

因此，马克思在其他文章中无比轻蔑地将伦敦的报刊称作"帕麦斯顿的报界奴仆"[54]，认为"帕麦斯顿的报纸就是奉命**说谎**"[55]，"它们愚弄读者不仅是为了要在政治方面把他们引入迷途，而且也是为了要在交易所中把他们的钱搜刮上去交给自己的主子"[56]。

马克思在 1861 年 12 月 20 日曾分析说："如果不发生'圣贾辛托号'在巴哈马海峡截留'特伦特号'的事情，也会有别的事件被利用来为帕麦斯顿勋爵所要的冲突提供借口的。"[57] 帕麦斯顿的阴谋就是"鼓舞叛乱和激怒联邦"，通过战争，以最小的损害，获得"意外的、部分的补偿"。[58] 在伦敦报刊意见的背后隐藏着的正是那些不能见阳光的、同情奴隶制度的、英国执政寡头的意见，正如一位工人大会发言人所说："现政府从来不很好地讲求用开诚布公的态度对待人民。"[59]

通过马克思的《意见》一文，我们看到报刊的利益关系如何使英国的报刊与人民的意见相对立：本应该作为人民意见代言人的报刊被权势所控制，成为政治斗争、党派利益争夺的工具。当报刊为政治斗争服务的时候，新闻的真实性也就不复存在了，谎言成为当权者对民众进行思想奴役的工具，报纸不再是人民和国家利益的维护者，不再是人民意见表达的场所，而成了当权者表演的道具。实际上，这样的报纸已经不能算是真正意义上的报纸了。

三、文章的核心论题：报刊与人民的关系

在《意见》中，马克思反复强调报刊与人民之间的关系，"人民"一词出现多达 8 次。马克思认为，在"特伦特号"事件中，英国的报纸显然严重违背了民意，即使如此，他也并没有一般性地否认报刊是人民情绪温度计的这种看法，而只是讲"目前"这一看法不灵验了，而且也谈到伦敦另一些报刊仍真实地反映了人民的反战要求。马克思充分意识到，报刊与人民之间存在着一种传播者与接受者的天然关系：报纸这种走向社会化的交往媒介必须拥有最大多数的读者，在相当程度上需要依靠人民的承认、信任才能生存和发展，因此它必须反映和代表广大人民的意见，具有"那种使它成为体现它那独特的人民精神的独特报刊的历史个性"[60]。在马克思看来，只围绕着个别人意见的官方报刊，本身就违背报刊发展的历史个性。基于当时德国报刊的官方色彩依然浓重、刚刚向大众化方面发展的背景，报刊与人民的关系成为马克思经常谈到的一个话题。

事实上，从 1842 年年初开始注意当时紧迫的政治问题并直接参与现实政治问题的讨论起，马克思就积极倡导创办真正代表人民利益、以人民的口吻说话的报纸，并为此奋斗一生。马克思在《第六届莱茵省议会的辩论（第一篇论文）》中认为："报刊是历史的人民精神的英勇喉舌和它的公开形式。……每个国家的人民都在**各自的**报刊中表现**自己**的精神。"[61]他在《摩泽尔记者的辩护》中也宣称："民众的承认是报刊赖以生存的条件，没有这种条件，报刊就会无可挽救地陷入绝境。"[62]在《〈莱比锡总汇报〉在普鲁士邦境内的查禁》中也论述："报刊只是而且只应该是'人民（确实按人民的方式思想的人民）日常思想和感情的'公开的'表达者，……它生活在人民当中，它真诚地同情人民的一切希望与忧患、热爱与憎恨、欢乐与痛苦。它把它在希望与忧患

之中倾听来的东西公开地报道出来，并尖锐地、充满激情地、片面地对这些东西作出自己的判断，它这样做是同它的感情和思想在当时所处的激动状态相吻合的。……人民看到自己这种本质在它的报刊的本质中反映出来，如果它看不到这一点，它就会认为报刊是某种**无关紧要的东西**而不屑一顾，因为人民不让自己受骗。"[63] 在此，马克思特别明确地提出报刊要生活在人民中，真诚地爱人民之所爱，忧人民之所忧，恨人民之所恨，同人民共患难、同甘苦、齐爱憎，直率地对所见所闻做出自己无私的判决和评价。这些文章反映出报纸与人民的亲密关系。

马克思把报刊和人民联系起来考虑，主张报刊要能够在一定程度上反映人民的思想情绪。报刊是"在社会的表层毕竟处处出现内在生命复活的征兆"[64]，反映"公众心理的一般状态"[65]。

报刊的立场是什么？如何看待和处理报刊的意见、官方的意见、人民的意见之间的张力？在《意见》中，我们可以看到在美国南北战争时期英国伦敦哪些报刊受到私利的控制，哪些报刊表达了人民的意见。马克思并不反对政府或党派拥有自己的机关报，问题在于不少报刊本有自己的观点而屈从于强权或金钱，这不仅违反新闻工作的一般道德，而且混淆视听，愚弄人民。

（作者为暨南大学新闻与传播学院讲师、博士后）

注释

[1] 张柏然. 英汉百科知识辞典 [M]. 南京：南京大学出版社，1992；罗肇鸿等. 资本主义大辞典 [M]. 北京：人民出版社，1995 年；刘祚昌. 美国内战史 [M]. 北京：人民出版社，1978：234-240；珀金斯. 剑桥美国对外关系史：上 [M]. 北京：新华出版社，2004：231-233 页；杨生茂. 美国外交政策史 1775—1989 [M]. 北京：人民出版社，1991：163-165；沈永兴. 美国内战与英法制造"两上美国"的阴谋 [N]. 中国社会科学院院报，2005-04-14；常县宾. "特伦特号"事件初探 [J]. 新乡师范高等专科学校学报，2005，(3)；李庆余. 美国外交时——从独立战争至 2004 年 [M]. 济南：山东画报出版社 2008：35-36；王静. 1861 年的英美关系研究 [J]. 历史教学，2011，(12)。

[2] 参见《马克思恩格斯全集》第 15 卷（人民出版社，1963 年版）马克思的通讯：《"特伦特号"事件》《英美的冲突》《"特伦特号"事件的消息和伦敦的反应》《"特伦特号"

剧中的几位主角》《关于"特伦特号"事件的争论》《英国国内同情心的增长》《华盛顿政府与西方列强》。

[3] 参见《马克思恩格斯全集》第 15 卷（人民出版社，1963 年版）：《法国的新闻敲诈。——战争的经济后果》《一个同情美国的大会》《英国的舆论》《西华德的公文被隐匿的经过》《约翰·罗素勋爵的一次政变》《伦敦的工人大会》《反干涉的情绪》；第 16 卷（人民出版社，1964 年版）：《国际工人协会成立宣言》。

[4] "特伦特号"剧中的几位主角 [M] //马克思，恩格斯．马克思恩格斯全集：第 15 卷．北京：人民出版社，1963.

[5] 同 [4] 732 页注释.

[6] "特伦特号"事件的消息和伦敦的反应 [M] //马克思，恩格斯．马克思恩格斯全集：第 15 卷．北京：人民出版社，1963：416.

[7] 英美的冲突 [M] //马克思，恩格斯．马克思恩格斯全集：第 15 卷．北京：人民出版社，1963：413.

[8] "特伦特号"事件 [M] //马克思，恩格斯．马克思恩格斯全集：第 15 卷．北京：人民出版社，1963：408.

[9] 同 [6] 416.

[10] 英国国内同情心的增长 [M] //马克思，恩格斯．马克思恩格斯全集：第 15 卷．北京：人民出版社，1963：437.

[11] 一个同情美国的大会 [M] //马克思，恩格斯．马克思恩格斯全集：第 15 卷．北京：人民出版社，1963：460.

[12] 同 [11] 461.

[13] 英国的舆论 [M] //马克思，恩格斯．马克思恩格斯全集：第 15 卷．北京：人民出版社，1963：463.

[14] 国际工人协会成立宣言 [M] //马克思，恩格斯．马克思恩格斯全集：第 16 卷．北京：人民出版社，1964：13-14.

[15] 英国的舆论 [M] //马克思，恩格斯．马克思恩格斯全集：第 15 卷．北京：人民出版社，1963：463.

[16] 孔华润．剑桥美国对外关系史：上册 [M]．周桂银，等译．北京：新华出版社，2004：226-227.

[17] 刘祚昌．美国内战史 [M]．人民出版社，1978：239.

[18] 同 [6] 416.

[19] 同 [8] 408.

[20] 同 [13] 464.

[21] 同 [6] 417，418.

[22] 同 [8] 408－409.

[23] 同 [6] 417.

[24] 同 [6] 417.

[25] 同 [6] 418.

[26] 同 [10] 440.

[27] 美国问题在英国 [M] //马克思，恩格斯. 马克思恩格斯全集：第 15 卷. 北京：人民出版社，1963：322，326.

[28] 同 [13] 465.

[29] 同 [11] 461.

[30] 同 [13] 464.

[31] 英国记事 [M] //马克思，恩格斯. 马克思恩格斯全集：第 15 卷. 北京：人民出版社，1963：490.

[32] 科伦市民关于继续出版〈莱茵报〉的请愿书 [M] //马克思，恩格斯. 马克思恩格斯全集：第 50 卷. 北京：人民出版社，1985：509.

[33]《新莱茵报》审判案 [M] //马克思，恩格斯. 马克思恩格斯全集：第 6 卷. 北京：人民出版社，1961：275.

[34] 伦敦《泰晤士报》和帕麦斯顿勋爵 [M] //马克思，恩格斯. 马克思恩格斯全集：第 15 卷. 北京：人民出版社，1963：336.

[35] 同 [34] 336－337.

[36] 同 [6] 419.

[37] 同 [6] 336.

[38] 关于"特伦特号"事件的争论 [M] //马克思，恩格斯. 马克思恩格斯全集：15 卷. 北京：人民出版社，1963：431.

[39] 同 [8] 410.

[40] 同 [10] 440.

[41] 同 [6] 416－417.

[42] 同 [10] 440.

[43] 同 [6] 420.

[44] 同 [38] 431，439，435，434，435.

[45] 同 [34] 340.

[46] 同 [10] 439.

[47] 同 [13] 464－465.

[48] 同 [34] 338－339.

[49] 帕麦斯顿内阁的失败 [M] //马克思，恩格斯 . 马克思恩格斯全集：第 12 卷 . 北京：人民出版社，1962：155.

[50] 路易-拿破仑的处境 [M] //马克思，恩格斯 . 马克思恩格斯全集：第 13 卷 . 北京：人民出版社，1962：196.

[51] 同 [27] 321.

[52] 北美内战 [M] //马克思，恩格斯 . 马克思恩格斯全集：第 15 卷 . 北京：人民出版社，1963：347，356.

[53] 同 [34] 338.

[54] 同 [10] 440.

[55] 同 [38] 433.

[56] 同 [13] 466.

[57] 华盛顿政府与西方列强 [M] //马克思，恩格斯 . 马克思恩格斯全集：第 15 卷 . 北京：人民出版社，1963：453.

[58] 同 [10] 440，438.

[59] 同 [10] 462.

[60] 第六届莱茵省议会的辩论（第一篇论文）[M] //马克思，恩格斯 . 马克思恩格斯：第 1 卷 . 中文 2 版 . 北京：人民出版社，1995：153.

[61] 同 [60] 155.

[62] 摩泽尔记者的辩护 [M] //马克思，恩格斯 . 马克思恩格斯全集：第 1 卷 . 中文 2 版 . 北京：人民出版社，1995：381.

[63]《莱比锡总汇报》在普鲁士邦境内的查禁 [M] //马克思，恩格斯 . 马克思恩格斯全集：第 1 卷 . 中文 2 版 . 北京：人民出版社，1995：352－353.

[64] 法国内在生命复活的征兆 [M] //马克思，恩格斯 . 马克思恩格斯全集：第 44 卷 . 北京：人民出版社，1982：429.

[65] 普鲁士状况 [M] //马克思，恩格斯 . 马克思恩格斯全集：第 12 卷 . 北京：人民出版社，1962：658.

报刊怎样从事政治和从事什么样的政治

——恩格斯《关于工人阶级的政治行动》考证研究

路鹏程

1870—1872 年是恩格斯从事社会活动的"关键时期"（克利姆，1986：426），《关于工人阶级的政治行动》是恩格斯在这一时期发表的一篇重要文献。恩格斯《关于工人阶级的政治行动》一文不仅是国际工人运动史上的重要篇章，为后来整个国际工人运动的发展奠定了基础，同时也是马克思主义新闻思想发展史中的著名论著，为工人阶级报刊活动确立了基本原则。

一、《关于工人阶级的政治行动》的写作缘起

1870 年 9 月 20 日，恩格斯离开曼彻斯特迁居伦敦，他终于彻底告别了"该死的商业"的羁束，可以全身心地投入到科学社会主义研究和工人阶级革命工作中去。在恩格斯迁居伦敦的当天晚上，就被马克思在国际工人协会（简称"第一国际"）总委会会议上提名任命为委员，不久正式补选为国际总委会委员。这一决议无论对恩格斯本人还是第一国际都具有重要意义。首先，对于恩格斯来说，虽然他早在 1865 年就加入了第一国际，但只有当他成为第一国际总委员会委员时，才意味着他从"一个毫无约束的工人阶级政治家"，转变成"一个已经加入组织的工人阶级政治家"。（克利姆，1986：404）尽管作为前者，恩格斯可以无所顾虑地发表自己的观点；但是身为后者，恩格斯必须立足第一国际的整体利益。恩格斯之前曾有时想不通，马克思总是一再提醒他："你不应忘记，总委员会应当考虑到各种各样的情绪，因此它不能写得像我们两人用自己的名义写的那样。"（马克思，1870：68）其次，对于第

一国际来说，恩格斯担负起国际总委员会政治和组织重要工作。这时的第一国际在欧洲工人运动中拥有较大的威信，伦敦总委员会的工作异常繁忙，报道各国工人运动发展情况，指导各国工人政治斗争，宣传国际思想，等等，并且所有这些工作的意义和影响正在与日俱增。（巴赫，1980：62－179）恩格斯从 1871 年 1 月起先后担任和兼任比利时、意大利通讯书记，建议和推动总委员会采取了多项具有重要政治意义的行动。（克利姆，1986：6）

正是从上述意义上讲，1870—1872 年是恩格斯从事社会活动的"关键时期"，而直接促使恩格斯在这个"关键时期"发表《关于工人阶级的政治行动》的原因，则是参与国际工人协会总结巴黎公社的经验教训，特别是要肃清巴枯宁无政府主义的影响及其对国际工人协会的威胁。

俄国无政府主义者巴枯宁的无政府主义思想萌发于 19 世纪 40 年代，其"观点之彻底形成，并作为一个完整的理论体系而出现，是在 19 世纪 60 年代中期以后，即第一国际时期"（李显荣，1982：123）。巴枯宁主张，"不要政党，不要权力、一切人和公民的绝对自由"（巴枯宁，1959：247），他所向往的理想社会是"自下而上地、从地方到中央，按照自由协作和联邦原则来建立的"自治公社的总和（巴枯宁，1978：74，97，204）。因此，他不仅要求消灭资产阶级政党和国家，而且也要求取消无产阶级政党和国家，即"要求完全和彻底消灭国家及其一切机构"（巴枯宁，1978：86）。尽管巴枯宁主义与马克思主义之间横着一条鸿沟，但他企图以无政府主义观点来影响和指挥工人运动，1864 年在表示愿意"不懈怠地为协会工作"，骗取马克思的信任后，加入了国际工人协会。随后，巴枯宁便开始利用国际工人协会的影响，进行无政府主义宣传活动。由于巴枯宁的无政府主义思想反映了一部分政治上无权力、经济上无保障的小资产阶级和流氓无产者的要求和情绪，因此在经济发展落后、工人斗争薄弱的欧洲大陆国家，他的思想与宣传受到欢迎。至 1869—1870 年，巴枯宁及其追随者已影响到意大利、西班牙、法国、比利时等国家。同时，巴枯宁还在第一国际内部成立了秘密组织国际兄弟同盟，密谋夺取第一国际领导权。而这对第一国际及其领导的工人运动造成了严重威胁。国际总委员会认识到必须揭露巴枯宁反对第一国际的密谋活动及其敌视工人阶级的无政府主义纲领，并与之展开了坚决的斗争。这场斗争成为关系第一国际存亡的严重问题。

值此前后，巴黎公社起义爆发。马克思、恩格斯以及国际工人协会都全身心地投入到支援和保卫巴黎公社的运动中去。尽管巴黎公社政权只存在了72天，但马克思和恩格斯认为公社的生命并未终结。此后，他们一直到逝世都致力于科学地总结巴黎公社的经验教训，并在国际工人运动中宣传和推广。当巴黎公社失败后，巴枯宁也自称"是公社精神的真正继承者"，并站在无政府主义的立场来颂扬巴黎公社及其领导人。巴枯宁之所以说他是巴黎公社的拥护者，是因为他认为巴黎公社"是对国家的大胆的、明确的否定"，企图证明巴黎公社正在实施他的关于立即消灭国家的论点。他之所以赞扬公社领袖瓦尔兰，是因为瓦尔兰按其政治信念来说是一个具有无政府主义思想倾向的左派浦鲁东主义者。巴枯宁还从他的无政府主义观点出发，把巴黎公社的失败归结为巴黎工人阶级"对政权的迷信"以及雅各宾党人抱有"关于专政的拯救作用"的成见，等等。（巴枯宁，1978：200，201）

尽管第一国际成立之初，一些国家就企图消灭它，但在巴黎公社失败以后，这种迫害进一步恶化，几乎所有的欧洲大陆国家都采取各种暴力手段来镇压国际活动和工人运动。国际内部的一些不坚定分子，有的动摇，有的叛变，第一国际处于空前严峻的不利境地。与此同时，巴枯宁及其追随者加紧攻击国际总委员会，他们试图利用第一国际所处的不利局面来夺取第一国际各级组织的领导权。（李显荣，1982：190）

为抵制欧洲各国政府的严重迫害，总结巴黎公社的经验教训，揭露巴枯宁主义者的破坏活动，"并且着手进行符合形势需要的新的组织工作"（马克思，1871a：693），国际工人协会于1871年9月21日秘密召开伦敦代表会议。出席会议的代表共有23名，其中多数代表是马克思的支持者。马克思和恩格斯也参加了会议，而只有几名代表是支持巴枯宁的。巴枯宁没有参加这次会议，不过作为幕后指挥者暗中操控。在会议上，几名巴枯宁分子根据巴枯宁的旨意要求无产阶级放弃政治斗争，不赞成讨论无产阶级的政治行动问题。对此，恩格斯发表了《关于工人阶级的政治行动》的重要演说，抨击了巴枯宁派所宣扬的政治弃权，即放弃有组织的政治工作的论点。

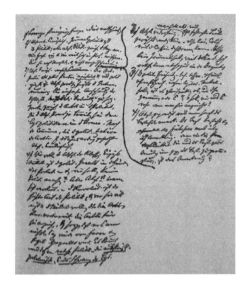

恩格斯写的《关于工人阶级的政治行动》发言提纲手稿

二、《关于工人阶级的政治行动》的主要观点

恩格斯在《关于工人阶级的政治行动》中提出了两个重要的新闻学观点。须指出的是，《关于工人阶级的政治行动》一文有发言提纲（恩格斯，1871a：445-446）（引证此篇，均见此注释，不再标注）和发言摘要（恩格斯，187lb：449-450）（引证此篇，均见此注释，不再标注），前者是恩格斯为大会发言撰写的提要大纲，后者是恩格斯附在代表会会议记录中的亲笔摘要。两者文字结构不同，内容大体相同，但为了全面理解恩格斯的思想，本文将以发言摘要为主，辅之以发言提纲，两者参证互照，来阐述恩格斯提出的两个重要新闻学观点。

（一）"绝对放弃政治是不可能的；主张放弃政治的一切报纸也在从事政治。问题只在于怎样从事政治和从事什么样的政治"

恩格斯在这里主要是通过驳斥巴枯宁主义号召工人阶级放弃政治的主张，阐释了工人阶级如何从事政治和从事什么样的政治的思想，提出了建立工人阶级政党必要性的问题。同时，恩格斯在这里也阐述了报刊如何从事政治和从事什么样的政治的重要新闻学思想。这里的报刊是指工人报刊，而不是一般的商业报刊。具体来讲，恩格斯谈到了三个问题（陈力丹，1993：302－303）：首先，报刊与政治有密切的关系。对工人报刊来说"绝对放弃政治是不可能的"。即使巴枯宁一方面号召放弃政治，另一方面也要求其信徒积极"利用报纸、小册子和书籍"，"致力于在一切国家的人民群众中传播对政治、社会经济和一切哲学问题的正确观点"。（巴枯宁，1978：143）正如恩格斯在发言大纲中说，"报纸的政治态度也是政治"，报刊宣传放弃政治，本身就是一种政治行为。从事实上看，那些主张放弃政治的报纸，不仅自身从未放弃政治，而且正在积极从事政治活动。巴枯宁派机关报《进步报》（Le Prcgrès）、《团结报》（La Soli-darit）、《平等》（L'Eguaglianza），或巴枯宁派曾一度把持过的报刊，如《平等报》（Egalité）等，它们一方面宣传无政府主义思想号召放弃政治，而另一方面这些"主张放弃政治的一切报纸都在攻击政府"，同时它们还在暗地里从事政治密谋攻击国际总委会的政治纲领和路线，为巴枯宁派夺取国际领导权制造舆论。这就产生了一个正如恩格斯所指出的荒谬结果："他们[1]经常鼓吹放弃政治，在他们看来这或许要比经济问题更重要。他们放弃政治，结果正是**他们自己把政治变为最重要的东西**。"（恩格斯，1871c：351）

其次，报刊与政治并不是一回事。二者有密切关系，正如马克思在他的第一篇政论文章中就指出，"党派的名称对政治性报纸来说则是一种必要的范畴"（马克思，1843：21），但又有一定距离，因而存在"怎样从事政治和从事什么样的政治"。对于工人报刊来说，怎样从事政治，就是要充分运用民主社会中的各种政治自由，包括言论出版自由来争取自身的权益；从事什么样的政治，既"不应当成为某一个资产阶级政党的尾巴"，跟在资产阶级政党和报纸后面亦步亦趋，但也坚决不应走向绝对放弃政治的无政府主义道路。恩格斯就工人阶级如何从事政治行动的问题指出，"应当从事的政治是工人的政治；工人的政党不应当成为某一个资产阶级政党的尾巴，而应当成为一个独立的政党，它有自己的目的和自己的政策"。那么对于新形势下的工人报刊来说，则要进一步遵循"党的精神"（马克思，恩格斯，1843：687），宣传党的理论、方针和政

---

[1] 指巴枯宁机关报。——笔者注

策，以期"……影响还没有卷入运动的广大群众"（恩格斯，1873：51）。

最后，恩格斯在发言提纲中还指出，报刊与政治的关系要根据具体情形而定，不存在报刊必须参与政治或报刊完全放弃政治等先验的"规定"。这是因为，一则工人阶级的"实际运动"决定着它与报刊之间的联系。当工人阶级的"实际运动"步入高潮或政治斗争激烈时，报刊常会以巨大的热情积极参与到"实际运动"的鼓动与宣传中，反映工人阶级呼声、捍卫工人阶级利益；而当"实际运动"陷入低潮或政治斗争缓和时，报刊和政治的联系便较为松散。二则报刊是以全社会各层面新近发生的事实变动为主要报道内容，其刊载的内容包罗万象，并不局限于政治。甚至实际上有一些报刊与政治无关。例如马克思和恩格斯在为国际工人协会西班牙支部机关报《解放报》主编梅萨辩护时说："梅萨为了挣钱度日，正主办一个时装杂志并且刚刚为一个画刊翻译了一篇文章，他们就说他投靠了资产阶级。"（马克思，恩格斯，1843：412）显然，硬要将梅萨参与工作的杂志拉入政治范畴是无聊的。政治发展水平和报刊自身属性决定了两者之间的关系是复杂的、动态的、变化的，要根据具体情形而定，而不存在任何先验的规定。

（二）"政治自由、集会结社的权利和出版自由，就是我们的武器；如果有人想从我们手里夺走这个武器，难道我们能够袖手旁观和放弃政治吗？有人说，进行任何政治行动都等于承认现存制度。但是，既然这个制度把反对它的手段交到我们手中，那末利用这些手段就不意味着承认现存制度"

恩格斯在这里不仅驳斥了巴枯宁放弃政治的自由观，而且重申了马克思主义新闻自由观。巴枯宁说：

> 我所崇拜的自由，绝不像我们的自由——有限的，形式上的，严格地为国家所规定出来的自由，……我的自由不像卢梭学派及类似这一学派的其他资产阶级自由主义学派所宣传的个人主义的自私自利的自由，这种自由经常是虚假的，经常是伪善的……但有权称得上这个伟大的名字①的，只有这样一种自由，它保障全部体力、智力和隐蔽在每个机体

---

① 指"自由"。——笔者注

中的道义力量的充分发展，——这种自由，对它来说，没有其他界限……每个人的自由不为全体人员的自由所限制。（巴枯宁，1959：247）

巴枯宁的"没有其他界限"的绝对自由听起来颇为动听，但"没有其他界限"的自由不仅不能保护个人的自由，反而可能造成对一切人的自由的侵犯和剥夺。巴枯宁试图以彻底否定西方一切现代政治自由思想和实践成果的方式来阐释自由、获取自由，这不仅造成巨大的理论贫困，而且在实践上也是根本行不通的。按照巴枯宁的自由观来看，资本主义国家的"政治自由只会是骗人的表面的东西和虚伪的东西"（巴枯宁，1978：161）。而争取和利用包括这些权利在内的"任何政治行动都等于承认现存制度"。

与巴枯宁彻底否定西方一切现代政治自由思想和实践成果不同，马克思恩格斯则是在继承西方现代政治自由思想和实践优秀成果的基础上，通过对其的批判和扬弃而提出马克思主义政治自由观。恩格斯历来重视工人阶级在资产阶级国家争取政治自由问题，正如他在其他文章中所说的，"争取这些自由，同时也就是争取自己本身存在的条件，争取自己呼吸所需的空气"（恩格斯，1865：114）。特别是马克思和恩格斯经历了欧洲工人运动从弱小到壮大几十年的历史进程，他们从中深切地认识到在没有政治自由的情况下，工人运动的发展极为困难（陈力丹，1993：407），甚至可以说，"没有新闻出版自由、结社权和集会权，就不可能有工人运动"。争取这些自由不仅是开展工人运动的必要前提，"工人没有它们却永远不能为自己争得解放"（恩格斯，1865：112，104），而且也是推动工人运动发展的重要手段，"政治自由、集会结社的权利和新闻出版自由，就是我们的武器"，同时也是工人运动追求的重要目标。概而言之，这些自由是工人运动本身不可分割的重要组成部分。因为究其实质，正如恩格斯所指出的，"出版自由，不同意见的自由斗争就意味着允许在出版方面进行阶级斗争"（恩格斯，1849：528）。

争取这些自由不仅不是向资产阶级国家妥协，恰恰相反，是在与资产阶级国家进行顽强斗争，以实现工人阶级的经济解放。

事实证明，工人争取和获得政治自由，即使是受到资产阶级国家严重束缚的有限程度上的政治自由，也能有力地推动工人运动的发展，使工人阶级在一定范围内和程度上实现经济解放。特别是"在英国，显示自己政治力量的途径对英国工人阶级是敞开的"。这是"……和平的宣传鼓动能更快更可靠地达到这一目的的地方"（马克思，1871b：611）。恩格斯回顾总结英国工人阶级在限制工作日的斗争取得胜利时就指出，"英国的工厂工人获得这一法律，是由于多年的坚持，是由于与工厂主作过最激烈最坚决的斗争，是由于出版自由，集会结社的权利"（恩格斯，1868：269）。

为此，恩格斯一贯注重"保障新闻出版自由、结社和集会自由，从而为无产阶级创造取得运动自由和组织自由条件"（恩格斯，1865：113），始终强调工人要学会利用政治自由，"通过赢得政权来达到工人阶级的经济解放"。

在 1871 年伦敦代表会议上，恩格斯提出的"关于工人阶级的政治行动"，获得马克思以及其他与会者的广泛认同，其主要内容被写入了会议的决议之中。（马克思，恩格斯，1843：451）1871 年伦敦代表会议是马克思主义对巴枯宁主义斗争的重要胜利。

三、《关于工人阶级的政治行动》的版本和翻译问题

《关于工人阶级的政治行动》是恩格斯在国际工人协会 1871 年 9 月 21 日伦敦代表会议上的发言而写的发言提纲和发言摘要。前者的原文是德文，约 800 字，第一次用法文发表于 1934 年《布尔什维主义手册》杂志第 20 期；后者原文为法文，约 700 字，第一次全文发表于 1934 年《共产国际》杂志第 29 期。

中文《关于工人阶级的政治行动》的发言提纲和发言摘要都收录在《马克思恩格斯全集》（简称《全集》）第一版第 17 卷中，两者均是从俄文版《全集》中翻译过来的。

恩格斯（19 世纪 70 年代）

此外，发言摘要还有一个新译文，收录在新近出版的《马克思恩格斯文集》（简称《文集》）第 3 卷中，该文是根据《全集》历史考证版（EMGA）第一部分第 22 卷，并参考《全集》德文版第 17 卷翻译的。对照历史考证版和英文版，中文版《关于工人阶级的政治行动》有几个问题值得探讨。

其一，中文版发言提纲中提到"问题只在于怎样干预政治和干预到什么程度"，查照考证版德文原文为 "Nur fraglich wie und wie weit sich in Politik mischen"（Engels，1978a：307）。与中文"干预"对应的词是"mischen"。德文"mischen"原意是"搅和"，是个比较模糊的、程度不确定的词，其意义为"介入、插手、干预、干涉"，表面上看可以翻译成"干预"。但将"mischen"翻译为"干预"是不合适的，因为恩格斯在这里有一个定语"wie und wie weit"，即"怎样以及到……何种程度"。这表明，报刊对政治的介入有一个不确定的范围：介入的范围小，程度低，那么两者仅是有关；介入的范围大，程度高，那么就是干预；当然，有时也可能毫不介入，两者之间无任何关联。所以，在这里不应该译为"干预"这样一个明确表明其程度和范围的词，而应该翻译为具有中性色彩的词汇，如"参与、从事"。这句话英文版的译文为 "The only question is how and how far to get involved in politics"（Engels，1986：417）。与"干预""mischen"对应的词是"get involved in"。英文这里用"get involved in"，即"有关的、牵扯在内的、参与的"这样一个比较模糊的词，是更合适的。恩格斯在发言摘要中重新表述这个观点时就使用了法文"agir"，即"从事"这样中性色彩的词汇。"Il s'agit seulement comment on en fait，et laquelle."（Engels，1978b：308）中文译文为："问题只在于怎样从事政治和从事什么样的政治。"其中"agir"（"agit"为动词变位，其原形是"agir"）的意义为"行动、干、做事"，中文意译为"从事"，英文对应的翻译是："It only depends how one does it and what sort of politics."与"从事"和"agir"对应的词是"does"。

其二，中文版发言提纲"政治自由——特别是结社、集会和出版的自由——是我们进行宣传鼓动工作的手段"，英文版为 "Political freedoms—particularly of association，assembly and press—our means of Agitation"，查照历史考证版为 "Die polit ischen Freiheit—besonders Assoziations，Versammlungsund Preβfreiheit—unsre Agitations-Mittel"，与中译"宣传鼓动"对应的英文单词为"agitation"，德文为"agitations"，尽管在中文里"宣传"与"鼓动"是一个意思，尽管马克思和恩格斯使用"鼓动"一词的含义与宣传十分相近（陈力丹，1993：205），但在英文和德文中它们分别是两个单词"agitation"和"propaganda"，因此，为忠于原文，这里译为"鼓动"更合适。

其三，值得注意的是，《全集》中文第一版和《文集》的《关于工人阶级的政治行动》发言摘要谈到"绝对放弃政治是不可能的"，英文版是"Absolute abstention from politics is impossible"，历史考证版为"L'abstention absolue en matière politique est impossrble"，俄文版亦称"Абсолютное воздержание от попитики невозможно"（Энгелbc，1960：421）。但根据苏联弗阿多拉茨基主编的《第一国际伦敦代表会议文件（1871 年 9 月 17—23 日）》的中译本（简称《文件》），恩格斯当时的表述是"在政治反动时期，绝对放弃政治是不可能的"（阿多拉茨基，1999：90）。《全集》和《文件》都声称是按恩格斯手稿翻译的，但前者在"绝对放弃政治是不可能的"前面加了限定条件，后者则无。

显然，有无"在政治反动时期"这个限定条件至关重要。如果没有此限定条件，则意味着无论何时何地工人阶级"绝对放弃政治是不可能的"，政治在工人阶级活动中不仅具有永久性，而且也具有优先性。同时，这种绝对化的表述也极其容易被曲解和误解为某种教条。而"在政治反动时期，绝对放弃政治是不可能的"则是强调了工人阶级在特定历史时期从事政治活动的重要性和迫切性，以及应该根据形势来进行政治活动的机动性和灵活性。鉴于恩格斯在这篇文章中主要是从工人政党建立的经验、巴黎公社失败的教训，以及资产阶级国家对国际的迫害等角度来论证"绝对放弃政治是不可能的"，可以看出恩格斯可能强调的是"在政治反动时期，绝对放弃政治是不可能的"。正如恩格斯在《关于工人阶级的政治行动》发言提纲中所指出的，"问题只在于怎样干预政治和干预到什么程度。这要根据情况而定，而不是按照规定办事"。

伦敦代表会议上，在恩格斯做出《关于工人阶级的政治行动》发言之后，许多代表随即发表了支持恩格斯的言论。如巴黎公社的领袖之一弗兰克尔（Leo Frankel）声明，在总的组织问题上，他完全同意恩格斯的意见。人们以为在一切国家里都应该采取同一种政治行动手段，显然，在政治领域里应该根据当地条件进行活动（阿多拉茨基，1999：91）。比利时代表斯廷斯（Eugène steens）指出，要"根据每个国家的条件从事政治"（阿多拉茨基，1999：92）。而马克思的女婿龙格（Charles Longuet）更为详尽具体地说："在某些时候，例如在帝国时期，放弃政治是正确的政策，帝国十分懂得这一点，所以在全民投票之后就立即开始迫害曾向人民建议放弃政治的巴黎联合会委员会。但是，在有些国家，放弃政治就是怯懦，近乎背叛，例如在瑞士，那里的人民拥有一切斗争手段。"（阿多拉茨基，1999：92‐93）这些代表均是通过论证从事政治的具体条件来支持恩格斯的言论，这也可以说明恩格斯所提出的"绝对放弃政治是不可能的"是有限定前提和条件的。

其四，另外须指出的是，中文版《全集》发言摘要中的"出版自由"，在《文集》发言摘要中重译为"新闻出版自由"，这既更符合马克思恩格斯生活时代的新闻与出版状况，也更准确地表达了马克思恩格斯表述的含义。《全集》中"既然这个制度把反对它的手段交到我们手中，那么利用这些手段就不意味着承认现存制度"，《文集》新译为"既然这种现状为我们提供了反对它的手段，那么利用这些手段就是不承认现状"。《全集》中的"制度"一词，与《文集》中的"现状"，在英文版中对应的词是"status"，历史考证版为"existant des choses"，即"存在的或实在的事情、东西"。显然，"现状"，一则在词义上更为准确，二则也更确切地表达了恩格斯的思想。因为当时欧洲各国的政治制度不同，即使政治制度相同的国家其政治自由程度也不尽相同，甚至同一国家在不同时期其政治自由程度也有变化。"现状"一词更能准确地反映出欧洲各国政治自由程度的复杂性及其变化。

（作者为华东师范大学传播学院副教授）

参考文献

阿多拉茨基. 第一国际伦敦代表会议文件 ［M］. 北京：中国人民大学出版社，1999.

巴赫. 第一国际：第一卷（1864—1876）［M］. 北京：生活·读书·新知三联书

店，1980.

巴枯宁. 巴黎公社和国家概念［M］//中国人民大学马克思列宁主义基础系. 无政府主义批判：下册. 北京：中国人民大学出版社，1959.

巴枯宁. 巴枯宁言论［M］. 北京：生活·读书·新知三联书店，1978.

陈力丹. 精神交往论：马克思恩格斯的传播观［M］. 修订版. 北京：中国人民大学出版社，2016.

恩格斯（1849）. 关于招贴法的辩论［M］//马克思，恩格斯. 马克思恩格斯全集：第6卷. 北京：人民出版社，1961.

恩格斯（1865）. 普鲁士军事问题和德国工人政党［M］//马克思，恩格斯. 马克思恩格斯全集：第21卷. 中文2版. 北京：人民出版社，2003.

恩格斯（1868）. 卡·马克思《资本论》第一卷书评——为《民主周报》作［M］//马克思，恩格斯. 马克思恩格斯全集：第16卷. 北京：人民出版社，1961.

恩格斯（1871a）. 关于工人阶级的政治行动。1871年9月21日在代表会议上的发言提纲［M］//马克思，恩格斯. 马克思恩格斯全集：第17卷. 北京：人民出版社，1965.

恩格斯（1871b）. 关于工人阶级的政治行动。恩格斯本人做的1871年9月21日在代表会议上的发言摘要［M］//马克思，恩格斯. 马克思恩格斯全集：第17卷. 北京：人民出版社，1965.

恩格斯（1871c）. 恩格斯致保尔·拉法格（1871年11月25日）［M］//马克思，恩格斯. 马克思恩格斯全集：第33卷. 北京：人民出版社，1973.

恩格斯（1873）. 恩格斯致奥古斯特·倍倍尔（1873年6月20日）［M］//马克思，恩格斯. 马克思恩格斯全集：第33卷. 北京：人民出版社，1973.

克利姆. 恩格斯文献传记［M］. 长沙：湖南人民出版社，1986.

李显荣. 巴枯宁评传［M］. 北京：中国社会科学出版社，1982.

马克思（1843）. 评普鲁士最近的书报检查令［M］//马克思，恩格斯. 马克思恩格斯全集：第1卷. 中文2版. 北京：人民出版社，1995.

马克思（1870）. 马克思致恩格斯［M］//马克思，恩格斯. 马克思恩格斯全集：第33卷. 北京：人民出版社，1973.

马克思（1871a）. 卡·马克思在伦敦代表会议开幕式上的发言记录［M］//马克思，恩格斯. 马克思恩格斯全集：第17卷. 北京：人民出版社，1963.

马克思（1871b）. 卡·马克思同《世界报》记者谈话的记录［M］//马克思，恩格斯. 马克思恩格斯文集：中文2版. 第3卷. 北京：人民出版社，2009.

马克思，恩格斯（1849）. 科伦工人联合会委员会1849年1月15日会议记录摘要

［M］//马克思，恩格斯.马克思恩格斯全集：第6卷.北京：人民出版社，1961.

马克思恩格斯（1871）.1871年9月17日至23日在伦敦举行的国际工人协会代表会议的决议［M］//马克思，恩格斯.马克思恩格斯全集：第17卷.北京：人民出版社，1963.

马克思，恩格斯（1873）.社会主义民主同盟和国际工人协会［M］//马克思，恩格斯.马克思恩格斯全集：第18卷.北京：人民出版社，1964.

ENGELS F.（1978a）.Uber die politische aktion der arbeiterklasse［M］//Marx/Engels Gesamtausgabe（MEGA），Band22. Berlin：Dietz Veflag Berlin.

ENGELS F.（1978b）.Sur 1 action politique de la classe ouvrière［M］//Marx/Engels Gesamtausgabe（MEGA），Band22. Berlin：Dietz Verlag Berlin.

ENGELS F.（1986）.On the political action of the working class［M］//Collected Works of K. Marx and F. Engels（Vol. 22）. Moscow：Progress Publishers.

ЭНГЕЛВС Ф.（1960）.О политическом действии рабочего класса［M］//Маркс К.，ЭнгелвсФ. Сочинения. Mockba：T. 17.

马克思、恩格斯、列宁党报思想的形成

【按语】

马克思主义工人政党初期发展时规模很小，党的领导机构或领导人与党的报刊编辑部或编辑是一体的，因而党的报刊与党的领导机构的关系问题并不明显。随着党的壮大，这个问题得以凸显。鉴于1863年德国第一个工人政党"全德工人联合会"内党的领导人斐迪南·拉萨尔实行个人独裁的教训，1869年成立的以马克思主义为指导思想的"德国社会民主工党"第一次以党的章程条文，确定了党的报刊与党的领导人和领导机构的关系，摒弃拉萨尔的独裁。刘宏宇对奥古斯特·倍倍尔《关于德国社会民主工党党纲和组织章程的报告》考证概括的党报体制是：党的行政领导机构中央执行委员会有责任监督党的报刊的原则立场，若该委员会滥用权力或不负责任，由党的代表大会选出的监察委员会应追究执行委员会和编辑部的责任。为防止执行委员会干预编辑部的工作，党报编辑部和发行部成员均不得是执行委员会成员。

1873年德国社会民主工党执委会主要领导人和党报主编均被捕，于是第一次发生了党的执委会成员与党报编辑部编辑在捍卫党的路线方面发生分歧的问题，鉴于党章规定执行委员会有责任监督党报编辑部，执行正确路线的党报编辑面临错误的领导。1873年6月20日恩格斯（并代表马克思）致在监狱里的党的主要领导人奥古斯特·倍倍尔的信专门讨论了这个问题。这是马克思主义党报实践中第一次讨论党报与党的领导机构关系的文献。李志敏对此的考证文章详尽地叙述了这件事情的发生和恩格斯的态度。恩格斯指出了问题的难处："我们有责任做我们所应做的一切，并且竭力加以阻止。赫普纳①可能在个别地方犯了一些策略上的错误……但是，在实质上我们应当坚决承认他是对的。我也不能责备他软弱无能，因为如果委员会②明确示意要他退出编辑部，并告诉他，不然他就得在布洛斯③的领导下工作，那末，我看不出，他还能怎样进行抗拒。他不能在编辑部内筑起反对委员会的街垒。"

这方面成功的经验是马克思领导的《新莱茵报》的工作，但这是在1848—1849年欧洲民主革命的特殊背景下发生的，当时共产主义者同盟中央委员会没有有效的传播手段与分散在欧洲大陆的几百位盟员进行沟通和实行领导，马克思主持的《新莱茵报》实际上成为同盟的领导中心。王晶对恩格斯的论文《马克思和〈新莱茵报〉》进行了详尽研究，认为该报成功的原因不在于同盟中央委员会的领导，而在于恩格斯讲述的情形："一家必须在一定时刻出版的大型日报，在任何别的制度下都不能彻底贯彻自己的方针。而在这方面马克思的独裁对我们来说是理所当然和无容置疑的，所以我们大家都乐于接受它。首先是有赖于马克思的洞察力和坚定立场，这家日报成了革命年代德国最著名的报纸。"这与后来拉萨尔在党内的独裁性质完全不同，但后来人难以仿效。

恩格斯1890年写的文章《给〈社会民主党人报〉读者的告别信》，总结了该报12年来的工作经验，是一篇关于党报理论的比较全面的经典论述，以生动的案例论证了党的领导与党报编辑部之间的关系，关键不在于谁领导谁，而是党的领导、党报编辑部都要遵循党的精神。卢家银的考证文章还谈到恩格斯的一个基本观点：新闻出版工作中一般所能有的一个最有利的条件就是"深信你的听众正是你想要同他们说话的人"，他以此强调了报刊编者与读者之间建立心心相印的关系的重要性。

党的出版物的党性，是列宁在俄国特殊的环境中提出来的，党性的对立面是"小组习气"。陈力丹关于列宁《党的组织和党的出版物》的考证研究，提供了颇为细致的涉及党性论证各方面的论证或喻证。而列宁付诸落实党性

---

① 坚持马克思主义路线的党报编辑。——引者注
② 中央执行委员会。——引者注
③ 执委会任命的党报新领导。——引者注

的两篇论述，是理解党的出版物的党性的最好注脚。杨钢元、李一帆考证的1910 年 11 月 22 日列宁致高尔基的信，重点分析了当时俄国各色代表性期刊的政治性质，这便是一种用党性的眼光对期刊的审视。谭璇璇、杨青考证的列宁起草的文件《关于〈真理报〉编辑部的改组和工作》，则是组织上采取的坚持党报党性的措施。

倍倍尔论党内思想交流与新闻传播的原则

——《关于德国社会民主工党党纲和组织章程的报告》的考证研究

刘宏宇

1869 年 8 月 7—9 日，262 名德国工人运动代表在德国中部城市爱森纳赫召开大会，决议组建"德国社会民主工党"（Sozialdemokratische Arbeiterpartei，SDAP）。8 月 8 日，奥古斯特·倍倍尔（August Bebel）在大会上做了《关于德国社会民主工党党纲和组织章程的报告（Programm und Organisation der Partei—Referat auf dem Gründungskongreß der Sozialdemokratische Arbeiterpartei in Eisenach)》（简称《报告》）。《报告》详细阐述了党的政治纲领和组织结构的基本原则，同时也明确述及了党的机关报刊的工作机制。《报告》中关于党报体制的基本理念对后来德国工人政党的党报体制和党内思想交流的原则产生了重要影响。《报告》中文版的摘要收入《国际共产主义运动史文献史料选编》第 2 卷 41～45 页（中国人民大学出版社，1983 年版）。本文围绕《报告》的产生、内容和影响，在搜集和考证相关史料的基础上，尝试对《报告》涉及的党的机关报刊的体制、党内思想交流的原则的论述进行深入研讨和分析。

一、《报告》出台的历史背景和面对的现实政治问题

1848—1849 年民主革命失败后，德国工人运动一度陷入低潮。直到 19 世纪 60 年代才开始重新出现各种以工人教育协会形式为主的"非政治性"松散组织（Bebel，2011：43 - 46）。1863 年成立的全德工人联合会（Allgemeine Deutsche Arbeiterverein，ADAV）是其中首个跨地区性质的德国工人

政党。但是，该会最初在其创始人——律师斐迪南·拉萨尔（Ferdinand Lassalle）的领导下实行独裁性质的组织管理，搞领导人的个人崇拜。虽然拉萨尔 1864 年就因决斗身亡，未能长期直接率领 ADAV，但其拥护者们对他的个人崇拜依旧存在。当时工人运动的参与者由于自身文化素质的局限，在追求组织内部统一决策的过程中，常回避"曲折而拖沓"的民主议程，进而习惯性地相信领袖权威的力量。他们将工人联合会视为拉萨尔的个人创造并且赋予其神圣光环，以至于使是否接受和维持对领袖的绝对崇拜和服从成为区分政治敌友的一个衡量标准，任何敢于对此提出异议的人都会被当作"渎圣者"来看待，这种传统保持了长期而顽固的影响力。（Bebel，2013：27 - 28）马克思将这种盲目的个人崇拜称为"幼稚的'偶像崇拜'"（马克思，1864：51）。

对拉萨尔主义政治路线持有异议的工人运动家们纷纷成立不同的政治团体，警惕地与其保持距离。其中的自由派人士更是对拉萨尔的独裁作风发出了"愤怒和嘲讽的呐喊（Wut-und Hohngeschrei）"（Bebel，2011：59 - 65）。身为莱比锡工人协会主席和北德意志联邦议会议员的倍倍尔 1867 年被选为这类团体之一——"德国工人协会联合会（Verband deutscher Arbeitervereine，VDAV）"的主席，他在该联合会 1868 年的纽伦堡代表大会上推动制订了以马克思实际上领导的国际工人协会（第一国际）基本政治理念为蓝本的纲领，并且着手将该会改组成为具有"社会主义民主"性质的新政党。该纲领得到了当时全德工人联合会中的不少反对派人士的响应，因为他们对拉萨尔的继任者——同样身为律师的党主席约翰·施韦泽（Johann Baptist von Schweitzer）变本加厉的独裁领导深为不满，所以决意转而加入新政党，以此挽救受到严重威胁的德国工人运动，并实现德国工运力量的统一。在反对派的呼吁书中，他们认为联合会章程错误地赋予了主席毫无限制的权力，以至于执委会对此毫无干预手段。这严重伤害了民主原则，同时使得"施韦泽利用联合会仅仅来满足其野心，并且将其降格成为反工人利益的反动政治服务的工具"，"这样的一个组织已经不再具有一丝一毫的民主精神了"，"如果继续留在这样一个组织中效力，将是对我们最好力量的可耻浪费"。（Bebel，2013：68 - 69）

作为政治领袖的施韦泽何以会受到会员们如此强烈的质疑和反对呢？在倍倍尔看来，拥有理论知识、政治视野和缜密思维的施韦泽的确具备从事政治活动的某些素质，同时他还是一位有才能的新闻记者、演讲家和宣传鼓动家，有能力向普通工人们解说复杂的政治问题，令他们对其提出的未来社会愿景深信不疑。因此，施韦泽一开始能得到联合会会员的拥护是可以理解的。但倍倍尔同时指出，施韦泽参与工运的基本动机并非坚定的革命理想和阶级认同，而是因为他在自己所出身的布尔乔亚阶层中看不到出人头地的希望，所以企图通过获得工人联合会的领导权作为自身的政治资本，提升个人名望地位。倍倍尔认为："他不仅想成为运动的领袖，而是要成为其统治者，并且出于自私目的将其加以利用。"（Bebel，2013：7 - 8）他严厉批评了施韦泽的利己主义和机会主义政治动机，认为施氏非但不能使自身能力为工人政治事业所用，反而只能为其带来实质性伤害。

1869 年的爱森纳赫建党大会上，施韦泽的 110 名狂热追随者们前来闹场搅局，以至于大会只得临时改变会址。[1] 最终在倍倍尔和威廉·李卜克内西（Wilhelm Liebknecht）的主持下，大会还是完成了建党程序，取得圆满成功，就此诞生的德国社会民主工党随即成为德国工人运动的骨干力量。该党在历史上被称为"爱森纳赫派"或者"马克思派"，因为他们接纳和贯彻了马克思和恩格斯所主张的国际工运路线，扭转了德国工运的颓势。

1869 年德国社会民主工党成立大会地址——爱森纳赫的摩尔旅馆

奥古斯特·倍倍尔

在筹办爱森纳赫大会的公开呼吁中，倍倍尔指出："个别人的利己主义此前像楔子一样劈入了我党的骨髓，刺进了我党的心脏，它已经被揭露和粉碎了，我们现在应该迅速行动起来，以便胜利果实不会被再次夺走……"（Bebel，2013：65）面临国内工人运动中的理念和路线之争，社会民主工党的领袖们亟须为未来政治活动制订明确纲领和原则，以便在与拉萨尔派路线划清界限的同时，为工人政治运动的发展指出正确方向。其中尤其具有紧迫性的任务是：在前车之鉴的基础上为工人政治活动的组织管理和日常行为制订合理的规范细则，从而为工人运动的健康发展提供有力的制度性保障。这就是倍倍尔向大会提交该纲领性报告时所面临的现实政治形势和课题。

二、施韦泽的独裁新闻传播政策及其危害

倍倍尔认为，全德工人联合会的成立本身就是工人运动进入各种不同政治理念激烈纷争状态的一个标志性信号（Bebel，2011：63），而社会民主工党的重要政治使命则是终结拉萨尔派错误路线所导致的工运分歧和内耗。其根本方法就是要通过正本清源，在党内树立正确的政治理念和原则，并且在其贯彻中取得多数工人的认同和支持。

但是事实上，包括拉萨尔派在内的几乎所有工人组织在群众性宣传中无不声称自己奉行民主原则，代表普罗大众利益。那么为什么进入具体操作之后，就常常会在不同程度上偏离甚至背离了真正的民主原则呢？能否真正在实践中做到知行合一，其根本差异往往就在于所宣称的政治理念是否能得到组织内部有序的制度性维护，并在此基础上确保其得到切实的尊重和执行。

以施韦泽当权时期的工人联合会为例，拉萨尔独裁统治的传统为施韦泽

的政治投机提供了制度性便利，施韦泽则刻意推动和强化会员们非理性的领袖崇拜意识，"借用拉萨尔个人光环带来的便利条件并且巧妙地对其加以利用"（Bebel，2013：23）。等到他取得联合会领导权之后，便毫无顾忌地压制会内反对派力量，对组织造成的损害更远甚于其前任。施韦泽还利用联合会唯一的机关报《社会民主党人报》（Der Sozialdemokrat）作为排除异己的工具，他作为党报资产所有人，同时身兼报纸主编。这样一来，党的领导人同时又是党报的领导人，大权独揽，为所欲为，进而在组织上和精神上全面掌控了党。施韦泽不允许联合会内部存在竞争性的其他党报，更不允许和他政见不同的意见在党报上发表，并试图以此方式实现对联合会成员的绝对精神统治。对此倍倍尔有如下描述：

> 施韦泽利用其报纸对联合会进行绝对统治，任何敢于顶嘴的人，其抗议申诉都飞到字纸篓里面去了，谁要是敢退出一次集会，就会被打上背叛拉萨尔主义组织珍贵品质的烙印并被革除会籍。在联合会里他也就死定了。如果谁让别人注意到他对李卜克内西和我怀有好感的话，那么在多数成员眼中这也等同于犯罪，甚至比乱伦或者谋杀还要严重。这就是他系统性地加以推动的煽动挑拨所导致的结果。（Bebel，2013：56）

与此同时，施韦泽通过党报进行政治欺骗，并以各种空洞浮夸的煽动性表述哄骗和误导知识有限的一般工人会员。对此倍倍尔评论道："虽然施韦泽在内心里是鄙视群众的，但是他所掌握的讨好迎合他们的谄媚手段之高明，我自此以后再也没能见识到类似的程度。"（Bebel，2013：8-9）施韦泽在群众面前将自己谦卑地称为人民群众意志的工具，阅读了他的报纸从而被他的政见所欺弄和误导的群众，被他当作工具来利用了还浑然不知。在他的政治表述中常带有似是而非的双重性，表面上似乎是在为工人们代言，实际上却是为当权者——其中尤其是首相俾斯麦的政策进行辩护，诱导工人舆论附和讨好权贵，并以此作为自己个人的晋身之阶。倍倍尔批评他对"大普鲁士政权"的吹捧，指出："这样的政治是不应在民主立场上加以支持的，反之，必须与其进行生死斗争，因为推行这样的政治的人，必是民主的死敌。"（Bebel，2013：20）除了各种欺骗外，施韦泽在为自己撰写政治投名状的时候，有时也会表现得不加掩饰，"扯下了民主的面具，公开地拒斥他此前刚赢得其支持的大多数同事们"，因为其投机性质的言论与联合会纲领存在明显矛盾，这种行为形同对会员们"以最粗暴的方式加以侮辱"。但是，党内的制度纵容施韦泽，使他可以无视会员们的异议，滥用党报谋取私利。（Bebel，2013：8-9/22）

马克思、恩格斯和另一位德国工运领导人威廉·李卜克内西很早就注意到了施韦泽在政治新闻传播领域的不当作风，在对其进行了批评的同时与其具体的政治性错误论调保持距离。感到党内地位受到威胁的施韦泽，在党报上讽刺马克思是"徒劳无益的抽象论者"和"空谈理论的作家"（Bebel，2013：22-23），而将自己粉饰为实干家和严格意义上的政治家。就此，马克思和恩格斯于1865年2月24日发表正式声明，宣布《社会民主党人报》的论调已经不能代表工人运动的政治纲领，他们也不再参与其编辑活动。这就等于在国际共运组织的层面否认了该报的政治正当性。随后，施韦泽转而阿谀奉承马克思，希望能够得到他的支持。

总的来说，倍倍尔认为施韦泽是一个信奉马基雅维利功利主义政治学的毫无原则的煽动者，其目的是通过政治操弄实现个人利益最大化。施氏在联合会中的独裁领导方式在某种程度上具有天主教会制度色彩，这也许与其早年所接受的耶稣会教育不无关系。倍倍尔认为工人运动中出现施韦泽这样的角色，与工人运动当时处于相对不成熟的发展阶段有关。这样的投机政客能够得到缺乏政治生活经验的群众的拥护，与当时工人群众的整体素养不高是相对应的。在工人政党制度建设相对完善和工运参与者政治觉悟明显提高之后，留给这种投机分子的活动空间就越来越有限了。(Bebel，2013：9)

三、倍倍尔提出的党纲方案中的党报体制和新闻传播观念

鉴于施韦泽独裁领导的深刻教训，倍倍尔在新党纲的制订中有针对性地强调了党内民主原则和监督制度建设，同时注重合理处理两者间的关系，即民主原则是制度建设的基础，而制度建设反过来又成为捍卫民主原则的保证。

在《报告》中，倍倍尔介绍了党纲草案第 12 条内容：执行委员会领导党的日常事务，五人执行委员会由主席、副主席、书记、司库和委员各一名组成，他们应由普通党员经特定选举程序以绝对多数选出。该委员会全体成员须住在同一地方或该地的一英里范围内的郊区，以便他们能经常全体出席会议并确保会议程序的正当性。（Bebel，1970：53；倍倍尔，1981）这种制度设计贯彻了集体领导、民主决策原则，避免了主要领导人的制度性独裁和滥权。

然而，如果制度设计中未包含对主要领导人进行有效监督的内容，领导人就可能超出制度之外而追求绝对权力，无视甚至损害民主决策程序，单独做出重大政治决策，导致权力的独裁。如果普通党员放弃自身的民主参与和监督权，习惯于盲目崇拜领袖，也会导致民主理念和体制的瓦解。有鉴于此，倍倍尔在《报告》中郑重声明："在我们党的组织章程中已不再存在领袖了，这一点是必要的；只要一个政党承认某些个人的权威，那么，这个党就会失去民主的基础；因为信仰权威、盲目服从、个人崇拜本身就是不民主的。所以，我们打算用五个人来代替一个人担任领导。"（Bebel，1970：53；倍倍尔，1981）

这种民主原则和制度建设需要贯彻到党建的各方面，其中自然包括党的机关报刊。党的机关报刊的运作同样需要一定的制度规定，以防止被少数个人掌控和滥用，形成思想独裁，妨害民主原则的贯彻。倍倍尔以拉萨尔派的党报领袖独裁作为例证，批评了施韦泽利用对党报的独裁控制对党造成的危害。他在《报告》中指出：

> 到底是什么东西造成了目前这两派之间的隔阂，使它的相互抱怨并挑动工人之间的相互对立，先生们，那就是给掌权的个人提供了在党内还掌握舆论工具的可能性，从而使他可以把党的机关报变成自己的私有财产，并且只准许在党的机关报上发表那些对他有利的东西，其他所有的意见都遭到压制，而一般说来群众相信：凡是在报纸上发表的东西都是唯一正确的东西。从而使任何反对派都不能公开发表意见，因为当权者可以立即通过报刊公布那个在某一点上反对他的人是叛徒。最近这几

年，我们不是已经看到过我们党的最精明、最优秀的同志被宣布成叛徒吗？这是我们必须消除的一个危险。　（Bebel，1970：53，倍倍尔，1981）[2]

党的机关报刊作为重要的政治舆论工具，其宗旨应当是维护全党利益而不是少数个人利益。为了保障党的报刊的正常运作，需要建立一定的管理制度和对其的监督。基于德国工运的经验和教训，倍倍尔提出了多方位的制度建设意见。首先，从报刊所有权的角度，他认为党报既然代表全党的利益，就应该属于党的资产。他从而建议："要消除这一危险，只有使未来的党报不是一个人或几个人的财产，而是党的财产，由党来决定它的权利。"（Bebel，1970：54；倍倍尔，1981；中国人民大学科学社会主义系，1983：43－44）其次，既然党报是党产，那么一般党员也都应该对其拥有监督权，同时也有权要求党报维护党员的权益。因此倍倍尔认为："如果报纸在任何方面违反了党的组织章程或触犯了个别成员，那么，必须由党的正式代表对此作出决定。"（Bebel，1970：54；倍倍尔，1981）

从这个意义上来说，党报应受到来自普通党员的广泛而充分的监督，但是在实际政治生活中，为了保证必要的管理效率，普通党员可通过委托特定管理机构来行使其监督权。为了避免出现专职管理机构因权力过度集中而产生滥权的危险，倍倍尔认为应当为管理机构自身设置相应的监督机构，以便对其进行有效控制。他对此提出的方案是："执行委员会可以监督报纸，即使委员会本身（当然可以这样设想）对群众的不满采取漠不关心的态度，也还有监察委员会，该委员会应追究编辑部和委员会的责任。"（Bebel，1970：54；倍倍尔，1981）

作为党的行政领导机构的执行委员会虽然受委托作为党报管理机构对其行使监督权，但是执行委员会的权力本身并不是没有约束的，该委员会同时应受到由党代表大会选出的由11人组成的监察委员会的日常监督，如果执行委员会成员存在滥权或者渎职行为，将受到监察委员会的谴责和弹劾。

此外，为了防止党的机关报刊受到党的主要领导人的强力干预，保证其日常工作的独立性，倍倍尔做了进一步的细则规定：党的机关报刊的编辑部和发行部成员均不得参加执行委员会；反过来，委员会中的成员也不能在机关报内任职。（Bebel，1970：56；倍倍尔，1981）这样，也就可以防止出现施韦泽那样集党的行政领导、党报主编于一身的不正常情形。

党的执行委员会、监察委员会和党报编辑部及发行部（以及后来由党的中央机关报驻地党员选举产生的与执行委员会一起对机关报事务和人事任免做出决定的出版委员会）在管理党报事务上便形成了一种类似三权分立的独特体制，正是这种相互制约的党内民主体制，既保证党的机关报刊能真正代表党员的意志，同时也给予党报工作人员较大的批评和活动自由。（陈力丹，2006：247-248）例如长期担任该党机关报主编的威廉·李卜克内西虽然不是党的执行委员会成员，但这并不妨碍他被公认为党的主要领袖。他领导的党报编辑部实际上也履行着党的思想领导中心的职能。根据这种机关报的体制，党的机关报刊并不完全处于被领导和被管理的从属地位，而是拥有相对独立性和主动权的机构。党的机关报刊需要受到党的行政领导机构的监督，但是党的机关报刊也可以自由批评党的领导机构，两者形成一种互相监督、制约的关系。（陈力丹，2006：203/241-242）

倍倍尔的上述党内民主制度建设的设想，在最终通过的党纲中得到了全方位的贯彻。德国社会民主工党党纲第 18 条将社会民主工党的机关报命名为《人民国家报》（Der Volkssaat），该报作为党的资产在莱比锡出版发行。按照规定，党报的人员、薪酬和设施都由党的执行委员会决定和安排，出现异议应由监察委员会加以干预，如果仍然无法解决，则由党代表大会最终裁决。

党纲对党的报刊编辑部也提出了政治要求和业务要求："报纸的立场必须严格符合党纲。党员们的符合党纲原则的投稿，只要报纸篇幅允许，都应无偿加以刊登。对不接纳的投稿或者有倾向性地改动投稿的投诉应首先提交执行委员会，其次再提交监察委员会并由其做出最终裁定。"（Bebel，2013：83）

该规定除了保障党的报刊坚持正确的政治方向外，还涉及新闻报道真实性和客观性的原则，即不能基于政治考量篡改或者压制不同意见，也不能有意识地歪曲和掩盖事实。为了做到这一点，倍倍尔设计了执行委员会、监察委员会、党代表大会的多重监督和解决问题的制度，这是一种建立在分权制衡基础上的民主制度。

这种党的制度设计反映出倍倍尔对马克思主义工人政党性质的深刻认识。在他看来，党的领导机构应对全体党员负责并且反映多数党员意志，党的权力不能由个人或少数领袖人物加以垄断。若要实现党内思想的有效表达和顺畅传播，还要有制度化的完善的民主程序来保障。倍倍尔草创政党之初，如此执着于制度设计，不仅是他周详冷静的工作态度的表现，也说明他在党建方面具有忧患意识。为了确保党的领导机构的决策建立在多数党员意志的基础之上，就需要建立健全党内民主制度，而党的制度建设集中体现在对党的纲领的讨论和理性设计上。换言之，健全制度基础上的政党才有生命力和前途；反之，以领袖独裁方式形成的工人政党在一时狂热之下会取得一些表面的成就，但不可能持久。夯实党内的民主制度，才能为立意高远的政治追求提供体制性支持。就此恩格斯提醒倍倍尔："原因是在于每个宗派都必然有一种狂信心理，而由于这种狂信心理……它获得的一时的成功要比没有任何宗派怪癖而只代表真正运动的政党所能获得的大得多。然而狂信心理是不能持久的"。（恩格斯，1873：594）

德国社会民主工党成立之后，它对其他工人团体的整合以尊重其成员的自由意志为前提，由工人团体以民主的方式决定是否加入本党，因而这个党能够吸纳较多的工人组织，在健全的民主制度上实现党的统一。（Bebel，1970：55）

四、倍倍尔的党内民主和新闻传播观念的历史影响

倍倍尔的上述党内民主和新闻传播观念此后产生了深远的历史影响。拥有健全民主制度的社会民主工党表现出强大生命力，其党员队伍迅速壮大，为其日后成长为代表劳工基层利益的马克思主义工人政党奠定了基石。越来越多的工运人士意识到党的独裁体制的弊端，施韦泽很快便失去了群众支持，1871 年他不得不辞去联合会主席职务，次年更被开除出联合会。1875 年，全德工人联合会与社会民主工党在 1875 年的哥达代表大会上合并为"德国社会

主义工人党"（Sozialistischen Arbeiterpartei，SAP）。该党于 1890 年更名为"德国社会民主党"（Sozlaldemokratische Partei Deutschlands，SPD）"，并作为拥有德国最广泛群众基础的主要政党存续至今。该党长期而稳定的发展，与其主要创始人倍倍尔在建党之初打下的坚实制度基础是分不开的。（Lehnen，1983：58 - 59）

在新闻传播领域中，倍倍尔所倡导党内民主和客观真实的新闻传播观推动了党的新闻事业的发展。从最初只拥有一份党的机关报开始，该党的报刊发行事业不久就进入了快速发展的轨道，1876 年该党创办了 12 种政治机关报，1878 年该党的机关报数量达到 47 种，此外还有其他各种期刊 100 多种。（陈力丹，2006：244）1893 年，社会民主党拥有 74 家报纸，其中包括 33 家日报。1869 年社会民主工党党章中的党报管理原则在 1875 年两派合并之后被收入新的党章，在以后历次党代表大会所通过的党章中都继续确认了相关原则。（陈力丹，2006：247 249）正是因为拥有正确的新闻传播理念，该党的机关报刊才能得到党员和群众的广泛认可和支持，从而迅速发展壮大。（陈力丹，2006：235）

由于德国社会民主党在第二国际时期是欧洲最具代表性的马克思主义工人政党，该党的民主组织体制和新闻传播观念作为成功经验为其他各国工人政党所效仿，包括列宁参与的早期俄国社会民主工党。（陈力丹，2006：232）

（作者为中国人民大学新闻学院讲师）

注释

[1] 拉萨尔派在政治活动中常常表现出不加控制的过度狂热和非理性，他们为了维护自身立场和确立优势，往往不惜践踏规则和肆意妄为。例如倍倍尔在开姆尼茨举行的一次工人集会上发现，拉萨尔派成员为了取得表决中的多数，居然同时高举双手以混淆视听。于是他就机智地建议与会者都举双手计票，最终表决结果还是证明了拉萨尔派的失败（Bebel，2011：63）。

[2] 德国工人联合会中央级领导人白拉克、盖布、约克、弗里茨基等人都曾由于对施韦泽的独裁提出意见，而被其在报纸上诬陷为叛徒（陈力丹，2006：239）。

参考文献

陈力丹.马克思主义新闻观思想体系［M］.北京：中国人民大学出版社，2006.

中国人民大学科学社会主义系.国际共产主义运动史文献史料选编：第2卷［M］.北京：中国人民大学出版社，1983.

奥古斯特·倍倍尔.奥古斯特·倍倍尔在爱森纳赫代表大会上关于社会民主工党党纲和组织章程的报告（节录）［J］.教学与研究，1981，（6）.

马克思（1864）.马克思致恩格斯［M］//马克思，恩格斯.马克思恩格斯全集：第31卷.北京：人民出版社，1972.

恩格斯（1873）.恩格斯致奥古斯特·倍倍尔［M］//马克思，恩格斯.马克思恩格斯全集：第33卷.北京：人民出版社，1973.

Bebel，August（1970）. Ausgewählte Reden und Schriften. Band 1. 1863 bis 1878. Berlin：Dietz Verlag.［M］

Bebel，August（2011）. Aus meinem Leben：Erster Teil. Paderborn：Europäischer Geschichtsverlag.［M］

Bebel，August（2013）. Aus meinem Leben：Zweiter Teil. Hamburg：SEVERUS Verlag.［M］

Lehnert，Detlef（1983）. Sozialdemokratie zwischen Protestbewegung und Regierungspartei 1848—1983. Frankfurt：Suhrkamp Verlag.［M］

党报编辑部如何捍卫党的原则

——恩格斯致奥古斯特·倍倍尔（1873 年 6 月 20 日）考证研究

李志敏

19 世纪 70 年代以后，国际共运史进入到一个新的时期，伴随无产阶级政党的发展以及党内生活的日益复杂化，如何处理党报与党的领导机构之间的关系问题被提了出来。

1864 年，国际工人协会（第一国际）的建立及其活动大大促进了工人运动在各国的发展，与此同时，欧洲各大国的民族统一均告完成，在各民族国家范围内建立独立的工人政党，成为日益迫切的任务。在 1871 年 9 月的国际工人协会伦敦代表会议和次年的海牙代表大会上，马克思和恩格斯根据巴黎公社的经验，进一步阐明了组织工人阶级政党的必要性，指出工人阶级必须建立有自己的目标和政策的独立政党，才能作为一个阶级来行动，从而保证以消灭阶级为目标的社会革命的胜利。

马克思和恩格斯在这个时期的报刊活动主要是围绕建党工作进行的。具体到德国，虽然当时它的建党工作和各项斗争都走在其他国家的前面，但直至 70 年代，德国的工人队伍中还是以手工业工人为主，手工业者超过工厂工人，而农业劳动者则超过它们两者的总和。据普鲁士王国官方统计，60 年代农业劳动者 350 万，大工业中的独立劳动者 75 万，手工业者 100 万，在德意志联邦的比例也是大致如此。

无产阶级政党建设过程中的任务之一，是要抵制和肃清各种机会主义思潮和资产阶级、小资产阶级思潮的影响。进入 70 年代后，马克思和恩格斯多次写信给德国工人运动两大派别之一爱森纳赫派（另一派是拉萨尔派，实行与俾斯麦合作的右倾路线）的领袖威廉·李卜克内西（Wilhelm Liebknecht，1826—1900）、奥古斯特·倍倍尔（August Bebel，1840—1913），提醒要警惕机会主义的影响。恩格斯致奥古斯特·倍倍尔（1873 年 6 月 20 日）即是其中的一封，信中指出当时倾向于拉萨尔派的党的领导机构的委员有可能以党的领导的名义，通过对具体编辑的指示，来实施党报方针的改变，从而造成使德国社会民主工党机关报《人民国家报》演变成拉萨尔派报纸的危险。

在马克思主义新闻工作史上，由于最初党的领导机关和党报编辑部是一体的，因而不存在两者的关系问题。当党发展起来以后，党的领导机关和党报编辑部形成两套人员，于是就产生了如何处理两者关系的问题。根据德国社会民主党的章程，党的领导机关只有监督党报编辑部原则立场的职责，两者的关系不完全是领导和被领导关系。如何在实际工作中以捍卫党的原则为目的，处理好两者的关系，成为需要认真讨论的问题。

一、恩格斯致奥古斯特·倍倍尔（1873 年 6 月 20 日）的写作缘起

19 世纪 70 年代，德国工人运动中主要存在两大政治派别：全德工人联合会和德国社会民主工党。前者由斐迪南·拉萨尔（Ferdinand Lassalle，1825—1864）创立，被称为拉萨尔派；后者在爱森纳赫市宣布成立，因而叫爱森纳赫派，因为该派是在马克思恩格斯指导下建立的，所以又称马克思派。

全德工人联合会是 1863 年成立的首个跨地区性质的德国工人政党，拉萨尔担任主席。拉萨尔主张通过争取普选权和依靠国家组织合作社来实行所谓的国家社会主义；反对资产阶级自由派进步党；把农民列入"反动的一帮"，否定建立工农联盟的必要性；认为工人群众贫困的原因不在于雇佣劳动制，而在于平均工资始终停留在最低的生活限度上这一"铁的工资规律"；鼓吹与当权的封建势力联合。从成立时起，全德工人联合会就处于力图使工人运动按改良主义道路发展的拉萨尔及其追随者的有力影响之下。联合会把自己的宗旨限于争取普选权的斗争和和平的议会活动，否定工人阶级的日常经济斗争，主张建立由国家帮助的生产合作社，认为组织生产合作社是解决社会问题的基本手段；在对外政策问题上采取民族主义的立场，赞同普鲁士政府的

反动政策和通过王朝战争自上而下地实现德国的统一。

同时，拉萨尔在党内实行独裁性质的组织管理，搞领导人个人的崇拜，虽然 1864 年 8 月拉萨尔本人因为一个女人决斗身亡，但在他死后，他的继任拥护者施韦泽·约翰·巴普提斯特（Schweitzer Johann Baptist，1833—1875）等仍继续坚持了他的主张和独裁统治的传统。

爱森纳赫派是在反对拉萨尔的斗争中形成的德国第二个工人政党。当时，对拉萨尔主义政治路线持有异议的工人运动家们纷纷成立不同的政治团体，警惕地与其保持距离，"德国工人协会联合会"（Verband deutscher Arbeelterverelne，VDAV）就是此类团体之一。1867 年，身为莱比锡工人协会主席和北德意志联邦议会议员的倍倍尔被选为 VDAV 的主席，他在该联合会 1868 年的纽伦堡代表大会上，推动制订了以马克思实际上领导的国际工人协会基本政治理念为蓝本的纲领，并且着手将该会改组成为具有"社会主义民主"性质的新政党，以此挽救受到严重威胁的德国工人运动，并实现德国工运力量的统一。在倍倍尔和李卜克内西的主持下，建党大会最终于 1869 年 8 月在爱森纳赫市召开，尽管当时施韦泽的 110 名追随者前来闹场搅局，大会不得不临时改变会址，"德国社会民主工党"还是宣告成立了。他们贯彻了马克思和恩格斯的主张。

爱森纳赫派和拉萨尔派在对待德国统一、普法战争、巴黎公社等问题上持有不同观点。如拉萨尔把资本主义的工资规律和工人的贫困化说成是同资本主义制度无关的自然规律，认为工资问题的核心是人口问题。在马克思看来，资本主义社会中，资本家榨取工人创造的剩余价值，这才是工人贫困的根源。然而，在手工业者、手工师傅、工匠仍占德国工人多数的当时，拉萨尔的观点在德国运动中很有影响，这就给马克思和恩格斯指导德国工人政党和党报工作带来了较多的困难。

1871 年德国统一实现后，随着德国工人运动的发展，克服分歧、建立统一的工人组织，成为德国工人阶级的迫切需要。但在对待拉萨尔主义的态度上，倍倍尔认为鉴于拉萨尔的著作由于语言通俗，已经成为群众的社会主义观点的基础，且在全德工人联合会的大批工人正日益向爱森纳赫派的阵营靠拢的情况下，行事不可过于粗暴。他认为对拉萨尔的错误观点必须斗争，但要慎重。"如果采取鲁莽的行动去伤害这种感情，那是不明智的……绝不可以设想，拉萨尔主义有朝一日会在德国占上风；既然如此，那就听凭事态从容地发展下去吧，如有机会打击地道的拉萨尔主义，我们会予以打击的。"[1]从中可以看出，倍倍尔虽然认识到与拉萨尔主义错误观点相斗争的必要性，但却没有给予足够的重视和认识到原则性论战所具有的深刻意义。

　　1872年3月，德国社会民主工党的主要党务领导人奥古斯特·倍倍尔和党报《人民国家报》主编威廉·李卜克内西等被反动当局以"图谋叛国"罪判处两年监禁。党的领导机构由泰奥多尔·约克（Theodor Yorck，1830—1875）主持，报纸由威廉·布洛斯（Wilhelm Blos，1849—1927）主持。这两个人都倾向于拉萨尔派·约克是德国工人运动活动家，曾是全德工人联合会执行委员会委员，1869年加入反施韦泽派，并参加组织德国社会民主工党，1871—1874年间担任德国社会民主工党的书记；布洛斯是新闻工作者和历史学家，1872—1874年成为《人民国家报》编辑之一，但属于德国社会民主党人国会党团的右翼。在党报编辑部内，坚持马克思主义路线的编辑阿道夫·赫普纳（Adolf Hepner，1846—1923）受到了约克和布洛斯二人的排斥。

泰奥多尔·约克　　　　　　　　阿道夫·赫普纳

　　在这种情况下，恩格斯意识到占据着党的领导地位的拉萨尔派（恩格斯称之为"约克委员会"）有可能利用李卜克内西和倍倍尔被监禁的机会篡改

《人民国家报》编辑方针，于是在 1873 年 6 月 20 日致信在狱中的倍倍尔，提醒他党的领导错误有可能干涉党的机关报进而危害党。这封信的中译文收录于 1973 年出版的《马克思恩格斯全集》第 33 卷 590～594 页。

二、恩格斯的基本观点分析

（一）如何对待党的领导机构和党的机关报关系的矛盾

针对党的领导机构和党的机关报关系，恩格斯认为，党的领导机构干涉党的机关报编辑方针的做法是非常危险的，党的错误领导有可能利用它来危害党，因此应该竭力加以阻止。

这封信的一开始恩格斯便提出问题：约克试图以党的领导的名义，通过对具体编辑的指示，来实施党报方针的改变。他指出，约克代表委员会写给赫普纳的信，使他们（恩格斯和马克思）担心："党的领导——不幸，它完全是拉萨尔派的——会利用您①被监禁的机会把《人民国家报》变成某种'诚实的'《新社会民主党人报》。"这里所说的《新社会民主党人》即那时拉萨尔派的机关报。

恩格斯进而分析了以上担心会发生的三点可能性。首先，"约克的行动已明显地暴露出这种意图"；其次，约克委员会"攫取了任免编辑的权利"；再次，"赫普纳将被驱逐"。恩格斯写这封信之时，赫普纳因参加国际工人协会海牙代表大会和德国社会民主工党美因兹代表大会而于 1872 年 9 月 13 日被捕，1873 年 3 月 12 日被逐出莱比锡，此后又被逐出莱比锡附近的孔讷维茨。恩格斯指出，自从赫普纳被驱逐，不在党报出版地莱比锡时起，《人民国家报》便远不如以前了。而此时约克的委员会不仅没有给予赫普纳支持，反而要求《人民国家报》采取另外的编辑方针，刊登拉萨尔派党报《新社会民主党人报》式的社论，并且以采取强制措施相威胁。恩格斯谈到，由于党的领导毕竟有某种形式上的权力监督党报，赫普纳不能直接抵制党的委员会的指

---

① 　指倍倍尔。——笔者注

示，但要尽一切可能阻止党的错误领导干涉党的机关报的做法。

1869 年 8 月德国社会民主工党成立时，其组织章程规定：党报的"编辑部和发行部的成员及其薪金、印刷工人的薪金、报纸的价格均由执行委员会确定。在这方面如产生意见分歧，由监察委员会作出决定，最后由党代表大会作出决定"[2]。可见，根据德国社会民主工党的章程，党的领导机关拥有任免编辑的相对权力。因此，在信中恩格斯进一步向倍倍尔指出："党的领导毕竟有某种形式上的权力来监督党的机关报；这种权力**对您**虽然没有行使过，但是这一次，他们无疑会利用它，而且用来危害党"。赫普纳在党内的威望远不及倍倍尔、李卜克内西等人，他不可能像这两位党的领袖那样可以不予理会，约克的委员会在要求《人民国家报》采取另外的编辑方针的同时，委任威廉·布洛斯负责《人民国家报》编辑部的工作，明示赫普纳退出。对此，恩格斯认为："我们有责任做我们所应做的一切，并且竭力加以阻止。赫普纳可能在个别地方犯了一些策略上的错误……但是，在实质上我们应当坚决承认他是对的。我也不能责备他软弱无能，因为如果委员会明确示意要他退出编辑部，并告诉他，不然他就得在布洛斯的领导下工作，那末，我看不出，他还能怎样进行抗拒。他不能在编辑部内筑起反对委员会的街垒。"

在这里，恩格斯发现了党报与领导机关关系中存在的矛盾，他要求编辑部与错误的领导进行斗争。这也是在马克思主义新闻工作史上，恩格斯最早论及党报与领导机关关系。

后来，他多次指导党报编辑部在遵循"党的精神"的前提下处理与党的领导机关的关系。伴随德国、法国党内发生的多起党的领导机构和党的报刊之间的矛盾冲突事件，恩格斯提出了一些处理两者关系的原则。如 1879 年，德国社会主义工人党国会党团（党的代表机构）成员麦克斯·凯泽尔在国会发言赞成保护关税，这是违反党的一贯策略的。党员卡尔·希尔施办的刊物《灯笼》批评了他，但遭到党的领导人的指责，认为他批评党团违反了党的纪律。为此，马克思和恩格斯致信党的主要领导人，指出："既然那些首先应该维护党纪的人通过了这样的决议，十分严重地违反了党的纪律"，"那末我们认为，希尔施恰恰有充分权利像他所做的那样，给凯泽尔以有力的打击……

他把凯泽尔的卑鄙言论以及更加卑鄙的投票行为公诸于世，从而挽回了党的荣誉"。[3]在发生这种情况时，马克思和恩格斯主张尽可能在党的组织章程的范围内解决问题，要求党的领导机构和报刊编辑部都以党的纲领和策略原则作为衡量行动的标准，避免公开分裂。

就党的领导机构而言，马克思曾多次谈到国际工人协会的总委员会是一种没有警察和军队、没有预算做后盾的道义上的领导。1891 年，恩格斯就德国党的理论刊物《新时代》对倍倍尔说："执行委员会和你本人对《新时代》以及所有出版物保持着并且应该保持着相当大的**道义上**的影响，这是不言而喻的。但是，你们也应该而且可以以此为满足。"[4]

（二）关于党对拉萨尔主义的态度问题

1871 年德意志帝国建立，统一后的容克-资产阶级国家对爱森纳赫派和拉萨尔派实行不分派别的镇压政策，客观上为德国工人运动的统一奠定了物质基础。同时，1873 年开始的经济危机使工人阶级生活恶化，阶级矛盾尖锐，爱森纳赫派和拉萨尔派的两派成员对于合并都有了更加迫切的要求。1872 年夏，当倍倍尔、李卜克内西被捕入狱时，社会民主工党内就开始发出了支持社会民主工党与全德工人联合会实行联合的呼声，工人群众召开大会，做出了谴责拉萨尔派领袖拒绝联合、继续分裂的决议，这些呼声也得到了拉萨尔派工人的强烈响应。现实发展的需要把实现两党合并实现提上了日程，但是，是否可以因合并的需要同拉萨尔派妥协，仓促实现合并，这是马克思恩格斯尤为担心和关注的问题。所以，在这封信中恩格斯特别告诫爱森纳赫派的领导人倍倍尔：要警惕高喊团结、实际分裂党的人；不要贪图一时的成功而拿原则做交易，一定要以科学社会主义的原则为基础。不过从后来的事态发展来看，爱森纳赫派领导人在合并策略上做出了让步，马克思恩格斯提出的合并策略没有实现。

1. 宣传上的正确策略：在于影响还没卷入运动的广大群众

恩格斯在党对拉萨尔主义的态度方面，提醒倍倍尔不要因为过于重视与全德工人联合会的竞争而忽略了对广大工人群众的影响。恩格斯认为，倍倍尔等身处运动的第一线，固然能够更好地判断应当采取什么策略，但是，这样的情况却容易使得他们过于重视对手，并且习惯于在一切事情上都想到对手。而全德工人联合会和社会民主工党二者合起来，在德国工人阶级中也只占少数。恩格斯指出："宣传上的正确策略并不在于经常从对方把个别人物和成批的成员争取过来，而在于影响还没有卷入运动的广大群众。"

恩格斯进一步强调，"我们自己从荒地上争取到的每一个新生力量，要比十个总是把自己的错误倾向的病菌带到党内来的拉萨尔派倒戈分子更为宝贵"。在这里，恩格斯直言不讳地指出，德国的工人群众比拉萨尔派成员好得多。在这之后恩格斯也多次谈到了这一点，如在1882年"非常法"实施期间，德国社会主义工人党失去了在国内的合法地位，恩格斯指出，必须同机会主义势力进行坚决斗争，"在这里，工人群众本身是最好的支点。……工人的斗争是唯一伟大的、唯一站在时代高度的、唯一不使战士软弱无力而是不断加强他们的力量的斗争"。如何取得这场斗争的胜利？恩格斯对党的秘密发行的机关报主编爱德华·伯恩斯坦说："您能在真正的、没有变成'领袖'的工人中间给自己找到的通讯员愈多，您就愈有可能对抗领袖的号叫。"[5]

关于这个问题，与19世纪70年代以后德国社会民主党和工人运动一直受到拉萨尔派的严重影响有关。在德国社会民主党内，拉萨尔派一直顽固地活动着，拉萨尔主义也一直产生着严重的影响。正因为如此，恩格斯认为，如果能够只是把群众争取过来，而不要他们的地方首领，那也不错。因为这样的一大批首领，总会为过去的观点所束缚，在社会民主工党内宣扬拉萨尔主义，恩格斯认为，如果这些分子得到加强，将是一个不幸。

2. 要警惕党内高喊团结、实际分裂党的人

文章中，恩格斯提醒倍倍尔：不要让"团结"的叫喊把自己弄糊涂了，要注意叫喊团结而实际煽动分裂的人。

恩格斯以当时国际工人协会瑞士汝拉委员会的巴枯宁派为例指出，那些分裂的发动者，叫喊团结比叫喊什么都响亮。米哈伊尔·亚历山大罗维奇·巴枯宁（Михаил Александрович Бакунин，1814—1876）是俄国革命家和无政府主义者，在第一国际内进行阴谋破坏活动。1868年7月，巴枯宁被接受

进入日内瓦中央支部。巴枯宁等在国际工人协会内部建立反对国际本身的秘密组织。该团体用宗派主义的纲领及思想去影响国际工人协会的纲领和意向，并企图通过一些事先商妥的一致行动来操纵国际的支部，用它自己的原话来说就是，在国际工人组织的队伍中挑起了一场公开的战争。在1872年9月召开的国际海牙代表大会上，巴枯宁及其追随者被开除出国际工人协会。

恩格斯在给倍倍尔写这封信的时候，国际工人协会海牙代表大会正在召开，他参加了大会为谴责巴枯宁而成立的委员会。所以恩格斯在这里强调这个问题。他进一步指出："这些团结的狂信者，或者是一些目光短浅的人，想把一切都搅在一锅稀里糊涂的粥里，但是这锅粥只要沉淀一下，其中的各种成分正因为是在一个锅里，就会陷入更加尖锐的对立之中。""最大的宗派主义者、争论成性者和恶徒，在一定的时机会比一切人都更响亮地叫喊团结。"他提醒倍倍尔等人要注意避免瑞士汝拉的巴枯宁派前车之鉴。

3. 不要因为一时的成功而牺牲掉原则

恩格斯以国际工人协会的发展及以上提到的国际海牙代表大会为例，提醒倍倍尔等：党要有勇气为了更重要的事情牺牲一时的成功，经得起分裂的党将证明自己是胜利的党。

恩格斯指出，尽管国际工人协会在巴黎公社之后获得了巨大的成功，但是，这种成功却是存在气泡的："什么乱七八糟的人都钻到国际里来了。它里面的宗派主义者已经有恃无恐，滥用国际，希望会容许他们去干极端愚蠢而卑鄙的事情。"国际工人协会的目的是要把全世界无产阶级分散的力量团结在一起，从而成为使工人们联合起来的共同利益的生动体现者。它需要对形形色色的社会主义者敞开门户。但国际纲领本身的广泛却使得各种宗派主义者等进入协会，并且在协会内部建立起秘密组织，而不是竭力反对资产阶级及现存政府。在海牙代表大会上被开除的巴枯宁派即是如此。恩格斯说，"我们很清楚，气泡总有一天是要破灭的，所以我们尽力不使灾祸拖延下去，而使国际纯洁无瑕地从这个灾祸中脱身出来。气泡在海牙破灭了……"

巴枯宁及其追随者被开除出国际工人协会了。如果不这样做会怎样呢？恩格斯笔锋一转，指出：如果当时在海牙采取调和的态度、掩饰分裂的爆发，那么，宗派主义者，即巴枯宁派，就会有更久的时间以国际的名义做许多愚蠢而无耻的事情；而由于原则被牺牲掉，其他国家的工人则就会弃国际而去。在这种情况下，国际无疑就会因"团结"而灭亡了。由此，恩格斯告诫倍倍尔，不要因为一时的成功而牺牲掉原则，他相信，拉萨尔派中的优秀分子将来会自己来投靠马克思主义阵营的，而"在果实成熟以前，就像团结派所希望的那样把它摘下来，那是不明智的"。

最后恩格斯指出，拉萨尔派的机关报《新社会民主党人报》订户之所以比《人民国家报》多，主要是宗教派的狂信心理造成的，但这是不会持久的。

（作者为暨南大学新闻传播学院讲师）

注释

[1] 恩格斯和倍倍尔通信集 [M]. 北京：人民出版社，1985：8.

[2] 中国人民大学科学社会主义系. 国际共产主义运动史文献史料选编：第 2 卷 [M]. 北京：中国人民大学出版社，1983：45－47.

[3] 马克思，恩格斯. 马克思恩格斯全集：第 34 卷 [M]. 北京：人民出版社，1972：374－375，374.

[4] 马克思，恩格斯. 马克思恩格斯全集：第 38 卷 [M]. 北京：人民出版社，1972：88.

[5] 马克思，恩格斯. 马克思恩格斯全集：第 35 卷 [M]. 北京：人民出版社，1971：256－257，257.

党报要做贯彻党的纲领和策略的典范

——对《马克思和〈新莱茵报〉》一文的考证

王　晶

恩格斯在 1884 年 2 到 3 月写的《马克思和〈新莱茵报〉》一文，全面论证了《新莱茵报》[1] 的创办环境、政治方针、报道策略、编辑部工作秩序，以及马克思在其中所起的灵魂作用。这篇文章的中译全文近 7 000 字，共由 32 个段落构成，分别讲述了德国共产党（当时的名称是"共产主义者同盟"）的策略性纲领与当前任务，《新莱茵报》的政治纲领与创办环境，在贯彻党纲过程中对错误思想的批判，《新莱茵报》的斗争策略与被迫停刊前的最后努力等几个方面的内容。

马克思和恩格斯在《新莱茵报》编辑部

（萨皮罗画）

文中提到的《新莱茵报》（全称是《新莱茵报。民主派机关报》，Neue Rheinische Zeitung. Organder Demokratie），这是由马克思恩格斯创办的政治性日报，1848 年 6 月 1 日至 1849 年 5 月 19 日在普鲁士莱茵省的中心城市科隆出版。因为创办时环境复杂，公开宣传社会主义理论会吓跑很多人，报纸不得不打出了民主派机关报的旗帜。但在工作中，它始终坚持无产阶级立场，支持欧洲工人运动，发表了许多揭露性与批判性的政治报道与评论，实质是共产主义者同盟进行斗争的思想阵地。

恩格斯发表这篇文章的目的，除了纪念马克思逝世一周年外，主要是借此机会通过讲述《新莱茵报》的斗争历史，鼓励处于《反社会党人非常法》之下的德国社会主义工人党[2]学习《新莱茵报》勇于斗争、绝不放弃的精神。这篇文章主要阐述了两个观点：第一，作为党报，要勇于贯彻党的纲领和策略；第二，党报在维护工人阶级利益的斗争中，要学会充分利用合法的手段进行文字斗争。

一、《马克思和〈新莱茵报〉》一文的写作背景

《马克思和〈新莱茵报〉》发表于 1884 年 3 月 14 日《社会民主党人报》（苏黎世出版），收入 1965 年出版的《马克思恩格斯全集》第 21 卷第 17～19 页和 1995 年出版的《马克思恩格斯全集》第二版第 4 卷第 180～189 页（后文凡引此篇，不再标注）。

恩格斯写作此文时，正值德国俾斯麦政府推行《反社会党人非常法》[3]（简称《非常法》）的第六个年头。在该法颁布前夕，发生了两起刺杀德皇威廉一世（Wilhelm Ⅰ）的案件（第一起刺杀行动失败，第二起导致德皇受伤），两位凶手的身份分别为无政府主义者和民族自由分子。但是，俾斯麦政府为了镇压当时德国国内最强大的反对党社会主义工人党，将这两起凶杀案的罪名栽赃给该党，并制定了旨在打压的法律条文。《非常法》第一条规定："一切团体，凡怀有社会民主主义、社会主义或共产主义之企图，致力于推翻现存国家制度或社会制度者，均应禁止之。"第十一条规定："一切出版物，凡是其旨在推翻现存国家制度或社会制度的社会民主主义、社会主义或共产主义之企图，表现为危害社会安宁尤其是危害阶级和谐者，均应禁止之。如某种期刊根据本法令被禁止，则此项禁令即扩延至该期刊所有已出版的各期。"（Vernon，1966：339‑346）这两项内容均以非常法的形式剥夺了德国社会主义政党的组织、运动和自由出版的权利。

随着《非常法》的实施，工人的报纸当时有 50 多家被查封（包括非社会主义工人党机关报的报纸），它们的团体和俱乐部被解散，柏林市戒严，嫌疑人遭到任意逮捕或驱逐。仅 1878 年 10 月到 1879 年 10 月，普鲁士因为政治诽谤罪、侮辱俾斯麦或诬蔑政府罪而被捕入狱的就有 10 094 人。（恩格斯，1881：309‐310）这些搜捕行动引起恐慌，许多报刊卖身投靠俾斯麦政府，主动为其竞选鼓动服务。

在这种情势下，德国社会主义工人党一度陷入混乱，党的中央执行委员会慌乱中宣布自行解散，党的成员之间出现了支持合法斗争和反对合法斗争的分歧，社会改良主义者卡尔·赫希柏格表示愿意资助该党在境外创办新的机关报，但要求实行他提出的非马克思主义的办报方针。针对这些相继出现的党内问题，马克思和恩格斯著述了一系列文章，阐释政治形势，预测党组织的发展趋向，批评某些党员的错误思想，提供有关斗争方式的指导和帮助。

为了鼓励那些生活在搜捕阴影下惊慌失措的党的成员，恩格斯在《德国反社会党人非常法。——俄国的状况》一文中乐观地分析了《非常法》实施之后可能产生的有利结果。他认为，俾斯麦的军国主义暴行使德国重新恢复了旧普鲁士的封建和警察传统，这必然打破无产阶级对资产阶级宪法自由的幻想，并迫使他们走上革命道路。（恩格斯，1879：170‐171）这篇分析性文章增强了社会主义工人党的革命信心。

对于党内的错误思想，马克思和恩格斯在《给奥·倍倍尔、威·李卜克内西、威·白拉克等人的通告信》（简称《通告信》。此信寄给了奥·倍倍尔，由于作者指定该信要给德国社会主义工人党的领导看，因而具有党的文件性质）中，阐明了党的机关报应有的基本立场。该文件谈到，在苏黎世筹办社会主义工人党新机关报（原有的机关报《前进报》被查封）的三位编辑委员在制定报纸方针时，要求遵循温和而不暴力的原则，抛弃"粗鲁的无产阶级热情"，在有教养的博爱的资产者领导下，养成良好的趣味和风度，这样才能重新吸引被吓跑了的资产者、小资产者和工人。马恩严厉批判了这种背离党的纲领、放弃政治反对立场与阶级斗争的改良思想，认为无产阶级和资产阶级之间的阶级斗争一直存在，党报要坚持党纲和无产阶级立场，不能让资产阶级和小资产阶级思想影响办报，否则就把党报变成了资产阶级报纸。（马克

思，恩格斯，1879：182－190）

　　四年后马克思逝世，恩格斯继续贯彻他和马克思共同写作的《通告信》精神，在《马克思和〈新莱茵报〉》一文中，以《新莱茵报》为例，阐述在贯彻党的纲领的同时，如何讲究斗争策略，坚持最高目标与近期目标相结合的原则，从而要求当时的社会主义工人党继承党的传统，鼓励党的成员面对镇压，坚持自己的信念与立场，通过采取不同的斗争策略，完成党报贯彻党纲的任务。

《新莱茵报》终刊号头版

二、《马克思和〈新莱茵报〉》一文的主要观点

　　恩格斯在《马克思和〈新莱茵报〉》一文中，以回顾《新莱茵报》的创办

与发展历程作为主线，向德国社会主义工人党强调了下文论述的两方面内容，这些内容是恩格斯在文章里提到的，论证逻辑也源于他的阐述。

（一）作为党报，要勇于贯彻党的纲领和策略

在文章的开篇，恩格斯引用《共产党宣言》第四章的部分原文，谈到了德国共产党纲领的策略部分："只要资产阶级采取革命的行动，共产党就同它一起去反对君主专制、封建土地所有制和小市民的反动性。但是，共产党一分钟也不忽略教育工人尽可能明确地意识到资产阶级和无产阶级的敌对的对立，以便德国工人能够立刻利用资产阶级统治所必然带来的社会的和政治的条件作为反对资产阶级的武器，以便在推翻德国的反动阶级之后立即开始反对资产阶级本身的斗争。"这里主要强调了两点：第一，共产党需要联合资产阶级发动共同革命；第二，要教育工人时刻意识到无产阶级与资产阶级的对立性。

这个策略性纲领的制定与德国落后的经济和阶级状况有关。当时德国资产阶级刚刚开始建立自己的大工业，它没有力量和迫切需求去争得在国家中的主导地位，出于对无产阶级胜利后果的惧怕，一味主张依附君主制度和贵族；而无产阶级既不清楚自身的历史使命，也没有能力独立组织运动，在联合资产阶级革命过程中，经常偏离党的路线，成为其政治附庸。因此，党纲一再强调，要时刻教育工人意识到与资产阶级的对立性，以便在革命胜利后继续进行反对资产阶级的斗争。

作为以上党纲的贯彻与体现，《新莱茵报》的政治纲领是彻底的民主革命性质，即为完成德国资产阶级不能完成的民主革命，建立一个统一的、民主的德意志共和国，同时对欧洲封建势力的最后支柱——俄国，进行一场包括恢复波兰的战争而奋斗。在国内问题上，该报坚持促进德国统一，因为在国家分裂的情形下无法消除地方关税壁垒，这样就阻碍大工业发展，无法进行资产阶级民主革命；在对外政策中，该报坚持对俄战争，是由于当时俄国还是实行奴隶制的落后国家，有西侵欧洲的野心，并已经侵占了位于德国和俄国之间的波兰，以及正在发生民族起义的匈牙利，还与德国封建势力勾结在一起。为了防止俄国继续西进，在德国顺利进行革命，需要首先反对这个比

德国更反动的国家——沙皇俄国。

在《新莱茵报》筹备之初，便体现了纲领的这一彻底的民主性质。马克思和恩格斯原本计划创办一份无产阶级报纸，但经过实地调查发现，小资产阶级思想对当地（莱茵省科隆市）民众的影响较深，并得到手工业工人的支持；工人虽然人数众多，革命意识和组织性却不高；共产主义者同盟的盟员人数很少（在国内大约有 30 个支部或小组，100 多人），一些地方没有合法集会与结社的权利，还处于秘密存在状态。为了避免报纸成为"沙漠中的布道者"，马克思和恩格斯出于策略上的考虑，决定举出民主派的政治旗帜，以便团结资产阶级民主派和小资产阶级，组织广泛的群众力量。但在出版过程中，该报又始终坚持站在无产阶级立场上，"到处，在各个具体场合，都强调了自己的特殊的无产阶级的性质"。

在具体行动上，《新莱茵报》致力于批判那些叛变革命和向封建势力妥协的资产阶级，动员、组织工人阶级争取自己的革命果实。作为 1848 年法国二月革命的连锁反应，柏林的三月革命促使并未准备充分的德国登上政治舞台，还没打倒君主专制政权和封建土地所有制，就开始惧怕工人运动的成果，转而与国内外封建势力（包括俄国封建势力）勾结，共同镇压无产阶级。在这种情形下，德国工人本应争得的组成独立政党所必需的权利，即新闻出版、结社和集会的自由（这些权利本来是资产阶级为了自己的统治必须争得的），由于资产阶级的恐惧，竟被拒绝享有。为了揭露资产阶级的叛变，阻止封建王权复辟，《新莱茵报》发表了《康普豪森内阁》《反动派》《王朝之盾》及《康普豪森内阁的垮台》等文章，指证执政的康普豪森内阁背弃革命、支持妥协派和封建权势的态度，批判其将反革命思想美化为资产阶级自由主义的做法，并支持了人民武装夺取军械库、全面瓦解内阁的行动。

在贯彻党纲过程中，对于党内外的各种错误思想倾向和做法，《新莱茵报》主要采用嘲讽的笔法，毫不留情地揭露与批判。在该报创刊号上发表的《法兰克福议会》一文，讽刺法兰克福议会形同虚设，其冗长的演说和怯懦的决议毫无用处，并批评这个议会连辩论俱乐部都算不上，因为这里大多都是宣读预先准备好的学院式论文，几乎不进行任何辩论，只会通过一些鼓舞德国庸人却无人理睬的决议。这篇文章的代价是使报纸失去了一半股东，但是，这并没有阻止《新莱茵报》继续进行批判。

对于柏林议会中的左派偶像，如资产阶级政治活动家舒尔采·德里奇[4]、埃尔斯纳[5]、施泰因[6]等（这些偶像是民主派小资产阶级为了维护自身利益而制造出来的），《新莱茵报》也像对待法兰克福议会议员的态度一样尖锐，不仅批判了他们在革命中的犹豫、畏缩和瞻前顾后，还指出他们怎样用自己的妥协一步步地出卖了革命。这些批判切中要害，引起了民主派小资产阶级的恐慌。

随着三月革命的结束，部分小资产阶级以为全部革命任务都已完成，现在只需收获它的果实了。《新莱茵报》针对他们的错觉批评道：二月革命和三月革命不是长期革命运动的终点，而是新的起点，在这个革命运动中，资产阶级、小资产阶级和无产阶级还有很漫长的发展与对立过程；一切想要抹杀资产阶级与无产阶级对立的思想与做法都是应该予以强烈和坚决反对的。

可见，在揭露性与批判性方面，《新莱茵报》具有马拉[7]式的战斗风格。作为法国大革命时期的领袖之一，马拉赞成人民起义和持续革命的斗争方式。他在文字表达上的风格主要表现于《人民之友》[8]。《人民之友》致力于宣传革命主张、维护人民利益、揭发叛徒行径，因笔锋犀利、激烈抨击时政而闻名于巴黎。恩格斯认为，《新莱茵报》不只坚持了真正的（不是近百年中被革命叛徒拉斐德[9]、巴伊[10]等人歪曲的报纸形象）《人民之友》的党纲原则，还要像马拉强调的一样，坚持长期不断的革命斗争。

（二）党报在维护工人阶级利益的斗争中，要学会充分利用合法的手段进行文字斗争

在《马克思和〈新莱茵报〉》一文中，恩格斯还通过具体事例论述了《新莱茵报》对巴黎工人起义和德国革命的支持，并强调了在斗争中采取合法手段的必要性。

这里所说的合法手段，主要是指莱茵省实施的拿破仑法典为《新莱茵报》提供了合法斗争的环境，"科伦是莱茵省的中心，而莱茵省经历过法国革命，通过拿破仑法典领会了现代法的观念"。此处的"拿破仑法典"，不仅包括拿破仑统治下的 1804 年通过的民法典，还指当时的整个资产阶级法权体系，即

1804—1810 年通过的民法、民事诉讼法、商法、刑法等法典，这些法典被沿用到拿破仑法国曾经占领的包括莱茵省在内的德国西部和西南部地区。1815年莱茵省合并入普鲁士以后，该法典仍然有效。由于法典条文中没有涉及报刊案件，不会因政治问题受到审判，因此与德国同时期的其他地区相比，莱茵省具有完全自由的出版环境。

例如，1849 年 3 到 4 月，《新莱茵报》连载了威廉·沃尔弗[11]的文章《西里西亚的十亿》（共 8 篇论文），向当地农民揭露了地主如何在政府帮助下骗取他们的钱财和土地，引起读者广泛关注，"在西里西亚和东部其他各省订报的份数迅速增加：人们要求买个别几天的报纸，而最后，由于其他省没有莱茵省法律作为例外加以保障的那种出版自由……"（恩格斯，1876：78）。这里道出了法律环境对于文字斗争的重要性。

因此，作为法国革命的法治成果，《新莱茵报》的报道工作建立在莱茵省法治基础之上，当局无法直接干涉。1848 年 6 月巴黎工人起义的时候，《新莱茵报》一开始便站在起义者的立场发表支持性报道与评论，声援起义者，号召法国工人进行革命；起义失败后，当欧洲资产阶级报刊对起义者加以指责与诽谤时，马克思又专门写了一篇《六月革命》，向人们揭露资产阶级的丑恶面目，并向战败者表示致敬。这是德国甚至是全欧洲唯一高举无产阶级革命旗帜的报纸，它在关键时刻表明了自己的无产阶级革命立场。不过，这使报纸的最后一些股东也离开了。

除了明确维护工人阶级利益，《新莱茵报》利用合法手段展开了其他形式的文字斗争，并颇见成效。"这是革命的时期，在这种时候从事办日报的工作是一种乐趣。你会亲眼看到每一个字的作用，看到文章怎样真正像榴弹一样地打击敌人，看到打出去的炮弹怎样爆炸。"（恩格斯，1890：89）

首先，谨慎行文，不脱离法律保障的范围，是进行文字斗争的方式之一。1848 年 7 月 5 日，《新莱茵报》发表一篇题为《逮捕》的通讯，报道了普鲁士宪兵们在逮捕科伦工人联合会领导人时的违法行为，同时还批评了柏林总检察长茨魏费尔对革命的反动政策。为此，马克思、恩格斯和科尔夫被控侮辱总检察长和诽谤宪兵。恩格斯利用该省法律条文反驳说："这些所谓的被诽谤者甚至没有被指出名字，没有被确切指明是谁，检察机关怎么能说这是诽谤呢？……法律明确地要求确切指明被诽谤者是谁；但是，在被指控的文章的那一段话中，任何一个宪兵都不可能看出对自己的侮辱”（恩格斯，1849：283）。马克思也运用相关法律知识进行了辩护，最后三人均被宣判无罪。在这个案件中，马恩能依靠法律驳回指控，就与严谨的报道内容有关。因为这篇通讯对检察长的揭露不是具体的而是抽象的，即使说报纸诽谤了他，法律上也讲不通，“《新莱茵报》写的是：‘据说，似乎茨魏费尔先生的声明说……’。为了诽谤某人，我自己绝不会把自己的论断置于怀疑之下，绝不会像在这里一样用‘**据说**’这样的词；我一定会说得很肯定”（恩格斯，1849：273）。马克思据此推翻了第一项指控。反之，如果报道内容略有疏漏，胜诉的可能性就会大大降低。

其次，以合法的形式刊登敏感内容，也是进行文字斗争的重要手段之一。例如，《新莱茵报》为了体现编辑部的客观立场，将社会重大事件和政府重要文件发表在报纸末尾的“横线”以下（出版人和总编辑只对横线以上内容负责，横线以下不负内容上的责任）。这个做法在形式上表示报纸编辑部对这些来信不负责任，而实际上是为了避免当局对报纸的迫害。

在通常情形下，《新莱茵报》强调谨慎合法的斗争形式。但是，在1849年春季，普鲁士的政治环境变得紧张，除了政府军队镇压之外，威斯特伐里亚、莱茵等省份一些起义队伍（由部分后备军、市民、大资产阶级等组成）正面临着自身解体的危险：小资产阶级夺取了领导权一味向政府妥协，许多市民和后备军出于自身利益而动摇和退缩，无产阶级还未有革命意识。为了鼓舞人民、捍卫革命，《新莱茵报》的语调开始变得激烈，每一个号外都指出一场伟大战斗正在准备中，特别是4、5两月出版的号外，都是号召人民准备战斗的。

《新莱茵报》的战斗激情未能改变革命局势。1849年5月18日，普鲁士的德勒斯顿[12]、爱北斐特（位于莱茵省）等城市起义失败，威斯特伐里亚、莱茵两个省遍布军队，革命胜利已无可挽回。在政府的威胁下，《新莱茵报》编辑部被迫解散，马克思作为非普鲁士国民被驱逐[13]，恩格斯和其他编辑成员遭到政府通缉。第二天，《新莱茵报》在最后一期放弃一切政治谨慎，采用更激烈的语调，完全地、公开地代表德国无产阶级说出自己的目的，并以红色的大字标题悲壮落幕:"《新莱茵报》的编辑们在向你们告别的时候,对你们给予他们的同情表示感谢。无论何时何地,他们的最后一句话始终将是:**工人阶级的解放!**"

三、对《新莱茵报》的现代反思

《新莱茵报》的停刊不可避免地带来一些损失。从政治意义上说,它失去了组织和领导欧洲无产阶级革命的思想阵地;从学术价值上说,它使一些著作至今不完整,如马克思的《雇佣劳动与资本》曾因报纸查封而停止连载,它的续稿始终未能发现。

但是,通过中国革命斗争的经验来反思恩格斯的《马克思与〈新莱茵报〉》一文,就会发现这篇文章的内容存在一定时代缺陷,也存在一些容易引起读者误解的地方,归结起来,主要包括三项内容。

首先,关于《新莱茵报》的斗争策略问题。该报是马克思恩格斯宣传党纲和策略、号召和组织无产阶级的第一次尝试,因为缺乏经验,在手法和策略上还不成熟,甚至有点极端。尽管该报考虑到当时特殊的革命环境,主张将长远目标和近期目标结合起来,但它在实际工作中还是突出了前者,忽略了后者。它过于强调代表无产阶级的利益,强调与资产阶级的对立性与不同点,忽略了民主派的团结,在报刊上对所有的资产阶级进行否定与批判,结果在头刊就丧失了一半的资产阶级股东,把自己孤立起来,成为"沙漠中的布道者"。所以,1849年年初,该报就已经显现了失败的迹象。然而该报又孤注一掷,不仅配备了军事武装,还在3月到5月间采用了更激烈的斗争语调,最后不得不用红色大字标题宣布停刊。这次的失败,成为后来无产阶级革命汲取经验的教训之一。

其次,恩格斯在文中的部分内容表述采用了一些文学化的颇具煽动性的方式,如"我们退却时携带着自己的枪支和行装,奏着军乐,高举着印成红色的最后一号报纸的飘扬旗帜"。在这里,并不是说编辑部成员真的奏着军乐离开,而是一种比喻,是为了向社会主义工人党人表明一种乐观坚定的信心与力量。

最后，《新莱茵报》的报道风格、出版策略与斗争方式，是欧洲革命时期复杂的政治环境决定的，具有其特殊性；而今，现代社会结构与国际形势发生了巨大变化，它的经验并不适于完全照搬。虽然在该报停刊 156 年之后的 2005 年 8 月，一批德国记者和网络专业人士创建了《新莱茵报》网络版[14]，并声称在独立性、负责性和批评性报道方面继承自当年的《新莱茵报》，但是该报的出版环境与抗争对象已不复当年，政治意义也不可同日而语，并不能真正看作《新莱茵报》的延续。

四、必要的原文与译文考证

与本文研究内容相关的译文方面，有值得考证与商榷之处：恩格斯在《马克思与〈新莱茵报〉》中提到"绝对的出版自由"一词，其中"绝对的"对应的德语原词是"unbedingte"，其德文原意为"无条件的、完全的、绝对的"。该词应该是恩格斯所描述的法治社会中的一种完全自由的状态，是一种新闻自由的程度，翻译为"完全的出版自由"更为准确，且不容易产生误解。

（作者为中国社会科学院信息情报研究院助理研究员）

注释

[1]　《新莱茵报》的全称是《新莱茵报。民主派机关报》（Neue Rheinische Zeitung. Organ der Demokratie），1848 年 6 月 1 日至 1849 年 5 月 19 日在普鲁士莱茵省的中心城市科伦出版，是一家高举民主派旗帜却坚持无产阶级立场的大型政治性日报，共出了 301 期。

[2]　当时该党叫"社会主义工人党"，1875 年由德国工人联合会与德国社会民主工党合并而成。社会民主党是 1890 年以后修改的名称。

[3]　该法律条款诞生于 1878 年 10 月 21 日，被正式废止于 1890 年 9 月 30 日。该法颁布时曾发生了两起刺杀德皇的事件，俾斯麦政府将此咎罪于德国社会民主党并采取了镇压政策。

[4]　舒尔采·德里奇（Schulze Delitzsch，1808—1883），德国资产阶级经济学家和政

治活动家，资产阶级进步党领袖之一，属于中间派左翼，曾打算用组织合作社的办法使工人脱离革命。

[5] 埃尔斯纳（Karl Friedrich Moritz Elsner，1809—1894），西里西亚政论家和政治活动家，1848年为普鲁士国民议会议员，属于左派。

[6] 施泰因（Julius Stein，1813—1889），西里西亚政论家和教师，资产阶级民主主义者，1848年任普鲁士国民议会会员，属于左派。

[7] 让-保尔·马拉（Jean-Paul Marat，1743—1793），18世纪末法国政论家和资产阶级革命的活动家，巴黎公社起义的革命领袖之一，也是雅各宾派领袖之一。

[8] 1789年9月12日至1793年7月14日在巴黎出版，创办者是雅各宾派领袖之一的让-保尔·马拉。

[9] 拉斐德（Lafayette Marie-Joseph-Paul，1857—1834），法国18世纪资产阶级革命时期的大资产阶级领袖之一，1791年在担任国民自卫军长官时曾指挥士兵向共和派游行示威群众开枪射击，1792年人民起义后逃往国外。

[10] 巴伊（Jean-Sylvain，Bailly，1737—1793），法国自由立宪资产阶级领导者之一，曾担任巴黎市长，1891年下令对向马尔斯广场上要求共和国的游行示威群众开枪射击，1793年被革命法庭判处死刑。

[11] 威廉·沃尔弗（Wilhelm Wolff，1809—1864），德国无产阶级革命家，政论家，共产主义者同盟中央委员会委员，《新莱茵报》编辑之一。

[12] 位于德国东南方易北河河谷地区，1849年5月3日-8日，由于萨克森国王拒绝承认帝国宪法并任命极端反动分子钦斯基担任首相，该地发生了武装起义。起义的领导者是赛·契尔奈尔、米·巴枯宁等人，资产阶级和小资产阶级几乎没有参加斗争，工人在街垒战中起了主要作用。

[13] 1849年5月16日，总编辑马克思接到的政府驱逐命令："查最近几号（！）《新莱茵报》愈益坚决地煽动居民蔑视现存政府，号召暴力革命和建立社会共和国。故该报总编辑卡尔·马克思博士应予被剥夺其外人待遇法（！），因它已遭彼粗暴之破坏，鉴于彼未被允准继续留居普鲁士国土，应令其于二十四小时之内离境。若对此项要求不服，应着即押送出境。"参见《马克思恩格斯全集》第6卷600页，人民出版社1961年版。

[14] 2005年8月的《新莱茵报》网络版，参见 http：//www·nrhz·de/flyer/。

参考文献

恩格斯（1849）.《新莱茵报》审判案［M］//马克思，恩格斯. 马克思恩格斯全集：

第 6 卷．北京：人民出版社，1965.

恩格斯（1876）．威廉·沃尔弗［M］//马克思，恩格斯．马克思恩格斯全集：第 19 卷．北京：人民出版社，1965.

恩格斯（1879）．德国反社会党人非常法。——俄国的状况［M］//马克思，恩格斯．马克思恩格斯全集：第 19 卷．北京：人民出版社，1965.

恩格斯（1881）．俾斯麦和德国工人党［M］//马克思，恩格斯．马克思恩格斯全集：第 19 卷．北京：人民出版社，1965.

恩格斯（1890）．给《社会民主党人报》读者的告别信［M］//马克思，恩格斯．马克思恩格斯全集：第 22 卷．北京：人民出版社，1965.

马克思，恩格斯（1879）．给奥·倍倍尔、威·李卜克内西、威·白拉克等人的通告信［M］//马克思，恩格斯．马克思恩格斯全集：第 19 卷．北京：人民出版社，1965.

LIDTKE V L. The outlawed party：social democracy in Germany，1878—1890［M］. Princeton：Princeton University Press，1966.

马克思主义新闻政策与党内意见交流的重要文献

——恩格斯《给〈社会民主党人报〉读者的告别信》考证研究

卢家银

1890 年，是让德国社会民主党人极为激动和振奋的一年。这一年，德国社会民主党人在帝国国会大选中赢得了超过四分之一的席位，在选举中获得了空前的胜利，而且战胜了存在了 12 年之久的《反社会党人非常法》（Sozialistengesetze），重新获得了合法地位。作为非法时期非法斗争手段的《社会民主党人报》（Der sozialdemokrat）完成使命即将自动停刊。在这种背景之下，恩格斯撰写了《给〈社会民主党人报〉读者的告别信》一文，阐述了他对于新闻出版自由、党内言论自由、非法斗争与合法斗争的观点。恩格斯总结了新闻出版工作中所能享有的两个最有利条件，即绝对的新闻出版自由和编者与读者之间难得的默契。他告诉读者，当时应该把合法斗争提到首位，但他强调社会民主党人决不承诺放弃非法斗争的手段，从而为当时的德国社会主义运动指明了方向。本文即对恩格斯写作该信的历史背景、主要观点和中文译文的考证。

《社会民主党人报》终刊号报头

一、历史背景

《给〈社会民主党人报〉读者的告别信》（简称《告别信》）一文写作于 1890 年 9 月 12 日至 18 日之间。当时可以称为《反社会党人非常法》（简称《非常法》）正式被废除的"前夜"。那时，德国社会民主党已经在年初的二月选举中获得很大胜利，《反社会党人非常法》形式上虽然还有效，但选举结果已宣告该法的破产。德国首相奥托·俾斯麦（Otto Bismarck）三月宣布辞职，俾斯麦时代结束。恩格斯的这篇文章刊登在 9 月 27 日最后一期的《社会民主党人报》上。三天之后，即 1890 年 9 月 30 日，《反社会党人非常法》到期而被正式废止。

《反社会党人非常法》诞生于 1878 年 10 月 21 日。当年 5 月和 6 月，无政府主义者马克斯·霍德尔（Max Hdel）和民族自由党份子卡尔·诺比林（Karl Nobiling）先后刺杀德皇威廉一世（Wilhelm Ⅰ），前者未遂，后者致使威廉受伤。此举引发社会愤慨。[1] 俾斯麦以此诿过于德国社会民主党，大肆宣传"赤色危险"。随后，俾斯麦政府在帝国国会多数的支持下通过了这项旨在镇压社会主义和工人运动的法律。该法第一条规定："一切团体，凡怀有社会民主主义、社会主义或共产主义之企图，致力于推翻现存国家制度或社会制度者，均应禁止之"；第十一条规定："一切出版物，凡是其旨在推翻现存国家制度或社会制度的社会民主主义、社会主义或共产主义之企图，表现为危害社会安宁尤其是危害阶级和谐者，均应禁止之。如某种期刊根据本法令被禁止，则此项禁令即扩延至该期刊所有已出版的各期。"（Lidtke，1966：339 - 346）这样，《非常法》的生效，不仅将所有社会主义组织和运动置于非法状态，而且以非常法的形式剥夺了德国社会民主党人的新闻出版自由等基本权利。据不完全统计，在《非常法》时期，有 1 300 种定期的和不定期的印刷物和 332 个各种工人组织被禁。（梅林，1966：317 - 318）

然而，俾斯麦政府的这种残酷镇压行为既没有封住工人大众的嘴，也未能将德国社会民主党人消灭。令当局难以置信的是，这种镇压反而促进了工人阶级的觉醒。在之后的 12 年之中，民众对社会民主党人从同情发展到支持，使德国社会民主党成为德国得票最多的第一大政党，实力倍增。《非常法》颁布时，德国社会民主党得了 437 158 张选票，有 42 种政治报纸，工会组织有 5 万会员和 14 种机关报；而当《非常法》废止时，德国社会民主党得了 1 427 298 张选票，有 60 种政治报纸，工会组织有 20 万会员和 41 种机关报（梅林，1966：318）。对此，恩格斯在 1879 年 3 月 21 日所写的《德国反社会党人非常法》一文就有预见性地指出："德国社会党人在最近的选举中所得到的结果证明，要想封住社会党人的嘴巴来消灭社会主义运动，是不可能的。相反，反社会党人法将产生对我们特别有利的结果。"（恩格斯，1879：170）

1878 年，在《非常法》颁布之时，面对突如其来的袭击，德国社会民主党的执行委员会和国会党团决定党自行解散，广大党员在恐怖镇压下茫然失措。在工人大众的混乱中，既有人反对合法斗争、主张立即暴动，也有人将《非常法》的出现归咎于党的"过火行为"、主张党应走完全合法的道路。在那种异常艰难的形势下，马克思和恩格斯向德国社会民主党提供了指导和帮助。在《给奥·倍倍尔、威·李卜克内西、威·白拉克等人的通告信》中，马恩严厉批判了党内的左右倾观点，主张把秘密斗争与合法斗争结合起来。1880 年 8 月在德国社会民主党在瑞士维登秘密召开的党代表大会上，德国党接受了恩格斯的建议，决定修改党纲，宣称要用"一切手段"继续斗争。（梅林，1966：179）

12 年之后，当 1890 年《非常法》废止之时，党的斗争策略又面临何去何从的局面，党内出现了要不要将合法斗争写入党的纲领、要不要放弃非法斗争的争论。1890 年，德国党内出现了以大学生和年轻的文学家为核心的反对派，即"青年派"。这些人忽视在《非常法》废除后党的活动条件发生的变化，否认利用合法斗争形式的必要性，反对党参加国会选举，与党内的老党员发生了策略问题的纷争，甚至宣称恩格斯是和他们站在一起的，对党的领导人进行攻击。当时，党的领导机构已经在二月选举后迁至柏林，准备把《柏林人民报》改为中央机关报。在伦敦出版的中央机关报《社会民主党人报》届时将会宣布停刊。正是在这种背景下，恩格斯除了在《给〈萨克森工

人报〉编辑部的答复》中批评了"青年派"、阐述了自己的主张外，他还在
《社会民主党人报》停刊之时写作了这封告别信，既对新闻政策和党内意见交
流提出了一系列重要观点，又为工人大众明确了合法时期的斗争策略。他明
确告诉读者，党在目前应把合法斗争方式提到首位，但决不承诺放弃非法斗
争手段，他强调："这必须以对方也在法律范围内活动为前提"（Engels，
1890）。

二、恩格斯的主要观点评析

在《给〈社会民主党人报〉读者的告别信》一
文中，恩格斯高度评价了《社会民主党人报》，称
"'社会民主党人报'是德国党的旗帜"，"是党曾经
有过的最好的报纸"，肯定了报纸对党内外言论自
由的捍卫。在回顾该报近 12 年战斗历程的过程中，
他总结了新闻出版工作中的两个最有利的条件，提
出了党报绝不是党团的简单传声筒和不承诺放弃非
法斗争手段等观点，至今仍发人深省。

恩格斯（19 世纪 90 年代）

（一）新闻出版工作中的两个最有利条件

1. 绝对的新闻出版自由

"绝对的新闻出版自由"是恩格斯对于社会之中的新闻出版自由的著名观
点。1890 年，恩格斯将其称为新闻出版工作中的最有利的第一个条件。在
《告别信》中，恩格斯称《社会民主党人报》的停刊对于报纸的撰稿人特别是
他来说"是一个绝对的损失"，他指出："我生平曾经有两次荣幸地为报纸撰
稿而完全得到了出版工作中一般所能有的两个最有利的条件：第一，绝对的
出版自由，第二，深信你的听众正是你想要同他们说话的人。"（恩格斯，
1890a：89）恩格斯这里的"绝对的出版自由"[2]（unbedingte Preßfreiheit），

主要是指法治社会中报刊所享有的一种完全的和充分的自由状态。这是恩格斯基于法律的视角对当时的《新莱茵报》（Neue Rheinische zeitung）和《社会民主党人报》所享有过的新闻自由的概括。

对于这种自由，恩格斯通过两次报刊实践和相关论述进行了阐释。第一次，即1848年至1849年恩格斯为《新莱茵报》撰稿时期。1848年，受法国二月革命的影响，普鲁士首都柏林发生了三月革命。起义者获得了胜利，国王威廉四世（Frederick William Ⅳ）同意召开议会和改组政府，宣布了新闻出版自由、结社自由等权利。受德意志各邦风起云涌的革命运动的鼓舞，恩格斯与马克思等人于4月5日或6日从巴黎返回处于革命高潮的德国。他们在莱茵省首府科伦创办了《新莱茵报》，迅速投身于轰轰烈烈的德国革命运动。他们之所以选在科伦出版《新莱茵报》，除了科伦"发展了规模极大的工业，当时在各方面它都是德国最先进的"，最为重要的原因是科伦经历了法国革命，享有比其他德国城市更多的新闻出版自由。恩格斯在《马克思和〈新莱茵报〉》中解释说："有决定意义的是：在柏林实行的是可怜的普鲁士法，并且政治案件是由职业法官审理的；而在莱茵河地区实行的则是拿破仑法典，由于已经存在书报检查制度，这个法典根本不知道有什么报刊案件；人们受陪审法庭审判并不是由于政治上违法，而只是由于某种**犯罪行为**。"（恩格斯，1884：20）对于该报享有过的这种自由环境，恩格斯还在回顾这段办报经历时指出："在柏林，革命**以后**，年轻的施略费尔为了一点小事就被判处了一年徒刑，而在莱茵河地区，我们却享有绝对的出版自由，并且我们充分利用了这个自由。"（恩格斯，1884：20）当然，这种自由后来随着莱茵省接受执行普鲁士的法令和革命的失败而很快丧失。[3]

第二次，即1879年到1890年为《社会民主党人报》撰稿时期。虽然恩格斯提出的"绝对的新闻出版自由"在1848年四分五裂的德意志仅是昙花一现，属于专制统治下的"临时自由"或"例外权利"，但是这种自由在民主制度相对彻底的国家（如瑞士和英国）则属常规。恩格斯即是利用这种常规化的自由，帮助德国社会民主党先后在苏黎世和伦敦出版了《社会民主党人报》（1879—1890）。在反社会党人法时期，该报就是专制的俾斯麦政府眼中的非法报刊。在《告别信》中恩格斯对此做了说明，他表示，《社会民主党人报》

在国外只需遵守出版地的法律，享受的是充分的新闻自由，在国内则是非法的体现，称"《社会民主党人报》就是这种不合法性的体现。对它来说既不存在必须遵守的帝国宪法，也不存在帝国刑法典和普鲁士邦法"（恩格斯，1890a：89）。由此来看，在这两次撰稿中，恩格斯所享有和争取的新闻出版自由，对于法治社会、民主国家而言就是绝对的，对于人治社会、专制政府（当时的德国有专门针对社会主义者的《非常法》，工人大众不享有新闻出版自由）而言就不是绝对的。对此，学者陈力丹在研究该问题时指出，排除人治和实行排除人治的民主法律是实现绝对的出版自由的两大条件。（1988：215）他认为，"绝对的出版自由是一个法律、政治、社会意义上的概念，指的是在出版方面实行法治而摒弃人治的彻底程度"，它首先是一个法律概念，也可以说是一个社会学概念，但绝不是一个哲学概念。[4]

另外，恩格斯的这种"绝对的新闻出版自由"的主张，在德国党步入合法时期后，还融入了该党最具影响力的《爱尔福特纲领》（1891）。该纲领提出"废除所有限制或者压迫自由发表意见以及结社和集会权利的法律"的要求。（张世鹏，2005：22）恩格斯对这一条高度认可，他只是在批判德国党执委会起草的纲领草案时指出，"把'为了所有人的平等权利'改成'为了所有人的平等权利和**平等义务**'等等。**平等义务**，对我们来说，是对资产阶级民主的**平等权利**的一个特别重要的补充"（恩格斯，1891：271）。由此进一步阐释了他对于法治社会中新闻出版自由的理念。

2. 编者与读者之间的默契与一致

在《告别信》中，恩格斯还指出，新闻出版工作中一般所能有的另一个最有利的条件就是"深信你的听众正是你想要同他们说话的人"，以此强调了报刊编者与读者之间建立心心相印关系的重要性。与阐释绝对的新闻出版自由一样，恩格斯结合自己1848年至1849年为《新莱茵报》撰稿和1879年至1890年为《社会民主党人报》撰稿的活动，对新闻出版工作中所能有的这种最有利条件进行了阐述。

在《新莱茵报》时期，报纸与读者之间就建立了一种默契与一致。恩格斯在《告别信》中写道："你会亲眼看到每一个字的作用，看到文章怎样真正像榴弹一样地打击敌人，看到打出去的炮弹怎样爆炸。"当时正值德国革命运动时期，马克思和恩格斯等人创办的《新莱茵报》是作为"民主派的机关报"公开出现的，主要为保护和扩展三月革命赢得的民主权利而斗争。恩格斯在该报第一期的社论中一语道出了民众的心声，认为当时的国民议会必须采取必要的措施，以粉碎反动派的一切进攻，巩固议会的革命基础，以保护革命的成果——人民主权不受任何侵犯。并且，《新莱茵报》编辑部同科伦的民主派以及科伦的工人保持着密切的联系，不少编辑同时也是科伦民主运动和工人运动的领袖。科伦的民主运动，特别是拥有数千名会员的科伦工人协会，是该报的组织基础。当时，每当编辑们受到警察机关的追究或被预审推事传讯时（这种情况时常发生），工人群众就举行大规模的游行示威。因为工人们要制止反动当局对《新莱茵报》编辑的刁难和迫害。（格姆科夫，赫尔墨特，2000：157－158）

在《社会民主党人报》时期，报纸与读者又一次形成了一种心心相印的密切关系。出于对《反社会民主党人非常法》的反抗，恩格斯指出，"工人却在十二年的过程中都非常认真地出钱维持自己的'社会民主党人报'"（恩格斯，1890a：89）。《社会民主党人报》依靠尤利乌斯·莫特勒（Julius Motteler）领导的秘密发行组织——"红色邮局"（Red Postal service），通过信件邮寄（直接或间接）、大包裹邮寄、行李托运等方式越过边境，将报纸偷运回国，分发给读者，从而搭建了一个报纸与读者之间秘密交流的平台。（Lidtke，1966：94－95）这样，尽管危险重重，《社会民主党人报》还是"每周都违法地潜入神圣德意志帝国国境；暗探、特务、奸细、海关官员、增加了一两倍的边防岗哨——一切都无济于事；《社会民主党人报》按期到达订户的手里，差不多像期票一样准"。对此，恩格斯在《告别信》中欣慰地写道："当我看到在编辑部、发行处和订户之间的这种安排得如此出色的无声的协作，这种组织得 businesslike，也就是组织得井井有条的革命工作在一周复一周、一年复一年地一刻不停地进行，我这个年老的革命者的心里常常是多么高兴啊！"（恩格斯，1890a：89）此外，报纸与读者之间这种心心相印的默契还对社会主义者形成反抗信息封锁的传统产生了积极影响。当时，报纸与读者密切配合，一起打破了俾斯麦政府对工人阶级实施的反动的信息封锁，最终战胜了《非常法》。

（二）党报是党内意见交流的公共平台

这是恩格斯对于党内言论自由的主要观点。在 1890 年的《告别信》中，恩格斯写道："这无疑是党曾经有过的最好的报纸。这不仅是因为只有它享有充分的出版自由"，"同时，《社会民主党人报》决不是党团的简单传声筒。当 1885 年党团的多数倾向于投票赞成航运津贴的时候，该报坚决支持反对意见，并且甚至在党团的多数用一道现在连它自己也觉得不能理解的命令禁止该报采取这个方针以后，还是坚持自己这样做的权利"。（恩格斯，1890a：89 - 90）恩格斯这里所举的"航运津贴事件"发生 1884 年年底至 1885 年年初，是德国党涉及党内言论自由争论的代表事件。当时，德国俾斯麦政府为推行殖民政策，要求帝国国会批准对轮船公司开辟远东和东非航线给予年度津贴。德国社会民主党国会党团的多数回避这种津贴的殖民性质，准备投赞成票。德国党的中央机关报《社会民主党人报》连续刊发评论文章和党员来信对这一行为进行了批评。

面对国内外党员的强大压力，国会党团在提案表决时一致投了反对票。但是，国会党团的多数派却把不满发泄到了《社会民主党人报》及其编辑身上。当时的国会党团是德国党的最高领导机构，具有独立的支配地位[5]（相当于党在合法时期的中央执行委员会）。他们成立了一个把奥古斯特·倍倍尔（August Bebel）、威廉·李卜克内西（Wilhelm Liebknecht）和格奥尔格·福尔马尔（Georg Vollmar）排斥在外的委员会（后三人称其为"报刊扼杀委员会"）来调查《社会民主党人报》的立场，并在 1885 年 3 月 20 日通过一项党团"声明"，该"声明""竟称在《社会民主党人报》上对党团进行的批评是'不能容许的'，并说党的机关报在任何情况下，都不得对党团采取反对态度，因为党的机关报的立场是由党团负责的"（伯恩施坦，1982：226）。党团多数派（Der Sozialdemokratischen Reichstagsfraktion，1885）在该"声明"中强调："不是由报纸来决定党团的政策，而应由党团来控制报纸的政策。"

国会党团多数派将这一声明寄给了《社会民主党人报》的主编爱德华·伯恩施坦（Eduard Bemstein），并指示在该报下期头条位置发表，却不允许伯恩施坦对该声明表示任何意见。党团的这种做法受到该报编辑部的坚决抵抗。伯恩施坦以编辑部的名义给国会党团写了一封信，表示拒绝公布党团的声明。该报编辑部得到了恩格斯、倍倍尔和广大党员的声援和支持。当时，恩格斯在《致爱德华·伯恩施坦》的信中提出让广大党员运用"党内自由发表意见的原则"对党团的压制行为进行批驳，以捍卫党内的言论自由。他指出："我从编辑部的角度会给予党团自由，让它在国会里爱怎么干就怎么干；把它的行动交给党内同志根据惯用的'自由发表意见'的原则去进行批评"（恩格斯，1885：309）。因为在恩格斯看来，作为中央机关报《社会民主党人报》应该是党内意见交流的公共平台，是全党的传声筒，而绝不是党团的简单传声筒，党团也无权把自己的错误强加给全党。德国党的创始人之一、国会党团议员（当时是党团中的少数派）倍倍尔和恩格斯持同样的观点。他当面批评国会党团多数派压制党内言论自由的极度无情，指出，"国会党团的这种独裁举动的可怕后果将会导致废除党内的新闻自由，报纸将会变成国会党团的喉舌，而非全党的喉舌"（Lidtke，1966：206）。

此外，恩格斯对于党内言论自由的这种主张是一以贯之的。在《告别信》发表之前，他就在《致弗里德里希·阿道夫·左尔格》中强调了"党内绝对自由地交换意见"的重要性。他针对当时党内新老党员间出现的争论指出："党已经很大，在党内绝对自由地交换意见是必要的。否则，简直不能同化和教育最近三年来入党的数目很大的新成分；部分地说，这完全是不成熟的粗糙的材料。对于三年来新补充的七十万人（只计算参加选举的人数），不可能像对小学生那样进行注入式的教育；在这时，争论、甚至小小的争吵是必要的，这在最初的时候是有益的。丝毫不用担心有分裂的可能，十二年压迫的存在消除了这种危险。"（恩格斯，1890b：435）到1895年恩格斯逝世前，他仍然重申了这一观点，并在《致保尔·施土姆普弗》的信中说："党内的分歧并不怎么使我不安；经常不断发生这类事情而且人们都公开发表意见，比暮气沉沉要好得多。"（恩格斯，1895a：348）

（三）社会主义者不承诺放弃非法斗争

这是恩格斯关于如何争取自由的重要观点。恩格斯从来不把合法斗争与非法斗争对立起来，他认为二者不是非此即彼的关系。在德国社会民主党人遭到《反社会党人非常法》的镇压时，他就主张运用包括非法手段在内的一切手段争取自由，并帮助和指导德国社会民主党先后在苏黎世和伦敦出版了《社会民主党人报》。1881 年，恩格斯撰写了《俾斯麦和德国工人党》一文，对俾斯麦政府进行批评。他在文中指出："俾斯麦的高压手段对他①丝毫没有用处，相反，却激怒了人民。那些被剥夺了保卫自己权利的一切合法手段的人，总有一天会采取非法手段，没有人能指责他们。"（恩格斯，1881：526）

　　当《反社会党人非常法》已经崩溃即将正式废止之时，恩格斯仍不承诺放弃非法斗争。在《给〈社会民主党人报〉读者的告别信》中，他用了约三分之一的篇幅来阐述非法斗争与合法斗争的问题。恩格斯针对当时德国党内关于未来斗争策略和方式的争论指出："党正进入另一种斗争环境，因而它需要另一种武器，另一种战略和策略"，"至于是否要把关于'合法'手段那一条重新列入纲领，这并不那么重要。应当说暂时用合法的斗争手段对付下去"。（恩格斯，1890a：88，91）恩格斯认为，工人大众采取合法斗争必须以对方在法律范围内活动为前提。他在《告别信》中解释道："不仅我们这样做，凡是工人拥有某种法定的活动自由的所有国家里的所有工人政党也都在这样做，原因很简单，那就是用这种办法能获得最大的成果。但是这必须以敌人也在法律范围内活动为前提。"（恩格斯，1890a：91）当然，如果工人大众没有新闻出版自由、集会自由、结社自由等"活动自由"，那就需要采用非法手段等争取这些"活动自由"。恩格斯在《告别信》中强调："如果有人企图借助新的非常法，或者借助非法判决和帝国法院的非法行为，借助警察的专横或者行政当局的任何其他的非法侵犯而重新把我们的党实际上置于普通法之外，那末这就不得不使德国社会民主党重新走上它还剩下的唯一的一条道路，不合法的道路。"（恩格斯，1890a：91）在恩格斯心目中，这些"活动自由"对于工人运动具有无比重要的意义。1865 年，他在《普鲁士军事问题和德国工人政党》一文中曾指出："没有新闻出版自由、结社权和集会权，就不可能有工人运动"，"工人没有它们却永远不能为自己争得解放"。（恩格斯，

---

　　①　指倍倍尔。——笔者注

1865：112，104)

在《告别信》中，恩格斯虽然强调了工人的合法斗争必须以工人享有"法定的活动自由"和对方在法律范围内活动为前提，但是却认为在非常法废止后的德国，形势即使恶化，社会民主党人也不能暴动。因为德国社会民主党人只有 20% 的选票，在面对军队的情况下，"暴动的结果毫无疑问会失掉二十五年来占领的一切重要阵地"。恩格斯认为，与暴动相比，"党有一个更好得多的、经受住了考验的手段。一旦有人对普通法适用于我们这一点提出异议，'社会民主党人报'就会重新出现"。(恩格斯，1890a：91 - 92) 五年后，当德国社会民主党采用合法手段取得了 200 万选民的巨大成就时，当恩格斯针对当局企图制定新的法律来反对这种变革时，他在《卡尔·马克思〈1848 年至 1850 年法兰西阶级斗争〉一书导言》中向这些人发出警告，再次强调了不放弃非法斗争的观点。恩格斯说："如果你们破坏帝国宪法，那末社会民主党也就会不再受自己承担的义务的约束，而能随便对付你们了。但是它那时究竟会怎样做，——这点它今天未必会告诉你们。"(恩格斯，1895b：611)

三、中文译文考证

《给〈社会民主党人报〉读者的告别信》的原文是德文。最早的英文版是马克思的小女儿爱琳娜·马克思-艾威林（Eleanor Marx-Aveling）翻译的，译文收入她的《德国社会主义的新时期》一文，发表在 1890 年 9 月 25 日的《每日纪事报》(Daily Record) 第 8903 号上。1890 年 10 月，该文又被译成意大利文发表在《正义报》(Giustizia) 上。后来，该文还被译为俄文和中文等。截至目前，该《告别信》有中、英、意、俄等几个译本。中文译本有两个：第一个版本是 1965 年从俄文译成中文的，收入权威的《马克思恩格斯全集》第一版第 22 卷（中文二版尚未出版）；第二个版本是 1995 年从德文翻译成中文的（但其仍标注为"选自《马克思恩格斯全集》第 22 卷"），收入新出的《马克思恩格斯选集》第 4 卷。《告别信》的两个中文译本相比，中文《马克思恩格斯全集》一版的译本带有比较明显的时代特色和阶级斗争色彩，新出的中文《马克思恩格斯选集》译本则淡化了这种时代特色，重要概念和名词的翻译也更为准确和规范。以下即对该信中文译文中的个别词汇和语句的翻译作一探析。

（一）"完全的新闻出版自由"与"绝对的新闻出版自由"

中文版 89 页第一段中"我生平曾经有两次荣幸地为报纸撰稿而完全得到了出版工作中一般所能有的两个最有利的条件：第一，绝对的出版自由"，德语原文的表述为"Zweimal inmeinem Leben hatte ich die Ehre und die Freude，an einem Blatt mitzuarbeiten，wo ich die beiden günstigsten Bedingungen vollauf genoß，unter welchenman überhaupt in der Presse wirken kann：erstens unbedingte Preßfreiheit"（Engels，1890b：76），英文版为"Twice in my life I have had the honour and the pleasure of working for a periodical where I enjoyed to full measure the two most favourable conditions in which One can be effective in the press：firstly，unconditional press freedom"（Engels，1890a：76）。其中，德语原文中的"unbedingte Preßfreiheit"在中文版中被译为"绝对的出版自由"（"绝对的新闻出版自由"是《马克思恩格斯选集》第 4 卷的最新译法）。经查证，"unbedingte"的德文释意为"无条件的、完全的、绝对的"等，英文版中的"unconditional"，其释意也为"无条件的、完全的、绝对的"等。在《告别信》中，与之相近的表达还有"充分的出版自由"（中文版第 89～90 页）。中文原句为"这不仅是因为只有它享有充分的出版自由"，德语原文为"Und zwar nicht bloß，weil es，allein von allen，volle Preßfreiheit genoß"，英文版为"And this was not simply because it，alone amongst them，enjoyed full freedom of tee press"。"充分的出版自由"的德文表述为"volle Preßfreiheit"，英文版为"full freedom of the press"。其中，德文"volle"的释意为"完全的、满的、充满的"等，英文"full"的释意为"满的、充满的、完整的"等。这样，如果结合上下文来看，"volle Preßfreiheit"和"unbedingte Preßfreiheit"应该是恩格斯所描述的法治社会中的一种完全自由的状态，是一种新闻自由的程度。这种自由状态翻译为"完全的新闻出版自由"

或"完全的新闻自由"(或者是"充分的新闻自由"),要比翻译为"绝对的出版自由""绝对的新闻出版自由"更为准确,且不容易产生误解(可对照注释[4])。

(二)"对方"与"敌人"

中文版 91 页第一段中"但是这必须以敌人也在法律范围内活动为前提",德文版为"Das hat aber zur Voraussetzung, daß die Gegenpartei ebenfalls gesetzlich verfährt"(Engels,19:78),英文版为"However, the prerequisite for this is that the other side also acts legally"(Engels,1890a:78)。其中,德语原文中的"die Gegenpartei"在中文版中被译为"敌人"。而实际上,该词在德语中的释义为"对方、对手、其他政党"。其英文版为"the other side",其释义为"其他面、其他部分、其他方"等。在德语原文和英语译文中均没有"敌人"的意思。在《告别信》中,恩格斯的"die Gegenpartei"指的也是除德国社会民主党外的其他政党、政治派别和政治对手。由此来看,将其译为"敌人"确实带有时代色彩,以后应该将其改译为"对方"或"其他政治党派"会更为合适。

中文《告别信》中还有两处译文是"敌人",在翻译上也应该予以完善。第一处是中文版 89 页第二段的"打击敌人",第二处是中文版 91 页第 2 段的"联合在一起的敌人"。对于前者,恩格斯在德语原文中只是说"文章像手榴弹",并没有提及"敌人";其对应的英语译文是"hit the target"(打击目标),也没有"敌人"的字眼。对于后者,德文原文为"daß die vereinigten Gegner",英文译文为"the opponents together",释意均为"联合在一起的对方或反对者"。从忠实于原文原意的角度,第一处应该译为"目标",第二处应该译为"对手"或"反对者"。

(三)"版面"与"篇幅"

中文版 88 页第二段中"它的篇幅、而且只有它的篇幅才反映了德国工人政党生命中最有决定意义的十二年的报纸",德文版为"daß in seinen spalten, und nur dort, die zwölf entscheidendsten Jahre im Leben der deutschen

Arbeiterpartei sich widerspiegeln", 英文版为 "in its cohumns, and in its columns only, the twelve most decisive years in the life of the German workers' party are reflected"。其中的 "spalten" 究竟是 "版面" 还是 "篇幅"？经查证，德语原文中的 "spalten"，意思是 "分裂、分栏、专栏" 等。英语译文中的 "columns" 的意思是 "高柱、列、栏、专栏" 等。不管是原文还是英语译文均没有 "篇幅" 的意思。并且，对于报纸杂志等出版物，原文中的 "spalten" 翻译为 "栏目" 或 "版面" 会更为准确一些。如果从上下文来看，将其意译为 "内容" 可能会更为妥帖一些。

最后，新版中文《马克思恩格斯选集》的译本已经将中文《马克思恩格斯全集》第一版译本中的 "出版工作"（89 页第 1 段）改译为 "新闻出版工作"，将 "官方的还是非官方的"（88 页第 3 段）改译为 "正式的还是非正式的"，使《告别信》的中文译文更为准确和流畅。相信这些译文的完善既会为读者深入理解恩格斯的观点提供帮助，也会为未来中文《马克思恩格斯全集》第二版的翻译做好准备。

（作者为中山大学传播与设计学院副教授）

注释

[1] 1878 年，德皇威廉一世年事已高。当时德国广大民众对于暗杀这样一个在政治上早已不为人所憎恨的 80 多岁的老人感到愤慨。

[2] 新版《马克思恩格斯选集》第 4 卷第 400～404 页已译为 "绝对的新闻出版自由"。

[3] 1848 年至 1849 年的德意志是一个四分五裂的邦联。其中普鲁士是当时德意志各邦中最大的邦，实力也最强。莱茵省此前曾被法国占领，1815 年归并普鲁士以后，带有较多自由主义色彩的《法兰西刑法典》（Code Pénal）仍和《民法典》（Code Civil）并行于莱茵省，普鲁士政府曾经力图在莱茵省推行普鲁士的法律，恢复贵族的封建特权，但均遭到莱茵省的坚决反对。三月革命后，根据 1848 年 4 月 15 日的命令，莱茵省又废除了普鲁士法所钦定的补充法律条文。这样，当时的莱茵省便享有一种较高的新闻自由（而普鲁士统一多个德意志邦国则是 1871 年的事了）。

[4] 陈力丹在《马克思恩格斯论出版自由》中还指出："我们长期以来对'绝对的出版自由'进行过多次批判，认为世界上根本不存在绝对的出版自由。造成这种无知现象的原因，首先是政治上的保守思想，……其次是长期没有健全法制的结果。……再次是

在哲学普及中的庸俗化、简单化和形式主义的倾向。这种倾向使得有丰富内容的哲学变成了几句适用于一切情况的大白话。认为世界上根本不存在绝对的出版自由这个看法，即是由于没有法律知识，同时把它简单地搬到哲学领域的结果。"

[5] 需要说明的是，在《反社会党人非常法》时期，《非常法》虽查禁社会民主党的组织与活动，但允许社会民主党人参加国会选举，允许其国会党团和议员在国会里开展工作。这样，在1880年维登代表大会上恢复党组织时，国会党团便成为党的正式领导机关。

参考文献

伯恩施坦（1982）．社会民主党内的学习年代（摘录）［M］//中央编译局国际共运史研究室（编）．国际共运史研究资料：第六卷．李进军，曹伯隽，等译．北京：人民出版社，1982.

陈力丹．马克思恩格斯论出版自由［M］//中国新闻学会．新闻自由论集．上海：文汇出版社，1988.

恩格斯（1865）．普鲁士军事问题和德国工人政党［M］//马克思，恩格斯．马克思恩格斯全集：第21卷．北京：人民出版社，2003.

恩格斯（1879）．德国反社会党人非常法［M］//马克思，恩格斯．马克思恩格斯全集：第19卷．北京：人民出版社，1963.

恩格斯（1881）．俾斯麦和德国工人党［M］//马克思，恩格斯．马克思恩格斯全集：第25卷．中文2版．北京：人民出版社，2001.

恩格斯（1884）．马克思和《新莱茵报》（1848—1849年）［M］//马克思，恩格斯．马克思恩格斯全集：第21卷．北京：人民出版社，1965.

恩格斯（1885）．致爱德华·伯恩施坦（1885年5月15日）［M］//马克思，恩格斯．马克思恩格斯全集：第36卷．北京：人民出版社，1974.

恩格斯（1890a）．给《社会民主党人报》读者的告别信［M］//马克思，恩格斯．马克思恩格斯全集：第22卷．北京：人民出版社，1965.

恩格斯（1890b）．致弗里德里希·阿道夫·左尔格（1890年8月9日）［M］//马克思，恩格斯．马克思恩格斯全集：第37卷．北京：人民出版社，1971.

恩格斯（1891）.1891年社会民主党纲领草案批判［M］//马克思，恩格斯．马克思恩格斯全集：第22卷．北京：人民出版社，1965.

恩格斯（1895a）．致保尔·施土姆普弗［M］//马克思，恩格斯．马克思恩格斯全集：第 39 卷 . 北京：人民出版社，1974.

恩格斯（1895b）. 卡·马克思《1848 年至 1850 年的法兰西阶级斗争》一书导言 [M] //马克思，恩格斯 . 马克思恩格斯全集：第 22 卷 . 北京：人民出版社，1965.

格姆科夫，赫尔墨特 . 恩格斯传 [M]. 易廷镇，侯熻良，译 . 北京：人民出版社，2000.

梅林 . 德国社会民主党史：第 4 卷 . [M]. 青载繁，译 . 北京：三联书店，1966.

张世鹏 . 德国社会民主党纲领汇编 [M]. 北京：北京大学出版社，2005.

Der Sozialdemokratischen Reichstagsfraktion（Apr. 2，1885）. Erklärung [J]. Der Sozialdemokrat，14.

ENGELS F.（Sep. 27，1890）. Abschiedsbrief an die leser des "sozialdemokrat" [J]. Der Sozialdemokrat，39.

ENGELS F.（1890a）. Farewell letter to the readers of the sozialdemokrat. [M] // Karl Marx and Frederick Engels：Collected Works（Vol. 27）. New York：International Publishers，1990.

ENGELS F.（1890b）. Abschiedsbrief an die leser des "sozialdemokrat" [M] //Karl Marx/Friedrich Engels-Werke（Karl）. Berlin：Dietz Verlag，1972.

LIDTKE V L. The outlawed party：social democracy in Germany，1878—1890 [M]. Princeton：Princeton University Press，1966.

列宁论证出版物党性的经典论著

——《党的组织和党的出版物》考证研究

陈力丹

马克思和恩格斯没有使用过"党性"的概念来谈党报党刊的工作。他们生活的后期，欧洲各主要国家已合法地存在马克思主义工人政党，公开活动，有面向社会的党的机关报和理论刊物，一年一度公开召开党的代表大会，党内自由交换意见，不需要秘密结成派别，申明自己属于哪个党派是很平常的事。但在专制制度横行的沙皇俄国，环境迫使马克思主义工人政党的组织秘密而分散，党内和党面向社会的信息沟通障碍很大，人们的视野狭窄，不大容易摆脱自己所处的小组的视野。因而，列宁在 1905 年发表的论文《党的组织和党的出版物》中详细论证了党的出版物需要强化"党性"的问题，该文是论证这个问题的经典之作。在这里，我们讨论该文产生的历史背景和主要内容，并对行文中的关键词翻译和理解进行考证。

1905 年 10 月彼得堡工人大罢工（油画）

一、从"小组习气"转变到"党性"

1898 年 3 月，只有 9 位代表的俄国社会民主工党（即后来苏联共产党的前身）第一次代表大会在明斯克秘密召开。会上产生了党的中央委员会，指定基辅即将出版的《工人报》为党的机关报，会后散发了《俄国社会民主工党宣言》。但是，党的中央领导机构和中央机关报很快被沙皇警察破获，党名存实亡。

经过列宁和普列汉诺夫主编的《火星报》（1900—1903）的努力，党的二大在 1903 年 7 月 - 8 月召开，重新建立了党的中央领导机构，通过了党的纲领、章程和一系列策略决议。

列宁最早将"党性"与党的报刊等传播中介联系在一起，开始于俄国社会民主工党二大刚结束之时（1903 年 9 月）。1903 年党的二大召开后，党的组织健全了。列宁发现在已经建立的党和原来的小组习气、二大上新形成的两大派别（布尔什维克、孟什维克）之间，存在着巨大矛盾。二大讨论党的机关报人选时，列宁、普列汉诺夫、马尔托夫三人编辑部的方案最初孟什维克的主要代表马尔托夫是同意的。后来讨论党章时，马尔托夫与列宁、普列汉诺夫发生意见冲突，于是在正式选出三人机关报编辑部后，马尔托夫又拒绝参加，派别意识替代了全党的大局意识。

党中央机关报新《火星报》（1903—1905）编辑部后来被孟什维克掌握，他们完全不考虑这是党的二大确定的全党的机关报，拒绝发表布尔什维克的文章，把报纸办成了孟什维克一个派别的报纸。"他们一听见别人提起党的组织章程，就作出一副不屑一顾的样子"[1]。列宁批评新《火星报》变成了"反党的机关报"，"在反对党性的斗争中的领导者"[2]，原因就在于一家全党的机关报不代表全党，只代表少数小组和派别，却以党的名义在活动。他在情急之中喊出了一系列口号："打倒小组习气，首先是打倒党报编辑部中的小组习气！打倒瓦解组织的分子！能够真正遵守党代表大会的决议、尊重党的纪律和组织的无产阶级政党万岁！"[3]列宁对出现新的非党性的现象极为愤怒，因为他对召开二大、重新在马克思主义基础上建党寄予的希望很大。

显然，党的意识并不会自然确立起来，人们还是习惯于从派别和小组活动的经验来看待党。在这种情况下，列宁指出："俄国社会民主党还要经历最后一个困难的过渡：从小组习气过渡到**党性**"[4]。这是列宁最早将党性的概念与党报党刊工作联系起来，时间是 1903 年 9 月。这句话的俄文是 переход к *партийности* от кружковщины（斜体相当于中文的黑体字）[5]，列宁在这里明确使用了"党性"（партийность，партийности 是其第三格）这个术语。此后，"党性"成为列宁特别予以强调一个概念。

党性，即党的观念或意识，而不是几个人或十几个人的小组意识。当党宣布建立，原来属于各个活动小组的成员便成为党员，如果意识到自己是一个党的党员，个人的行为和言论遵从于党的纲领和党章，那么可以说这个人是有党性的；如果还是习惯于小组活动或个人的活动，在党已经存在的情况下，便可以说这个人不具有党性。

1905 年俄国爆发民主革命。这年沙皇于 10 月 30 日被迫颁布诏书，答应召集具有立法权的国家杜马，允诺人民有言论、集会、出版、结社等自由。于是，俄国社会民主工党的两派（以列宁为代表的布尔什维克和以马尔托夫为代表的孟什维克）都在 11 月出版了合法的日报。在政治自由的条件下，孟什维克的著作家们公开发表了不少违背党纲和党的策略原则的言论，其观点有不少混同于资产阶级的观点。

二、"党性"的概念及衡量党性的标准

11 月 23 日，列宁在布尔什维克第一家合法报纸《新生活报》上发表文章《论党的改组》，说明在获得有限政治自由的条件下，党处于急剧向公开的组织转变的过程中。这种好形势中潜在的危险性在于孟什维克掌握的报刊是以党的名义在发表意见，却很像非党的言论，而且这些当编辑的著作家们一向置身于党外，把自己看得超乎党的组织之上。在秘密状态下，报刊非法存在，尽管许多地方不像党的报刊，但还是被人们承认是党的报刊。现在当非

法报刊变成了合法报刊，这些不具有党的观点的报刊便与原来合法报刊的非党观点混淆到一起，革命中涌进党内的非马克思主义分子也会与这些不具有党的观点的党员编辑连成一气，这将首先在思想上造成党的瓦解。就此列宁写道：

"**全体**党员都要在各自所在的党组织中遵守纪律和接受教育。""可能有的危险是，非社会民主主义者的群众一下子涌进党内来。那时党就会淹没在群众之中，党就不成其为阶级的有觉悟的先进部队，而将沦为群众的尾巴。这无疑是一个可悲的时期。**如果**我们党有蛊惑人心的倾向，如果党性基础（纲领、策略规定、组织经验）十分缺乏或者薄弱、动摇，那么毫无疑问，这个危险**可能是很严重的**。"[6] 最后一句的俄文原文是：И эта опасность, несомненно, *могла бы* приобрести *серьезнейшее* значение, *если бы* у нас была налицо наклонность к демагогии, если бы основы партийности（программа, тактические правила, организационный опыт）отсутствовали совсем или были слабы и шатки。[7]其中 основы партийности（党性基础）里的 партийности 是俄文 партийность（党性）的第二格。

《新生活报》创刊号报头（1905 年 11 月 9 日）

在这里，列宁明确提出衡量"党性"的三条标准，即党的纲领、党的策略和各国无产阶级联盟的全部经验（组织经验）。符合这些的言行是具有党性的，不符合这些的言行是违背党性的。

1905 年 11 月 26 日，列宁在《新生活报》上发表的文章《党的组织和党的出版物》被视为集中论述党的出版物党性原则的经典之作。因而，这篇文章的背景、所指和列宁的写作目的等等，成为国际共运史研究的一个话题。但在这篇文章里，列宁关于党的出版物的党性的原话里没有使用"党性"（партийность）这个词，而使用了"原则"（принцип）一词，其所指与"党性"相同。该词的俄文上下文是：социалистический пролетариат должен выдвинуть принцип *партийной литературы*，развить этот принцип и провести его в жизнь в возможно более полной и цельной форме. В чем же состоит этот принцип партийной литературы?[8] 其中 принцип *партийной литературы*，即"党的出版物的原则"。对应中译文是："社会主义无产阶级应当提出**党的出版物**的原则，发展这个原则，并且尽可能以完备和完整的形式实现这个原则。党的出版物的这个原则是什么呢？"[9]

列宁从什么叫"党"或"结社"说起，论证了个人的言论自由、作为党员的自由和责任、衡量是否具有党性的标准等等一系列问题。因为当谈到党的出版物应当受到党的监督时，列宁估计会有人马上指出个人的言论自由权利的问题，就此他论证如下：

"每个人都有自由写他所愿意写的一切，说他所愿意说的一切，不受任何限制。但是每个自由的团体（包括党在内），同样也有自由赶走利用党的招牌来鼓吹反党观点的人。言论和出版应当有充分的自由。但是结社也应当有充分的自由。为了言论自由，我应当给你完全的权利让你随心所欲地叫喊、扯谎和写作。但是，为了结社的自由，你必须给我权利同那些说这说那的人结成联盟或者分手。党是自愿的联盟，假如它不清洗那些宣传反党观点的党员，它就不可避免地会瓦解，首先在思想上瓦解，然后在物质上瓦解。确定党的观点和反党观点的界限的，是党纲，是党的策略决议和党章，最后是国际社会民主党，各国的无产阶级自愿联盟的全部经验……党内的思想自由和批评自由永远不会使我们忘记人们有结合成叫作党的自由团体的自由。"[10]

三天之内，列宁两次谈到衡量党性的标准，或叫确定党的观点还是反党的观点的界限，讲的都是同一种内容。第二次谈到时他增加了可能一时被忽略的党章，并对"组织经验"做了解释，即指"各国无产阶级自愿联盟的全部经验"。这是由于俄国社会民主工党是个年轻的党，可以依据的党内法权文件很少，有时就不得不依据其他国家马克思主义工人政党同类情况下采取党内"合法"行动的案例。这样，他关于衡量是否坚持党性的标准一共有四条，即党的纲领、党的章程、党的策略决议和"各国的无产阶级自愿联盟的全部经验"。

此后两周，列宁根据当时残酷的斗争环境，进一步在《社会主义政党和非党的革命性》一文（发表于 12 月 9 日和 15 日的《新生活报》）中论证了坚持党性对党的重要意义，他写道："严格的党性是阶级斗争高度发展的伴随现象和产物。反过来说，为了进行公开而广泛的阶级斗争，必须发展严格的党性。"[11] 其中第一句话的俄文原文是：Строгая партийность, есть спутники результат высокоразвитой классовой борьбы。[12] 这句话里的"党性"一词也是 партийность。

这样，列宁关于党的出版物党性的论证思路就清楚了，这是列宁党报思想的核心概念，它的对立概念便是非党的小组习气和派别性。列宁创办《火星报》的缘由之一便是要使俄国社会民主工党的成员克服小组习气，能够组织成为一个真正的党。

关于什么叫党报的党性，还涉及中国共产党中央机关报延安《解放日报》改版社论《致读者》（1942 年 4 月 1 日）中关于党性的解释。该社论引证了列宁的一段话：党性是"在对事变做任何估计时都必须直率而公开地站在一定的社会集团的立场上"。后来的研究中通常把这段话解释为列宁论述的党报党性的内涵。列宁的原话是："唯物主义本身包含有所谓党性，要求在对事变作任何评价时都必须直率而公开地站到一定社会集团的立场上。"[13] 这段话写于 1894 年，列宁 24 岁，当时俄国既没有工人政党，也没有党的报刊，谈的是哲学。列宁论述党的出版物的党性，是从 1903 年开始的。

三、关于"齿轮和螺丝钉"的喻证

除了以上的原则标准外，《党的组织和党的出版物》还明确党报党刊与党的关系、党报党刊的基本任务等问题。紧接着他对"党的出版物的原则"进行论证，列宁写道："写作事业应当成为整个无产阶级事业的**一部分**，成为由整个工人阶级的整个觉悟的先锋队所开动的一部巨大的社会民主主义机器的'齿轮和螺丝钉'。写作事业应当成为社会民主党有组织的、有计划的、统一的党的工作的一个组成部分。"[14] 俄文原文"齿轮和螺丝钉"是 колесиком и винтиком。[15]

毛泽东曾引证列宁"齿轮和螺丝钉"的喻证来说明革命文学与党的关系。[16]雷锋日记里所写的"做一颗永不生锈的螺丝钉",其源头也在此。这个喻证本来是俄国社会民主工党内部孟什维克的代表人物阿克雪里罗德批评列宁专制、机械时使用的,列宁接过来把它当作一个有缺陷的正面喻证使用,做了相反的解释。

列宁估计到可能有人会对"齿轮和螺丝钉"的机械喻证提出意见,他紧接着做了补充解释:"德国俗语说:'任何比喻都是有缺陷的。'我把写作事业比作螺丝钉,把生气勃勃的运动比作机器也是有缺陷的。也许,甚至会有一些歇斯底里的知识分子对这种比喻大叫大嚷,说这样就把自由的思想斗争、批评的自由、创作的自由等等贬低了、僵化了、'官僚主义化了'。实质上,这种叫嚷只能是资产阶级知识分子个人主义的表现。无可争论,写作事业最不能作机械划一,强求一律,少数服从多数。无可争论,在这个事业中,绝对必须保证有个人创造性和个人爱好的广阔天地,有思想和幻想、形式和内容的广阔天地。这一切都是无可争论的,可是这一切只证明,无产阶级的党的事业中写作事业这一部分,不能同无产阶级的党的事业的其他部分刻板地等同起来。"[17]

列宁在上面的论证中两次使用"齿轮和螺丝钉",第一次是完整的两个名词,第二次他只使用了 винтиком(螺丝钉,即"我把写作事业比作螺丝钉")这一个名词。英译文把这里的"螺丝钉"错译为"a cog"了,应该是"a screw"。[18]

列宁关于"齿轮和螺丝钉"喻证的解释是很全面的,他承认这个喻证有缺陷,容易使人误解为机械地服从,因而,他所说的"无可争论,写作事业最不能作机械划一,强求一律,少数服从多数。无可争论,在这个事业中,绝对必须保证有个人创造性和个人爱好的广阔天地,有思想和幻想、形式和内容的广阔天地",值得深刻而全面地领会。

列宁还提出,在组织上,党报与其他写作事业和著作家个人,必须参加党的一个组织。这是上面的观念认识在组织上的落实。列宁就此写道:"报纸应当成为各个党组织的机关报。写作者一定要参加到各个党组织中去。出版社和发行所、书店和阅览室、图书馆和各种书报营业所，都应当成为党的机构，向党报告工作情况。有组织的社会主义无产阶级，应当注视这一切工作，监督这一切工作，把生气勃勃的无产阶级事业的生气勃勃的精神，带到这一切工作中去，无一例外"[19]。

列宁提出了衡量自由出版物是否自由的标准。他认为，自由意味着摆脱警察的压迫，摆脱资本，摆脱名位主义，摆脱资产阶级无政府主义的个人主义。

四、关于确认"自由报刊"的四个条件

《党的组织和党的出版物》论证了什么是"自由的报刊"，提出四个衡量是否自由报刊的条件。俄文原文是：　"Мы хотим создать и мы создадим свободную печать. не в полицейском только смысле, но также и в смысле свободы от капитала, свободы от карьеризма; мало того: также и в смысле свободы от буржуазно-анархического индивидуализма."[20] 对应中译文是："我们要创办自由的报刊而且我们一定会创办起来，所谓自由的报刊是指它不仅摆脱了警察的压迫，而且摆脱了资本，摆脱了名位主义，甚至也摆脱了资产阶级无政府主义的个人主义。"[21]

目前中文第二版《列宁全集》的译文与俄文原文基本对应，但有一处翻译不准确。俄文从句"в смысле свободы от……"（就自由的意思而言是离开……）界定的是"自由的报刊"中的"自由"，不是对"自由报刊"的界定。中文第一版《列宁全集》在这点上翻译比较准确："我们要创办自由的报刊而且我们一定会创办起来，所谓自由的报刊是指它不仅摆脱了警察的压迫……"二版翻译为"所谓自由的报刊是指它不仅摆脱了……"，与俄文原文的差异就大了些。与俄文对应的三个中译文的"摆脱"，在俄文里仅是一个前置词"от"，而中译文则使用了动词。前面的"свободную печать"（中译文"自由的报刊"）里的"печать"指广义的出版物，翻译为"报刊"不是不可以，但不够准确。三个从句都译为"摆脱"什么，从与对应的内容看，有些

生硬。这句话可以试译为：我们要创办并且一定能创办起来自由的出版物，这个自由的意思不仅是指不被警察监管，而且是指不受资本的限制，不为个人名利思想所左右，甚至超脱于资产阶级无政府主义之上。

列宁关于"自由"的理解超出了一般"自由与法治"层面，对此值得对列宁"自由"用词做深入考察。

五、关于《党的组织和党的出版物》文章标题的翻译

这篇文章的标题"Партийная организация и партийная литература"，在我国 20 世纪 80 年代以前一直被翻译为"党的组织和党的文学"，直到 80 年代初才被翻译为"党的组织和党的出版物"。问题出在对列宁所使用的俄文单词的理解上。列宁使用的词组"党的出版物"（партийная литература）的主词出版物"литература"本身是多义的，它首先表示的是一切书面著作的总和，其次表示文学作品的总和，还可以表示有关某一知识领域、某一专门问题的著作的总和。

我国有学者核对了列宁使用这个概念的习惯，认为主要是指党的报刊。"列宁使用 литература 时首先是指最广泛意义上的定期的和不定期的出版物（печать）。在《怎么办》一书中，'литература'和'печать'的意义完全相同。"在《党的组织和党的出版物》中，"列宁在这里所说的 литература 正是报刊"。列宁这个概念包含文学，因为发表这篇文章的布尔什维克的公开日报《新生活报》本身就登载文学作品。但"把'партийная литература'局限于文学，无论从理论上看还是从历史观点来看，都是不准确的"[22]。

现在中国学者对此文研究的基本观点是：列宁的这篇文章主要论证的是党内问题，同时也附带涉及当时某些非党文学家的观点。我国 20 世纪 80 年代把列宁使用的"литература"一词的翻译从"文学"改为"出版物"，防止将一个带有政治性的概念无限扩大其使用范围，这在党的建设理论上具有重大意义。

（姚晓鸥参与本文的俄文查对和俄文语法阐述工作）

注释

［1］列宁 . 列宁全集：第 8 卷［M］. 2 版 . 北京：人民出版社，1986：392.

［2］列宁 . 列宁全集：第 9 卷［M］. 2 版 . 北京：人民出版社，1987：12.

［3］同［1］113.

［4］同［1］19.

［5］ЛЕНИН В И. *Полное собрание сочинений*（5-е издание），т. 8，М.：Издательство политической литературы，1967：20.

［6］列宁 . 列宁全集：第 12 卷［M］. 2 版 . 北京：人民出版社，1987：79.

［7］ЛЕНИН В И. *Полное собрание сочинений*（5-е издание），т. 12，М.：Издательство политической литературы，1968：85.

［8］Там же：100.

［9］同［6］93.

［10］同［6］95 - 96.

［11］同［6］123.

［12］ЛЕНИН В И. *Полное собрание сочинений*（5-е издание），т. 12，М.：Издательство политической литературы，1968：133.

［13］列宁 . 列宁全集：第 1 卷［M］. 2 版 . 北京：人民出版社，1986：363.

［14］同［6］93.

［15］ЛЕНИН В И. *Полное собрание сочинений*（5-е издание），т. 12，М.：Издательство политической литературы，1968：100.

［16］毛泽东 . 毛泽东选集：第 3 卷［M］. 北京：人民出版社，1991：866.

［17］ЛЕНИН В И. *Полное собрание сочинений*（5-е издание），т. 12，М.：Издательство политической литературы，1968：93 - 94.

［18］Lenin collected works，Volume 10. Moscow：Progress Publishers. 1965：46.

［19］同［6］94.

［20］ЛЕНИН В И. *Полное собрание сочинений*（5-е издание），т. 12，М.：Издательство политической литературы，1968：102.

［21］同［6］95.

［22］杨蕴华 . 列宁的用语"партийная литература"究竟指什么？［M］//马列主义研究资料：第 21 辑 . 北京：人民出版社，1982：75，79.

列宁论政治杂志的办刊方针

——列宁致阿·马·高尔基（1910 年 11 月 22 日）考辨

杨钢元　李一帆

列宁一生主办过 40 多种党报党刊，对于政治性报纸和杂志的办报办刊方针十分看重，尤其在政治斗争激烈时期，一家政治报刊的办报办刊方针代表着其政治立场，列宁对其更是关注有加，明察秋毫。在体现列宁一系列党报党刊思想的文献中，1910 年 11 月 22 日列宁致高尔基的信件具有特别的意义，该信集中论述了政治刊物的办刊方针问题，并细致分析了当时几份具有重大政治影响力的政治刊物的办刊方针。因此，仔细辨析该信，无疑是我们深入理解列宁党报党刊思想的一条重要途径。

一、写作背景

列宁致高尔基的这封信重点评价了俄国几家重要杂志的办刊方针，全文约 1 400 字。他提醒高尔基，在给杂志撰稿前要了解该刊物的方针。

列宁把高尔基称作"无产阶级艺术的最杰出的代表"[1]，一直十分重视和赞赏高尔基的文学作品，并且与之建立了长期的友谊。早在 1899 年，列宁就注意到了高尔基的文学创作，曾多次公开赞扬高尔基的作品；1905 年 12 月，两人首次见面，此后关系更加亲近，开始了书信往来，并终其一生。在二人的长期交往中，列宁始终密切关注高尔基的思想变化及其作品，一直对他采取爱护、引导、团结和争取的净友式态度。

1910 年，列宁看到《同时代人》杂志在《言语报》上刊登的一则出版广告，广告中称这一杂志是在亚·瓦·阿姆菲捷阿特罗夫"唯一的参加"下出

1908 年列宁（左）在意大利卡普里岛与亚·波格丹诺夫
对弈国际象棋，站立托腮者为高尔基

版的，并且还声称高尔基经常为其撰稿。

亚·瓦·阿姆菲捷阿特罗夫，1862 年出生于一个牧师家庭，年轻时学习法律，后成为一名记者和小说家。1902 年，因写作了一篇讽刺皇室的文章而遭放逐。日俄战争期间曾赴前线采访，战争结束后曾先后在法国和意大利生活。二月革命后，他在彼得堡曾创办一份哥萨克报纸并撰文攻击布尔什维克党，后遭取缔；1921 年，他举家定居意大利，并终老于斯。

列宁不信任阿姆菲捷阿特罗夫，认为在他主持编辑下的杂志难以提出一个正确的方针。为了提醒高尔基警惕该杂志的立场和方针，不要受人利用，列宁写了这封信。除《同时代人》之外，他在信里还批判性地评价了当时在俄国具有一定影响力的杂志《欧洲通报》《俄国思想》《俄国财富》和《现代世界》的办刊方针，以思想交流的方式提醒和暗示高尔基，要认清这些杂志的政治立场和办刊方针。信中列宁阐述了自己对于杂志方针的观点，写道："杂志要么应当具有十分明确的、严肃的、一贯的方针，要么必定出丑，而且还会叫它的参加者出丑。""一种杂志没有方针，那就是一种荒谬的、怪诞的、糟糕的、有害的东西。"[2]

在 1905 至 1910 年间，俄国经历了第一次资产阶级民主革命和革命失败后的斯托雷平反动统治两个历史阶段。俄国社会民主党内的布尔什维克和孟什维克两派在 1905 年革命时期提出了不同的路线与策略。动摇于革命民主派和黑帮之间的各种党派（诸如立宪民主党）的出现，以及各种政治力量的分化和重组，令俄国国内各种派别林立，各种思想纷繁复杂，这给俄国无产阶级革命带来了新的困难与挑战。因此，列宁在这一革命的重要时期，格外重视报刊的政治倾向，密切关注社会各派别的政治动向及其观点，并且给报刊撰写了大量的政论和时评，以影响时局。

正是基于上述原因，列宁对高尔基著述所发表的刊物给予了格外关注。1908 年后的几年内，高尔基曾参与了卡普里学校的创建与教学工作。卡普里学校是由几个"召回派"代表人物发起创办的一所党校。"召回派"又称"左派"布尔什维克，因要求从杜马中召回社会民主工党的代表而得名。他们从"左"的方面反对列宁把合法斗争与非法斗争适当结合的斗争策略。高尔基与这些人过从较密，因而一度令列宁有所误解。1909 年 11 月，该学校发生分裂，以学校委员会成员尼·叶·维洛诺夫为首的一部分"列宁派"学员与"召回派"分道扬镳，并受列宁之邀来到巴黎。当列宁从维洛诺夫那里解到了高尔基的真实思想状况后，立即给高尔基写了一封热情的信，坦诚地承认了自己的误解，并对高尔基的工作予以了赞扬。列宁对待艺术家始终持以包容态度，耐心地对高尔基进行帮助和引导。不仅如此，列宁还多次在公开场合维护高尔基，对他的艺术才华和文学创作始终在整体上持肯定态度。

正是由于列宁对高尔基这种同志式的欣赏、包容与切实的爱护，使得两人能够始终开诚布公地沟通交流，即使在存在思想分歧的状况下，列宁也能坦率地指出高尔基在一些思想和做法上的问题，从而赢得了高尔基的敬重和信任。列宁的这封信在这方面就确实起到了这个作用。高尔基接信后，曾要求《同时代人》杂志删掉广告里说他"经常撰稿"等内容，后来，又同该杂志断绝了关系，直到 1912 年，在阿姆菲捷阿特罗夫离开后，高尔基才重新开始为这个杂志撰稿。

二、列宁关于政治杂志方针的基本观点

（一）"杂志方针"观点的适用对象：具有政治倾向的意识形态类杂志

列宁在这封信中批判性地评价了《欧洲通报》等五家杂志的办刊方针，并且阐释了自己关于杂志方针的观点。然而，如果不结合这封信的具体语境进行仔细甄别，这一观点很容易被笼统地误读为列宁对所有杂志方针的要求。

信中提到的五家杂志都反映着社会上一些特定阶级、阶层与政治派别的意识形态与政治态度，因而在政治方面起着传声筒和风向标的作用。例如出版于莫斯科的《俄国财富》，是科学、文学和政治旬刊，自由主义民粹派曾在该刊物上与马克思主义者展开理论上的争论。

列宁在信中写道："一个辟有'政治、科学、历史、社会生活'栏的'大型月刊'，这可完完全全不同于那种只是将文学精品收罗一下的集子。要知道，这种杂志要么应当具有十分明确的、严肃的、一贯的**方针**，要么必定出丑，而且还会叫它的参加者出丑。"列宁在第一句话中首先排除了那些只是收罗文学精品的杂志，然后用"这种"一词限定了自己将要评判的杂志的范围。从俄文原文的用词上也可以看出这一点："Ведь такой журнал либо должен иметь вполне определенное, серьезное, выдержанное направление, либо он будет неизбежно срамиться и срамить своих участников."[3] "такой"意为"这样的，这种的"，有特指的含义。英文译本的用词也十分相近，"such a journal"中"such"一词此处用作前置限定词，和俄文用词一样，用来限定此处杂志的类别，即指第一句中提到的"一个辟有'政治、科学、历史、社会生活'栏的'大型月刊'"。由此可见，列宁在这里起码将杂志划分为了两大类，一类是文选类杂志，另一类是意识形态类杂志，而他在信中具体讨论的，就是这类具有政治倾向的意识形态类杂志。他在这封信中提出的关于杂志必须有明确方针的思想显然只是针对后者而言的，而不是对所有杂志的一概而论。只有正确理解了这一点，才能够准确把握列宁关于杂志方针的主张。

（二）"杂志方针"观点的现实针对性：在社会政治斗争激化的时代背景下，涉及政治的严肃杂志必须具有明确的政治立场及办刊方针

列宁在此信的结尾斩钉截铁地指出："在 1905 年以后，要认真谈论政治而不表明对马克思主义和社会民主党的态度，是不行的，不可能的，不可想象的。"[4]这句话本身实际上就从两个方面界定了其杂志方针的思想。

首先，"在 1905 年以后"一语，点明了列宁关于"杂志应有方针"这一论点所针对的历史语境，说明了他的论点是在当时俄国社会历史转折时期思想派别林立、政治斗争激烈的大背景下提出的。1905 年是俄国革命的高潮时期，在社会变革实践的激荡下，当时的俄国社会中出现了更多党派，在社会民主工党的内部也出现了思想分化，并且有愈演愈烈之势。为了宣传党的纲领和路线以推动革命事业的发展，为了与形形色色的资产阶级思想派别展开论战，揭露其反动、虚伪与欺骗的真面目，也为了防止机会主义党派打着马克思主义的旗号宣传背离马克思主义的思想观点，造成视听的混淆和党内思想的混乱，列宁格外重视报纸和杂志在当时无产阶级革命事业中对现实斗争所发挥的作用与影响。1905 年 11 月，列宁发表《党的组织和党的出版物》一文，提出并论证了党的出版物的原则："写作事业应当成为整个无产阶级事业的"[5]。这封信对杂志方针的强调，也是从当时政治斗争角度出发的，是其"党的出版物原则"思想在杂志领域的具体贯彻。

其次，列宁这段话中的"认真谈论政治"这一前提条件，进一步证明了他在提出关于杂志方针的思想时，是对杂志从内容上进行了分类和限定的。这一点也可以从信中所选择评论的五家杂志中得到佐证。这些杂志都辟有政治版，经常发表具有浓郁政治色彩的文章，并且在当时的政治斗争中产生着一定的社会影响，所以列宁从自己的政治立场出发，对这些代表其他政治力量的杂志的办刊方针进行了归纳、评判，并且做出的判断也主要是针对这些杂志的政治立场和倾向。具体评判如下。

除《同时代人》外，列宁还集中评论了当时在俄国颇有名气的四家政治杂志。首先是《欧洲通报》杂志，这是俄国一家历史、政治和文学刊物，1866 年 3 月至 1918 年 3 月在彼得堡出版，1866 年至 1867 年为季刊，后改为月刊，思想上基本属于自由派。先后参加该刊编辑工作的有曾任俄国自由派资产阶级政党民主改革党领导人的米·马·斯塔秀列维奇，和时任彼得堡大学教授的温和自由派民主改良党创立者马·马·科瓦列夫斯基等人。列宁对其的评论是："**《欧洲通报》杂志**有它的方针——一种糟糕的、软弱的、平庸的方针，但能为某一类人，为资产阶级的某些阶层服务，并把'体面的'（说得确切些，是希望变得体面的）自由派中间的某些教授、官吏以及所谓知识界人士联合起来的方针。"列宁在批评资产阶级自由派时说："自由派对待言语问题也像对待所有的政治问题一样，活像一个虚伪的小商人，一只手（公开地）伸给民主派，另一只手（在背后）却伸给农奴主和警察。自由派分子高喊：我们反对特权；但在背后却向农奴主时而要求这种特权，时而要求那种特权。"[6]因此，列宁认为该刊的办刊方针显得平庸、软弱。

接着列宁评价的是《俄国思想》，它是一家科学、文学和政治月刊，1880—1918年在莫斯科出版，起初是同情民粹主义的温和自由派的刊物，1905年革命后成为立宪民主党的刊物，当时的编辑是立宪派重要人物彼·伯·司徒卢威和立宪民主党中央委员会委员亚·亚·基泽韦捷尔等人。列宁对其的评价是："**《俄国思想》杂志**也有它的方针——一种极其恶劣的方针，但能很好地为反革命自由派资产阶级服务的方针。"立宪民主党打着"民主""自由"的招牌，主张君主立宪，力图保存沙皇制度，因而对于站在左翼的列宁来说是不能接受的，他视该党为持续进行各种反革命活动的党派，进而认为该月刊的办刊方针"极其恶劣"。

列宁评价的第三家政治杂志是《俄国财富》，该刊是俄国科学、文学和政治刊物，1876年创办于莫斯科，同年年中迁至彼得堡，为旬刊。1879年改为月刊，同时成为自由主义民粹派的刊物。在1893年以后的几年中，曾同马克思主义者展开理论上的争论。1906年成为人民社会党的机关刊物。1914年至1917年3月以《俄国纪事》为刊名出版。因为与该刊进行过论战，列宁对其颇为熟悉。他写道："**《俄国财富》杂志**也有它的方针——一种民粹主义的、民粹派立宪民主党的方针，但能数十年来保持其路线，为一定的居民阶层服务的方针。"作为自由主义民粹派的中心，《俄国财富》曾登载过一系列批评马克思主义的文章。列宁在这里既指明了它的政治立场，同时也以少有的温和口吻肯定其办刊方针的明确和一贯性。

列宁最后提及的是《现代世界》杂志，该刊为俄国文学、科学和政治月刊，1906 年 10 月至 1918 年在彼得堡出版，编辑为孟什维克护党派的尼·伊·约尔丹斯基等人。布尔什维克派的人员曾在一战前夕的几年内，在该刊发表过文章。一战爆发，鉴于《现代世界》支持战争的立场，布尔什维克与其断绝了联系，认为它是社会沙文主义的刊物。列宁对它的评价是："**《现代世界》杂志也有它的方针——一种经常是孟什维克立宪民主党的方针（现在倾向于护党派孟什维克），但毕竟是一种方针。**"在对该杂志的评论中，列宁只是明确指出其政治倾向，而未对它作为一份杂志本身的方针展开批判，因为当时布尔什维克派与孟什维克护党派是盟友关系。

通过上述逐条分析列宁对这些杂志方针的评介，可以看出，他在这封信中选择作为例证的杂志及其归纳的各自的"杂志方针"，无一例外地指的都是该杂志的政治方针，而非一般意义上的"办刊方针"。正是基于此，列宁在点评了这些杂志后总结道："一种杂志没有方针，那就是一种荒谬的、怪诞的、糟糕的、有害的东西。"可见，其阐释的关于"杂志应有方针"的思想，是针对当时政治斗争的历史语境而言的，主要是从对这些杂志的政治立场判别的角度出发来考察其办刊方针，进而印证了"杂志应有方针"的观点。

综上所述，不难进一步推论，只有"认真谈论政治"的杂志才需要强调其具有政治指导意义的方针，才适用于他在信中提出的关于杂志方针的思想。如果没有认识到列宁观点的历史针对性和对象限定性这两点，就很容易误解列宁关于杂志办刊方针的思想，把列宁在夺取政权时期有历史背景和现实针对性的观点变成一种普适性观点。

列宁的党报党刊思想不仅是在实践中形成的，并且也是在不断变化的时代环境下逐步丰富完善的，他针对具体的时代需求提出相应的思想路线，始终和社会现实紧密相关。这一点，我们还可以从列宁在夺取政权后对于报刊与政治关系的相关论述中得到印证。在布尔什维克取得政权之后，政治已经完全明朗化为无产阶级与资产阶级两个营垒的斗争，列宁对当时的新局势进行了分析，在 1918 年 9 月发表的《论我们报纸的性质》一文中，为报刊提出了新的要求。列宁指出，在从资本主义到共产主义的过渡时期，报刊的工作重心也应该转移，"我们报纸的面貌还**没有**改变得符合从资本主义向社会主义过渡的社会的要求"[7]。"少谈些政治，多谈些经济"；"少来一些政治空谈。少发一些书生的议论。多深入生活"。由此可见，基于报纸杂志与社会现实关系紧密的特性，列宁的党报党刊思想一贯都是与社会现实状况密切联系的，因而，对于他提出的相关方针和思想，也都应该结合当时的时代背景去理解。

在研究他的关于政治杂志办刊方针的思想时也应如此：首先，要认识到列宁在提出这一思想时进行了缜密思考，既着重强调涉及政治领域的杂志需要有明确的政治方针，又考虑到其与文选类杂志的差异，并没有片面笼统地对所有杂志一概而论；其次，要把这一思想放在当时社会政治斗争激烈的大背景中去理解，把握其针对性及实践指导意义。只有这样，才能准确把握列宁这一思想的内涵，避免误读和曲解。

（三）从社会效果而言，立场模糊比立场反动"还要坏许多倍"

从 1905 年革命失败到 1911 年斯托雷平反动统治结束这一历史时期，俄国社会中党派林立，政治上各有主张。在这种形势下的俄国社会民主工党面临着统一党内思想、加强对革命运动领导的艰巨任务，而报刊的舆论导向在这个过程中起着十分重要的作用，列宁就是在这个大环境下提出：杂志应当"有十分明确的、严肃的、一贯的**方针**"。

《同时代人》是列宁这封信中主要针对的对象，他认为在阿姆菲捷阿特罗夫"唯一的参加下"，这份杂志甚至是提不出方针的；按照列宁的观点，这一点本身对于这样一份大型政治和经济刊物来说可能还不是最糟糕的事情，最严重的是，由于方针模糊，其危害在于"**思想**倾向背离马克思主义，背离社会民主党，却又不同马克思主义决裂，只是制造混乱"[8]。这样一份立场不明的杂志具有很大的欺骗性，经常在立场问题上左右摇摆、含糊其词，打着马克思主义的旗号却造成思想分裂，令读者难以提防，从而搞乱阶级阵线，产生极为恶劣的影响，因此这样的杂志更应该警惕。

正是基于这一点，列宁特意写信提醒高尔基，让他仔细思考这份杂志的定位，从而考虑为其撰稿可能产生的不良后果。它表明了列宁对高尔基在政治上的爱护与保护。

三、个别译文的商榷

目前，列宁致阿·马·高尔基（1910 年 11 月 22 日）这封信有俄、中、英等不同语言版本。

信的原文为俄语，首先按手稿刊印于 1924 年《列宁文集》俄文版的第 1 卷，题为《从巴黎寄往卡普里岛（意大利）》。中文版首先收录于《列宁全集》第一版第 34 卷第 448～450 页，该版本依照《列宁全集》俄文第四版翻译。中文第二版《列宁全集》将这封信收录于第 46 卷第 4～6 页，翻译自《列宁全集》俄文第五版第 48 卷第 3～5 页。故目前这封信有两个中文版本，本文参考的是中文第二版《列宁全集》。《列宁全集》（*Lenin Collected Works*）英文版于 1974 年由莫斯科进步出版社（Progress Publishers）出版，这封信收录于第 34 卷第 434～435 页。

将中、俄、英三个版本进行比较，有个别词语在翻译上存在着细微差别。

中文《列宁全集》第 46 卷第 5 页第一段"一种杂志没有方针，那就是一种荒谬的、怪诞的、糟糕的、有害的东西"句中，"糟糕的"一词在俄文原文中是"скандалъная"[9]，意为"罪恶昭彰的、可耻的、丑闻的"。结合英文译本的这句话（A journal without a trend is an absurdity，a ridiculous，scandalous and harmful thing）[10]，对应的词汇是"scandalous"，意思是"不道德的、可耻的、令人愤慨的"，与俄语原文的用词比较接近，都带有道德上的谴责之意。结合对列宁信中观点的分析，他认为一份立场不明的杂志比没有立场"还要坏许多倍"，背离马克思主义却又不同马克思主义决裂的行为十分恶劣，并且制造混乱，因此将"糟糕的"一词修正为"可耻的""卑劣的"或者"不道德的"这类带有道德谴责意味的词汇，似乎更加恰当。就具体语境而言，细品原文，"荒谬"指内容，"怪诞"指形式，"有害"指效果，唯"糟糕"泛指，是个主观感受的表达，似也与其他几个词汇不搭配。

第 5 页第二段，"我本来给您写好了一封对《忏悔》[11]表示不快的信"，"不快的"一词俄语原文用词是"скандальная"[12]，意思比较明确单一，即

"伤心的，悲伤的"。英文版中此句为"I had all but written you a disappoint ed letter about confessions"[13]，对应词"disappointed"意为"失望的，沮丧的"，与中文译本相比，似更为贴切。考虑到列宁对高尔基一向都是欣赏并寄予厚望的，而且在高尔基思想上发生摇摆的时候仍始终对他采取争取的态度，所以，列宁在对《忏悔》有所不满时，感到伤心和失望也是在情理之中的，因此将中文译文中的"不快"修正为"失望"似乎更为合乎情理："失望"的潜台词是高度期许，具有情感色彩，以私人信件的形式当面说出，贬中带褒；而"不快"一词虽程度较缓和，但在语气上则显得过于冷漠、生硬，像是外交辞令，似不符合列宁与高尔基间的诤友关系状态。

（作者杨钢元为中国人民大学新闻学院副教授，李一帆为中国人民大学新闻学院硕士）

注释

［1］列宁．列宁全集：第 19 卷［M］. 2 版．北京：人民出版社，1989：146.

［2］列宁．列宁全集：第 46 卷［M］. 2 版．北京：人民出版社，1990：4.

［3］*Ленин В. И. Полное собрание сочинений*（5 - е издание），т. 48，М.：Издательство политической литературы，1970，стр. 4

［4］同［2］5.

［5］列宁．列宁全集：第 12 卷［M］. 2 版，北京：人民出版社，1987：93.

［6］列宁．自由派和民主派对语言问题的态度（1913 年 9 月 5 日）［M］//列宁．列宁全集：第 23 卷．北京：人民出版社，1990：449.

［7］列宁．列宁全集：第 35 卷［M］．北京：人民出版社，1990：91.

［8］同［2］5.

[10] Lenin collected works（Vol. 34），Moscow：Progress Publishers，1974：434，435.

[11]《忏悔》是高尔基 1908 年写的一篇中篇小说，流露出唯心主义的造神论思想。

[12] 同［3］5.

[13] 同［10］435.

夺取政权时期列宁的党报思想

——列宁《关于〈真理报〉编辑部的改组和工作》考证研究

谭璇璇　杨青

编辑部改组事件是俄国社会民主工党（布）领导的群众性工人日报《真理报》（Правда，1912—1914）发展中的转折性事件。报纸初创时期，由于斯大林主张调和孟什维克与布尔什维克之间的矛盾，《真理报》在对待孟什维克取消派的斗争上表现消极。列宁对此多次致函编辑部提出意见和建议，但收效不明显。1913 年 1 月，俄国社会民主工党（布尔什维克）在波兰卡拉科夫召开的中央全会决定改组《真理报》编辑部，加强了对报刊的领导。列宁起草的《关于〈真理报〉编辑部的改组和工作》阐述了具体的改组措施，包括撤换编辑、加强与孟什维克取消派的斗争等。该决议执行后，《真理报》的错误得到纠正。同年 5 月底，列宁在给编辑部的信中肯定《真理报》的工作有了巨大的、认真的改进。

一、《真理报》的出版及其社会背景

布尔什维克是 1903 年 8 月在俄国社会民主工党二大上形成的一个党内的派别，1912 年 1 月以后成为独立的俄国社会民主工党（布尔什维克），后来演变为苏联共产党。1905 年，俄国爆发民主革命。革命失败以后，俄国进入了斯托雷平（1906—1911 年俄国首相兼内务大臣）反动时期，俄国社会民主工党转入地下继续进行斗争。1910 年俄国工业开始复苏，工人运动出现了重新高涨的迹象。客观形势向布尔什维克提出了创办合法公开的布尔什维克报纸的要求。

1912 年第 80 号《真理报》头版

　　1912 年 1 月，俄国社会民主工党在布拉格召开第六次全国代表会议，会议通过《关于取消主义和取消派集团》的决议，这实际上意味着布尔什维克和孟什维克不再形式上统一在一个党内。会议选举产生了布尔什维克党的中央委员会。而孟什维克也另行组建为独立的俄国社会民主工党（孟什维克）。这次会上，工人代表罗曼·马林诺夫斯基给列宁留下了深刻的印象，然而他的真实身份是俄国国家警察部奥克瑞纳（Okhrana）的最高薪的间谍，代号"裁缝"[1]。会上根据列宁的倡议，决定出版群众性工人日报，即后来出版的《真理报》。

　　布拉格会议闭幕后第三天，列宁与中央委员斯·斯潘达梁来到德国的莱比锡，会见《明星报》[2]出版人、第三届国家杜马中布尔什维克的代表尼·古·波列塔也夫。他们确定 1912 年春出版《真理报》。两天后，《明星报》上刊登了《真理报》将要出版的消息。

　　1912 年 5 月 5 日（俄历 4 月 22 日）[3]，布尔什维克的群众性日报《真理报》在彼得堡创刊，印量 6 万份。创刊号为对开四版，不登照片和插图，只有文字稿。[4]《真理报》创刊号经费来源于工人们的捐款，是一份真正意义上的工人报纸。[5]列宁就此写道："工人们为了创办**自己的**报纸向《明星报》和《真理报》提供了 504 次团体捐款。除了创办和支持自己的工人报纸以外，他们决没有任何其他目的。""**正是**由于工人在 **4 月间**的捐款**增加**，工人的《真理报》才得以创刊"[6]。列宁认为，《真理报》的创刊是"一项具有历史意义的工作"，"它证明俄国工人是有觉悟的、有毅力和团结一致的"。[7]

列宁非常重视《真理报》的工作，认为它是"团结和开展运动的必要的组织手段"[8]，并将它定位为一份面向基层工人的报纸。列宁夫人娜·康·克鲁普斯卡娅在回忆列宁的文章中写道：《真理报》不是（列宁）一下子由自己决定的，它是工人的报纸，它应该同工人讨论与他们切身有关的党的问题。[9]《真理报》刊登有关工厂的营私舞弊、新的无产阶级阶层的觉醒的内容，同时为工人事业的某方面募集捐款，对有关工人的见解和情绪、选举运动、工人初选人的选举以及工人在读什么特别感兴趣。[10]

二、《真理报》改组的原因

（一）与取消派斗争不力

出版后的最初几个月，《真理报》对孟什维克取消派从党内分离出去这件事情缺乏积极反应，回避分歧，没有公开进行论战。《真理报》的消极反应与斯大林采取的政治立场有关。《真理报》出版前斯大林抵达彼得堡，协助列宁办报。《真理报》出版当天，斯大林再次被捕。他在《真理报》创刊号上发表的文章《我们的目的》主张报纸应采取调和派[11]的立场作为编辑方针，即"对敌人应该势不两立，我们之间就得互相忍让。对工人运动的敌人要斗争，在运动内部却要和平，要同心协力地工作"[12]。他认为对取消派和孟什维克及其报刊应采取"不斗争"的策略。1912 年 9 月至 10 月斯大林从俄罗斯北部纳赖姆流放地逃出后主持《真理报》。他的办报方针直接影响到了报刊初期的工作，《真理报》在对是否要把党的分歧拿到报纸上来讨论表现出犹豫，没有公开地讨论党内的分歧问题，没有与孟什维克进行坚决斗争、争取群众，甚至删除了列宁文章中涉及批评取消派的段落。

对此，列宁在给编辑部的一些信中尖锐批评《真理报》没有执行鲜明的、坚决的、确定的政策，"不善于战斗"，"不追击立宪民主党人，也不追击取消派分子"。[13]列宁指出，《真理报》不应向工人隐瞒分歧，它如果仅仅是"通俗的""正面的"刊物，就会毁灭，如果它不怕论战，直言不讳地谈论取消派，它就很可能取得胜利。[14]

《真理报》对于列宁的批评反应消极，多次拒绝刊登列宁要求刊登的文章。1912年7月，列宁写了短评《答取消派》并寄给《真理报》编辑部，要求编辑部在第四届杜马选举中同取消派做更坚决的斗争，但短评未在《真理报》上刊出。[15]孟什维克的报纸《涅瓦呼声报》[16]的一篇报道中称，在彼得堡召开过社会民主党各派的代表会议，据说有《真理报》和《涅瓦明星报》[17]的拥护者，即布尔什维克参加，讨论第四届国家杜马[18]选举运动中的统一的问题。面对《呼声报》的"大胆进攻、挑衅姿态"，《涅瓦明星报》和《真理报》对《呼声报》只是被动回应，并没有进行论战。列宁认为这是不对的，在一个混乱不堪的时代，社会主义的刊物应该进行论战。列宁又给《真理报》寄上《关于竞选纲领》一文，谈及对取消派的态度，该文没有发表。

《真理报》编辑部删除文中他们认为的"不平常的""不合适的"话，列宁对此表示反对和不满。《真理报》编辑部回复列宁，声称列宁文章中对取消派的态度是可以接受的，但实际上编辑部仍在不断地删掉列宁以及其他同事文章中有关取消派的内容。《真理报》这种模棱两可和沉默让列宁感到"非常奇怪"。他认为应当明确对取消派的态度，"中间道路是没有而且也不可能有的"[19]。

（二）在第四届国家杜马选举的论战上表现消极

1912年秋第四届国家杜马选举前夕，沙皇政府迫害进步人士，捏造罪名剥夺工人阶级在杜马中的代表席位。八月代表会议[20]后，孟什维克的取消派集团不仅在《我们的曙光》[21]杂志上和《光线报》[22]上鼓吹公开的党，而且还在合法报刊上嘲笑"地下组织"，反对革命性的罢工和一切群众性革命斗争。[23]对此，布尔什维克制定了一系列的工作方针，其中包括缩小取消派的影响，不要使他们获得很多工人的票数，与孟什维克展开论战。

《真理报》在论战初期贯彻了布尔什维克的工作方针，宣传列宁起草的《俄国社会民主工党选举纲领》[24]的精神，不仅揭露右派、立宪民主党，也注意驳斥取消派。列宁赞扬了《真理报》，并认为报纸会在选举斗争中获得更大的成就[25]。但《真理报》在选举期间的表现并没有让列宁满意。斯大林在报纸上倡导和孟什维克党和解。作为回应，列宁写了不少抨击斯大林政治路线的文章，但很多都被斯大林压下了。[26]1912 年 9 月，列宁致函《真理报》编辑部，批评报纸的文章缺乏热情，要求报上的文章应该是进攻的、激烈的、有战斗力的。

面对《光线报》在选举期间"没有原则，卑鄙的诽谤"，《真理报》的表现"倒像是一个无精打采的老处女"。列宁认为在选举时刻不进行战斗就是葬送事业。[27]让列宁更为不满的是，《真理报》编辑部还表示赞成将报纸与《光线报》合并，并建议《真理报》全部成员都成为两家报纸的撰稿人。1912 年12 月 31 日（俄历 12 月 18 日），《光线报》在它的撰稿人名单上公布了四个布尔什维克代表的名字（另有两个拒绝刊登自己的名字）；此时，孟什维克派成员的名字也出现在《真理报》上。列宁认为，《真理报》编辑部执行着某种"自己的""由某人杜撰出来的第三条路线"[28]。

为保证《真理报》完全执行党的方针，列宁采取了让斯大林远离《真理报》的措施。1912 年 11 月，斯大林应列宁要求来到克拉科夫。列宁批评了斯大林，拒绝任何布尔什维克和孟什维克和解或重组的计划，认为布尔什维克党必须是一个独立的党。斯大林对此有所抱怨，认为列宁强硬的策略会导致孟什维克的敌视。斯大林的政治立场并没有因为这次会面而改变，他回到圣彼得堡后又开始做起了调和派。11 月 28 日（俄历 11 月 15 日），第四届国家杜马开幕。大会上，马林诺夫斯基宣读了布尔什维克党的宣言，该宣言可能是由斯大林起草的，其中表达了对孟什维克的善意。斯大林甚至还背着列宁与两位孟什维克成员见面。[29]列宁得知后，要求斯大林再次前来克拉科夫商讨民族问题以及《真理报》的问题。列宁向斯大林提议，暂时不要回彼得堡，而是留在克拉科夫写一篇关于布尔什维克党民族政策的文章。斯大林答应了，但他依然不同意列宁的某些政见，并相信自己能说服某些孟什维克党人，认为布尔什维克与孟什维克合作才是上佳的策略。列宁与斯大林在政治立场上的持续分歧，迫使列宁寻求外部力量改组《真理报》。

（三）报纸发生财政危机

除政治原因外，《真理报》的财政危机也使得改组编辑部变得有必要。1912 年年底起，列宁在与斯大林等人的通信中多次谈及《真理报》的财政危机，并提出一些解决方法，如采取紧急措施把《真理报》出版社和编辑部的现金转到马·康·姆拉诺夫的名下，克服《真理报》财政危机问题。[30]他还要求报纸开展征订运动，要求各国外支部给予多方面的支持，还请高尔基参加征求订户的宣传。但这些行动收效不明显，《真理报》依旧陷入财政危机。

三、《关于〈真理报〉编辑部的改组和工作》

列宁很重视《真理报》，经常写信指导报纸的出版工作，包括指出印刷错误等小问题。对于《真理报》存在的种种问题，列宁在信件中有所提醒、批评和建议，但效果不理想，于是改组编辑部终被提上议程。1913 年 1 月 8 日—14 日（俄历 1912 年 12 月 26 日—1913 年 1 月 1 日），俄国社会民主工党中央委员会会议在波兰克拉科夫召开，出于保密考虑，当时该会议对外称二月会议，出席会议的有中央委员列宁、斯大林、格·叶·季诺维也夫等。[31]会议明确了工人党员的任务是坚决与取消派斗争。会议结束后，中央委员会秘密讨论了《关于〈真理报〉编辑部的改组和工作》，当时为保密起见，该文件没有与其他会议决议一同发表。列宁夫人娜·康·克鲁普斯卡娅手抄了这份改组文件并保存了下来。1956 年该文件首次在苏联的《历史问题》杂志第 11 期上发表。提出 12 点改革要求的《关于〈真理报〉编辑部的改组和工作》，批评《真理报》编辑部没有坚定不渝地贯彻党的精神，报纸对彼得堡工人党员和党的生活反映不力，没有与孟什维克取消派的报纸《光线报》做斗争。以上对报纸的批评，也是含蓄地对斯大林提出的批评，因为直到会议召开，他非正式地实际主持《真理报》已有半年。[32]

通过分析《关于〈真理报〉编辑部的改组和工作》，我们可以考察在夺取政权时期列宁的党报思想，其要点有以下几点。

（一）坚持党性原则

作为群众性工人日报的《真理报》初创时期（1912—1914），是俄国社会民主工党党内政权斗争激烈的时期，各政治派别纷纷创办自己的报纸或杂志来宣传自身的政治纲领。党报作为党的思想中心，发挥着一定的领导作用。作为联系和团结工人的《真理报》，必须严格执行布尔什维克党中央的方针和政策，宣传党的纲领。因此，《关于〈真理报〉编辑部的改组和工作》第一条决议明确要求《真理报》要加强党性，指出编辑部贯彻党的精神不够坚定，应更严格地遵守和执行党的一切决议，遵循合法的办报方针。[33]

列宁关于党报党性原则的论述，是从 1903 年"反对小组习气"这一党内派系现象开始的。列宁在《党的组织和党的出版物》中对党报的党性原则做了系统的阐述，他指出："对于社会主义无产阶级，写作事业不能是个人或集团的赚钱工具……写作事业应当成为整个无产阶级事业的**一部分**，成为由整个工人阶级的整个觉悟的先锋队所开动的一部巨大的社会民主主义机器的'齿轮和螺丝钉'。"[34]列宁认为衡量"党性"的标准是党的纲领、党章和党的策略原则，不符合这些的言行是违背党性的。

《真理报》的初创时期，由于政治形势复杂，党内往往会出现"左"的或"右"的倾向，正确的党纲和党的策略原则难以贯彻。因此，列宁更加强调"党性"。《关于〈真理报〉编辑部的改组和工作》具体规定《真理报》要更重视阐明整个取消主义的错误和危害，不得以一种模棱两可的态度谈论取消主义，应坚定站在布尔什维克的立场，与《光线报》进行论战，揭露其错误和危害。改组的文件还要求《真理报》应保持撰稿人队伍的"纯洁性"，在挑选撰稿人时，编辑部应对前进派[35]撰稿人采取特别审慎的态度，以免犯原则性的路线错误。报纸的领导委员会必须由第四届杜马选举出来的布尔什维克代表六人团的至少一名代表参加，同时，倡议圣彼得堡一部分社会民主党人出版反对取消派的工会机关报。

列宁曾经对党报同党的关系问题做过许多论述，其中长期坚持的主要论点是：“党的一切出版物，不论是地方的或中央的，都必须绝对服从党代表大会，绝对服从相应的中央或地方党组织。”[36]《真理报》也应如此。

（二）加强报纸的群众工作

《真理报》是依靠工人捐款创刊的，自诞生之日起，列宁就十分重视《真理报》的群众工作。列宁“在《真理报》上的每一篇文章，都是直接或间接号召工人组织起来和行动起来的文章”。在《半年工作的总结》这篇文章中，他号召工人从每天的工资中拿出一个戈比[37]捐给报纸。[38]在《工人和〈真理报〉》中，他高度评价了工人群众对办好党报所起的积极作用，认为正是由于工人积极捐款、提供材料、参与讨论、为报纸宣传，报纸才得以生存。因此报纸应进一步反映工人生活，关注工人关心的话题，发表工人的言论。[39]

1912 年 11 月 24 日（俄历 11 月 11 日）列宁将斯大林写的《彼得堡工人给自己的工人代表的委托书》[40]寄给《真理报》编辑部，并建议务必把这个委托书用大号字登载在显著的位置。《真理报》迟迟不发表这份文件，列宁反问道：“如果工人的报纸这样轻视工人所关心的事情，它难道还能够存在下去吗？”[41]列宁把办报看作建党的“着手点”，认为通过创办党报可以对工人群众进行持久而有效的政治训练，为建党打下深厚的群众基础。[42]为了改正《真理报》在群众工作上的失误，《关于〈真理报〉编辑部的改组和工作》中提出了若干条具体改组措施，包括：以合法形式转述反映彼得堡社会民主主义工人的党的生活，保证《真理报》能及时联系工人党员，反映基层民意；更加重视在工人中间征求订户和募捐的宣传，让《真理报》成为一份真正的工人报纸。这些措施都在改组工作中得到落实，并取得一定成效。

（三）发挥党报宣传者和组织者的作用

《真理报》的初创，处于 1905 年俄国大革命失败后的低潮与 1917 年十月革命之间的过渡期。如果党报在这个时期保持沉默，就难以团结和动员工人团体。在这样的背景下，党报的宣传和组织作用凸显。《关于〈真理报〉编辑部的改组和工作》一方面要求《真理报》在宣传党的政策方针时不能有任何迟疑，中央委员会认为必须刊登的文章应该（署上商定的署名）[43]立即刊登。另一方面还要求报纸发挥"集体组织者"的作用，吸收布尔什维克的杜马代表加入报纸编委会，参与到报纸的写作和经营工作中；吸收彼得堡及外省的工人团体、协会、委员会、小组和个人积极参加为报纸的写稿和推销工作，以壮大《真理报》工人团队，让报纸有更多拥护者。《真理报》应建立党报工作者的联系网络，广泛组织整个工人运动，进而巩固布尔什维克的力量。报纸的作用并不限于传播思想，还包括进行政治教育和吸引政治同盟军。"报纸不仅是集体的宣传员和集体的鼓动员，而且是集体的组织者"[44]，这是列宁对报纸宣传和组织功能的论述。可以发现，《关于〈真理报〉编辑部的改组和工作》也贯彻了该思想。

最后，改组文件还为解决《真理报》的财政危机提出了具体的解决措施，包括全力缩减出版费用、建立一个人员有限的领导委员会来主持整个改组工作和采取措施使报纸在写作和经营方面相互密切配合。

四、《真理报》改组过程及成效

改组决议下发后，由于当时彼得堡缺少合法工作人员来充实报纸编辑机构，编辑部内部的调和派成员仍旧与孟什维克合作，奸细马林诺夫斯基又千方百计阻挠编辑部的工作，改组编辑部的工作未能迅速开展。1913 年 1—2 月，《真理报》在工作中又犯了一系列错误。《真理报》在第一版刊登了关于崩得[45]取消派报纸《时报》[46]出版的广告。报纸还无视克拉科夫会议的指示，未在报上刊登中央委员会国外局[47]送来的署名"KKK"的文章。对此，列宁致函《真理报》，批评编辑部工作，要求尽快改组编辑部。为落实中央决议和落实改组工作，1913 年 2 月 4 日（俄历 1 月 22 日），俄国社会民主工党俄国局成员同《真理报》编辑部举行联席会议。会议上，中央委员斯维尔德洛夫被任命为《真理报》主编，到彼得堡负责《真理报》改组工作，拥有对所有文章加以否决和审查的权利。彼得堡委员会的康·尼·萨莫伊洛娃被批准为编辑部的秘书。3 月初，列宁得知《真理报》正式开始改革。斯维尔德洛夫重组《真理报》编辑部后，撤销了调和派编辑的职务。列宁对此十分关注，两度特意致函《真理报》编辑部，祝贺改革开始，"希望你们①在这条道路上取得进一步的成就"[48]。

尽管斯维尔德洛夫主导了改组工作，但《真理报》具体的改组过程并没有想象中的顺利，斯维尔德洛夫也并非一直参与其中。1913年2月斯大林从国外回到彼得堡，遵照列宁的指示和斯维尔德洛夫一起着手改组《真理报》编辑部。2月23日（俄历2月10日），斯维尔德洛夫由于马林诺夫斯基的告密在第四届国家杜马代表格·伊·彼得罗夫斯基的家里被捕。在斯维尔德洛夫被捕的前一天，列宁写信给斯维尔德洛夫，认为有人对《真理报》的改革采取谨小慎微的态度，主张暂缓撤换现在的编辑

斯维尔德洛夫

和办事人员，要求斯维尔德洛夫建立记账制度，1戈比也要记录，需要把钱、收入和订费掌握在自己手里。[49] 从中可以看出，2月22日（俄历2月9日）列宁写信给斯维尔德洛夫的时候，《真理报》原有的编辑和办事人员至少没有完全被撤换掉。那么斯维尔德洛夫被捕后，谁跟进改组工作？列宁在这封信中还建议斯维尔德洛夫吸收一些助手协助自己，因此可推断后续的改组工作应该由其助手，如编辑部秘书康·尼·萨莫伊洛娃协助进行。斯大林此时也在彼得堡，尽管他持调和派立场，但不排除他参与后续改组工作的可能性。斯维尔德洛夫被捕13天后，即3月8日（俄历2月23日），斯大林也被马林诺夫斯基出卖，在彼得堡布尔什维克组织借卡拉什尼科夫交易所会场举行的音乐会上被捕。

尽管《真理报》的改组工作并没有想象中的顺利，但改组工作成效还是十分明显。从2月起，报纸开始几乎每天发表列宁的文章，《工人运动》《国家杜马》《农民生活》等专栏办得很好，布尔什维克杜马代表开始积极为《真

---

① 指编辑部。——笔者注

理报》撰稿。改组后的《真理报》积极参与同《光线报》的论战。1913 年 4 月—6 月，《真理报》刊登《几个争论的问题》等文章，帮助工人弄清《真理报》和《光线报》之间关于取消主义的重大争论问题。

1913 年 2 月 23 日（俄历 2 月 10 日），《真理报》开始出版通俗的星期日增刊，报纸的印刷数量也逐渐增加。《真理报》还按照改组决议的要求，开展了增加报纸订户运动。列宁提出《真理报》"应该掀起一个运动：争取《真理报》发行量从 30 000 份增加到 50 000～60 000 份，订户从 5 000 增加到 20 000，并坚持不懈地朝这个目标努力"[50]，同时在每一个工厂开展斗争支持《真理报》，争取更多的订户。到了 6 月，《真理报》的版面有所扩大，列宁表示祝贺并建议出版增刊以增加报纸的发行量，提出《真理报》应该为争取达到 10 万读者而奋斗。

在《真理报》创刊一周年之际，列宁认为该报不仅仅在名称上是工人的报纸，而且从办报方向、在工人群众中的读者范围、报纸的总的内容以及从工人尤其是工人团体对《真理报》的支持等方面来看，《真理报》实际上也是工人的报纸。《真理报》的"改进是巨大的、确实的，但愿是稳固的和彻底的"[51]。

五、结语

当我们理解列宁关于党报性质、作用的许多论述时，需要考虑与之对应的党的组织结构和当时俄国的环境。这是列宁在继承马克思主义时实事求是、与时俱进的表现。1912—1914 年是《真理报》初创时期，尽管此时俄国国内工人运动有复苏迹象，但国内党组织被摧毁，数百名革命者被捕入狱或被流放。在布尔什维克内部，列宁的政治和理论权威受到了以波格丹诺夫[52]和卢那察尔斯基[53]为首的召回派的严重挑战。召回派在政治上坚持极左路线，要求从被削弱的国家杜马里召回所有的布尔什维克代表。列宁不得不同时与孟什维克的取消派、布尔什维克中的召回派做斗争。[54]在此期间，与孟什维克取消派的斗争是列宁领导的布尔什维克的主要任务。1913 年《真理报》的改组事件便是在这样的政治背景下发生的。斯大林与列宁在关于取消派斗争问题上表现的分歧也反映了当时复杂的政治背景。他们的分歧也一直贯穿在《真理报》改组前期。《关于〈真理报〉编辑部的改组和工作》的通过也预示着列宁最终说服了斯大林。

《关于〈真理报〉编辑部的改组和工作》呈现了列宁改组《真理报》的思路，反映了该时期列宁的党报思想，即坚持党性、加强党报与群众的联系和党报要发挥宣传者和集团组织者的作用。这份文件多次强调编辑部成员要贯彻党的精神和坚决与取消派斗争，反映了在夺权时期，面对党内意见分歧、奸细打入核心领导层的不利斗争局面，布尔什维克的党报必须坚持党性原则。

这份文件强调党报要坚持党性，与今天我们所理解的内涵存在差异。出于夺取政权和党内斗争的需要，列宁当时更强调党报的战斗性，党报很多时候是政治和权力斗争的产物。列宁对取消派的论述也显得过于激进。

（两位作者为暨南大学新闻与传播学院硕士）

注释

［1］蒙蒂菲奥里.青年斯大林［M］.北京：民主与建设出版社，2017：280-281.

［2］《明星报》是俄国社会民主工党的合法周报，编辑部起初由布尔什维克、孟什维克和第三届国家杜马社会民主党党团的代表组成，1910年12月29日在彼得堡创刊，1911年6月24日停刊。1911年10月复刊，编辑部经过改组，成为布尔什维克的报纸。

［3］文章所标注的日期，除有注明"俄历"的日期外，均为公历日期。

［4］钱汉江.关于《真理报》的缔造者［J］.青海社会科学，1982，(4).

［5］张丹.《真理报》的历史变迁和经验教训［J］.新闻与传播研究，2001，(3).

［6］列宁.列宁全集：21卷［M］.2版.北京：人民出版社，1990：423，412.

［7］同［6］409.

［8］列宁.列宁全集：46卷［M］.2版.北京：人民出版社，1990：237.

［9］克鲁普斯卡娅.列宁是党报的编辑者和组织者［M］.上海：上海人民出版社，1958：27.

［10］列宁.列宁全集：22卷［M］.2版.北京：人民出版社，1990：72-73.

［11］调和派，指采取调和立场，主张对孟什维克做出放弃原则的让步，以求党内和平的政治派别。

[12] 斯大林. 斯大林全集：第 3 卷 [M]. 北京：人民出版社，1955：243.

[13] 同 [8] 150.

[14] 同 [8] 113-114.

[15] 列宁. 列宁年谱：第 3 卷 [M]. 北京：三联书店，1984：29.

[16]《涅瓦呼声报》是俄国孟什维克取消派的合法报纸（周报），1912 年 6 月 2 日—9 月 13 日在彼得堡出版，共出了 9 号。该报的前身是《现代事业报》。

[17]《涅瓦明星报》是俄国布尔什维克的合法报纸，1912 年 3 月 10 日—10 月 18 日在彼得堡出版，共出了 27 号。《涅瓦明星报》最初与《明星报》同时出版，以备《明星报》被查封或没收后可资替补。1912 年 5 月 5 日以后接替被查封了的《明星报》出版。

[18]"杜马"意为"议会"。1905 年革命运动爆发后，沙皇尼古拉二世为缓和政治危机，于同年 9 至 10 月间宣布召集国家杜马，并赋予一定权力。1906 年和 1907 年，产生了第一、第二届国家杜马，但随后不久就被解散。后来又产生了第三、第四届国家杜马。

[19] 同 [8] 123.

[20] 八月代表会议指取消派的八月代表会议。会议号召取消秘密的革命党。代表会议选出了试图与俄国社会民主工党中央委员会抗衡的组织委员会，但它在俄国国内只得到少数取消派小组、《光线报》和孟什维克七人团的承认。

[21]《我们的曙光》杂志是俄国孟什维克取消派合法的社会政治刊物，1910 年 1 月—1914 年 9 月在彼得堡出版，领导人是亚·尼·波特列索夫。围绕着《我们的曙光》杂志形成了俄国取消派中心。1914 年第一次世界大战爆发，该杂志持社会沙文主义立场。

[22]《光线报》是俄国孟什维克取消派的合法报纸（日报），1912 年 9 月 29 日—1913 年 7 月 18 日在彼得堡出版，共 237 期。该报主要靠自由派和部分工人捐款维持。该报反对布尔什维克的策略，鼓吹建立"公开的党"，反对工人革命性的罢工。

[23] 同 [10] 267.

[24]《俄国社会民主工党选举纲领》是以俄国社会民主工党第六次（布拉格）全国代表会议的决议为基础于 1912 年 3 月初在巴黎写的。列宁于 1912 年 3 月把纲领的一份手抄件寄给《明星报》编辑部，并写了附言，要求停止制定其他纲领。

[25] 同 [6] 483.

[26] 同 [1] 298-301.

[27] 同 [6] 150.

[28] 同 [8] 155-158.

[29] 同 [1] 298-301.

［30］同［15］84.

［31］同［10］277-278.

［32］NIMTZ A H. To Prepare for a new Russian revolution ［M］//Lenin's electoral strategy from 1907 to the October Revolution of 1917. New York：Palgrave Macmillan.，2014：79.

［33］同［10］286.

［34］列宁. 列宁全集：12卷［M］. 2版. 北京：人民出版社，1987：93.

［35］前进派，指在哲学上主张主观唯心主义的马赫主义和政治上主张"召回主义"或对第三届杜马的抵制的政治派别，代表人物有波格丹诺夫、阿列克辛斯基、卢那察尔斯基等人。召回派的政策使党脱离群众，把党变成为没有能力聚集力量迎接新的革命高潮的宗派组织。

［36］列宁. 列宁全集：11卷［M］. 2版. 北京：人民出版社，1987：155.

［37］俄国当时的货币单位，1卢布＝100戈比。

［38］同［9］29.

［39］张春林. 列宁的党报群众观及其现实意义［J］. 郑州大学学报（哲学社会科学版），2008，（1）.

［40］《彼得堡工人给自己的工人代表的委托书》要求第四届杜马的社会民主党党团利用杜马讲坛教育和组织无产阶级群众，同时说明无产阶级的最终目的。

［41］同［8］176.

［42］童兵. 党报：集体的宣传员、鼓动员和组织者［J］. 新闻与写作，1992，（1）.

［43］商定的署名是字母"KKK"，凡是这类署名的文章必须发表，不许改动。1912年12月，党中央委员会再次重申了这一决议，强调它仍然有效。

［44］列宁. 列宁全集：5卷［M］. 2版. 北京：人民出版社，1986：8.

［45］崩得是立陶宛、波兰和俄罗斯犹太工人总联盟的简称，于1897年9月在维尔诺成立。从1901年起，崩得是俄国工人运动中民族主义和分离主义的代表。

［46］《时报》是崩得的机关报（周报），1913年1月2日—1914年5月18日用依地文在彼得堡出版。

［47］中央委员会国外局是由1908年8月俄国社会民主工党中央委员会全体会议批准成立的，是从属于中央委员会俄国局的全党的国外代表机构。该机构的任务是与在俄国国内活动的中央委员会和在国外工作的中央委员保持经常联系，监督俄国社会民主工党国外各协助小组以及代表它们的国外中央局的活动，收纳国外组织上缴中央委员会会计

处的钱款，并为中央委员会募捐。

[48] 同[8] 245-246.

[49] 同[8] 237-239.

[50] 同[8] 266.

[51] 同[8] 277-278.

[52] 波格丹诺夫于1903年起成为布尔什维克，1905年当选为党中央委员。曾在布尔什维克机关报《前进报》《无产者报》《新生活报》编辑部工作。1905年革命失败后，成为"前进集团"的首领并领导召回派，在哲学上转向马赫主义，主张唯心主义的经验一元论。列宁在《唯物主义和经验批判主义》一书中对他的哲学做了批判。

[53] 卢那察尔斯基1895年成为社会民主党人。1904年赴日内瓦，任《前进报》《无产者报》和《新生活报》编辑。俄国民主革命失败后，政治上为召回派，哲学上宣扬马赫主义，曾受到列宁的批评。

[54] 哈丁. 列宁主义[M]. 南京：南京大学出版社，2014：52-53.

第八部分

列宁对苏维埃报刊作用的探索

"战时共产主义"时期列宁论苏维埃报刊的任务

  ——列宁《苏维埃政权的当前任务》考证分析

共产主义试验背景下的列宁党报思想的沿承、发展与畸变

  ——列宁《论我们报纸的性质》考证分析

〖按语〗

　　列宁是有领导社会主义建设经验的革命导师，因而他关于社会主义条件下报刊作用的论述，一向不容置疑地具有正确性，其实他生前就承认自己实行军事共产主义是犯了重大错误。在那样的条件下他关于苏维埃报刊的论证不可避免有那时的背景。

　　李文静对列宁论证苏维埃报刊的任务的论著《苏维埃政权的当前任务》进行的考证分析，清晰地显现出列宁当时论证的正确一面（强调多谈些经济、报刊是社会主义建设的工具），也指出了明显错误的一面（取消报刊订阅制实行分配制、报刊革命法庭的非法治、侵犯商业秘密）。王雨琼对列宁报刊名篇《论我们报纸的性质》进行的考证分析也指出了同类问题。列宁一方面对各种政治喧嚣十分反感，一方面又寄希望于报刊管到社会各方面的具体问题，从怠工到偷窃，要求报刊成为一个阶级实行专政的机关报。报刊是精神单位，不是实行专政的机关。这样的认识可能存在对词句理解的不同，但对中国的影响在于它一度成为错误的"报刊的无产阶级专政的工具"的理论源头。因而这两篇考证文章引导我们再度研读列宁的原著、做再理解是必要的。

　　列宁1921年停止军事共产主义、实施新经济政策，关于报刊作用的认识发生了很大的变化，但因为身体原因，他没有精力集中谈论报刊问题，也没有系统梳理自己对苏维埃报刊作用的认识，在1921—1922年列宁缺少报刊工作的集中论述。但从列宁某一方面的报刊论述看，他关于苏维埃报刊作用的认识是有较大变化的。建议看一看1922年4月2日列宁《关于〈真理报〉刊登广告问题的发言》、1922年4月12日列宁致恩·奥新斯基的信。前者列宁主张《真理报》刊登广告，甚至不惜违反党代表大会的规则，要求撤销大会已经通过的关于禁止《真理报》广告的决议。后者是列宁生前最后一次谈论新闻工作。信中他意识到近期发生的一系列政治危机，除了政策问题外，还有干部和传媒的问题，因为不少传媒"反对如实公开、如实评价地方经验"，"害怕家丑外扬，害怕赤裸裸的真相，回避真相，'瞥上一眼便了事'"，便得中央无法全面地了解基层的矛盾和问题，判断群众真正的需要，执政党脱离群众，苏维埃政权无法稳固生存。

"战时共产主义"时期列宁论苏维埃报刊的任务

——列宁《苏维埃政权的当前任务》考证分析

李文静

一、文章写作的社会历史背景

(一) 夺取政权后苏维埃俄国面临的严峻形势

俄国共产党（布尔什维克）继十月革命夺取政权后，到 1918 年 2 月以前，连续粉碎了君主派、立宪民主党人、孟什维克和右派社会革命党人等反对势力试图颠覆政权的活动，初步巩固了新生的苏维埃政权。为了达到维护和巩固苏维埃政权的目的，列宁主张同德国签订合约，从帝国主义战争中摆脱出来。经过俄共（布）多次会议的讨论、争论和协商，列宁的意见终于得到党内多数人的支持。1918 年 3 月，苏维埃政权同德国正式签订布列斯特和约，使国家得到了暂时和平的国际环境。俄国革命进入巩固政权、对国民经济实行社会主义改造并大力组织经济建设的新阶段。

但和平的条件并不稳固，苏维埃俄国仍面临着严峻的国际和国内形势。国际上，帝国主义国家随时都有可能进行武装干涉，扼杀苏维埃政权。国内政局动荡，得到外国帝国主义支持的反对势力蠢蠢欲动。与此同时，旧俄国遗留下来的社会经济、技术与文化极其落后，加上多年战争的破坏，新国家的经济实力和军事实力都十分脆弱。在三年多的帝国主义战争（第一次世界大战）中，农村近 1 000 万青壮年被征入伍，大批马匹被征为军用，农业生产难以为继。再加上富农拒绝按国家规定的价格出售粮食，投机贩卖盛行，黑市交易猖獗，造成了全国范围的粮荒。由于不能按计划采购到粮食，1918 年 1 月，莫斯科和彼得格勒的粮食供应只及计划供应的 7.1％，2、3 月份的粮食供应量只占供应计划的 16％。[1]工人因为分配不到基本的生活资料，无法进行正常的工业生产。在饥荒和战争破坏的社会条件下，国家的军事力量毫无保障，苏维埃政权面临着难以维持的局面。

在如此特殊的历史转变时期，列宁仔细分析了国内外形势以后提出，苏维埃俄国的首要任务是"必然要把创造高于资本主义的社会结构的根本任务提高到首要地位，这个根本任务就是：提高劳动生产率"[2]。他在《苏维埃政权的当前任务》中提到："很明显，防御力如此薄弱的我们苏维埃社会主义共和国，处于极不稳固、十分危急的国际环境中。我们必须竭尽全力利用客观条件的凑合给我们造成的喘息时机，医治战争带给俄国整个社会机体的极其严重的创伤，发展国家的经济。不这样做，就谈不到使国防力量真正有所增强。"[3]

这一时期的重要著作《苏维埃政权的当前任务》的初稿和定稿，承担了洞察和概括当时的形势特点、及时明确地向全党和劳动人民发出号召的历史使命。

（二）列宁写作文章的过程及对报刊任务的重视

列宁的《苏维埃政权的当前任务》写于 1918 年 3—4 月，前后几易其稿，共有《〈苏维埃政权的当前任务〉一文初稿》《〈苏维埃政权的当前任务〉一文的几个提纲》和发表在《真理报》上的《苏维埃政权的当前任务》定稿，以及作为苏维埃政权的基本任务予以公布的《关于苏维埃政权的当前任务的提纲》四个版本。

《〈苏维埃政权的当前任务〉一文初稿》是列宁于 1918 年 3 月 23 日—28 日口授的速记记录稿。原稿没有标题，标题是俄文版的编者加的。这篇文章的写作同俄共（布）中央委员会准备讨论开展社会主义建设的计划有关。

1918 年 3 月 31 日，党中央会议确认，夺取政权的时期已经结束，当前主要的任务是进行社会主义经济基础的建设。鉴于会上出现了不同意见，会议决定召开中央全会以统一看法。4 月 7 日中央全会开幕，列宁在开幕词中再次强调，革命正处于"新的时期"。全会委托列宁起草一个关于目前形势的提纲提交中央。根据这个决定，列宁拟订了《〈苏维埃政权的当前任务〉一文的几个提

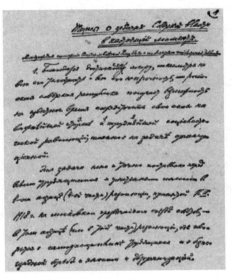

列宁《苏维埃政权的当前任务》手稿第 1 页

纲》，并在 4 月 13 日至 26 日之间完成了《关于苏维埃政权当前任务的提纲》（列宁的《苏维埃政权的当前任务》一文手稿中使用的标题），确定了经济恢复和社会主义建设的方针问题。[4]

4 月 26 日，中央委员会讨论并一致批准了这个提纲，决定以文章形式发表在《真理报》第 83 号和《全俄中央执行委员会消息报》第 85 号附刊上，并出版单行本。这篇文章后来在共产国际各支部传播很广。中国共产党最早翻译的列宁著作之一便是《苏维埃政权的当前任务》（当时名为《劳农会之建设》，1921 年出版）。

4 月 29 日，列宁受俄共（布）中央的委托在全俄中央执行委员会会议上做了关于苏维埃政权的当前任务的报告。各派代表就列宁报告发言，列宁做总结发言。会议通过决议，表示赞同列宁报告的基本论点，并用这些论点编成一个简要的提纲，即《关于苏维埃政权当前任务的提纲》，作为苏维埃政权的基本任务予以公布。[5]

《苏维埃政权的当前任务》的先后四个版本都阐述了组织社会主义经济建设的任务在社会主义革命中的重要意义。列宁在文中开始设想实行取消商品交换的劳动公社的试验，对在社会生产中"对产品的生产和分配进行计算和监督""提高劳动生产率""按社会主义原则组织竞赛""加强无产阶级专政"等关于社

列宁阅读《真理报》（1918 年）

会主义经济建设的重大问题进行了详细的论述。这些经济措施是列宁论述报刊任务的直接背景，他关于报刊任务的观点同时也是出于共产主义实验的需要。列宁希望能把报刊纳入社会主义经济建设的轨道，利用报刊来解决实行共产主义劳动公社制度中发生的迫在眉睫的问题。

　　鉴于共产主义试验没有成功，列宁与时俱进，于 1921 年及时结束这场试验，实行新经济政策，恢复了商品交换，其新闻观也发生了变化。但是，由于他 1920 年以后的身体状况日益衰弱，关于报刊在新经济政策下应当如何的论述十分有限，尚缺少像当年写作《苏维埃政权的当前任务》那样的全面而具体的论述。[6]

二、对文中列宁报刊思想的总结与分析

　　在《苏维埃政权的当前任务》初稿中的第 10 章和定稿中的"组织竞赛"一节，列宁集中论述了党和苏维埃报刊的任务，约 3 000 字。列宁这个时期关于党和苏维埃报刊工作的论述，在十月革命后的几个时期里是最多的，他关于党和苏维埃报刊任务的主要观念也多数在这里得到阐述。

　　正如前文所述，列宁是在以经济建设为中心这个基本的指导思想下，从国

家行政领导人的视角来看待报刊的任务的。他在文中指出，社会主义政党在世界历史上第一次基本上完成了夺取政权和镇压剥削者的任务，今后面临的任务是建立社会主义经济基础。[7]列宁认为，报刊在完成这一历史性任务中占有极为重要的地位，于是他提出了"报刊应当成为社会主义建设的工具"[8]的思想，并进一步阐述了"公开报道"、在报刊上树立榜样和开辟"黑榜"专栏这两种方法。

（一）报刊要成为社会主义建设的工具

"报刊应该成为社会主义建设的工具"是列宁在文中集中论证并在后来的几年里反复阐述的一个观念。这一观念是在改变劳动者松懈散漫态度的迫切任务中提出来的。列宁指出："制定一些系统的措施来增强劳动者的自觉纪律的必要性已经完全成熟……在劳动者中间建立纪律，组织对劳动标准和劳动强度的监督，成立专门的工业法庭来规定劳动标准，对任何恶意破坏这种标准的行为追究责任，经常教育多数人提高这个标准，——这一切现在都作为苏维埃政权的极其迫切的任务提上了日程。"他认为在资产阶级社会里，报刊在上述方面完全没有执行自己的任务，而苏维埃报刊在很大程度上也受到了资产阶级报刊的旧习惯和旧传统的影响。他对报刊在社会主义建设中的任务提出了新的要求："这项任务就是把报刊由主要报道日常政治新闻的工具，变成对人民群众进行经济教育的重要工具。为苏维埃群众服务的报刊，对于政治领导人员的问题，对于无关紧要的政治措施，即各个政治机关的日常工作和例行公事，要少费一些篇幅。"[9]

除了发挥报刊在经济上重新组织和重新教育群众的作用，列宁还进一步提出要重视报刊在组织竞赛中的作用，设想通过组织竞赛来提高劳动公社的纪律性和劳动生产率："我们差不多还没有着手进行这种艰巨的然而是能收效的工作——组织各公社间的竞赛，在生产粮食衣服等等的过程中实行表报制度和公开报道的方法，把枯燥的、死板的官僚主义的表报变成生动的实例（既有使人厌弃的例子，也有令人向往的榜样）。"在这段论述中，列宁提到了两种组织竞赛的方法，即利用公开报道，以及实行表报制度，在报刊上同时树立榜样和开辟"黑榜"来组织竞赛。他在文中对这两种方法进行了详细的阐述。

列宁关于报刊要成为社会主义建设的工具的思路是正确的，他批评报刊上政治空话和琐碎的日常事务的报道太多，也是切中时弊的。但他从国家行政领导人的角度提出的报刊上的日常新闻报道应越少越好、劳动公社模范事迹的宣传应越多越好的观点基本否定了报刊报道新闻的基本职能，将报刊视为国家的宣传工具。面对着缺乏激励机制的共产主义劳动公社造成的社会混乱，列宁对报刊在其中的作用寄予厚望，但在当时基本生活资料匮乏的条件下，要求整个社会实行自觉的劳动纪律是不可能的，同时报刊不应该、也不可能成为防止偷懒、盗窃之类社会问题的首要工具。在这方面，列宁共产主义试验中关于报刊任务的论述带有超越历史阶段的空想性质。[10]

（二）公开报道

列宁将报刊的公开报道分为两方面。一方面是要公开报道各个劳动公社的经验（包括生产技术的细节和管理经验），通过报刊沟通各公社之间的联系，树立榜样，带动整体的进步。列宁同时批判了资本主义企业掩盖商业秘密的做法，他认为，资产阶级共和国的报刊受到资本的支配，用保护"神圣财产"的"商业秘密"掩盖作坊中、交易中以及供应等等活动中的真实情况。而社会主义的劳动公社公开讨论企业和社会生活中的问题，这正是生活中最根本的、最主要的、最迫切的问题。列宁认为，报刊要将各个公社的经济问题提交群众评判，帮助他们认真研究来改进生产，"在资本主义制度下，这是个别资本家、地主和富农的'私事'。在苏维埃政权下，这不是私事，而是国家大事"[11]。

另一方面是要公开揭露每个劳动公社经济生活中的缺点，使报刊成为加强劳动者的自觉纪律、改变资本主义社会陈旧的工作方法或偷懒方法的首要工具，利用舆论来根治这些弊病。在实行共产主义试验时期，列宁强调公开报道，主要是要求揭露在强制实行这种共产主义时出现的好逸恶劳、无秩序、投机活动、怠工、浪费等等行为。从这两个方面出发，列宁又详细地论述了树立榜样和在报刊上开辟"黑榜"这两种具体做法。

列宁关于"公开报道"的论述，包括对于"商业秘密"的批判，是以他当时企图消灭商品交换为背景的。在共产主义经济形态的背景下，其主观愿望是好的，但是超越了历史发展阶段。我国社会主义市场经济的实践证明，企业的"商业秘密"是社会主义国家的一种重要的经济资源。如果媒体有权公开企业的商业秘密，那将会给企业，甚至会给国家造成重大的经济损失。正因如此，列宁在后来放弃共产主义试验，实行"新经济政策"（实际上是市场经济）时，就再也没有批判过"商业秘密"。不过由于当时列宁的身体状况恶化，留下的文字材料只涉及了党和国家的最重要的问题，报刊工作谈得很少，因此并没有确切的证据证明他后来改变了看法。[12]

同时，列宁关于"公开报道"的观念也明显地含有公民知情权的意识，这在当时是很宝贵的新闻思想。列宁指出："公开报道这方面的情况，本身就是一个重大的改革，它能够吸引广大人民群众主动地参加解决这些与他们最有切身关系的问题。"[13]他还进一步想到："只有当群众知道一切，能判断一切，并自觉地从事一切的时候，国家才有力量。"[14]

（三）在报刊上树立榜样并开辟"黑榜"专栏

列宁主张在报刊上树立好的劳动公社的榜样来带动其他公社，同时开辟"黑榜"专栏，公开揭露那些坏的典型，对优秀的公社进行奖赏，并对登上黑榜的公社进行整顿，使各个公社经营的业务成绩的比较成为大家共同关心的事情。

列宁提出，对少数先进的劳动公社的模范事迹的报道应当成为苏维埃报刊的主要内容，"这样我们就能够而且一定会使榜样的力量在新的苏维埃俄国成为首先是道义上的、其次是强制推行的劳动组织的范例"[15]。他讲到"榜样的力量"，与"强制推行"相关，因为他设想的共产主义劳动公社试验，第一条便是"强迫全体居民参加消费生产公社"。从现在看，无论当时有怎样的理由，这样的设想都欠妥。[16]

列宁认为，过去空想社会主义者企图通过树立榜样来推行社会主义或共产主义的做法之所以会失败，是因为政权不在无产阶级手中，现在无产阶级掌握了政权，榜样的力量就能发挥作用。因为在废除了土地和工厂的私有制的社会里，组织生产的好的榜样必然会使那些采用好的组织方法的人减轻劳动并增加他们的消费额，从而促使人们去仿效好的榜样。他写道："在资本主义生产方式下，个别榜样的意义，比如说，某个生产合作社的榜样的意义，必然是极其有限的；只有小资产阶级幻想家，才会梦想用慈善机关示范的影响来'纠正'资本主义。在政权转到无产阶级手里以后，在剥夺了剥夺者以后，情况就根本改变了，而且，如一些最著名的社会主义者多次指出过的那样，榜样的力量第一次有可能表现自己的广大影响。模范公社应该成为而且一定会成为落后公社的辅导者、教师和促进者。报刊应该成为社会主义建设的工具，详细介绍模范公社的成绩，研究它们取得成绩的原因和它们经营的方法"[17]。

与此同时，列宁也设想通过在报刊上开辟"黑榜"专栏来鞭策落后、批判各种错误的行为。他写道："把那些顽固地保持'资本主义传统'，即无政府状态、好逸恶劳、无秩序、投机活动的公社登上'黑榜'。"他在提出报刊要进行公开报道这一观点时也涉及这方面的内容："它应当揭露每个劳动公社经济生活中的缺点，无情地抨击这些缺点，公开揭露我国经济生活中的一切弊病，从而呼吁劳动者的舆论来根治这些弊病。"一旦那些企业和村社被登上"黑榜"，就"要采取特别的办法（特别的措施和法令）把它们整顿好，或者列为受罚企业，把它们关闭，并且应当把它们的工作人员送交人民法庭审判"[18]。

列宁要求报刊充分发挥舆论监督的作用，公开揭露工作中的一切错误，这对我们现在的媒体工作都有指导意义。但是要直接依据报刊的"黑榜"来进行处罚，甚至依据"黑榜""把劳动公社的工作人员送交人民法庭审判"这一观点使报刊超越了舆论监督的功能，成为惩罚、司法行为的一部分，不符合法治程序。在当下，这一现象被称为"新闻审判"。

三、列宁关于报刊任务观点的时代局限性

鉴于共产主义试验没有成功，列宁后来改变了在苏俄进行社会主义建设的策略思想，其新闻观也发生了变化。但他在文中提出的关于报刊发挥舆论监督作用的论述、关于保障公民知情权的观点、对于报刊上政治空话的批判，以及取得政权后党报要将报道重点转移到经济生活中去的远见，都对今天的

社会主义新闻出版业具有现实指导意义。

同时，我们也应历史地看待列宁关于报刊任务的论述，重视其论述的时代特征。由于他 1920 年以后身体状况日益衰弱，留下的文字材料只涉及了党和国家的最重要的问题，报刊工作谈得很少，这容易使后人只关注他在 1918 年实行共产主义试验时关于报刊任务的论述，从而对列宁的报刊思想存在片面的认识。我国学者在引证列宁关于社会主义条件下苏维埃报刊作用的论述时，应充分考虑到当时共产主义试验的政策背景和列宁作为党和国家领导人对报刊的主观愿望，而不要把他的论述当作不容怀疑的真理。

（一）共产主义试验的政策背景

从《苏维埃政权的当前任务》一文开始，持续到 1920 年左右，列宁论述苏维埃报刊的背景是没有商品交换的共产主义试验，包括强迫全体居民参加消费生产公社、全面实行普遍劳动义务制、取消商品交换等措施。这些设想从现在的社会主义实践看，总体上超越了历史发展阶段，在生产力十分落后，人们还在为获取基本生活资料而斗争的时候，实行这种"共产主义"是不可能成功的。

在这一背景下，列宁关于报刊任务的论述包含一些正确的观点，但也有一些观点带有超越历史阶段的空想性质。如列宁批判"商业秘密"，要求报刊公开一切企业活动的观点，其背景仅限于共产主义经济形态的社会；强调报刊上"榜样的力量"和作为司法程序一部分的报刊"黑榜"这一观点，是与"强迫全体居民参加消费生产公社"的共产主义劳动公社试验紧密联系的。

从列宁关于报刊任务的论述中可以看出，列宁对报刊在共产主义试验中的作用寄予厚望，他希望能把报刊纳入社会主义经济建设的轨道，利用报刊来解决实行共产主义劳动公社制度中发生的迫在眉睫的问题。但在当时基本生活资料匮乏的条件下，报刊也无力承担激励整个社会实行自觉的劳动纪律的使命。因此列宁关于报刊任务的论述带有超越历史阶段的空想性质。

（二）列宁作为党和国家领导人的主观愿望

同时，我们也应认识到列宁在他身份的局限下对报刊任务存有的主观愿望。作为党和国家领导人，党报工作是党的宣传工作的最重要的部分。因而，他的宣传思想是融合在他的党报思想之中的，很难完全将宣传思想从中分离出来。[19]

当时的苏维埃俄国面临着严峻的国际和国内形势，进行社会主义经济建设是苏维埃俄国面临的最紧迫的任务，因而报刊的首要任务也是要满足共产主义实验的需要。例如，列宁提出，报刊上的日常新闻报道应越少越好（少到百分之一更好）、劳动公社模范事迹的宣传应越多越好，这一观点就直接将报刊视为党和国家的宣传工具。

在这样一个特殊的时期，列宁对报刊在社会主义经济建设中的作用寄予厚望，无暇关注宏观层面的传播技术革命问题，对报刊一般意义上的信息传播功能探讨的很少，这也是特定历史条件下认识问题的局限。

（作者为暨南大学新闻与传播学院硕士）

注释

[1] 周尚文，叶书宗，王斯德 . 苏联兴亡史［M］. 上海：上海人民出版社，2002：71.

[2] 列宁 . 列宁全集：34卷［M］.2版 . 北京：人民出版社，1985：168.

[3] 同［2］，153.

[4] 同［2］，551.

[5] 同［2］，560.

[6] 陈力丹 . 马克思主义新闻观思想体系［M］. 北京：中国人民大学出版社，2006：421.

[7] 同［2］，155.

[8] 同［2］，172.

[9] 同［2］，135，135 - 136.

[10] 同［6］，429.

[11] 同［2］，172.

[12] 同［6］，430 - 431.

［13］同［2］138.

［14］列宁 . 列宁全集：第 33 卷［M］. 2 版 . 北京：人民出版社，1985：16.

［15］同［2］136 – 137.

［16］同［6］432 – 433.

［17］同［2］172.

［18］同［2］172，136，138.

［19］陈力丹 . 列宁党报思想成因探析［J］. 郑州大学学报（哲学社会科学版），2003，(1)：139.

共产主义试验背景下的列宁党报思想的沿承、发展与畸变

——列宁《论我们报纸的性质》考证分析

王雨琼

《论我们报纸的性质》首次发表于俄历 1918 年 9 月 18 日的《真理报》上，是列宁论述报刊的著作中的一篇重要文章。列宁在文章中沿承了党报的政治服务作用、社会教育作用和群众是报纸的基础等报刊思想，发展了公开报道的报刊思想，但在共产主义实验背景下，列宁附加给党报额外的作用，使党报的职能发生了畸变。文章实际上出自《苏维埃政权的当前任务》初稿第 10 章，论述的是当时苏俄经济建设时期党报的报道特性和职能，并不是对报纸长期不变的定性，具有鲜明的时代特征和历史局限性。"我们报纸"是列宁创造的一种新型政治报刊，列宁的报刊论述著作也是特别针对其论述的。随着我国传媒业的多样化发展，列宁的报刊思想应准确定义为"列宁的政治报刊思想"或"列宁的党报思想"。

一、文章写作的社会历史背景

1917 年 10 月底到 1918 年 3 月是苏俄十月革命胜利和发展社会主义革命时期，随后新政权转入政权巩固和社会主义建设时期（1918—1920）。《论我们报纸的性质》一文发表前后的苏俄正处于新旧社会制度交替、内外战争交织、建设与破坏并存的复杂历史变革时期，社会主要矛盾聚焦在战争和经济建设上。

（一）内外战争夹击，经济面临崩溃

苏俄凭借《布列斯特和约》从一战中脱身出来，赢得 1918 年 3—7 月的短暂国际和平"喘息时机"，列宁既看到苏俄新政权正处在与自己意识形态对立的国家四面包围的"极不稳定、十分危急的国际环境中"，又希望借助这些对立国家之间的相互矛盾来为苏俄赢得"和平"建设环境。（列宁，1918b：150-153）这也就是《论我们报纸的性质》中所指的"众所周知""已有定论"的国际局势。（列宁，1918c：91-93，本文引证如出自此篇，均见此注释，不再标注）白军反对新政权的国内战争在苏维埃政权成立的同时就已开始，缔约国随后在 1918 年夏对苏俄发起大规模武装分裂活动，新政权陷入内外战争的夹击中。尽管"隆重的布尔什维克胜利"（Ђарсенков，2008：48）迅速贯穿整个俄罗斯，但经济从根本上被连年的战争和革命所毁坏，"规模空前的灾难和饥荒不可避免，正在逼近"（Ленин，1917：5），俄罗斯已处于经济萧条和饥饿的边缘。"饥饿在折磨人地敲着门"（Ленин，1918d：357），"为面包而战"[1]，列宁在此期间在许多重要场合反复重申，解决经济问题迫在眉睫。到 8 月，敌对势力占领了四分之三的国土，苏维埃陷入火线包围圈中，与自己主要的粮食、原料和燃料供应区分离，工业交通业都被彻底毁坏，农业萧条，"原本处于极端困难状态的苏俄经济，更加雪上加霜"（Андреев А В，1950：5）。文章发表时的 1918 年下半年是苏俄历史上所经历的最困难和艰苦的时期之一，战争处于交织正酣和阶段的转换时期（Институт Марксизма-ленинизма при ЦК КПСС，1963：7），也是各方面矛盾冲突最剧烈的时期。

（二）实行国家管控经济的经济建设

进行经济建设成为解决当时社会主要矛盾——战争和饥荒的根源。1918 年 3 月列宁提出苏维埃政权"步入社会主义经济基本建设"（Ленин，1918c：587）时期，首要任务是进行"经济改造"（列宁，1918a：123），实现国家管控经济。主要措施有：国民经济国有化、统一调配产品生产和分配的"全民计算和监督"；在全国范围内组织经济建设竞争；"提高劳动生产率"（列宁，

1918 年列宁在办公室
（П. А. Оцуп 摄影）

1918b：158）；以经济建设为目的，"采取最有效、坚决和毫不留情的措施"
对劳动群众进行纪律监督（Ленин，1918a：404）等。这些经济措施是列宁
此前早已多次探讨和拟订的解决经济困难的基本方法。在 1918 年 3—4 月出
台《苏维埃政权的当前任务》时，列宁本打算"缓慢温和"（Ђаɔвский，
1957：15）地逐渐推行国家管控经济政策，但到 1918 年下半年，严峻的战争
形势打乱了苏维埃经济建设的规划步骤。在既有的列宁社会主义建设规划和
取得战争胜利物质需要的双重现实下，苏俄坚决迅速地实行后来称之为"战
时共产主义"的政策。"战时共产主义"政策功过两分：在物质贫乏的情况
下，集中举国财力物力进行战争，对确保战争的胜利发挥了巨大的作用；同
时具有明显的历史局限性和临时性，列宁也承认它不是适应无产阶级经济任
务的政策。1921 年起苏联用新经济政策取而代之。

（三）文章写作前后的列宁

列宁十分重视报刊工作，与报纸关系紧密。在俄共（布）夺取政权时期，

列宁以政党领导人、办报人和报刊撰稿人的多重身份撰写了许多论述党报特性、原则和职能的文章。在文章发表时的新政权初建时期和实行"战时共产主义"政策时期,尽管事务繁忙,列宁还是关注党报作为经济建设工具的作用,撰写了《苏维埃政权当前的任务》《论我们报纸的性质》《伟大的创举》等多篇重要论述文章,但此时期列宁为了实施既定的国家管控经济规划和强行推行战时共产主义政策,强加给报纸许多附加功能,完全是从国家领导人的角度看报刊问题。到实行新经济政策时,由于两次遇刺导致身体每况愈下,列宁有更重要的其他国家事务,无法给报刊问题分出精力,尽管他在实际工作中纠正了一些对报刊的过激要求,但因几乎没有对报刊的新论述,使得后人无法得知列宁关于党报思想的转变。后人对列宁党报思想的认识只停留在新经济政策前,不是完整的列宁新闻思想;加之列宁战时共产主义政策时期报刊思想的历史局限性,导致后人出现错误理解、误学误用列宁新闻观的现象。

二、对《论我们报纸的性质》中列宁报刊思想的总结与分析

列宁关于报纸的基本和重要的论述著作,除《伟大的创举》外,都完成于《论我们报纸的性质》之前。可以说,列宁的基本新闻观形成于夺取十月革命胜利和建立苏维埃政权时期,而在苏俄社会主义建设时期,列宁只是根据具体社会形势,对报纸的功能进行更新并对原有新闻理论进行扩展。

(一)报纸的政治服务作用

在列宁报刊思想中,"报刊永远为这个或那个阶级服务"(Каверин,1932:12),为政治服务是报刊的基本职能。在不同的历史时期,列宁认识到报刊的不同政治作用,但始终未改变报刊为政治服务本质的思想。夺取政权时期,"我们报纸""不仅是集体的宣传员和集体的鼓动员,而且是集体的组织者"(列宁,1901:8);转入政权巩固和经济建设时期,"报刊应该成为社会主义建设的工具"(列宁,1918b:172)。为了使"我们报纸的面貌""改变

得符合从资本主义向社会主义过渡的社会的要求"、配合资本国有化和国家管理的经济建设计划的实施，列宁在《论我们报纸的性质》中向报纸提出"少谈些政治"、"多谈些经济"、揭露"私人工厂和私人农场的内幕"和工厂国有化以后的"落后工厂"、进行劳动纪律监督等要求，谈论的还是报刊的政治服务作用。

列宁一生致力于苏俄夺取政权和巩固新政权的事业，政治斗争和政治建设（包括经济建设）是当时最紧迫的任务，所以列宁只关注报纸的政治服务作用是特定历史条件下的必需和必然。列宁要求报纸反映和解决每个时期主要问题的观点、最大限度地利用报纸为建立和巩固一个全新的社会制度而服务的报刊实践活动，具有不可否定的积极意义；并且作为一份政党的机关报，其政治服务作用也是天职所在。在《论我们报纸的性质》中，列宁的报刊要成为"社会主义建设的工具"的思路是正确的；他批评报刊上"政治空谈"和琐碎日常事务的报道太多，提出"多谈些经济，少谈些政治"，也是切中时弊的；报纸在经济建设竞赛中公开报道，建立"黑榜"，通过舆论的力量批评社会各种不良现象的观点，大方向上是正确的。这是他思想的主要方面。但在掌握政权、环境艰难又要极力推行超越历史条件的战时共产主义政策的非常时期，列宁报纸服务于政治的思想发生了过度激进的变化：如要求将报纸上的"日常新闻的材料减少到 1/10（如能减少到 1/100 更好）"，让"介绍我国少数先进的劳动公社的模仿事迹的报刊广泛销行"（列宁，1918a：136），将"以新闻价值为基本行业准则的新闻纸，变成了为达到国家行政目的的纯粹经济生活经验的材料"（陈力丹，2006：431）；将报纸的舆论监督作用提高到与司法同等的具有审判惩罚的权力地位，报纸成为防止"偷懒"（列宁，1918a：136）、盗窃之类社会问题的首要工具。这种过分放大报纸的政治性并要求将所有报纸都转变成为政治报纸或政党的机关报、赋予报刊不应有的政府职能、使报刊变成政府的出版文件的做法，限制了报纸的报道、辩论和娱乐等新闻行业的基本功能，"不符合传媒的基本职业规范"，"不符合现代法治社会的程序"（陈力丹，2006：435），导致当时苏俄报刊一度畸形发展。列宁的半句话"一个阶级**实行专政**的机关报"（列宁，1918c：91），原意简单明了，原文直译是"一个专政阶级的机关报"，即已经取得政权实行专政的无产阶级的机关报纸，没有任何延伸的含义，但这半句话在 1975 年"文化大革命"期间被引申成"报刊是无产阶级专政的工具"（陈力丹，2006：432）的谬论。这一观点再佐以列宁新闻理论的高冠，被"四人帮"拿来恶意误用，这种引证在"文化大革命"后的新闻学文章中还持续了许多年。

（二）报纸的社会教育作用

列宁认为报纸的社会教育作用主要表现在三个方面："提高劳动者的觉悟"；"与群众不断增长的不正确觉悟与思想做斗争"，使其适应不断提高的社会要求；进行国际主义教育，"报纸不应缩小读者的视野——把读者局限在自己地区、工厂、农庄的事件中，而应提高读者的视野，将自己的工作与相关部门的无产阶级斗争国际事件联系起来"（Каверин，1932：22‒33）。报纸"对人民进行切合社会需要的社会教育，同时又是揭示和传递新经验的工具"（Бережной，1960：36）。在《论我们报纸的性质》中，报纸的社会教育作用体现为"用现实生活各个方面存在的生动具体的事例和典型来**教育群众**"。

列宁在与《论我们报纸的性质》关联的另一篇文章——《苏维埃政权的当前任务》初稿第 10 章中，明确指出报纸是"社会教育的主要工具之一"，更详细地阐述了报纸的社会教育作用：应"经常教育多数人提高"劳动纪律、劳动强度和劳动标准；要"把报纸由主要报道日常政治新闻的工具，变成对人民群众进行经济教育的重要工具"；通过报纸，把"先进的劳动公社的模范事迹"形成一种"榜样的力量"，使之"在新的苏维埃俄国成为首先是道义上的、其次是强制推行的劳动组织的范例"（列宁，1918a：135‒137）；利用报纸提高群众对劳动监督政策的觉悟，教育群众适应和积极投入到新形势下的经济建设中。但是列宁通过报纸而树立的"榜样的力量"的报刊思想是有局限性的。列宁是为了强行推行一种新的国家管理制度和经济建设政策而要求报纸为全民树立一种"榜样的力量"。虽然通过报刊舆论宣传，榜样的力量第一次有可能产生极大的影响，但在当时基本生活条件都难保障的社会环境下，很难推广精神上的榜样，榜样本身也难以维持其共产主义的纯洁性。

（三）公开报道

列宁的报纸公开报道原则有两方面含义：揭露资本主义的"商业秘密"和报道新时期经济建设的各种事实。

列宁认为取消商业秘密"是实行任何监督的关键"（列宁，1917e：198），是消灭资本主义、实现国家管控经济的一种有效方法。基于此出发点，列宁坚持不懈地利用报纸传播揭露"商业秘密"的思想。仅1917年5至6月的一个月时间，列宁就在《真理报》报上接连发表了四篇号召揭露资本家"商业秘密"的文章，文章指出："揭露资本家是制服资本家的第一个步骤。"（列宁，1917a：172）；"不取消商业秘密"监督就是空谈（列宁，1917d：367）；要取消国家国防特殊业务的"商业（包括银行）秘密"（列宁，1917b：287）；"要取消商业秘密和秘密银行，立即对银行和资本家的辛迪加实行监督"（列宁，1917c：364）。《真理报》随后被停刊，也与此有很大的关系。列宁在《论我们报纸的性质》中号召报纸公开报道"私人工厂和私人农场的内幕"，是列宁揭露资本家"商业秘密"思想的延续。

列宁以实现国家管理和共产主义经济形态为出发点的坚持揭露"商业秘密"（列宁，1918a：136）的愿望是好的。列宁在以"新经济"政策纠正"战时共产主义"这一错误政策后，他是否改变了报刊要揭露"商业秘密"的看法，因其后期关于报刊的论著极少，我们也无从知晓，只是列宁此后再未批判过"商业秘密"。在引证列宁关于报刊要揭露"商业秘密"、公开报道时，我们要充分认识到列宁此观点的历史背景和历史局限性。按照经济规律，不违反法律和道德准则的"商业秘密"，无论是国有或私营企业的，都是该企业的重要经济资源，媒体公布企业正常的"商业秘密"是一种新闻侵权行为，违背媒体的职业规范，也会扰乱正常的经济秩序。

列宁公开报道的第二个含义是公开报道劳动事实，既报道新经济建设各方面的正面"事例""典型""成绩"，又"公开揭露我国经济生活中的一切弊病，从而呼吁劳动者的舆论来根治这些弊病"。（列宁，1918a：136）在报刊上建"黑榜"公开揭发典型落后工厂"混乱、散漫、肮脏、捣乱、懒惰"，在全俄国面前公开揭露"不中用的部队的丑态"、抨击"胆小如鼠的将领和敷衍塞责的家伙";利用报纸公开报道,检查取得成绩中"有没有虚构、夸大和书生式的许诺"等。列宁认为"公开报道""本身就是一个重大的改革,它能够吸引广大人民群众主动地参加解决这些与他们最有切身关系的问题"。(列宁,1918a:138)"只有当群众知道一切,能判断一切,并自觉地从事一切的时候,国家才有力量。"(列宁,1917f:16)列宁这层"公开报道"的意思,"对于社会主义国家的媒体来说,至今仍有重要的现实意义,明显地含有人民知晓权的意识,这是很宝贵的思想。……列宁要求报刊充分发挥舆论监督的作用,公开揭露工作中的一切错误,这对我们现在的媒体工作都有指导意义"(陈力丹,2003:74-80)。

(四)大众的报纸——群众是报纸的基础

列宁在《论我们报纸的性质》中,从报刊如何成为经济建设工具的角度来谈报纸是如何把国家经济建设政策传输给群众、在群众中贯彻执行、通过舆论掌控群众的。为更好地达到此目的,列宁要求报纸的报道内容要来源于群众生活、贴近大众:少政治空谈,少书生议论,"多注意工农群众怎样在日常工作中**实际地**创造**新事物**"。基于列宁在《论我们报纸的性质》中报纸要贴近群众、在群众中广泛行销的要求,1921 年内战结束后,俄共(布)中央发布《地方报纸规划》通告和《关于加强地方期刊的决议》(Сб. О партийиой и советской печати,радиовещании и телевидении,1972:67-71,75-78),大量发行面向广大群众的报刊。这体现了列宁的报纸群众性和普及性思想。报纸应是大众的,要被广大群众接受、认知并到达广大群众,应寻找和广大群众相联系的通道并拥有这种通道。报纸要"能掌控群众,向群众传输党的影响"(Астров,1924:30),是和劳动群众建立联系的工具(Сталин,1923-05-06)。此外,列宁还提出,应在报纸自己面向的阶级广泛参与的基础上进行报纸建设。当然,列宁的报纸大众性思想是建立在报纸政治服务作用基础上的,但如果单纯从媒介管理角度进行分析,列宁所说的报刊大众性思想是在讲述媒体报道内容的来源、如何到达受众群并与之互动、如何建立报刊影响力的问题,也是现代媒体所普遍要解决的问题。列宁的"群众是报纸的基础"思想即便是在现在,无论对于政治媒体还是其他媒体,还都具有现实的积极意义。

三、对文章考证的结论

在考证的过程中，通过对列宁共计 28 篇论述报刊的文章和与《论我们报纸的性质》相关历史背景及文献的梳理、对列宁报刊思想的总结和分析，得出本次对《论我们报纸的性质》考证的结论。

（一）文章的出处：《苏维埃政权的当前任务》初稿第 10 章

《苏维埃政权的当前任务》初稿共 13 章，以口授笔录的速记形式成稿于 1918 年 3 月 23 日－28 日，是列宁为俄共（布）党中央委员会讨论社会主义建设计划而做的讨论提纲。列宁对初稿不满意，很快以《苏维埃政权现时期首要任务提纲》[2]为题重新撰写，即后来的《苏维埃政权的当前任务》，但手稿仍保留"苏维埃政权现时期首要任务提纲"这个题目（Ленин，1918b：165）。到 1969 年出版俄文《列宁全集》第五版时，第 1 至第 3 章和第 4 章还未找到。后证实"实际上不存在"。（列宁，1918a：551）

《苏维埃政权的当前任务》初稿第 10 章（从论述报纸开始到该章结尾）首次发表在 1929 年 4 月 14 日的《真理报》第 86 期，成文早于《论我们报纸的性质》，但发表时间晚于后者。它主要从经济建设的角度，论述对劳动群众进行纪律监督、报纸在新时期的特性和功能、民主集中制三个问题，其中关于报纸的论述部分占据了该章的绝大篇幅。列宁在此文中明确报纸是经济建设工具的新时代职能，当前报纸的首要任务是在经济上重新组织和重新教育群众的社会教育作用，以及在组织竞赛中进行公开报道。列宁还详细阐述了报纸如何实现从报道普通政治新闻的工具向经济建设工具转变，解释了少些政治新闻多些经济报道的原因，并具体界定了报纸应报道的内容，对报纸从外在报道形式到内在实质都进行了全面深刻的论述。

《苏维埃政权的当前任务》初稿第 10 章涵盖了《论我们报纸的性质》一文的全部主要内容，而《论我们报纸的性质》则重点编辑了初稿第 10 章中关于报纸如何报道的内容，对其他内容，如对报纸的许多明确的定性论述，或是隐去，或是一笔带过。初稿第 10 章的阅读群体是党内领导人，《论我们报纸的性质》的读者群是广大群众。对比两篇文章不难发现：《论我们报纸的性质》是以一种适应大众的修辞体和论述方式，对《苏维埃政权的当前任务》草稿第 10 章报纸论述部分的主要内容和观点进行的重新编辑。

（二）文章的时代特征和局限性：并非对报纸长期的定性

列宁一生中涉及报刊的著作有近 30 篇。对报刊的政治作用，从报刊是党的组织者到报刊是经济建设工具，列宁在不同历史时期有着不同的侧重点和具体运用。"我们报纸"的职能，是紧密配合历史环境的需要而变化的，其在每个时期所表现出来的特性，"由该时期党所面临的具体条件和任务所确定"（Астров，1924：32 - 37）。列宁在《论我们报纸的性质》中主要论述了苏俄转入经济建设阶段时报纸的报道内容和任务，并不是对报纸长期不变的定性。为配合"战时共产主义"政策的需要，列宁在《论我们报纸的性质》中表现出的一些激进报刊思想具有历史局限性。我们在引证列宁新闻思想时，要根据列宁思想产生的具体历史背景辩证地理解，要接受历史教训，避免以错就错，更要避免错误地引申运用。比如，就"报纸是集体的组织者"观点，斯大林在《真理报》上专门纠正过尼古拉夫的误解："过分强调报纸的重要性，甚至认为报纸组织作用高于党的领导作用。"（Сталин，1923 - 05 - 06）当时，列宁虽把报纸的作用提高到一个特定的高度，但实质上列宁还是把报纸当作俄共（布）政党的建设工具来阐述其组织作用的。

（三）列宁报刊思想应准确定义为"列宁的政治报刊思想"或"列宁的党报思想"

"我们报纸"是一种"新型的报纸，列宁赋予我们报纸的基本特征和原则，与所有其他报刊的特征和原则有着深刻的区别"（Ъережной，1960：3）。列宁在首篇论述报纸的文章《从何着手？》中就明确定义"我们报纸"是政治报纸："创办全俄政治报应当是行动的出发点"，"我们需要的报纸还必须是**政治报纸**"。（列宁，1901：6，7）"报纸要成为各个政党的机关刊物"（Ленин，1905：101），显然列宁是把报纸作为各个政党的党报进行论述的。在《论我们报纸的性质》中，列宁批评"我们报纸""不像一份革命报刊，不像一个阶级实行专政的机关报"，明确界定了"我们报纸"是政党的机关报。"所有列宁建立和领导的报纸、所有布尔什维克报纸都具有和将具有严格的党性"（Каверин，1932：15），明确声明俄共（布）党和苏维埃报纸的政治报刊倾向。在1918—1920年，列宁把苏俄报刊由原来的多党报刊改变为"苏维埃一党报刊"（Овсепян，1999：48），列宁"我们报纸"的功能可见也由集体的组织者、宣传员和鼓动员转变为国家经济建设工具。从报纸的特性、原则和功能上分析，列宁所创造的"我们报纸"是俄共（布）党或政府的机关报或政治报刊。

苏联学者称列宁为"党报的编纂者和组织者"（Крупская，1932/1956：3）以及缔造者。苏俄时期的学者对列宁报刊思想的研究著作大多在题目上就已明确是列宁关于党报的报刊思想，如Krupskoya N K的《列宁——党报的编纂者和组织者》、Berezhnoy A F的《党—苏维埃报历史：列宁工作的意义》《列宁——党苏维埃报刊的缔造者》等。其他研究著作也在著作的内标题或行文中加以说明。在Bystriansky V所著的按主题分类的《列宁著作分类指南》中，明确把列宁所有涉及报刊思想的文章以"党的报刊（Партийная печатв）"（Ъыстрянский，1924：87）为题归类。

可见，列宁对报刊的论述是特别针对他所创造的这种新型政治报刊的。列宁的报刊思想，准确地说，应该是列宁关于政治报刊的思想。在时隔百余年的当今社会，我们既要肯定列宁的报刊思想的历史贡献，肯定其中一些思想至今仍有着积极的意义；又要看到其历史局限性，特别是在阶级斗争已不是社会主要矛盾的和平建设时期，一些列宁的报刊思想已不能适合新闻传媒发展的需求。在新时期，随着我国传媒业的多样发展，我们在引证时，应该对列宁的报刊思想进行准确的描述：列宁的政治报刊思想或列宁的党报思想。如再简单地使用"列宁的报刊思想"，容易被误解为列宁对所有类型报刊的论述，会造成以偏概全的错误，也曲解了列宁思想的本意。

（四）题目的重新翻译：《论我们报纸的特性》

《论我们报纸的性质》俄文原文题为《о характере наших газет》。

"Характер"（Ленин，1918e：89）可指人可指物。在指人时，表示是人道德和心理特性的总体体现，中文可译为（人的）性格、性情和个性等，俄汉字典中给出了详细的解释，翻译时一般不会有太大的歧义。Характер 在指物时，俄汉字典统译为"性质、特征"（《大俄汉字典》，2001：2539），未做再进一步详细的释义。查俄文的《俄语词典》和《俄文释义词典》，都有详细的注解，指对事物"主要外部特征，或对内外部特性的准确、明了、简洁的描述"（Ожегов С И，1975：790）。Характер 在指物时，有重点指该事物内部特性在外部所表现出来的"特征、特性或特点"（Далъ В N，1955：542）的含义。再看本文，列宁没有直接对我们报纸的性质进行论述，而是指出我们报纸的本质在经济建设时期应该在报道内容和功能等方面表现出来的特性，故而本文题目翻译为《论我们报纸的特性》更确切些。甚至还可以考虑像列宁在《苏维埃政权的当前任务》的手稿中一样，再加注"现时期"三字：《论我们报纸（现时期）的特性》。

（作者为上海大学新闻传播学院讲师）

注释

[1] 列宁在 1918 年 11 月 6—9 日在全苏维埃第六次（非常）大会上的讲话，同年全俄苏维埃中央执行委员会出版社以《为面包而战》为题将该讲话内容出版专著。此后，"为面包而战"与"为社会主义而战"一起，成为著名的列宁口号。

[2] 在《列宁全集》1985 年中文版第 34 卷中翻译为《关于苏维埃政权的当前任务的提纲》。

参考文献

陈力丹. 再论列宁十月革命后的新闻思想 [J]. 中国青年政治学院学报，2003，22（6）：74-80.

陈力丹. 马克思主义新闻观思想体系 [M]. 北京：中国人民大学出版社，2006.

大俄汉字典 [M]. 修订版. 北京：商务印书馆，2011.

列宁（1901）. 从何着手？[M]//列宁. 列宁全集：第 5 卷. 2 版. 北京：人民出版社，1985.

列宁（1917a）. 必须揭露资本家 [M]//列宁. 列宁全集：第 30 卷. 2 版. 北京：人

民出版社，1985.

列宁（1917b）. 实施社会主义，还是揭露盗窃国库的行为？［M］//列宁. 列宁全集：第 30 卷 . 2 版 . 北京：人民出版社，1985.

列宁（1917c）. 空话与事实［M］//列宁. 列宁全集：第 30 卷 . 2 版 . 北京：人民出版社，1985.

列宁（1917d）. 资本家先生们是怎样把利润隐藏起来的［M］//列宁. 列宁全集：第 30 卷 . 2 版 . 北京：人民出版社，1985.

列宁（1917e）. 大难临头，出路何在？［M］//列宁. 列宁全集：第 32 卷 . 2 版 . 北京：人民出版社，1985.

列宁（1917f）. 全俄工兵代表苏维埃第二次代表大会文献［M］//列宁. 列宁全集：第 33 卷 . 2 版 . 北京：人民出版社，1985.

列宁（1918a）.《苏维埃政权的当前任务》一文初稿［M］//列宁. 列宁全集：第 34 卷 . 2 版 . 北京：人民出版社，1985.

列宁（1918b）. 苏维埃政权的当前任务［M］//列宁. 列宁全集：第 34 卷 . 2 版 . 北京：人民出版社，1985.

列宁（1918c）. 论我们报纸的性质［M］//列宁. 列宁全集：第 35 卷 . 2 版 . 北京：人民出版社，1985.

Андреев А.（1950）. Ленинский планприступа к социалистическому строительству и его реализация в период первой передышки［M］. Изд-во МГУ.

Астров В Н.（1924）. Ленин и рабочая печать в России［N］. Правда，12 - 2 -/32 - 37.

Баевский Д А.（1957）. Очерки по истории хозяйственного строительства периода гражданской войны［M］. Изд-во Академии Наук СССР.

Барсенков А С.（2008）. История России. 1917—2007［M］. Изд-во Аспект Пресс.

Бережной А Ф.（1960）. Ленин-создатель партийно-советской печати［M］. Изд-во Лениздат.

Быстрянский В.（1924）. Систематический указатель к сочинениям В. И. Ленина［M］. Изд-во Прыбой.

Даль В И.（1955）. Толковый словарь живого великорусского языка［M］. Изд-во Государственное издательство иностранных и национальных словарей.

Каверин В Т.（1932）. Ленин о печати（Популярный очерк）［M］. Изд-во Парт.

Крупская Н К.（1932）. Ленин-редактор и организатор партийной печати［M］. Изд-во Парт.

ЛЕНИНВ И. （1917）. Грозящая катастрофа и как и ней бороться. Государственное нздательство политической литературы，1938.

Ленин В И. （1917）. Грозящая катастрофа и как с ней бороться ［М］. Изд-во Государственное издательство политической литературы，1938.

Ленин В И. （1918a）. Седьмой экстренный съезд РКП （б） 16 - 8 марта 1918 г. Коммунистическая партия Советского Союза в резолюциях и решениях съездов， конференций и пленумов ЦК （ч. 1） ［М］. Изд-воГос-полит-издат，1953.

Ленин В И. （1918b）. Очередные задачи советской власти. Полное собрание сочинений Том 36. ［М］. Изд-во Гос-полит-издат，1969.

Ленин В И. （1918c）. 7 апреля Ленин во вступительном слове на пленуме ЦК вновь подчеркнул. Полное собрание сочинений Том 36. ［М］. Изд-во Гос-полит-издат，1969.

Ленин В И. （1918d）. Письмо к питерским рабочим от Н. Ленина. . Полное собрание сочинений Том 36. ［М］. Изд-во Гос-полит-издат，1969.

Ленин В И. （1918e）. О характер наших газет. Полное собрание сочинений Том 37. ［М］. Изд-во Гос-полит-издат，1963.

Институт Марксизма-ленинизма при ПК КПСС. Предислисловие. Полное собрание сочинений

Ленин В И. （1905）. Партийная организация и партийная литература. Полное собрание сочинений Том 12. ［М］. Изд-во Гос-полит-издат，1960.

Овсепян Р П. （1999）. История новейшей отечественной журналистики （февраль 1917 - начало 90 - х годов） ［М］. Изд-во МГУ.

Ожегов С И. （1975）. Словарь русского языка ［М］. Изд-во центральное издательство в системе Госкомиздата СССР.

Сталин И В. （1923）. Печать как коллективный организатор. Правда，6мая. О партийной и советской печати，радиовещании и телевидении. Сборник документов и материалов. ［М］. Изд-во Мысль. 1972.

图书在版编目（CIP）数据

马克思主义新闻观经典文献研究/陈力丹，支庭荣主编．—北京：中国人民大学出版社，2020.1
（新闻传播学文库）
ISBN 978-7-300-27850-6

Ⅰ．①马… Ⅱ．①陈… ②支… Ⅲ．①马克思主义-新闻学-文集 Ⅳ．①A811.67-53

中国版本图书馆 CIP 数据核字（2019）第 293258 号

新闻传播学文库

马克思主义新闻观经典文献研究

陈力丹　支庭荣　主编

Makesi Zhuyi Xinwenguan Jingdian Wenxian Yanjiu

出版发行	中国人民大学出版社		
社　　址	北京中关村大街 31 号	邮政编码	100080
电　　话	010-62511242（总编室）	010-62511770（质管部）	
	010-82501766（邮购部）	010-62514148（门市部）	
	010-62515195（发行公司）	010-62515275（盗版举报）	
网　　址	http://www.crup.com.cn		
经　　销	新华书店		
印　　刷	天津中印联印务有限公司		
规　　格	170 mm×240 mm　16 开本	版　　次	2020 年 1 月第 1 版
印　　张	25 插页 2	印　　次	2022 年 3 月第 2 次印刷
字　　数	371 000	定　　价	88.00 元